Houghton
Mifflin
Harcourt

CUADERNO DE EJERCICIOS

STECK-VAUGHN

CIENCIAS

PREPARACIÓN PARA LA PRUEBA DE GED® 2014

razonamiento matemático

ciencias

- Ciencias de la vida
- Ciencias físicas
- Ciencias de la Tierra y del espacio
- Práctica de Ciencias

POWERED BY

PAXEN

Houghton
Mifflin
Harcourt

POWERED BY

PAXEN

Reconocimientos

For each of the selections and images listed below, grateful acknowledgment is made for permission to excerpt and/or reprint original or copyrighted material, as follows:

Text

Excerpt from *Assessment Guide for Educators*, published by GED Testing Service LLC. Text copyright © 2014 by GED Testing Service LLC. GED® and GED Testing Service® are registered trademarks of the American Council on Education (ACE). They may not be used or reproduced without the express written permission of ACE or GED Testing Service. The GED® and GED Testing Service® brands are administered by GED Testing Service LLC under license from the American Council on Education. Translated and reprinted by permission of GED Testing Service LLC.
(31) Excerpt from "Carrying Capacity: How Deep is the Barrel?" published by the Michigan Department of Natural Resources. Text copyright © 2001-2003 by the State of Michigan. Translated and reprinted by permission of Michigan Department of Natural Resources. **(47)** Excerpt from "Identical Twins: Pinpointing Environmental Impact on the Epigenome." Text copyright © 2013 by The University of Utah. Translated and reprinted by permission of The University of Utah -- Tanner Lectures on Human Values.

Images

Cover (bg) ©Chen Ping-hung/E+/Getty Images; (inset) ©Design Pics/John Short/Getty Images; (atom) ©goktugg/iStockPhoto.com; (spheres) ©goktugg/iStockPhoto.com; vi ©daboost/iStockPhoto.com; vii ©daboost/iStockPhoto.com; ©CDH Design/iStockPhoto.com; xii ©Guy Jarvis/Houghton Mifflin Harcourt; 49 ©EEI_Tony/iStockPhoto.com; 151 (l) WC Alden/USGS; (r) Blase Reardon/USGS.

Contenido

UNIDAD 1 *Ciencias de la vida*
LECCIÓN

UNIDAD 2 *Ciencias físicas*
LECCIÓN

UNIDAD 3 *Ciencias de la Tierra y del espacio*
LECCIÓN

Acerca de la Prueba de GED®

Bienvenido al primer día del resto de tu vida. Ahora que te has comprometido a estudiar para obtener tu credencial GED®, te espera una serie de posibilidades y opciones: académicas y profesionales, entre otras. Todos los años, cientos de miles de personas desean obtener una credencial GED®. Al igual que tú, abandonaron la educación tradicional por una u otra razón. Ahora, al igual que ellos, tú has decidido estudiar para dar la Prueba de GED® y, de esta manera, continuar con tu educación.

En la actualidad, la Prueba de GED® es muy diferente de las versiones anteriores. La Prueba de GED® de hoy consiste en una versión nueva, mejorada y más rigurosa, con contenidos que se ajustan a los Estándares Estatales Comunes. Por primera vez, la Prueba de GED® es tanto un certificado de equivalencia de educación secundaria como un indicador del nivel de preparación para la universidad y las carreras profesionales. La nueva Prueba de GED® incluye cuatro asignaturas: Razonamiento a través de las Artes del Lenguaje (RLA, por sus siglas en inglés), Razonamiento Matemático, Ciencias y Estudios Sociales. Cada asignatura se presenta en formato electrónico y ofrece una serie de ejercicios potenciados por la tecnología.

Las cuatro pruebas requieren un tiempo total de evaluación de siete horas. La preparación puede llevar mucho más tiempo. Sin embargo, los beneficios son significativos: más y mejores oportunidades profesionales, mayores ingresos y la satisfacción de haber obtenido la credencial GED®. Para los empleadores y las universidades, la credencial GED® tiene el mismo valor que un diploma de escuela secundaria. En promedio, los graduados de GED® ganan al menos $8,400 más al año que aquellos que no finalizaron los estudios secundarios.

El Servicio de Evaluación de GED® ha elaborado la Prueba de GED® con el propósito de reflejar la experiencia de una educación secundaria. Con este fin, debes responder diversas preguntas que cubren y conectan las cuatro asignaturas. Por ejemplo, te puedes encontrar con un pasaje de Estudios Sociales en la Prueba de Razonamiento a través de las Artes del Lenguaje, y viceversa. Además, encontrarás preguntas que requieren diferentes niveles de esfuerzo cognitivo, o Niveles de conocimiento. En la siguiente tabla se detallan las áreas de contenido, la cantidad de ejercicios, la calificación, los Niveles de conocimiento y el tiempo total de evaluación para cada asignatura.

Prueba de:	Áreas de contenido	Ejercicios	Calificación bruta	Niveles de conocimiento	Tiempo
Razonamiento a través de las Artes del Lenguaje	**Textos informativos**: 75% **Textos literarios**: 25%	*51	65	80% de los ejercicios en el Nivel 2 o 3	150 minutos
Razonamiento Matemático	**Resolución de problemas algebraicos**: 55% **Resolución de problemas cuantitativos**: 45%	*46	49	50% de los ejercicios en el Nivel 2	115 minutos
Ciencias	**Ciencias de la vida**: 40% **Ciencias físicas**: 40% **Ciencias de la Tierra y del espacio**: 20%	*34	40	80% de los ejercicios en el Nivel 2 o 3	90 minutos
Estudios Sociales	**Educación cívica/Gobierno**: 50% **Historia de los Estados Unidos**: 20% **Economía**: 15% **Geografía y el mundo**: 15%	*35	44	80% de los ejercicios en el Nivel 2 o 3	90 minutos

*El número de ejercicios puede variar levemente según la prueba.

Debido a que las demandas de la educación secundaria de la actualidad y su relación con las necesidades de la población activa son diferentes de las de hace una década, el Servicio de Evaluación de GED® ha optado por un formato electrónico. Si bien las preguntas de opción múltiple siguen siendo los ejercicios predominantes, la nueva serie de Pruebas de GED® incluye una variedad de ejercicios potenciados por la tecnología, en los que el estudiante debe: elegir la respuesta correcta a partir de un menú desplegable; completar los espacios en blanco; arrastrar y soltar elementos; marcar el punto clave en una gráfica; ingresar una respuesta breve e ingresar una respuesta extendida.

En la tabla de la derecha se identifican los diferentes tipos de ejercicios y su distribución en las nuevas pruebas de cada asignatura. Como puedes ver, en las cuatro pruebas se incluyen preguntas de opción múltiple, ejercicios con menú desplegable, ejercicios para completar los espacios en blanco y ejercicios para arrastrar y soltar elementos. Existe cierta variación en lo que respecta a los ejercicios en los que se debe marcar un punto clave o ingresar una respuesta breve/extendida.

EJERCICIOS PARA 2014

	RLA	Matemáticas	Ciencias	Estudios Sociales
Opción múltiple	✓	✓	✓	✓
Menú desplegable	✓	✓	✓	✓
Completar los espacios	✓	✓	✓	✓
Arrastrar y soltar	✓	✓	✓	✓
Punto clave		✓	✓	✓
Respuesta breve			✓	
Respuesta extendida	✓			✓

Además, la nueva Prueba de GED® se relaciona con los estándares educativos más exigentes de hoy en día a través de ejercicios que se ajustan a los objetivos de evaluación y los diferentes Niveles de conocimiento.

- **Temas/Objetivos de evaluación** Los temas y los objetivos describen y detallan el contenido de la Prueba de GED®. Se ajustan a los Estándares Estatales Comunes, así como a los estándares específicos de los estados de Texas y Virginia.
- **Prácticas de contenidos** La práctica describe los tipos y métodos de razonamiento necesarios para resolver ejercicios específicos de la Prueba de GED®.
- **Niveles de conocimiento** El modelo de los Niveles de conocimiento detalla el nivel de complejidad cognitiva y los pasos necesarios para llegar a una respuesta correcta en la prueba. La nueva Prueba de GED® aborda tres Niveles de conocimiento.
  - **Nivel 1** Debes recordar, observar, representar y hacer preguntas sobre datos, y aplicar destrezas simples. Por lo general, solo debes mostrar un conocimiento superficial del texto y de las gráficas.
  - **Nivel 2** El procesamiento de información no consiste simplemente en recordar y observar. Deberás realizar ejercicios en los que también se te pedirá resumir, ordenar, clasificar, identificar patrones y relaciones, y conectar ideas. Necesitarás examinar detenidamente el texto y las gráficas.
  - **Nivel 3** Debes inferir, elaborar y predecir para explicar, generalizar y conectar ideas. Por ejemplo, es posible que necesites resumir información de varias fuentes para luego redactar composiciones de varios párrafos. Esos párrafos deben presentar un análisis crítico de las fuentes, ofrecer argumentos de apoyo tomados de tus propias experiencias e incluir un trabajo de edición que asegure una escritura coherente y correcta.

Aproximadamente el 80 por ciento de los ejercicios de la mayoría de las áreas de contenido pertenecen a los Niveles de conocimiento 2 y 3, mientras que los ejercicios restantes forman parte del Nivel 1. Los ejercicios de escritura –por ejemplo, el ejercicio de Estudios Sociales (25 minutos) y de Razonamiento a través de las Artes del Lenguaje (45 minutos) en el que el estudiante debe ingresar una respuesta extendida–, forman parte del Nivel de conocimiento 3.

Ahora que comprendes la estructura básica de la Prueba de GED® y los beneficios de obtener una credencial GED®, debes prepararte para la Prueba de GED®. En las páginas siguientes encontrarás una especie de receta que, si la sigues, te conducirá hacia la obtención de tu credencial GED®.

Prueba de GED® en la computadora

Junto con los nuevos tipos de ejercicios, la Prueba de GED® 2014 revela una nueva experiencia de evaluación electrónica. La Prueba de GED® estará disponible en formato electrónico, y solo se podrá acceder a ella a través de los Centros Autorizados de Evaluación de Pearson VUE. Además de conocer los contenidos y poder leer, pensar y escribir de manera crítica, debes poder realizar funciones básicas de computación –hacer clic, hacer avanzar o retroceder el texto de la pantalla y escribir con el teclado– para aprobar la prueba con éxito. La pantalla que se muestra a continuación es muy parecida a una de las pantallas que te aparecerán en la Prueba de GED®.

El botón de **INFORMACIÓN** contiene material clave para completar el ejercicio con éxito. Aquí, al hacer clic en el botón de Información, aparecerá un mapa sobre la Guerra de Independencia. En la prueba de Razonamiento Matemático, los botones **HOJA DE FÓRMULAS** y **REFERENCIAS DE CALCULADORA** proporcionan información que te servirá para resolver ejercicios que requieren el uso de fórmulas o de la calculadora TI-30XS. Para mover un pasaje o una gráfica, haz clic en ellos y arrástralos hacia otra parte de la pantalla.

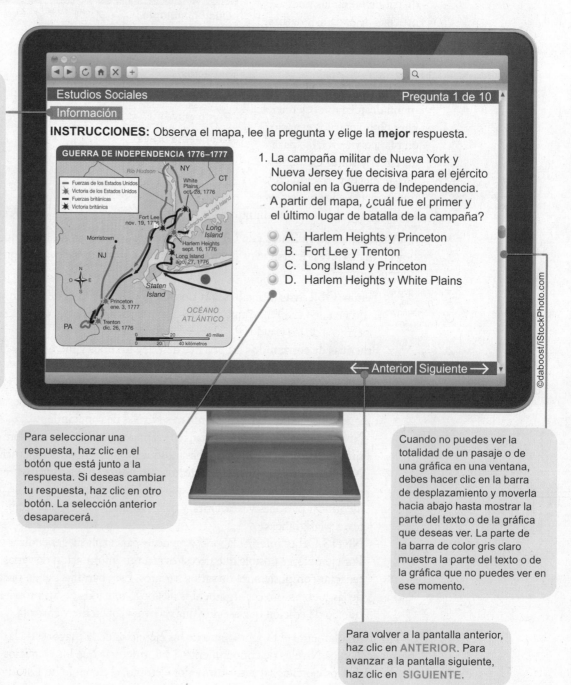

Para seleccionar una respuesta, haz clic en el botón que está junto a la respuesta. Si deseas cambiar tu respuesta, haz clic en otro botón. La selección anterior desaparecerá.

Cuando no puedes ver la totalidad de un pasaje o de una gráfica en una ventana, debes hacer clic en la barra de desplazamiento y moverla hacia abajo hasta mostrar la parte del texto o de la gráfica que deseas ver. La parte de la barra de color gris claro muestra la parte del texto o de la gráfica que no puedes ver en ese momento.

Para volver a la pantalla anterior, haz clic en **ANTERIOR**. Para avanzar a la pantalla siguiente, haz clic en **SIGUIENTE**.

En algunos ejercicios de la nueva Prueba de GED®, tales como los que te piden completar los espacios o ingresar respuestas breves/extendidas, deberás escribir las respuestas en un recuadro. En algunos casos, es posible que las instrucciones especifiquen la extensión de texto que el sistema aceptará. Por ejemplo, es posible que en el espacio en blanco de un ejercicio solo puedas ingresar un número del 0 al 9, junto con un punto decimal o una barra, pero nada más. El sistema también te dirá qué teclas no debes presionar en determinadas situaciones. La pantalla y el teclado con comentarios que aparecen abajo proporcionan estrategias para ingresar texto y datos en aquellos ejercicios en los que se te pide completar los espacios en blanco e ingresar respuestas breves/extendidas.

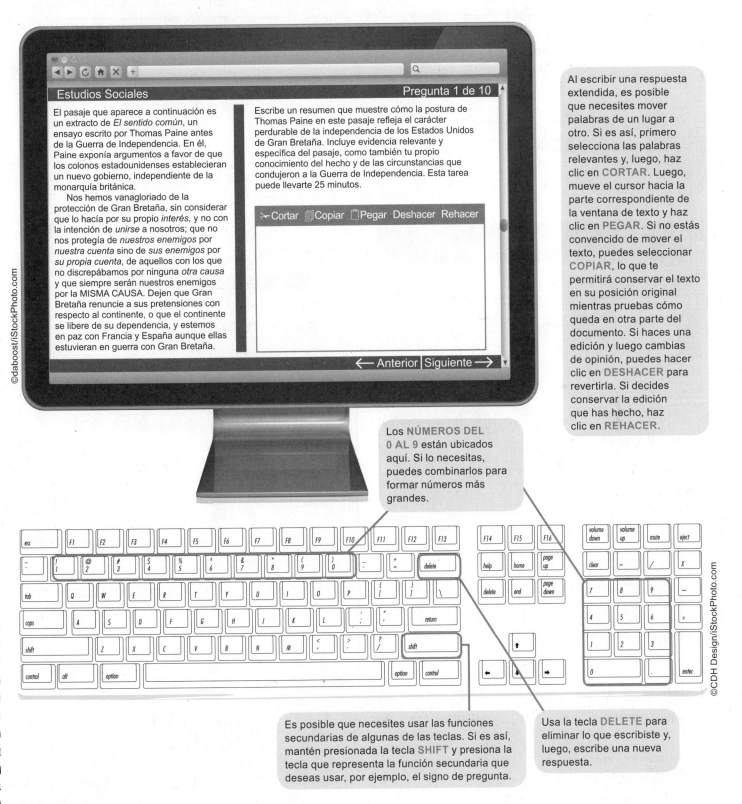

Al escribir una respuesta extendida, es posible que necesites mover palabras de un lugar a otro. Si es así, primero selecciona las palabras relevantes y, luego, haz clic en CORTAR. Luego, mueve el cursor hacia la parte correspondiente de la ventana de texto y haz clic en PEGAR. Si no estás convencido de mover el texto, puedes seleccionar COPIAR, lo que te permitirá conservar el texto en su posición original mientras pruebas cómo queda en otra parte del documento. Si haces una edición y luego cambias de opinión, puedes hacer clic en DESHACER para revertirla. Si decides conservar la edición que has hecho, haz clic en REHACER.

Los NÚMEROS DEL 0 AL 9 están ubicados aquí. Si lo necesitas, puedes combinarlos para formar números más grandes.

Es posible que necesites usar las funciones secundarias de algunas de las teclas. Si es así, mantén presionada la tecla SHIFT y presiona la tecla que representa la función secundaria que deseas usar, por ejemplo, el signo de pregunta.

Usa la tecla DELETE para eliminar lo que escribiste y, luego, escribe una nueva respuesta.

Acerca de la *Preparación para la Prueba de GED® 2014 de Steck-Vaughn*

Además de haber decidido obtener tu credencial GED®, has tomado otra decisión inteligente al elegir la *Preparación para la Prueba de GED® 2014 de Steck-Vaughn* como tu herramienta principal de estudio y preparación. Nuestro énfasis en la adquisición de conceptos clave de lectura y razonamiento te proporciona las destrezas y estrategias necesarias para tener éxito en la Prueba de GED®.

Las microlecciones de dos páginas en cada libro del estudiante te brindan una instrucción enfocada y eficiente. Para aquellos que necesiten apoyo adicional, ofrecemos cuadernos de ejercicios complementarios que *duplican* el apoyo y la cantidad de ejercicios de práctica. La mayoría de las lecciones de la serie incluyen una sección llamada *Ítem en foco*, que corresponde a uno de los tipos de ejercicios potenciados por la tecnología que aparecen en la Prueba de GED®.

La sección **APRENDE LA DESTREZA** brinda información acerca de la destreza que se estudiará.

Cada lección incluye correlaciones con los **OBJETIVOS DE EVALUACIÓN**, lo que te ayudará a centrarte en tus estudios.

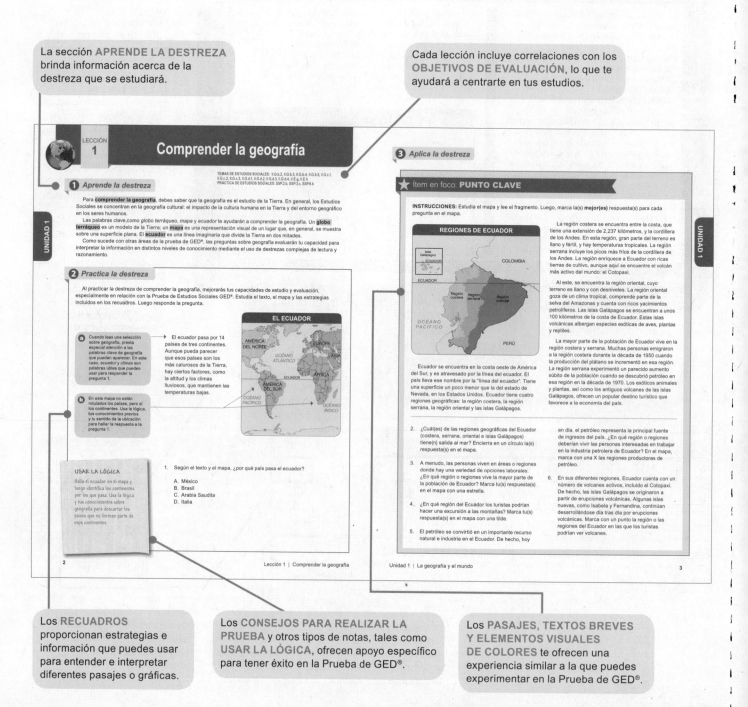

Los **RECUADROS** proporcionan estrategias e información que puedes usar para entender e interpretar diferentes pasajes o gráficas.

Los **CONSEJOS PARA REALIZAR LA PRUEBA** y otros tipos de notas, tales como **USAR LA LÓGICA**, ofrecen apoyo específico para tener éxito en la Prueba de GED®.

Los **PASAJES, TEXTOS BREVES Y ELEMENTOS VISUALES DE COLORES** te ofrecen una experiencia similar a la que puedes experimentar en la Prueba de GED®.

Cada unidad de la *Preparación para la Prueba de GED® 2014 de Steck-Vaughn* comienza con la sección GED® SENDEROS, una serie de perfiles de personas que obtuvieron su credencial GED® y que la utilizaron como trampolín al éxito. A partir de ahí, recibirás una instrucción y una práctica intensivas a través de una serie de lecciones conectadas, que se ajustan a los Temas/Objetivos de evaluación, a las Prácticas de contenidos (donde corresponda) y a los Niveles de conocimiento.

Cada unidad concluye con un repaso de ocho páginas que incluye una muestra representativa de ejercicios, incluidos los ejercicios potenciados por la tecnología, de las lecciones que conforman la unidad. Si lo deseas, puedes usar el repaso de la unidad como una prueba posterior para evaluar tu comprensión de los contenidos y de las destrezas, y tu preparación para ese aspecto de la Prueba de GED®.

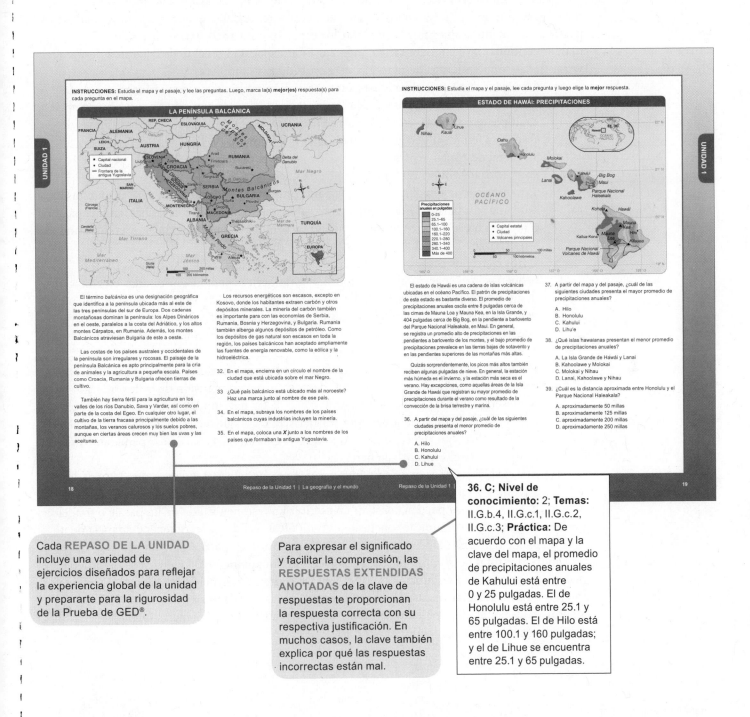

Cada **REPASO DE LA UNIDAD** incluye una variedad de ejercicios diseñados para reflejar la experiencia global de la unidad y prepararte para la rigurosidad de la Prueba de GED®.

Para expresar el significado y facilitar la comprensión, las **RESPUESTAS EXTENDIDAS ANOTADAS** de la clave de respuestas te proporcionan la respuesta correcta con su respectiva justificación. En muchos casos, la clave también explica por qué las respuestas incorrectas están mal.

36. C; Nivel de conocimiento: 2; **Temas:** II.G.b.4, II.G.c.1, II.G.c.2, II.G.c.3; **Práctica:** De acuerdo con el mapa y la clave del mapa, el promedio de precipitaciones anuales de Kahului está entre 0 y 25 pulgadas. El de Honolulu está entre 25.1 y 65 pulgadas. El de Hilo está entre 100.1 y 160 pulgadas; y el de Lihue se encuentra entre 25.1 y 65 pulgadas.

Acerca de la Prueba de Ciencias GED®

La nueva Prueba de Ciencias GED® es más que un simple conjunto de investigaciones y procedimientos. De hecho, refleja el intento de incrementar el rigor de la Prueba de GED® a fin de satisfacer con mayor eficacia las demandas propias de una economía del siglo XXI. Con ese propósito, la Prueba de Ciencias GED® ofrece una serie de ejercicios potenciados por la tecnología, a los que se puede acceder a través de un sistema de evaluación por computadora. Estos ejercicios reflejan el conocimiento, las destrezas y las aptitudes que un estudiante desarrollaría en una experiencia equivalente, dentro de un marco de educación secundaria.

Las preguntas de opción múltiple constituyen la mayor parte de los ejercicios que conforman la Prueba de Ciencias GED®. Sin embargo, una serie de ejercicios potenciados por la tecnología (por ejemplo, ejercicios en los que el estudiante debe: elegir la respuesta correcta a partir de un menú desplegable; completar los espacios en blanco; arrastrar y soltar elementos; marcar el punto clave en una gráfica; ingresar una respuesta breve) te desafiarán a desarrollar y transmitir conocimientos de maneras más profundas y completas.

- Los ejercicios que incluyen preguntas de opción múltiple evalúan virtualmente cada estándar de contenido, ya sea de manera individual o conjunta. Las preguntas de opción múltiple que se incluyen en la nueva Prueba de GED® ofrecerán cuatro opciones de respuesta (en lugar de cinco), con el siguiente formato: A./B./C./D.
- El menú desplegable ofrece una serie de opciones de respuesta, lo que te permite completar los enunciados en la Prueba de Ciencias GED®.
- Los ejercicios que incluyen espacios para completar te permiten ingresar respuestas breves, o de una sola palabra. Por ejemplo, es posible que te pidan que describas, en una palabra u oración breve, una tendencia en una gráfica, o que demuestres si comprendiste una idea o un término de vocabulario de un pasaje de texto.
- Otros ejercicios consisten en actividades interactivas en las que se deben arrastrar pequeñas imágenes, palabras o expresiones numéricas para luego soltarlas en zonas designadas de la pantalla. En la Prueba de Ciencias GED®, es posible que te pidan que reúnas datos, que compares y contrastes, o que ordenes información. Por ejemplo, te pueden pedir que coloques organismos en ubicaciones específicas de una red alimenticia o que ordenes los pasos de una investigación científica.
- Otros ejercicios consisten en una gráfica que contiene sensores virtuales estratégicamente colocados en su interior. Te permiten demostrar tu comprensión de la información que se presenta de manera visual o en un texto, o de las relaciones entre puntos de datos en un pasaje o gráfica. Por ejemplo, un ejercicio en el que debes marcar un punto clave podría pedirte que selecciones un tipo de cría con un rasgo particular para demostrar que comprendiste el concepto de herencia.
- Los ejercicios en los que debes ingresar una respuesta breve incluyen dos actividades de 10 minutos en las que debes redactar respuestas breves sobre un tema de ciencias. Estas respuestas pueden consistir en escribir un resumen válido de un pasaje o modelo, en elaborar y comunicar conclusiones o hipótesis válidas, y en obtener evidencia de un pasaje o de una gráfica que respalde una conclusión en particular.

Tendrás un total de 90 minutos para resolver aproximadamente 34 ejercicios. La prueba de ciencias se organiza en función de tres áreas de contenido principales: ciencias de la vida (40 por ciento), ciencias físicas (40 por ciento) y ciencias de la Tierra y del espacio (20 por ciento). En total, el 80 por ciento de los ejercicios de la Prueba de Ciencias GED® formarán parte de los Niveles de conocimiento 2 o 3.

Acerca de la *Preparación para la Prueba de GED® 2014 de Steck-Vaughn: Ciencias*

El libro del estudiante y el cuaderno de ejercicios de Steck-Vaughn te permiten abrir la puerta del aprendizaje y desglosar los diferentes elementos de la prueba al ayudarte a elaborar y desarrollar destrezas clave de lectura y razonamiento. El contenido de nuestros libros se ajusta a los nuevos estándares de contenido de ciencias y a la distribución de ejercicios de GED® para brindarte una mejor preparación para la prueba.

Gracias a nuestra sección *Ítem en foco*, cada uno de los ejercicios potenciados por la tecnología recibe un tratamiento más profundo y exhaustivo. En la introducción inicial, a un único tipo de ejercicio —por ejemplo, el de arrastrar y soltar elementos— se le asigna toda una página de ejercicios de ejemplo en la lección del libro del estudiante y tres páginas en la lección complementaria del cuaderno de ejercicios. La cantidad de ejercicios en las secciones subsiguientes puede ser menor; esto dependerá de la destreza, la lección y los requisitos.

Una combinación de estrategias específicamente seleccionadas, recuadros informativos, preguntas de ejemplo, consejos, pistas y una evaluación exhaustiva ayudan a destinar los esfuerzos de estudio a las áreas necesarias.

Además de las secciones del libro, una clave de respuestas muy detallada ofrece la respuesta correcta junto con la respectiva justificación. De esta manera, sabrás exactamente por qué una respuesta es correcta. El libro del estudiante y el cuaderno de ejercicios de *Ciencias* están diseñados teniendo en cuenta el objetivo final: aprobar con éxito la Prueba de Ciencias GED®.

Además de dominar los contenidos clave y las destrezas de lectura y razonamiento, te familiarizarás con ejercicios alternativos que reflejan, en material impreso, la naturaleza y el alcance de los ejercicios incluidos en la Prueba de GED®.

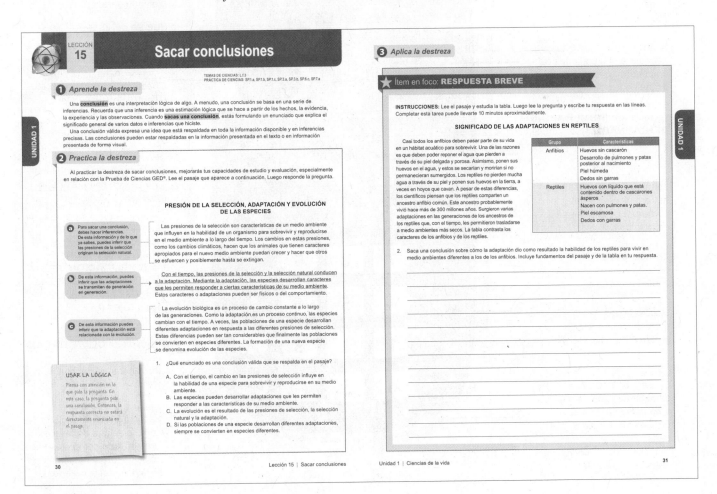

Indicaciones de la calculadora

Algunos ejercicios de la Prueba de Razonamiento Matemático GED® te permiten usar una calculadora como ayuda para responder las preguntas. Esa calculadora, la TI-30XS, está integrada en la interfaz de la prueba. La calculadora TI-30XS estará disponible para la mayoría de los ejercicios de la Prueba de Razonamiento Matemático GED® y para algunos ejercicios de la Prueba de Ciencias GED® y la Prueba de Estudios Sociales GED®. La calculadora TI-30XS se muestra a continuación, junto con algunos recuadros que detallan algunas de sus teclas más importantes. En el ángulo superior derecho de la pantalla, hay un botón que permite acceder a la hoja de referencia para la calculadora.

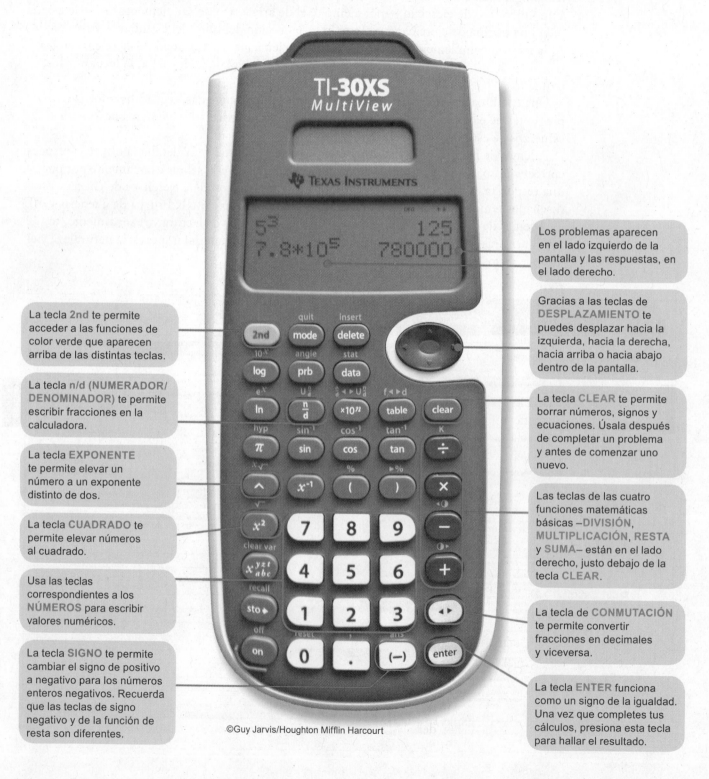

La tecla **2nd** te permite acceder a las funciones de color verde que aparecen arriba de las distintas teclas.

La tecla **n/d (NUMERADOR/ DENOMINADOR)** te permite escribir fracciones en la calculadora.

La tecla **EXPONENTE** te permite elevar un número a un exponente distinto de dos.

La tecla **CUADRADO** te permite elevar números al cuadrado.

Usa las teclas correspondientes a los **NÚMEROS** para escribir valores numéricos.

La tecla **SIGNO** te permite cambiar el signo de positivo a negativo para los números enteros negativos. Recuerda que las teclas de signo negativo y de la función de resta son diferentes.

Los problemas aparecen en el lado izquierdo de la pantalla y las respuestas, en el lado derecho.

Gracias a las teclas de **DESPLAZAMIENTO** te puedes desplazar hacia la izquierda, hacia la derecha, hacia arriba o hacia abajo dentro de la pantalla.

La tecla **CLEAR** te permite borrar números, signos y ecuaciones. Úsala después de completar un problema y antes de comenzar uno nuevo.

Las teclas de las cuatro funciones matemáticas básicas —**DIVISIÓN, MULTIPLICACIÓN, RESTA** y **SUMA**— están en el lado derecho, justo debajo de la tecla **CLEAR**.

La tecla de **CONMUTACIÓN** te permite convertir fracciones en decimales y viceversa.

La tecla **ENTER** funciona como un signo de la igualdad. Una vez que completes tus cálculos, presiona esta tecla para hallar el resultado.

©Guy Jarvis/Houghton Mifflin Harcourt

Cómo empezar

Para habilitar la calculadora, haz clic en la parte superior izquierda de la pantalla de la prueba. Si la calculadora aparece y te impide ver un problema, puedes hacer clic en ella para arrastrarla y moverla hacia otra parte de la pantalla. Una vez habilitada, la calculadora podrá usarse (no es necesario presionar la tecla **ON**).

- Usa la tecla **CLEAR** para borrar todos los números y las operaciones de la pantalla.
- Usa la tecla **ENTER** para completar todos los cálculos.

Tecla 2nd

La tecla verde **2nd** se encuentra en el ángulo superior izquierdo de la calculadora TI-30XS. La tecla **2nd** habilita las funciones secundarias de las teclas, representadas con color verde y ubicadas arriba de las teclas de función primaria. Para usar una función secundaria, primero haz clic en el número, luego haz clic en la tecla **2nd** y, por último, haz clic en la tecla que representa la función secundaria que deseas implementar. Por ejemplo, para ingresar **25%**, primero ingresa el número **[25]**. Luego, haz clic en la tecla **2nd** y, por último, haz clic en la tecla de apertura de paréntesis, cuya función secundaria permite ingresar el símbolo de porcentaje (%).

Fracciones y números mixtos

Para ingresar una fracción, como por ejemplo $\frac{3}{4}$, haz clic en la tecla **n/d (numerador/ denominador)** y, luego, en el número que representará el numerador **[3]**. Ahora haz clic en la **flecha hacia abajo** (en el menú de desplazamiento ubicado en el ángulo superior derecho de la calculadora) y, luego, en el número que representará el denominador **[4]**. Para hacer cálculos con fracciones, haz clic en la **flecha hacia la derecha** y, luego, en la tecla de la función correspondiente y en los otros números de la ecuación.

Para ingresar números mixtos, como por ejemplo $1\frac{3}{8}$, primero ingresa el número entero **[1]**. Luego, haz clic en la tecla **2nd** y en la tecla cuya función secundaria permite ingresar **números mixtos** (la tecla **n/d**). Ahora ingresa el numerador de la fracción **[3]** y, luego, haz clic en el botón de la **flecha hacia abajo** y en el número que representará el denominador **[8]**. Si haces clic en **ENTER**, el número mixto se convertirá en una fracción impropia. Para hacer cálculos con números mixtos, haz clic en la **flecha hacia la derecha** y, luego, en la tecla de la función correspondiente y en los otros números de la ecuación.

Números negativos

Para ingresar un número negativo, haz clic en la tecla del **signo negativo** (ubicada justo debajo del número **3** en la calculadora). Recuerda que la tecla del **signo negativo** es diferente de la tecla de **resta**, que se encuentra en la columna de teclas ubicada en el extremo derecho, justo encima de la tecla de **suma** (+).

Cuadrados, raíces cuadradas y exponentes

- **Cuadrados:** La tecla x^2 permite elevar números al cuadrado. La tecla **exponente** (^) eleva los números a exponentes mayores que dos, por ejemplo, al cubo. Por ejemplo, para hallar el resultado de 5^3 en la calculadora, ingresa la base **[5]**, haz clic en la tecla exponente (^) y en el número que funcionará como exponente **[3]**, y, por último, en la tecla **ENTER**.
- **Raíces cuadradas:** Para hallar la raíz cuadrada de un número, como por ejemplo 36, haz clic en la tecla **2nd** y en la tecla cuya función secundaria permite calcular una **raíz cuadrada** (la tecla x^2). Ahora ingresa el número **[36]** y, por último, haz clic en la tecla **ENTER**.
- **Raíces cúbicas:** Para hallar la raíz cúbica de un número, como por ejemplo **125**, primero ingresa el cubo en formato de número **[3]** y, luego, haz clic en la tecla **2nd** y en la tecla cuya función secundaria permite calcular una **raíz cuadrada**. Por último, ingresa el número para el que quieres hallar el cubo **[125]**, y haz clic en **ENTER**.
- **Exponentes:** Para hacer cálculos con números expresados en notación científica, como 7.8×10^9, primero ingresa la base **[7.8]**. Ahora haz clic en la tecla de **notación científica** (ubicada justo debajo de la tecla **DATA**) y, luego, ingresa el número que funcionará como exponente **[9]**. Entonces, obtienes el resultado de 7.8×10^9.

Consejos para realizar la prueba

La nueva Prueba de GED® incluye más de 160 ejercicios distribuidos en los exámenes de las cuatro asignaturas: Razonamiento a través de las Artes del Lenguaje, Razonamiento Matemático, Ciencias y Estudios Sociales. Los exámenes de las cuatro asignaturas requieren un tiempo total de evaluación de siete horas. Si bien la mayoría de los ejercicios consisten en preguntas de opción múltiple, hay una serie de ejercicios potenciados por la tecnología. Se trata de ejercicios en los que los estudiantes deben: elegir la respuesta correcta a partir de un menú desplegable; completar los espacios en blanco; arrastrar y soltar elementos; marcar el punto clave en una gráfica; ingresar una respuesta breve e ingresar una respuesta extendida.

A través de este libro y los que lo acompañan, te ayudamos a elaborar, desarrollar y aplicar destrezas de lectura y razonamiento indispensables para tener éxito en la Prueba de GED®. Como parte de una estrategia global, te sugerimos que uses los consejos que se detallan aquí, y en todo el libro, para mejorar tu desempeño en la Prueba de GED®.

➤ **Siempre lee atentamente las instrucciones para saber exactamente lo que debes hacer.** Como ya hemos mencionado, la Prueba de GED® de 2014 tiene un formato electrónico completamente nuevo que incluye diversos ejercicios potenciados por la tecnología. Si no sabes qué hacer o cómo proceder, pide al examinador que te explique las instrucciones.

➤ **Lee cada pregunta con detenimiento para entender completamente lo que se te pide.** Por ejemplo, algunos pasajes y gráficas pueden presentar más información de la que se necesita para responder correctamente una pregunta específica. Otras preguntas pueden contener palabras en negrita para enfatizarlas (por ejemplo, "¿Qué enunciado representa la corrección **más** adecuada para esta hipótesis?").

➤ **Administra bien tu tiempo para llegar a responder todas las preguntas.** Debido a que la Prueba de GED® consiste en una serie de exámenes cronometrados, debes dedicar el tiempo suficiente a cada pregunta, pero no *demasiado* tiempo. Por ejemplo, en la Prueba de Razonamiento Matemático GED®, tienes 115 minutos para responder aproximadamente 46 preguntas, es decir, un promedio de dos minutos por pregunta. Obviamente, algunos ejercicios requerirán más tiempo y otros menos, pero siempre debes tener presente el número total de ejercicios y el tiempo total de evaluación. La nueva interfaz de la Prueba de GED® te ayuda a administrar el tiempo. Incluye un reloj en el ángulo superior derecho de la pantalla que te indica el tiempo restante para completar la prueba. Además, puedes controlar tu progreso a través de la línea de **Pregunta**, que muestra el número de pregunta actual, seguido por el número total de preguntas del examen de esa asignatura.

➤ **Responde todas las preguntas, ya sea que sepas la respuesta o tengas dudas.** No es conveniente dejar preguntas sin responder en la Prueba de GED®. Recuerda el tiempo que tienes para completar cada prueba y adminístralo en consecuencia. Si deseas revisar un ejercicio específico al final de una prueba, haz clic en **Marcar para revisar** para señalar la pregunta. Al hacerlo, aparece una bandera amarilla. Es posible que, al final de la prueba, tengas tiempo para revisar las preguntas que has marcado.

➤ **Haz una lectura rápida.** Puedes ahorrar tiempo si lees cada pregunta y las opciones de respuesta antes de leer o estudiar el pasaje o la gráfica que las acompañan. Una vez que entiendes qué pide la pregunta, repasa el pasaje o el elemento visual para obtener la información adecuada.

➤ **Presta atención a cualquier palabra desconocida que haya en las preguntas.** Primero, intenta volver a leer la pregunta sin incluir la palabra desconocida. Luego intenta usar las palabras que están cerca de la palabra desconocida para determinar su significado.

➤ **Vuelve a leer cada pregunta y vuelve a examinar el texto o la gráfica que la acompaña para descartar opciones de respuesta.** Si bien las cuatro respuestas son *posibles* en los ejercicios de opción múltiple, recuerda que solo una es *correcta*. Aunque es posible que puedas descartar una respuesta de inmediato, seguramente necesites más tiempo, o debas usar la lógica o hacer suposiciones, para descartar otras opciones. En algunos casos, quizás necesites sacar tu mejor conclusión para inclinarte por una de dos opciones.

➤ **Hazle caso a tu intuición cuando respondas las preguntas.** Si tu primera reacción es elegir la opción A como respuesta a una pregunta, lo mejor es que te quedes con esa respuesta, a menos que determines que es incorrecta. Generalmente, la primera respuesta que alguien elige es la correcta.

Destrezas de estudio

Ya has tomado dos decisiones muy inteligentes: estudiar para obtener tu credencial GED® y apoyarte en la *Preparación para la Prueba de GED® 2014 de Steck-Vaughn: Ciencias* para lograrlo. A continuación se detallan estrategias adicionales para aumentar tus posibilidades de aprobar con éxito la Prueba de GED®.

A 4 semanas...

➤ **Establece un cronograma de estudio para la Prueba de GED®.** Elige horarios que contribuyan a un mejor desempeño y lugares, como una biblioteca, que te brinden el mejor ambiente para estudiar.

➤ **Repasa en detalle todo el material de la *Preparación para la Prueba de GED® 2014 de Steck-Vaughn: Ciencias*.** Usa el cuaderno de ejercicios de *Ciencias* para ampliar la comprensión de los conceptos del libro del estudiante de *Ciencias*.

➤ **Usa un cuaderno para cada materia que estés estudiando.** Las carpetas con bolsillos son útiles para guardar hojas sueltas.

➤ **Al tomar notas, expresa tus pensamientos o ideas con tus propias palabras en lugar de copiarlos directamente de un libro.** Puedes expresar estas notas como oraciones completas, como preguntas (con respuestas) o como fragmentos, siempre y cuando las entiendas.

A 2 semanas...

➤ **A partir de tu desempeño en las secciones de repaso de las unidades, presta atención a las áreas que te generaron inconvenientes.** Dedica el tiempo de estudio restante a esas áreas.

Los días previos...

➤ **Traza la ruta para llegar al centro de evaluación, y visítalo uno o dos días antes de la prueba.** Si el día de la prueba planeas ir en carro al centro de evaluación, consulta dónde podrás estacionar.

➤ **Duerme una buena cantidad de horas la noche anterior a la Prueba de GED®.** Los estudios demuestran que los estudiantes que descansan lo suficiente se desempeñan mejor en las pruebas.

El día de la prueba...

➤ **Toma un desayuno abundante con alto contenido en proteínas.** Al igual que el resto de tu cuerpo, tu cerebro necesita mucha energía para funcionar bien.

➤ **Llega al centro de evaluación 30 minutos antes.** Si llegas temprano, tendrás suficiente tiempo en caso de que haya un cambio de salón de clases.

➤ **Empaca un almuerzo abundante y nutritivo.** Un almuerzo bien nutritivo es muy importante si planeas quedarte en el centro de evaluación la mayor parte del día.

➤ **Relájate.** Has llegado muy lejos y te has preparado durante varias semanas para la Prueba de GED®. ¡Ahora es tu momento de brillar!

Interpretar ilustraciones

Usar con el *Libro del estudiante,* págs. 2–3.

TEMAS DE CIENCIAS: L.b.1, L.d.1, L.d.2, L.d.3
PRÁCTICA DE CIENCIAS: SP.1.a, SP.1.b, SP.1.c, SP.7.a

UNIDAD 1

① Repasa la destreza

Las **ilustraciones** son herramientas importantes para explicar las partes de un todo y cómo esas partes encajan entre sí. Algunas ilustraciones muestran cosas que normalmente no son visibles, como las partes de una célula. Otras pueden ayudarte a visualizar lo que ocurre en un proceso complejo. Cuando **interpretas ilustraciones**, usas los elementos visuales y las etiquetas u otros textos relacionados para entender la estructura de un objeto, cómo funciona algo o cómo ocurre algo.

Dado que gran parte de la ciencia tiene que ver con objetos o procesos que no pueden verse directamente, las ilustraciones son una parte importante de las presentaciones científicas. Ver e interpretar ilustraciones te ayudará a mejorar la comprensión de los temas de ciencias.

② Perfecciona la destreza

Al perfeccionar la destreza de interpretar ilustraciones, mejorarás tus capacidades de estudio y evaluación, especialmente en relación con la Prueba de Ciencias GED®. Estudia la ilustración que aparece a continuación. Luego responde las preguntas.

a Lee el título y los rótulos para comenzar a interpretar la ilustración. Esos elementos te ayudan a saber que la ilustración muestra el interior de una célula y que los lisosomas son orgánulos que están dentro de las células.

b Las flechas y los números indican que esta es una ilustración de un proceso que ocurre por etapas. Sigue los números por orden.

LOS LISOSOMAS DIGIEREN ALIMENTOS

- Lisosomas que contienen enzimas digestivas
- Membrana celular
- **❸** Las enzimas digieren los alimentos.
- **❷** Se forman vacuolas digestivas y se fusionan con los lisosomas.
- **❶** Las partículas de alimento entran en la célula.

1. ¿Qué contiene un lisosoma para digerir los alimentos?

   A. una membrana celular
   B. enzimas
   C. vacuolas
   D. partículas de alimento

2. A partir de la ilustración, ¿cuál es el propósito de una vacuola digestiva?

   A. digerir las partículas de alimento
   B. elaborar enzimas digestivas
   C. transportar los alimentos a los lisosomas
   D. entrar a través de la membrana celular

TECNOLOGÍA PARA LA PRUEBA

La Prueba de GED® se hace con una computadora. Antes de hacer la prueba, asegúrate de que estás familiarizado con las destrezas de computación, como manejar un ratón, desplazarte, hacer clic o manejar un teclado.

③ Domina la destreza

INSTRUCCIONES: Estudia la información y la ilustración, lee cada pregunta y elige la **mejor** respuesta.

MEIOSIS

Mediante la mitosis, una célula se divide para formar dos células hijas que son iguales a la célula progenitora. Las células también se dividen mediante la meiosis. Del mismo modo que con la mitosis, el núcleo de la célula se divide después de que el material genético, o hereditario, se haya replicado. Durante la meiosis, sin embargo, las dos células hijas se dividen sin duplicar su material genético. El resultado son cuatro células que se llaman gametos. Los óvulos y los espermatozoides son gametos. Los gametos se unen durante la reproducción sexual para formar una única célula que tiene el mismo número de cromosomas que tenía la célula original antes de la meiosis. En la ilustración se muestra lo que ocurre al material genético del núcleo celular antes y durante la meiosis.

La célula progenitora contiene material genético en cromosomas.

Los cromosomas se replican.

Las versiones de cromosomas relacionados se emparejan.

Los cromosomas emparejados intercambian secciones de material genético.

Se forman dos células hijas.

Las dos células hijas se dividen para formar cuatro nuevas células (gametos).

3. La célula progenitora de la ilustración tiene cuatro cromosomas. ¿Cuántos cromosomas tiene cada gameto al finalizar la meiosis?

   A. dos
   B. cuatro
   C. seis
   D. ocho

4. De los siguientes sucesos, ¿cuál ocurre en último lugar durante la meiosis?

   A. La célula se divide en dos células hijas iguales.
   B. Los cromosomas intercambian secciones de material genético.
   C. Las dos células hijas se dividen para formar gametos.
   D. Los cromosomas se replican.

5. A partir de la ilustración, ¿qué resulta cuando los cromosomas intercambian secciones de material genético?

   A. gametos que no pueden dañarse
   B. gametos que tienen distinto número de cromosomas
   C. gametos que se dividen para formar nuevas células
   D. gametos que tienen distinto material genético

INSTRUCCIONES: Estudia la información y la ilustración, lee la pregunta y elige la **mejor** respuesta.

MEMBRANA CELULAR

La membrana celular, que contiene a la célula, está compuesta por lípidos (grasas) y proteínas. Permite que únicamente las sustancias que se disuelven en los lípidos se muevan libremente hacia dentro y hacia fuera de la célula. El oxígeno es un ejemplo de sustancia soluble en lípidos. El agua y las sustancias solubles en agua, como la glucosa, necesitan proteínas para poder pasar a través de la membrana celular.

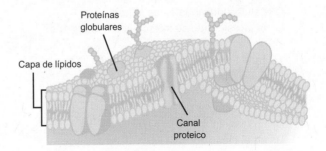
Proteínas globulares
Capa de lípidos
Canal proteico

6. ¿Qué se muestra en la ilustración?

   A. cómo se reproducen las células
   B. el núcleo de una célula
   C. el contenido de una célula típica
   D. las estructuras de la membrana celular

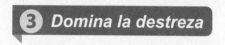

INSTRUCCIONES: Estudia la información y la ilustración, lee cada pregunta y elige la **mejor** respuesta.

FOTOSÍNTESIS

Las plantas usan la energía de la luz del sol para producir su propio alimento mediante el proceso de la fotosíntesis. Durante la fotosíntesis, la planta convierte un gas que hay en el aire (dióxido de carbono o CO_2) y el agua del suelo en glucosa. La glucosa es un azúcar simple que se almacena en los tejidos de la planta. Otro gas (el oxígeno, u O_2) se libera durante el proceso. La fotosíntesis tiene lugar en unas estructuras diminutas que se denominan cloroplastos. Los cloroplastos contienen clorofila, una sustancia que absorbe la luz del sol y que es necesaria para convertir la energía lumínica en energía química que la planta almacena en sus raíces.

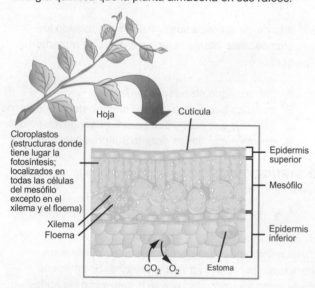

7. ¿Qué son la epidermis superior, el mesófilo y la epidermis inferior?

    A. zonas donde tiene lugar la fotosíntesis
    B. capas de la estructura de la hoja
    C. células individuales de la hoja
    D. lugares donde se intercambian los gases

8. ¿Dónde tiene lugar la fotosíntesis?

    A. en el xilema
    B. en el estoma
    C. en la cutícula
    D. en el mesófilo

9. ¿Cuál sería el **mejor** título para esta ilustración?

    A. Estructura de la hoja y fotosíntesis
    B. Cómo funciona la fotosíntesis
    C. Composición de la clorofila
    D. Entender los cloroplastos

INSTRUCCIONES: Estudia la ilustración, lee la pregunta y elige la **mejor** respuesta.

CÉLULA BACTERIANA Y CÉLULA ANIMAL

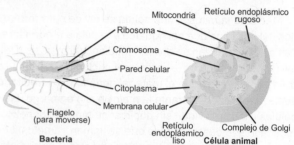

Una bacteria es un organismo unicelular. Los animales son pluricelulares.

10. ¿En qué se diferencian una célula bacteriana y una célula animal?

    A. Una bacteria tiene núcleo, mientras que una célula animal no lo tiene.
    B. La estructura de la célula animal es más compleja que la estructura de la bacteria.
    C. Una bacteria tiene más citoplasma que una célula animal.
    D. Una célula animal puede moverse con más facilidad que una bacteria.

INSTRUCCIONES: Estudia la ilustración, lee la pregunta y elige la **mejor** respuesta.

NÚCLEO CELULAR

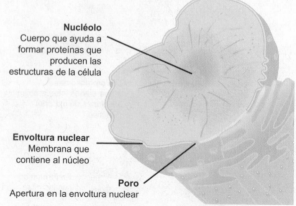

El núcleo de una célula controla las funciones de la célula y contiene su material genético.

11. ¿Cuál es la **principal** función de los poros?

    A. permitir que entren y salgan materiales del núcleo
    B. contener el material genético dentro del núcleo
    C. sellar la envoltura nuclear
    D. ayudar a formar proteínas

INSTRUCCIONES: Estudia la información y la ilustración, lee cada pregunta y elige la **mejor** respuesta.

RESPIRACIÓN CELULAR

La respiración celular es el proceso por el cual la energía de los alimentos se libera y se convierte en energía que las células pueden usar. La glucosa es la principal fuente de alimento para las células. Durante la respiración celular, la glucosa se convierte en trifosfato de adenosina o ATP. El ATP almacenado en las células es la fuente de energía para muchos procesos celulares. La respiración celular puede ser aeróbica, con oxígeno, o anaeróbica, sin oxígeno. La respiración anaeróbica, en ocasiones conocida como fermentación, produce menos ATP que el ciclo del ácido cítrico de la respiración aeróbica. Sin embargo, la respiración anaeróbica es importante dado que permite que el ATP se produzca y sea utilizado.

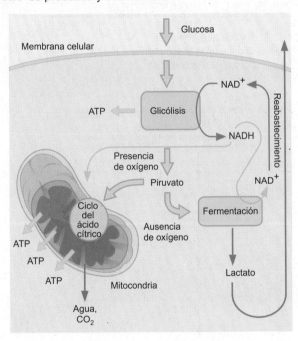

12. ¿Qué paso de la respiración celular produce la mayor cantidad de ATP?

    A. el reabastecimiento
    B. la fermentación
    C. el ciclo del ácido cítrico
    D. la glicólisis

13. ¿Qué sustancia es un producto de la fermentación?

    A. lactato
    B. agua
    C. dióxido de carbono
    D. piruvato

14. A partir de la ilustración, ¿cómo influye la fermentación en la producción de ATP?

    A. Proporciona NADH para permitir que tenga lugar el ciclo del ácido cítrico.
    B. Permite que la célula absorba glucosa a través de la membrana celular.
    C. Proporciona piruvato para su uso en el ciclo del ácido cítrico.
    D. Produce el compuesto químico NAD^+, que se usa en la glicólisis.

INSTRUCCIONES: Estudia la ilustración, lee cada pregunta y elige la **mejor** respuesta.

MITOCONDRIA DE LA CÉLULA ANIMAL

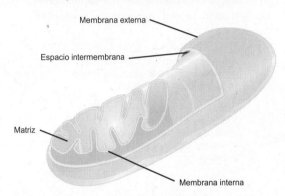

La mitocondria en las células animales libera la energía acumulada en los alimentos, como el azúcar.

15. ¿Cuál es el propósito de esta ilustración de una mitocondria de una célula animal?

    A. mostrar cómo cambia una mitocondria a lo largo del tiempo
    B. mostrar las partes de una mitocondria completa
    C. mostrar cómo se mueven los materiales a través de las células
    D. mostrar el proceso de producción de energía

16. A partir de la ilustración, ¿qué oración de las siguientes describe la mitocondria?

    A. Es la estructura más grande en el interior de una célula.
    B. Tiene dos membranas.
    C. Forma parte del núcleo.
    D. Puede moverse con facilidad hacia dentro y hacia fuera de la célula.

17. ¿Qué información proporciona la leyenda?

    A. la localización de la matriz
    B. un propósito del espacio intermembrana
    C. el tamaño de la membrana externa
    D. una función de la mitocondria

Identificar idea principal y detalles

Usar con el *Libro del estudiante,* págs. 4–5.

TEMAS DE CIENCIAS: L.a.1, L.d.2
PRÁCTICA DE CIENCIAS: SP.1.a, SP.1.b, SP.1.c, SP.7.a

UNIDAD 1

1 Repasa la destreza

La **idea principal** es la parte más importante de un texto informativo, un artículo, un párrafo o incluso de una información que se presente de forma visual. Puedes **identificar la idea principal** si buscas la oración o la idea que esté respaldada por otras informaciones. Esta otra información se transmite a través de los **detalles de apoyo**. Los detalles de apoyo pueden ser hechos, estadísticas, datos, descripciones y explicaciones.

Una idea principal puede estar expresada de forma obvia en una oración o puede ser implícita. Si la idea principal está implícita, necesitarás usar la lógica y el razonamiento para determinar cuál es la idea principal, basándote en los detalles de apoyo.

2 Perfecciona la destreza

Al perfeccionar la destreza de identificar idea principal y detalles, mejorarás tus capacidades de estudio y evaluación, especialmente en relación con la Prueba de Ciencias de GED®. Estudia la información que aparece a continuación. Luego responde las preguntas.

a Del mismo modo que la información presentada en un texto, la información que se presenta en elementos visuales, o gráficas, tiene también una idea principal. Los títulos, los encabezados y otros textos de las gráficas pueden indicarte cuál es esa idea principal.

b La idea principal en una gráfica puede estar implícita. Para identificar una idea principal implícita, analiza la gráfica completa y toda la información para decidir qué idea principal está respaldada.

NIVELES DE ORGANIZACIÓN

Célula especializada
Célula sanguínea, célula ósea, célula muscular, célula de la piel, etcétera

↓

Tejido
Grupos de células que son similares en su estructura y función

↓

Órgano
Grupo de tejidos que funcionan juntos para desarrollar funciones

↓

Sistema
Órganos que trabajan juntos para desarrollar procesos

↓

Organismo

TEMAS

El cuerpo humano tiene muchos órganos, pero su órgano más grande es la piel. La piel está compuesta por tres capas. Cada una de estas capas contiene diversos tejidos y células. La piel forma parte del sistema tegumentario.

1. ¿Qué oración expresa **mejor** la idea principal de la gráfica?

   A. En un organismo pluricelular, las células se organizan según su función.
   B. Las células de un organismo pluricelular se organizan según su tamaño.
   C. Los órganos de un organismo pluricelular tienen distintas funciones.
   D. Un organismo pluricelular tiene más sistemas que órganos.

2. ¿Qué oración expresa uno de los detalles de apoyo de la gráfica?

   A. La piel está compuesta por tres capas.
   B. Las células tienen distintas formas y tamaños.
   C. Los grupos de células similares forman tejidos.
   D. Los músculos pueden ser lisos, cardíacos o esqueléticos.

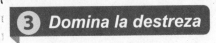

INSTRUCCIONES: Lee el pasaje y la pregunta y elige la **mejor** respuesta.

EL MOVIMIENTO DEL OXÍGENO A TRAVÉS DEL CUERPO

El sistema circulatorio transporta oxígeno a todas las células del cuerpo a través de la sangre. Para hacer esto, el sistema circulatorio actúa en conjunto con el sistema respiratorio. El oxígeno entra en la sangre y llega al resto del cuerpo mediante un ciclo en el que colaboran el corazón, los pulmones y los vasos sanguíneos. La sangre de las células del cuerpo fluye a través de los vasos sanguíneos al corazón. Esta sangre contiene muy poco oxígeno porque las células ya han usado la mayor parte del oxígeno disponible. El corazón bombea la sangre pobre en oxígeno a los pulmones, donde esta fluye a través de diminutos vasos sanguíneos. Después, el oxígeno del aire en los pulmones atraviesa las paredes de los vasos sanguíneos y entra en la sangre. Unas células especiales de la sangre absorben el oxígeno. Entonces la sangre pasa a unos vasos sanguíneos más grandes y regresa al corazón. El corazón bombea la sangre rica en oxígeno a través de los vasos sanguíneos hacia el resto del cuerpo. A medida que la sangre fluye por el cuerpo, las células absorben el oxígeno de ella. Finalmente, la sangre pobre en oxígeno vuelve al corazón y el ciclo se repite de nuevo.

3. ¿Qué oración expresa la idea principal del pasaje?

   A. El sistema circulatorio y el sistema respiratorio trabajan en conjunto para llevar oxígeno a las células.
   B. La sangre que va desde las células al corazón contiene muy poco oxígeno.
   C. El corazón aporta la energía para bombear la sangre a través del cuerpo.
   D. El oxígeno entra a través de los pulmones y pasa a la sangre.

INSTRUCCIONES: Lee el pasaje y la pregunta y elige la **mejor** respuesta.

LOS SISTEMAS DEL CUERPO QUE TRABAJAN EN CONJUNTO

Algunos sistemas del cuerpo trabajan conjuntamente. Por ejemplo, cuando los nutrientes son absorbidos a través de la pared del intestino delgado, las partes del alimento que no pueden digerirse se convierten en desechos. Estos desechos pasan al intestino grueso y lo recorren. Allí se absorbe la mayor parte del agua, que hace compactos a los desechos. Los materiales de desecho compactos, que se denominan heces, pasan al recto. Las heces se almacenan en el recto hasta que se eliminan del cuerpo a través del ano. De este modo, el intestino grueso forma parte tanto del sistema digestivo como del sistema excretor.

4. ¿Cuál de los siguientes detalles respalda **mejor** la idea principal del pasaje?

   A. El agua se absorbe en el intestino grueso.
   B. Los materiales de desecho compactos se denominan heces.
   C. Los nutrientes se absorben a través de las paredes del intestino delgado.
   D. El intestino grueso forma parte del tracto digestivo, pero también elimina los desechos.

INSTRUCCIONES: Lee el pasaje. Luego lee cada pregunta y elige la **mejor** respuesta.

EL SISTEMA MUSCULAR

Hay tres tipos principales de músculos. Los músculos esqueléticos son los músculos que están adheridos a los huesos. Este tipo de músculo controla los movimientos corporales contrayéndose y relajándose. Cada fibra de un músculo esquelético es una célula muscular individual. Los músculos cardíacos, otro tipo de músculo, se conocen como músculos del corazón porque solamente se encuentran en este órgano. Los músculos cardíacos trabajan con el sistema circulatorio para hacer circular la sangre a través del cuerpo. El tercer tipo de músculo recibe el nombre de músculos lisos y compone las paredes de los órganos internos. Por ejemplo, las paredes del estómago y los intestinos están compuestas por músculos lisos. Este músculo empuja la comida a través del tracto digestivo. Los músculos lisos actúan de manera involuntaria, es decir, se contraen y se relajan por sí solos.

5. ¿Qué oración expresa la idea principal del pasaje?

   A. Las fibras de los músculos esqueléticos están compuestas por células musculares individuales.
   B. Los músculos cardíacos trabajan en conjunto con el sistema circulatorio para hacer circular la sangre.
   C. Los tres tipos de músculo desempeñan papeles distintos en el sistema muscular.
   D. Los órganos internos tienen paredes de músculo liso.

6. ¿Cómo respaldan los detalles la idea principal del pasaje?

   A. Identifican los datos recopilados en una investigación sobre cómo se mueven los músculos.
   B. Enumeran todas las maneras en que los músculos esqueléticos mueven el cuerpo.
   C. Explican cómo los músculos lisos empujan los alimentos a través del tracto digestivo.
   D. Describen cada uno de los tres tipos de músculos.

INSTRUCCIONES: Estudia la ilustración y la información, lee cada pregunta y elige la **mejor** respuesta.

SISTEMA NERVIOSO

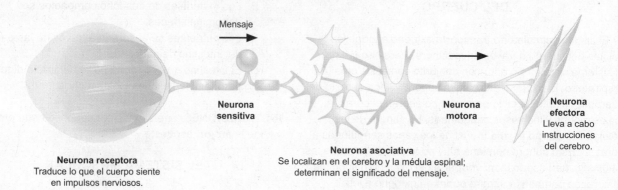

Mensaje

Neurona sensitiva

Neurona motora

Neurona efectora
Lleva a cabo instrucciones del cerebro.

Neurona asociativa
Se localizan en el cerebro y la médula espinal; determinan el significado del mensaje.

Neurona receptora
Traduce lo que el cuerpo siente en impulsos nerviosos.

El sistema nervioso incluye muchos tipos de células nerviosas, o neuronas. Todas ellas tienen funciones distintas. Cuando una persona ve un apetitoso trozo de pastel de chocolate, las neuronas receptoras de los ojos reconocen el pastel. Envían la imagen del pastel mediante las neuronas sensitivas a las neuronas asociativas del cerebro y la médula espinal. En una fracción de segundo, el cerebro decide cómo debe responder el cuerpo. El cerebro puede decidir que la respuesta correcta es alcanzar el pastel. Como resultado, el cerebro envía esta señal a través de las neuronas motoras a las neuronas efectoras de la mano. Los músculos de la mano de la persona se mueven y toman el plato que contiene el trozo de pastel.

7. ¿Qué oración expresa la idea principal de la ilustración y del pasaje?

   A. Los impulsos nerviosos siguen un camino específico a través de distintas neuronas para determinar significados y hacer que el cuerpo reaccione.
   B. Las neuronas efectoras llevan a cabo instrucciones del cerebro.
   C. El cerebro y la médula espinal son responsables de hallar el sentido de los mensajes de las neuronas sensitivas.
   D. Las neuronas motoras y las neuronas sensitivas envían mensajes.

8. ¿Qué detalle proporciona la ilustración que respalda **más directamente** la idea principal de la ilustración y el pasaje?

   A. ejemplos de las formas de los distintos tipos de neuronas
   B. una explicación del papel del cerebro y de la médula espinal
   C. descripciones de las funciones específicas de los tres tipos de neuronas
   D. un ejemplo de algo que el cuerpo siente

9. ¿Qué detalle podría añadirse al pasaje para respaldar la idea principal de la ilustración y el pasaje?

   A. Las neuronas tienen núcleo y material genético al igual que otras células.
   B. Hay tres clases de neuronas y cada una de ellas incluye cientos de tipos distintos de neuronas.
   C. Las neuronas son las células más largas del cuerpo humano.
   D. Algunas enfermedades cerebrales están causadas por la muerte de neuronas por causas no naturales.

UNIDAD 1

INSTRUCCIONES: Estudia el pasaje y la ilustración, lee cada pregunta y elige la **mejor** respuesta.

EL SISTEMA ENDOCRINO

El sistema endocrino está compuesto principalmente por glándulas que segregan hormonas, como la testosterona y el estrógeno. Las hormonas que segrega el sistema endocrino controlan el crecimiento, el metabolismo, el desarrollo sexual y otras funciones corporales.

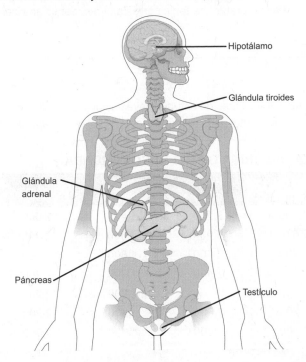

10. ¿Qué oración expresa la idea principal del pasaje?

   A. El sistema endocrino tiene una localización central en el cuerpo humano.
   B. El sistema endocrino comprende las glándulas que fabrican hormonas para regular los sistemas del cuerpo.
   C. El sistema endocrino mantiene el cuerpo en un estado de equilibrio.
   D. El sistema endocrino controla la maduración sexual.

11. ¿Qué detalle podría añadirse al pasaje para respaldar la idea principal?

   A. La glándula pituitaria, una parte principal del sistema endocrino, produce siete tipos de hormonas.
   B. La glándula pituitaria tiene un lóbulo anterior y un lóbulo posterior.
   C. La glándula pituitaria se localiza en el cerebro, cerca del hipotálamo.
   D. La glándula pituitaria es diminuta, del tamaño de un guisante aproximadamente.

12. ¿Qué oración expresa **mejor** la idea principal de la ilustración?

   A. El páncreas es la glándula endocrina de mayor tamaño.
   B. La glándula tiroides se localiza en el cuello.
   C. Las glándulas endocrinas afectan al desarrollo sexual.
   D. Hay glándulas por todo el cuerpo que forman parte del sistema endocrino.

INSTRUCCIONES: Estudia el pasaje y la ilustración, lee la pregunta y elige la **mejor** respuesta.

EQUILIBRIO HORMONAL

El sistema endocrino usa hormonas, que son mensajeras químicas, para regular las actividades del cuerpo. El cuerpo necesita la cantidad exacta de cada tipo de hormona para mantenerse saludable y equilibrado. Para proveer la cantidad adecuada de cada hormona, el sistema endocrino sigue bucles de retroalimentación. Estos bucles dan la indicación a ciertas partes del sistema endocrino de que produzcan más o menos cantidad de un tipo determinado de hormona. La ilustración muestra uno de estos mecanismos relacionado con la producción de la hormona del crecimiento.

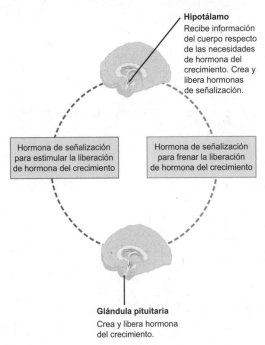

13. El título de la ilustración a menudo nos indica cuál es su idea principal. ¿Qué título expresa **mejor** la idea principal de esta ilustración?

   A. Cómo se inhibe la hormona del crecimiento
   B. Ciclo de retroalimentación endocrino
   C. Regulación de la hormona del crecimiento en el cuerpo
   D. Control del crecimiento en el cuerpo humano

Interpretar tablas

Usar con el *Libro del estudiante*, págs. 6–7.

TEMAS DE CIENCIAS: L.a.3
PRÁCTICA DE CIENCIAS: SP.1.a, SP.1.b, SP.1.c, SP.3.b, SP.8.b

UNIDAD 1

1 Repasa la destreza

Una **tabla** nos ofrece una manera de organizar la información de modo tal que pueda representarse con claridad. Las columnas y las filas de una tabla presentan información distinta aunque relacionada y muestran, dependiendo de su posición, cómo se relaciona esta información. Cuando **interpretas tablas**, puedes identificar la información rápidamente sin tener que leer largos pasajes de texto.

Incluso una tabla simple puede contener varias partes. Por ejemplo, una tabla típica tiene un título y encabezados de columnas. Una tabla también puede tener una leyenda que te ayude a entender la información presentada en la tabla, o un apartado de fuentes que te indique el origen de la información. Para interpretar una tabla correctamente, debes analizar todas sus partes.

2 Perfecciona la destreza

Al perfeccionar la destreza de interpretar tablas, mejorarás tus capacidades de estudio y evaluación, especialmente en relación con la Prueba de Ciencias GED®. Estudia la siguiente tabla y después responde las preguntas que aparecen a continuación.

a La información de las columnas de algunas tablas puede parecer similar. Lee atentamente los encabezados. Aquí tenemos cuatro categorías relacionadas con hombres y mujeres sedentarios y activos.

b Esta tabla tiene una leyenda. Lee la leyenda para saber más sobre la información presentada en la tabla.

INGESTA CALÓRICA DIARIA RECOMENDADA

Edad (Años)	*Hombre sedentario	**Hombre activo	Mujer sedentaria	Mujer activa
10	1,600	2,200	1,400	2,000
20	2,600	3,000	2,000	2,400
30	2,400	3,000	1,800	2,400
40	2,400	2,800	1,800	2,200
50	2,200	2,800	1,800	2,200
60	2,200	2,600	1,600	2,200
70	2,000	2,600	1,600	2,000

b *Sedentario: que tiene una actividad física ligera en la vida diaria
**Activo: que es físicamente activo

Fuente: Centro de Regulación y Promoción de la Nutrición del Departamento de Agricultura de los Estados Unidos

c Esta tabla te permite comparar distintos tipos de datos. Por ejemplo, puedes comparar las calorías que necesitan los hombres y las mujeres de una determinada edad o las calorías que necesitan los hombres de distintas edades.

1. ¿Qué descripción identifica **mejor** la información de la tabla?

   A. las calorías que se necesitan según la edad, el sexo y el nivel de actividad
   B. las calorías que se necesitan después de períodos de actividad física ligera o fuerte
   C. la edad promedio de hombres y mujeres en relación con la ingesta calórica
   D. diferencias en las necesidades calóricas de hombres y mujeres a distintas edades

2. Según la tabla, ¿a qué edad comienza a disminuir el número de calorías recomendadas para un hombre activo?

   A. 20
   B. 30
   C. 40
   D. 50

HACER SUPOSICIONES

Evita hacer suposiciones basadas en datos limitados de tablas. A partir de la información facilitada en esta tabla, no puedes suponer que alguien que tiene 80 años necesita menos calorías que alguien que tiene 70.

INSTRUCCIONES: Estudia la información y la tabla, lee cada pregunta y elige la **mejor** respuesta.

LA IMPORTANCIA DE LAS VITAMINAS Y LOS MINERALES

Las vitaminas y los minerales son vitales para la salud humana. El cuerpo usa estos nutrientes para fortalecer los huesos y los dientes, producir sangre, construir células y transportar el oxígeno, entre otras funciones. Sin suficientes vitaminas y minerales, el cuerpo no puede funcionar correctamente. La historia del descubrimiento de las vitaminas apoya este argumento. En el siglo XVIII, una enfermedad conocida como escorbuto llevaba siglos siendo detectada, pero no se sabía cuál era la causa. El escorbuto era un problema durante los meses de invierno, cuando las frutas y los vegetales escaseaban. Fue entonces cuando se descubrió una conexión entre la dieta y el escorbuto. Los pacientes con escorbuto se curaban cuando les proporcionaban grandes dosis de jugo de limón. Los investigadores se dieron cuenta de que la causa del escorbuto era la falta de vitamina C.

Vitamina o mineral	¿Por qué lo necesitamos?	¿Qué podemos comer para conseguirlo?
Hierro	Transporta oxígeno de los pulmones a células, músculos y órganos para mantener la energía.	Carne, pescado, aves, soja, lentejas, frijoles
Calcio	Construye huesos y dientes fuertes; mantiene en funcionamiento al corazón, los nervios y los músculos.	Leche, queso, yogur
Sodio	Mantiene la presión en equilibrio dentro y fuera de las células.	Leche, verduras frescas, sal
Ácido fólico	Produce sangre y células.	Verduras de hoja oscura, granos integrales, huevos, hígado, frutos secos, queso

3. ¿Qué dieta sería beneficiosa para alguien que tenga deficiencia de calcio?

   A. una rica en carne y frijoles
   B. una rica en productos lácteos
   C. una rica en frutos secos
   D. una con gran cantidad de sal

4. Si una persona se siente débil y cansada, ¿qué vitamina o mineral es **más probable** que le falte?

   A. hierro
   B. calcio
   C. sodio
   D. ácido fólico

INSTRUCCIONES: Estudia la tabla, lee la pregunta y elige la **mejor** respuesta.

VALORES DIARIOS RECOMENDADOS

Nutriente	Cantidad
Sodio	2,400 mg
Potasio	3,500 mg
Carbohidratos totales	300 g
Fibra alimenticia	25 g
Proteínas	50 g
Vitamina A	5,000 UI
Vitamina C	60 mg
Calcio	1,000 mg
Hierro	18 mg
Vitamina D	400 UI
Vitamina E	30 UI
Vitamina K	80 µg
Tiamina	1.5 mg
Riboflavina	1.7 mg
Niacina	20 mg
Vitamina B6	2 mg
Folato	400 µg
Vitamina B12	6 µg
Biotina	300 µg
Ácido pantoténico	10 mg
Fósforo	1,000 mg
Yodo	150 µg
Magnesio	400 mg
Cinc	15 mg
Selenio	70 µg
Cobre	2 mg
Manganeso	2 mg
Cromo	120 µg
Molibdeno	75 µg
Cloruro	3,400 mg

g: gramos
UI: unidades internacionales
mg: miligramos
µg: microgramos

Fuente: Administración de Alimentos y Medicamentos de los Estados Unidos

5. ¿Quién estaría obteniendo al menos la cantidad diaria recomendada de los nutrientes identificados?

   A. una persona que obtiene 350 g de carbohidratos, 80 µg de vitamina K y 500 mg de fósforo
   B. una persona que obtiene 300 g de carbohidratos, 100 µg de vitamina K y 1,200 mg de fósforo
   C. una persona que obtiene 400 g de carbohidratos, 50 µg de vitamina K y 900 mg de fósforo
   D. una persona que obtiene 500 g de carbohidratos, 40 µg de vitamina K y 1,300 mg de fósforo

INSTRUCCIONES: Estudia la información y la tabla, lee cada pregunta y elige la **mejor** respuesta.

¿QUÉ ES UNA CALORÍA?

Es probable que hayas escuchado la palabra *caloría* en referencia a cuántas calorías tiene una cantidad de alimento, pero ¿qué es exactamente una caloría? Es una unidad de energía térmica. En relación con el cuerpo humano, las calorías son la energía que necesitan nuestros cuerpos. El cuerpo descompone las partículas de alimento para liberar la energía acumulada en ellas. Después usa la energía que necesita inmediatamente y almacena la energía sobrante en forma de células de grasa. Cuando pensamos en calorías, es importante saber qué cantidad de alimento tiene un cierto número de calorías. Por ejemplo, una taza de yogur tiene menos calorías que dos tazas de yogur. La tabla muestra las cantidades de calorías que tienen algunos alimentos comunes.

Alimento	Número de calorías
1 mitad de manzana	72
1 taza de uvas	104
1 mitad de filete de salmón	403
1 huevo grande	77
1 rebanada de pan integral	69
1 taza de brócoli	30
1 rebanada de queso colby	112
1 una galleta de avena	60
1 una taza de leche descremada	102
1 batido de 10 onzas de chocolate	366
1 mazorca de maíz	96

6. Según la tabla, ¿cuántas calorías tiene una rebanada de queso colby?

   A. 30
   B. 112
   C. 60
   D. 102

7. ¿Cuáles dos alimentos de la lista tienen más de 200 calorías si se combinan?

   A. una mitad de manzana y una taza de leche descremada
   B. una rebanada de pan integral y una taza de brócoli
   C. una rebanada de queso colby y una mazorca de maíz
   D. un huevo grande y una galleta de avena

8. ¿Cuál es el **principal** propósito de la tabla?

   A. animar a la gente a que consuma alimentos con menos calorías
   B. proporcionar información para planificar un menú semanal
   C. comparar y contrastar el número de calorías de distintas porciones del mismo alimento
   D. identificar el número de calorías de porciones de ciertos alimentos

INSTRUCCIONES: Estudia la tabla y la información, lee cada pregunta y elige la **mejor** respuesta.

ASIGNACIÓN DIARIA RECOMENDADA

Grupo de alimentos	Cantidad
Granos	7 onzas
Verduras	3 tazas
Frutas	2 tazas
Productos lácteos	3 tazas
Proteínas	6 onzas

Fuente: Departamento de Agricultura de los Estados Unidos

ADR quiere decir "asignación diaria recomendada". El Departamento de Agricultura de los Estados Unidos emite pautas sobre ADR de alimentos de los principales grupos. La ADR para un adulto que consume 2,200 calorías se muestra en la tabla de arriba.

9. ¿Cuántas tazas más de verduras que de frutas debería ingerir alguien que siga los consejos de la tabla?

   A. $\frac{1}{2}$ taza

   B. 1 taza

   C. $1\frac{1}{2}$ tazas

   D. 2 tazas

10. ¿Cuál es la manera **más probable** en que alguien usaría la información de la tabla?

   A. para determinar qué comer en el desayuno
   B. para calcular su ingesta calórica diaria
   C. para planificar una dieta saludable
   D. para averiguar cuántas proteínas tiene un alimento en particular

INSTRUCCIONES: Estudia la información y la tabla, lee cada pregunta y elige la **mejor** respuesta.

MACRONUTRIENTES Y MICRONUTRIENTES

Como todo en el universo, el cuerpo humano está compuesto por diversos elementos. Únicamente cuatro elementos (oxígeno, carbono, hidrógeno y nitrógeno) componen un 99 por ciento del cuerpo humano. El 1 por ciento restante está compuesto por macronutrientes y micronutrientes. Tanto los macronutrientes como los micronutrientes son necesarios para la salud, pero los macronutrientes son necesarios en cantidades mucho mayores. Incluso algunos elementos que pueden ser perjudiciales en grandes cantidades, como el sodio, son necesarios a pequeña escala para tener una buena salud. La tabla proporciona ejemplos de macronutrientes y micronutrientes que necesita el cuerpo humano.

Elemento	Tipo de nutriente	Principal función en el cuerpo
Calcio	Macronutriente	Fortalecimiento de huesos y dientes; contracción muscular
Potasio	Macronutriente	Funciones nerviosas
Sodio	Macronutriente	Funciones nerviosas y musculares
Cinc	Micronutriente	Funciones del sistema inmunológico
Cobre	Micronutriente	Desarrollo del sistema nervioso
Yodo	Micronutriente	Función correcta de tiroides; metabolismo

11. ¿Qué idea acerca del sodio está respaldada por el pasaje y por la tabla?

   A. En la cantidad adecuada, el sodio ayuda al correcto funcionamiento de los músculos.
   B. Una ingesta ilimitada de sodio es beneficiosa para el cuerpo.
   C. El sodio ayuda en más funciones del cuerpo que el yodo.
   D. El sodio es el principal macronutriente que necesita el cuerpo.

12. A partir de la tabla, ¿la falta de qué elemento en la dieta afecta directamente a los músculos?

   A. cinc
   B. yodo
   C. potasio
   D. calcio

13. A partir de la tabla, ¿qué oración describe con precisión una relación entre los macronutrientes y los micronutrientes del cuerpo humano?

   A. Todos los macronutrientes y los micronutrientes ayudan a las funciones del sistema inmunológico.
   B. La falta de macronutrientes o micronutrientes puede afectar a varios sistemas del cuerpo.
   C. El sistema nervioso depende de los macronutrientes pero no de los micronutrientes para su correcto desarrollo.
   D. El cuerpo necesita cantidades mucho menores de macronutrientes que de micronutrientes.

INSTRUCCIONES: Estudia la información y la tabla, lee la pregunta y elige la **mejor** respuesta.

PLANIFICACIÓN DE COMIDAS

Cuando planificamos una comida, es importante considerar el número de calorías y que la comida nos aporte alimentos de distintos grupos. No necesitamos cumplir todas nuestras necesidades alimenticias en cada comida, pero debemos esforzarnos en consumir todos los grupos de alimentos a lo largo del día. La tabla proporciona información nutricional sobre algunos ejemplos de alimentos.

	1 porción de lasaña de verdura	1 taza de sopa de tomate	2 rebanadas de pan con semillas y plátano	1 sándwich de ensalada de atún
Granos (onzas)	$1\frac{1}{2}$	$\frac{1}{2}$	$2\frac{1}{2}$	2
Verduras (tazas)	$\frac{3}{4}$	1	0	$\frac{1}{4}$
Frutas (tazas)	0	0	$\frac{1}{4}$	0
Productos lácteos (tazas)	$\frac{3}{4}$	$\frac{1}{2}$	0	0
Proteínas (onzas)	0	0	$\frac{1}{2}$	2
Calorías totales	320	135	430	290

14. A partir de la tabla, ¿qué alimento proporciona la mayor cantidad de proteínas con la menor cantidad de calorías?

   A. lasaña de verdura
   B. sopa de tomate
   C. pan con semillas y plátano
   D. sándwich de ensalada de atún

Identificar causa y efecto

Usar con el *Libro del estudiante,* págs. 8–9.

TEMAS DE CIENCIAS: L.a.2
PRÁCTICA DE CIENCIAS: SP.1.a, SP.1.b, SP.1.c, SP.3.b, SP.7.a

1 Repasa la destreza

Identificar la causa y el efecto puede ayudarte a entender cómo y por qué suceden las cosas. Una **causa** es una acción o un objeto que hace que algo ocurra. El suceso que resulta es el **efecto**. Si un virus del resfriado entra en tu cuerpo, puedes sentir la nariz congestionada. El resfriado es la causa y la nariz congestionada es el efecto. Una causa puede producir más de un efecto y un efecto puede ser resultado de más de una causa. Por ejemplo, un resfriado también puede producir dolor de garganta.

2 Perfecciona la destreza

Al perfeccionar la destreza de identificar causa y efecto, mejorarás tus capacidades de estudio y evaluación, especialmente en relación con la Prueba de Ciencias de GED®. Lee el pasaje que aparece a continuación. Luego responde las preguntas.

MANTENER UNA TEMPERATURA CORPORAL ADECUADA

Los humanos son animales de sangre caliente, lo cual quiere decir que mantenemos una temperatura corporal casi constante entre los 97.7 y 99.5 grados Fahrenheit. La temperatura corporal está regulada por la región del cerebro llamada hipotálamo.

a Cuando trates de identificar causa y efecto, busca las secuencias de sucesos. En muchas ocasiones, un suceso de la secuencia está causado por un suceso anterior.

El hipotálamo es como un centro de control para la temperatura. Hay diversos receptores de temperatura por todo el cuerpo. Algunos receptores de temperatura envían señales al hipotálamo cuando el cuerpo está demasiado caliente o demasiado frío. Cuando el hipotálamo recibe señales de que el cuerpo está caliente, comienza una serie de sucesos que conduce a la transpiración para enfriar el cuerpo. Cuando el hipotálamo recibe información de que el cuerpo está demasiado frío, indica al cuerpo que conserve el calor. Este tipo de ciclo de sucesos se conoce como círculo de retroalimentación.

b Busca palabras que te indiquen y te ayuden a identificar causa y efecto. Entre estas se incluyen palabras como *afecta, como resultado, por, causa, efecto, conduce a, dado que, así* y *por lo tanto.*

El cuerpo mantiene el equilibrio reaccionando constantemente ante esta información. Sin embargo, el cuerpo solo puede reaccionar hasta cierto punto. Algunas condiciones externas son demasiado extremas para los mecanismos de respuesta corporales. Por ejemplo, la temperatura corporal de una persona puede bajar demasiado como para que los mecanismos normales puedan ser capaces de subirla. Como resultado, la persona puede morir de hipotermia.

USAR LA LÓGICA

Una causa siempre debe haber ocurrido o existido antes de su efecto resultante. En una secuencia de sucesos, la causa debe ocurrir en una etapa anterior al efecto.

1. ¿Qué hace el hipotálamo para regular la temperatura corporal?

   A. Hace que las glándulas sudoríparas segreguen sudor.
   B. Hace que los receptores de temperatura envíen señales.
   C. Hace que se inicie el ciclo de retroalimentación.
   D. Hace que la transpiración se evapore de la piel.

2. ¿Cuál es el propósito **principal** de los ciclos de retroalimentación del cuerpo?

   A. mantener el equilibrio
   B. controlar el hipotálamo
   C. recibir señales
   D. regular la temperatura

★ Ítem en foco: **MENÚ DESPLEGABLE**

INSTRUCCIONES: Lee el pasaje titulado "Homeostasis: mecanismo de equilibrio del cuerpo" y estudia la ilustración. Luego lee el pasaje incompleto a continuación. Usa la información de la ilustración para completar el pasaje. En cada ejercicio con menú desplegable, elige la opción que **mejor** complete la oración.

HOMEOSTASIS: MECANISMO DE EQUILIBRIO DEL CUERPO

La homeostasis es la habilidad del cuerpo humano de mantener el equilibrio en su medio interno mientras responde a los cambios de su medio externo. La ilustración muestra cómo la homeostasis regula la presión sanguínea.

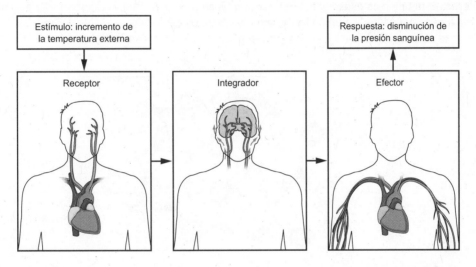

3. La homeostasis incluye la regulación de la presión sanguínea. Los cambios externos causan fluctuaciones en la presión sanguínea. Uno de esos cambios externos, o estímulos, puede ser

   [3. Menú desplegable 1] . Este cambio externo inicialmente ocasiona un incremento en la presión sanguínea. Sin embargo, tienen lugar ciertos sucesos para que el cuerpo recupere un estado de equilibrio. Los receptores captan un cambio en la presión sanguínea y envían señales [3. Menú desplegable 2] . Como resultado, procesa la información y [3. Menú desplegable 3] al efector. El efector, o el corazón en este caso, actúa entonces para provocar una respuesta en el cuerpo. Es decir, el corazón se ralentiza, lo que provoca que la presión sanguínea [3. Menú desplegable 4] .

Opciones de respuesta del menú desplegable

3.1 A. un latido irregular
B. una temperatura más alta
C. una disminución de la presión sanguínea
D. un desequilibrio de actividades

3.2 A. al integrador
B. a la respuesta
C. al estímulo
D. al efector

3.3 A. desactiva
B. evita
C. inhibe
D. estimula

3.4 A. siga igual
B. baje totalmente
C. disminuya
D. se incremente

UNIDAD 1

⭐ Ítem en foco: **MENÚ DESPLEGABLE**

INSTRUCCIONES: Lee el pasaje titulado "Papel de los anticuerpos en el sistema inmunológico" y estudia la ilustración. Luego lee el pasaje incompleto a continuación. Usa la información del primer pasaje y la ilustración para completar el segundo pasaje. En cada ejercicio con menú desplegable, elige la opción que **mejor** complete la oración.

PAPEL DE LOS ANTICUERPOS EN EL SISTEMA INMUNOLÓGICO

   Los antígenos son cualquier sustancia extraña que entra en el cuerpo. Los anticuerpos son proteínas que hay en la sangre y que se unen a los antígenos. Los anticuerpos ayudan a las células del sistema inmunológico a reconocer y a destruir a los antígenos dañinos. Cuando partículas antígenas penetran en el cuerpo, los anticuerpos se unen a ellas. Esta unión es específica. Los anticuerpos se producen contra antígenos específicos y, por lo tanto, se unen solo a esos antígenos. La unión forma grandes racimos de antígenos y anticuerpos. Estas agrupaciones permiten a otras células del sistema inmunológico encontrar y destruir a los antígenos con más facilidad.

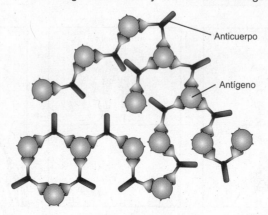
Anticuerpo
Antígeno

4. Cuando un invasor externo, como un virus del resfriado, entra al cuerpo, el sistema inmunológico entra en acción para eliminarlo. La presencia de un virus o de cualquier otro invasor externo hace que el sistema inmunológico ⬚ 4. Menú desplegable 1 . Pronto, estos luchadores contra el resfriado están fluyendo en la sangre con el objetivo de ⬚ 4. Menú desplegable 2 los antígenos. La estructura de un anticuerpo es especialmente útil para conseguir esto. Cada anticuerpo tiene ⬚ 4. Menú desplegable 3 puntos de unión para los antígenos. Esta configuración hace que los anticuerpos y los antígenos ⬚ 4. Menú desplegable 4 , lo que hace que sea más fácil encontrarlos para las células del sistema inmunológico.

Opciones de respuesta del menú desplegable

4.1 A. forme uniones con los antígenos
B. envíe anticuerpos
C. envíe antígenos
D. produzca racimos

4.2 A. unirse con
B. recolectar
C. atacar a
D. rodear a

4.3 A. cero
B. dos
C. tres
D. cinco

4.4 A. se aceleren
B. incrementen su tamaño
C. creen largas cadenas
D. formen grandes racimos

INSTRUCCIONES: Lee el pasaje titulado "Alergia: producto de un sistema inmunológico hiperactivo" y estudia la ilustración. Luego lee el pasaje incompleto a continuación. Usa la información del primer pasaje y la ilustración para completar el segundo pasaje. En cada ejercicio con menú desplegable, elige la opción que **mejor** complete la oración.

ALERGIA: PRODUCTO DE UN SISTEMA INMUNOLÓGICO HIPERACTIVO

Normalmente, el sistema inmunológico humano responde únicamente ante las sustancias nocivas. Sin embargo, en ocasiones el sistema inmunológico reacciona de forma exagerada ante sustancias relativamente inofensivas como el polen, el moho, el polvo o el pelaje de las mascotas. Estas reacciones se denominan alergias. Algunas reacciones alérgicas son leves. Otras reacciones alérgicas son más graves. En las personas que padecen asma (una enfermedad de los pulmones), las reacciones alérgicas pueden ocasionar problemas respiratorios graves.

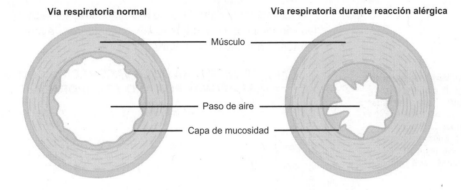

Vía respiratoria normal   Vía respiratoria durante reacción alérgica

Músculo

Paso de aire

Capa de mucosidad

5. Una persona que padece asma puede tener una dificultad extrema para respirar durante un ataque de asma. Una de las causas típicas para un ataque de asma es [5. Menú desplegable 1] .

Cuando una persona que padece asma se expone a ciertas sustancias, esas sustancias pueden hacer que sus vías respiratorias [5. Menú desplegable 2] . La exposición a las sustancias desencadenantes también puede resultar en [5. Menú desplegable 3] . Esta serie de sucesos provoca [5. Menú desplegable 4] como principal síntoma del ataque de asma.

Opciones de respuesta del menú desplegable

5.1 A. el polvo o el polen
B. contracciones musculares
C. estornudos y moqueo nasal
D. anticuerpos en la sangre

5.2 A. se hinchen de aire
B. se cierren y bloqueen todo el aire
C. se estrechen al contraerse los músculos
D. se llenen por completo de fluido

5.3 A. un incremento de la mucosidad
B. una expansión de las vías respiratorias
C. calambres musculares
D. respiración relajada

5.4 A. dolor de cabeza
B. dolor articular
C. malestar estomacal
D. falta de aliento

Interpretar gráficas y mapas

Usar con el *Libro del estudiante,* págs. 10–11.

TEMAS DE CIENCIAS: L.a.4
PRÁCTICA DE CIENCIAS: SP.1.a, SP.1.b, SP.1.c, SP.3.a, SP.3.b, SP.3.c

UNIDAD 1

1 Repasa la destreza

Las **gráficas** y los **mapas** temáticos presentan datos de forma visual. Para **interpretar una gráfica o un mapa**, debes estudiar el título, los rótulos, la leyenda y el formato. Las gráficas circulares muestran partes de un todo. Las gráficas de barras pueden usarse para comparar datos. Tanto las gráficas de barras como las gráficas lineales pueden mostrar cambios a lo largo del tiempo. Un mapa temático presenta datos de una zona geográfica concreta.

2 Perfecciona la destreza

Al perfeccionar la destreza de interpretar gráficas y mapas, mejorarás tus capacidades de estudio y evaluación, especialmente en relación con la Prueba de Ciencias GED®. Estudia la información y la gráfica que aparecen a continuación. Luego responde las preguntas.

VACUNACIÓN CONTRA LA GRIPE

Las vacunas contra la gripe están disponibles cada año. Sin embargo, las vacunas contra la gripe no son obligatorias, de modo que el número de personas que las reciben varía.

a Identificar los valores exactos de una gráfica puede ser complicado. Para determinar un valor aproximado, estudia los valores de los ejes. Después estima el valor de un punto de datos en particular basándote en esos valores.

b La leyenda te da información sobre lo que muestran las líneas. Aquí, la línea amarilla representa a los niños entre 6 meses y 17 años de edad, y la línea verde representa a los adultos.

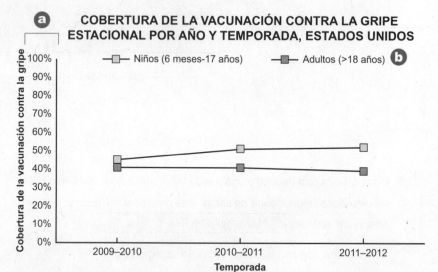

a **COBERTURA DE LA VACUNACIÓN CONTRA LA GRIPE ESTACIONAL POR AÑO Y TEMPORADA, ESTADOS UNIDOS**

— Niños (6 meses-17 años)   — Adultos (>18 años) **b**

Cobertura de la vacunación contra la gripe: 0% 10% 20% 30% 40% 50% 60% 70% 80% 90% 100%

Temporada: 2009–2010   2010–2011   2011–2012

Fuente: Centros para el control y la prevención de enfermedades

1. A partir de la gráfica, ¿aproximadamente qué porcentaje de niños fueron vacunados durante la temporada 2010–2011?

   A. 30 por ciento
   B. 40 por ciento
   C. 50 por ciento
   D. 60 por ciento

2. ¿Qué oración está respaldada por la gráfica?

   A. Más o menos el mismo porcentaje de adultos se vacunó contra la gripe cada año.
   B. La temporada 2009–2010 tuvo el porcentaje más alto de niños que se vacunaron.
   C. Normalmente es más alto el porcentaje de adultos que de niños que se vacunan contra la gripe.
   D. Más del 60 por ciento de los niños recibió vacunas en la temporada 2011–2012.

HACER SUPOSICIONES

Las rótulos de los ejes de una gráfica te dan información acerca del tipo de datos que se muestran en la gráfica. Aquí, puedes suponer que los números del eje de la y son porcentajes del total de la población.

INSTRUCCIONES: Estudia la información y la gráfica, lee cada pregunta y elige la **mejor** respuesta.

IMPACTO DE LAS PLAGAS

Durante el siglo XIV, una plaga conocida como la peste negra mató a un tercio de la población de Europa. Esta epidemia, causada por la bacteria *Yersinia pestis*, se originó en el este. Las ratas que portaban pulgas infectadas viajaban en los barcos, lo que extendió la enfermedad por todo el mundo. La bacteria no afectaba ni a las ratas ni a las pulgas, pero cuando una pulga mordía a un humano, el resultado era mortal. La bacteria podía entonces transmitirse entre seres humanos. En algunas ciudades europeas murió casi todo el mundo, a menudo en el mismo día de la infección.

Una de las formas en que los científicos han investigado acerca de epidemias tales como la peste negra ha consistido en excavar los llamados "cementerios de la catástrofe". Mediante el estudio de los restos, los investigadores pueden producir datos como los que se muestran en la siguiente gráfica. La gráfica representa la distribución entre hombres y mujeres en el cementerio East Smithfield de Londres.

DISTRIBUCIÓN SEGÚN EDAD Y SEXO EN CASOS DE PESTE NEGRA EN ADULTOS

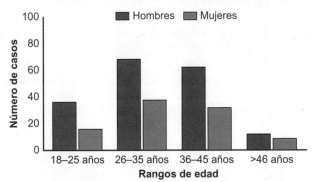

Fuente: Museo de Londres

3. Según la gráfica, la mayor parte de los adultos que murieron a causa de la peste negra en esta comunidad eran

   A. hombres entre 18 y 25 años de edad.
   B. hombres entre 26 y 35 años de edad.
   C. mujeres entre 36 y 45 años de edad.
   D. mujeres de más de 46 años de edad.

4. En esta comunidad, ¿aproximadamente cuántas mujeres mayores de 46 años murieron a causa de la peste negra?

   A. menos de 20
   B. entre 20 y 40
   C. entre 40 y 60
   D. entre 60 y 80

INSTRUCCIONES: Estudia la gráfica y la información, lee cada pregunta y elige la **mejor** respuesta.

PORCENTAJE DE LA POBLACIÓN CON ACCESO A SERVICIOS SANITARIOS

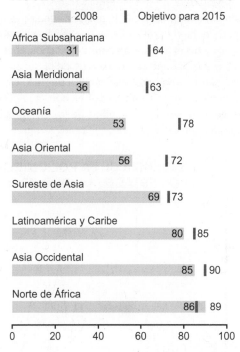

Los datos anteriores están tomados de los Objetivos de Desarrollo del Milenio de la ONU. Cuando se fijaron estos objetivos, la meta principal de Naciones Unidas era reducir a la mitad el número de personas en el mundo que no tienen acceso al agua potable. Las barras amarillas muestran el porcentaje de personas en cada zona que tienen acceso a servicios sanitarios básicos y agua potable desde el año 2008. Las líneas azules muestran los objetivos de mejora de estos servicios.

5. ¿Qué oración está respaldada por la gráfica?

   A. No ha habido progresos en los servicios sanitarios de las zonas mencionadas.
   B. En 2008, ninguna de las zonas había cumplido los objetivos para 2015.
   C. Asia Occidental corre el mayor riesgo de no cumplir su objetivo para 2015.
   D. El África Subsahariana necesita hacer el mayor cambio para cumplir su objetivo de 2015.

6. A partir de los datos, ¿cuántas zonas crees que podrían alcanzar **con más probabilidad** sus objetivos en el 2015?

   A. una
   B. dos
   C. cuatro
   D. ocho

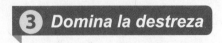

3 Domina la destreza

INSTRUCCIONES: Estudia la información y la gráfica, lee cada pregunta y elige la **mejor** respuesta.

ÉXITO DE LA VACUNA CONTRA LA POLIOMIELITIS

Hasta la década de 1950, la polio era una enfermedad común que dejaba paralizadas a muchas personas. Jonas Salk y otros trabajaron durante muchos años para desarrollar una vacuna contra el virus de la poliomielitis. En 1955, el gobierno aprobó la vacuna de Salk. Desde entonces, el número de vacunaciones contra la polio creció. Hoy en día, la mayoría de los niños de los Estados Unidos se vacunan contra la polio a edades muy tempranas.

INCIDENCIA DE LA POLIOMIELITIS EN LOS ESTADOS UNIDOS, 1912–1970

7. ¿Alrededor de qué año alcanzó su punto máximo la incidencia de la polio, según la gráfica?

A. 1912
B. 1916
C. 1952
D. 1963

8. La gráfica respalda la oración del pasaje que afirma que la tasa de vacunación contra la poliomielitis se incrementó una vez que el gobierno aprobó la vacuna porque muestra

A. un incremento en el número de casos de polio entre los niños vacunados.
B. una disminución en el número de casos de polio a principios de la década de 1950.
C. un incremento en el número de niños pequeños de los Estados Unidos.
D. una disminución en el número de nuevos casos de polio a partir de 1955.

INSTRUCCIONES: Estudia la información y la gráfica, lee cada pregunta y elige la **mejor** respuesta.

HEPATITIS C

La hepatitis C es una de las infecciones sanguíneas más importantes en los Estados Unidos. La hepatitis C se descubrió en 1988. Muchas de las personas que la padecen pueden no saberlo porque no presentan síntomas. Sin embargo, la principal preocupación es la enfermedad hepática crónica que puede producirse de 10 a 20 años después de la infección.

VÍAS DE CONTAGIO DE LA HEPATITIS C

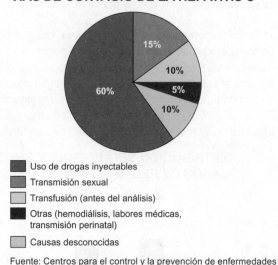

■ Uso de drogas inyectables
■ Transmisión sexual
■ Transfusión (antes del análisis)
■ Otras (hemodiálisis, labores médicas, transmisión perinatal)
■ Causas desconocidas

Fuente: Centros para el control y la prevención de enfermedades

9. ¿Qué oración está respaldada por la gráfica?

A. Solo un pequeño porcentaje de los casos de hepatitis C están relacionados con la hemodiálisis.
B. Se producen más casos de hepatitis C por transfusiones que por transmisión sexual.
C. La causa de la mayoría de casos de hepatitis C es desconocida.
D. El porcentaje más pequeño de los casos de hepatitis C se producen por el uso de drogas inyectables.

10. ¿Cuál de los siguientes grupos tiene **más probabilidades** de contraer el virus de la hepatitis C?

A. aquellos que trabajan en la industria sanitaria
B. aquellos que practican sexo sin protección
C. aquellos que comparten las agujas al inyectarse drogas
D. aquellos que donan sangre

Domina la destreza

⭐ Ítem en foco: MENÚ DESPLEGABLE

INSTRUCCIONES: Lee el pasaje titulado "VIH y SIDA" y estudia el mapa. Luego lee el pasaje incompleto a continuación. Usa la información del mapa para completar el pasaje. En cada ejercicio con menú desplegable elige la opción que **mejor** complete la oración.

VIH Y SIDA

El VIH es un virus que puede hacer que el cuerpo desarrolle el síndrome de inmunodeficiencia adquirida (SIDA). El SIDA es una enfermedad que provoca que el sistema inmunológico deje de funcionar como debería. Como resultado, el cuerpo se hace vulnerable ante diversas enfermedades e infecciones. Muchas de estas infecciones tendrían un efecto mínimo o inexistente en individuos con sistemas inmunológicos sanos. Sin embargo, los pacientes de SIDA normalmente mueren de infecciones contra las que sus sistemas inmunológicos no pueden defenderse.

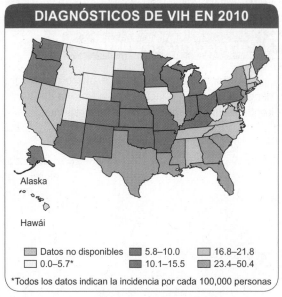

DIAGNÓSTICOS DE VIH EN 2010

Alaska
Hawái

- Datos no disponibles
- 0.0–5.7*
- 5.8–10.0
- 10.1–15.5
- 16.8–21.8
- 23.4–50.4

*Todos los datos indican la incidencia por cada 100,000 personas

Fuente: Centros para el control y la prevención de enfermedades

11. Incluso con la educación que se da en los Estados Unidos con respecto a la transmisión del VIH, siguen diagnosticándose nuevos casos cada año. La mayoría de estos casos aparecen en la zona [11. Menú desplegable 1]. Allí, el índice de casos por cada 100,000 personas es de 23.4 a 50.4. En los estados con índices [11. Menú desplegable 2], el índice de diagnósticos es de 5.7 o menor por cada 100,000 personas. Según datos externos, el índice de diagnósticos por cada 100,000 personas en Texas en el 2007 fue entre 17.7 y 22.6. Esta estadística indica que el número de diagnósticos en Texas, que en el mapa se muestra en color verde claro, [11. Menú desplegable 3]. Los trabajadores de la salud pueden usar los datos disponibles para argumentar que aún hace falta más [11. Menú desplegable 4] en ciertas zonas de los Estados Unidos.

Opciones de respuesta de menú desplegable

11.1
A. oeste
B. noreste
C. noroeste
D. sur

11.2
A. no disponibles
B. más altos
C. más bajos
D. que cambian más rápido

11.3
A. se ha incrementado
B. ha disminuido
C. se ha duplicado
D. ha permanecido igual

11.4
A. acceso a las medicinas
B. educación sobre la transmisión del VIH
C. asistencia médica disponible
D. cobertura de seguros médicos

Unidad 1 | Ciencias de la vida   21

Interpretar diagramas

Usar con el *Libro del estudiante*, págs. 12–13.

1 Repasa la destreza

TEMAS DE CIENCIAS: L.c.1, L.c.2
PRÁCTICA DE CIENCIAS: SP.1.a, SP.1.b, SP.1.c, SP.3.b, SP.3.d, SP.7.a

Un **diagrama** usa elementos visuales para mostrar cómo unas cosas se relacionan con otras. A menudo, un diagrama puede mostrar relaciones de una forma más simple que un texto. Algunos diagramas muestran las partes de algo y cómo esas partes interactúan. Algunos diagramas muestran un orden de sucesos. Otros diagramas muestran cómo las cosas se parecen o se diferencian. Cuando **interpretas diagramas**, usas sus elementos visuales para entender las relaciones entre ideas, objetos o sucesos.

2 Perfecciona la destreza

Al perfeccionar la destreza de interpretar diagramas, mejorarás tus capacidades de estudio y evaluación, especialmente en relación con la Prueba de Ciencias GED®. Estudia la información y el diagrama que aparecen a continuación. Luego responde las preguntas.

RELACIONES ALIMENTICIAS EN LOS ECOSISTEMAS

Del mismo modo que una cadena alimenticia, una red alimenticia muestra las relaciones alimenticias en un ecosistema. Sin embargo, una red alimenticia muestra más que un solo grupo de relaciones alimenticias. Muestra las relaciones alimenticias entre varios organismos de un ecosistema. El diagrama muestra una red alimenticia de un ecosistema de pradera.

a Los diagramas pueden mostrar relaciones simples o más complejas. Para interpretar un diagrama que muestra relaciones complejas, observa cuidadosamente las partes del diagrama y el propio diagrama como un todo.

b Observa las relaciones de los elementos del diagrama. Las flechas muestran la dirección en la que se mueve el alimento de un organismo a otro organismo. Además, cada organismo está conectado por varias flechas a otros organismos.

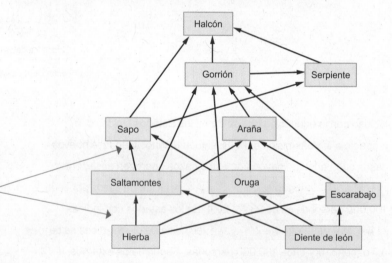

USAR LA LÓGICA

Los diagramas representan algo real. Cuando interpretes un diagrama, considera lo que ya sabes. Si tu interpretación no corresponde con lo que ya sabías, puede que estés malinterpretando el diagrama.

1. A partir de la información del diagrama, ¿qué comen los gorriones?

   A. hierba
   B. dientes de león y saltamontes
   C. saltamontes, orugas, arañas y escarabajos
   D. halcones y serpientes

2. ¿Qué oración describe las relaciones alimenticias en el ecosistema de pradera representado en el diagrama?

   A. Las serpientes tienen menos fuentes de alimento que las arañas.
   B. Cada animal se alimenta únicamente de un tipo de animal o planta.
   C. Los halcones comen tanto plantas como animales.
   D. La mayoría de los seres vivos de un ecosistema de pradera comen insectos.

INSTRUCCIONES: Estudia la información y el diagrama, lee cada pregunta y elige la **mejor** respuesta.

NIVELES TRÓFICOS

Los científicos agrupan a los seres vivos de un ecosistema según sus fuentes de energía. Estos grupos se denominan niveles tróficos. Los productores componen el primer nivel trófico y obtienen energía elaborando su propio alimento con materiales inertes. Las plantas son los productores en la mayor parte de los ecosistemas terrestres. Los consumidores primarios componen el segundo nivel trófico y obtienen energía alimentándose de los productores. Los consumidores secundarios, que componen el tercer nivel trófico, se alimentan de los consumidores primarios. Esta agrupación prosigue hasta el nivel más alto del ecosistema. El diagrama muestra ejemplos de niveles tróficos en un ecosistema de desierto.

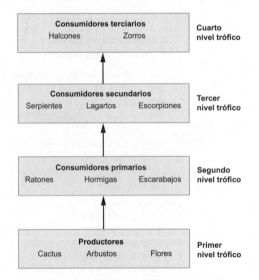

3. A partir del diagrama, ¿qué oración identifica el nivel trófico de ciertos organismos en un ecosistema de desierto?

   A. Los lagartos y las serpientes son los consumidores secundarios.
   B. Las hormigas y los escarabajos están en el primer nivel trófico.
   C. Los halcones y los zorros están en el tercer nivel trófico.
   D. Las flores y los arbustos en ocasiones son consumidores.

4. ¿Qué oración describe cómo ciertos organismos obtienen alimento en el ecosistema de desierto representado en el diagrama?

   A. Las plantas obtienen alimento unas de otras.
   B. Los escorpiones comen otros animales.
   C. Las hormigas comen tanto plantas como animales.
   D. Las serpientes se alimentan de los consumidores terciarios.

INSTRUCCIONES: Estudia la información y el diagrama, lee cada pregunta y elige la **mejor** respuesta.

TRANSFERENCIA DE LA ENERGÍA EN UN ECOSISTEMA

En promedio, un organismo almacena alrededor del 10 por ciento de la energía que obtiene del alimento. El resto de la energía se pierde en el ambiente. Por tanto, la cantidad de energía disponible en un nivel trófico es menor que la cantidad que había disponible en el nivel trófico anterior. El diagrama muestra un ejemplo de esta transferencia de energía.

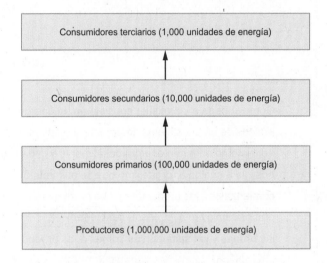

5. ¿Cuánta energía se pierde durante la transferencia de energía de los consumidores primarios a los consumidores secundarios en el ecosistema representado en el diagrama?

   A. 900,000 unidades
   B. 100,000 unidades
   C. 10,000 unidades
   D. 90,000 unidades

6. ¿Cómo respalda el diagrama la idea de que un ecosistema tiene menos organismos en el cuarto nivel trófico que en el primer nivel trófico?

   A. El diagrama muestra que los consumidores terciarios están en el cuarto nivel trófico y los productores están en el primer nivel trófico.
   B. Los tamaños de las cajas del diagrama indican que un ecosistema tiene menos organismos en el cuarto nivel trófico que en el primer nivel trófico.
   C. El diagrama muestra que hay menos energía disponible para mantener a los seres vivos en el cuarto nivel trófico que en el primer nivel trófico.
   D. La forma del diagrama indica que el número de organismos en el cuarto nivel trófico es menor que el número de organismos del primer nivel trófico.

Ítem en foco: **MENÚ DESPLEGABLE**

INSTRUCCIONES: Estudia el diagrama. Luego lee el pasaje incompleto a continuación. Usa la información del diagrama para completar el pasaje. En cada ejercicio con menú desplegable, elige la opción que **mejor** complete la oración.

FLUJO DE LA ENERGÍA EN UN ECOSISTEMA DE PRADERA

7. Como sucede en cualquier ecosistema, la energía fluye entre los niveles tróficos de un ecosistema de pradera. Las plantas y los animales de este ecosistema obtienen energía del alimento y cada organismo traspasa esa energía a cualquier organismo que se alimente de ellos. El flujo de energía comienza con los productores. Los productores en un ecosistema de pradera incluyen a ⬚ 7. Menú desplegable 1 ⬚ . Los escarabajos, las orugas y los saltamontes comen a los productores y pasan la energía a ⬚ 7. Menú desplegable 2 ⬚ . Los halcones están en la cima de la pirámide de energía del ecosistema de pradera. Su alimentación consiste en ⬚ 7. Menú desplegable 3 ⬚ . Los seres vivos usan parte de la energía que consumen para moverse, crecer y recuperarse. Sin embargo, la mayor parte se pierde en el ambiente. Como consecuencia, los organismos en un nivel trófico tienen menos energía disponible que los organismos del nivel trófico inferior a ellos. Por ejemplo, en el ecosistema de pradera hay más energía disponible para ⬚ 7. Menú desplegable 4 ⬚ que para las arañas.

Opciones de respuesta del menú desplegable

7.1
A. las orugas y los escarabajos
B. los dientes de león y la hierba
C. las arañas y los sapos
D. los gorriones y las serpientes

7.2
A. los dientes de león y la hierba
B. las arañas y los sapos
C. las serpientes y los gorriones
D. los halcones

7.3
A. los escarabajos y los saltamontes
B. los dientes de león y la hierba
C. las arañas y los sapos
D. los gorriones y las serpientes

7.4
A. los escarabajos
B. los halcones
C. las serpientes
D. los sapos

INSTRUCCIONES: Estudia el diagrama, lee la pregunta y elige la **mejor** respuesta.

DIETA DE TRES ANIMALES DE BOSQUE

8. ¿Qué oración describe las relaciones alimenticias de los animales que se nombran en el diagrama?

A. El ciervo de cola blanca, las ardillas grises y los zorros rojos están en tres niveles tróficos distintos.
B. Los zorros rojos solo se alimentan de ratones, conejos y pájaros.
C. El ciervo de cola blanca y la ardilla gris se alimentan ambos de maíz y nueces.
D. Las ardillas grises y los zorros rojos compiten por el mismo alimento.

INSTRUCCIONES: Estudia la información y el diagrama, lee cada pregunta y elige la **mejor** respuesta.

ECOSISTEMA DEL FONDO DEL OCÉANO

En la década de 1970, los científicos viajaron al fondo del océano para estudiar las rocas y los minerales que hay allí. No esperaban encontrar vida alguna a tal profundidad. Sorprendentemente, descubrieron un ecosistema entero muy por debajo de la superficie del océano. La base del ecosistema está formada por bacterias diminutas. Estas bacterias usan sustancias químicas del interior de la Tierra para obtener su alimento. El diagrama muestra las relaciones entre algunos seres vivos del ecosistema que los científicos descubrieron.

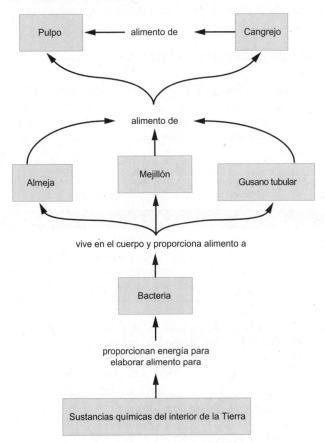

9. ¿Cuál es la fuente de energía fundamental para todos los seres vivos del diagrama?

   A. los pulpos
   B. las bacterias
   C. las sustancias químicas de la Tierra
   D. la luz del sol

10. Hay una especie de pez de gran tamaño que también habita en este ecosistema. Se alimenta de gusanos tubulares, almejas, mejillones y cangrejos. ¿A la posición de qué animal **se asemeja más** su posición en la red alimenticia?

    A. a la del cangrejo
    B. a la del mejillón
    C. a la del gusano tubular
    D. a la del pulpo

INSTRUCCIONES: Estudia la información y el diagrama, lee la pregunta y elige la **mejor** respuesta.

EL PAPEL DE LOS DESCOMPONEDORES Y LOS DETRITÓFAGOS

Los descomponedores y los detritófagos son organismos que descomponen las plantas y los animales muertos. Al hacer esto, devuelven los nutrientes al suelo. Algunos hongos y bacterias son descomponedores. Los milpiés y las lombrices de tierra son ejemplos de detritófagos. El diagrama muestra la ubicación de los descomponedores y los detritófagos en el ciclo de los nutrientes de un ecosistema.

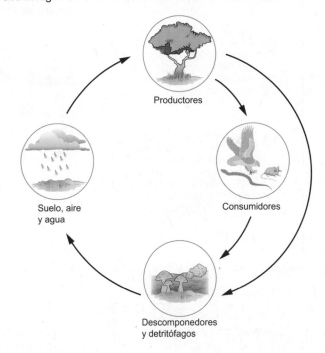

11. ¿Qué oración describe la importancia de los descomponedores y los detritófagos en el ciclo de los nutrientes que se muestra en el diagrama?

    A. Las plantas los usan como alimento.
    B. Tanto los productores como los consumidores dependen de ellos en el ciclo de los nutrientes.
    C. La materia animal muerta no puede existir sin ellos.
    D. Los animales que se alimentan de plantas también se alimentan de ellos.

Categorizar y clasificar

Usar con el *Libro del estudiante,* págs. 14–15.

TEMAS DE CIENCIAS: L.c.4
PRÁCTICA DE CIENCIAS: SP.1.a, SP.1.b, SP.1.c, SP.3.a, SP.3.b, SP.6.c

UNIDAD 1

❶ Repasa la destreza

Cuando **categorizas**, identificas grupos que puedes usar para organizar elementos como organismos, objetos o procesos. Cada categoría debe basarse en relaciones entre los elementos que quieres organizar o en características compartidas por tales elementos. Cuando **clasificas**, ubicas elementos específicos en categorías que ya existen.

Los científicos usan la categorización y la clasificación para organizar aspectos del mundo natural. Al categorizar y clasificar, los científicos y otras personas que estudian la ciencia mejoran su capacidad de entendimiento de las relaciones entre objetos, procesos, sistemas, etcétera.

❷ Perfecciona la destreza

Al perfeccionar la destreza de categorizar y clasificar, mejorarás tus capacidades de estudio y evaluación, especialmente en relación con la Prueba de Ciencias GED®. Estudia la información y la tabla que aparecen a continuación. Luego responde las preguntas.

RELACIONES ENTRE SERES VIVOS

Una comunidad contiene muchos tipos de organismos. Viven juntos y forman distintas relaciones. Para cada especie en una relación, tal relación puede ser beneficiosa, neutral o dañina. La siguiente tabla identifica algunas de las principales relaciones entre los organismos de una comunidad y los efectos de estas relaciones.

a A menudo usamos las tablas para categorizar y clasificar. En esta tabla, las categorías de relaciones se enumeran en la primera columna.

b Las columnas segunda y tercera de la tabla describen los efectos de distintos tipos de relaciones. Puedes usar la información de la tabla para determinar cómo las relaciones deberían clasificarse.

Relación	Efecto en la especie A	Efecto en la especie B
Comensalismo	Positivo	No hay efecto.
Mutualismo	Positivo	Positivo
Depredación	Positivo	Negativo
Parasitismo	Positivo	Negativo

c Cuando consideres una relación entre organismos, decide si el efecto en cada especie es positivo o negativo. Entonces clasifica la relación según corresponda.

HACER SUPOSICIONES

La tabla no describe cada tipo de relación. Solo dice cuáles son sus efectos. A partir de tu propia experiencia, sin embargo, puede que conozcas ejemplos de cómo funciona cada tipo de relación.

1. ¿Qué relación podría clasificarse como mutualismo?

   A. una pulga que vive en un perro
   B. un mosquito que pica a un ser humano
   C. una abeja que obtiene néctar de una flor y transporta el polen
   D. un murciélago que captura una polilla mientras vuela para comerla

2. Un animal transporta sin saberlo semillas de bardana en su pelaje y las disemina a medida que se mueve de un lugar a otro. ¿Qué tipo de relación tienen el animal y la bardana?

   A. comensalismo
   B. mutualismo
   C. depredación
   D. parasitismo

⭐ Ítem en foco: **COMPLETAR LOS ESPACIOS**

INSTRUCCIONES: Estudia la tabla. Luego rellena el recuadro para completar cada enunciado.

DOS CATEGORÍAS DE RELACIONES SIMBIÓTICAS

Tipo de Relación	Ejemplos
Parásito-huésped	Tenias-seres humanos, lombriz de cuajo-ovejas, gusanos de ancla-peces, piojo rojo-palomas
Depredador-presa	Nutrias marinas-peces, salamandras-renacuajos, búho cornudo-mapache, guepardos-ñús

3. A partir de la información de la tabla, una nutria marina, una salamandra, un búho cornudo y un guepardo pueden clasificarse como

```
                                                                      .
```

4. En una relación parasitaria hay un organismo que se beneficia, el parásito, y un organismo que resulta dañado, el huésped. Ejemplos de parásitos pueden ser los gusanos y los piojos. Ejemplos de huéspedes mencionados en la tabla son

```
                                                                      .
```

INSTRUCCIONES: Lee el escenario. Luego lee cada pregunta y escribe tu respuesta en el recuadro.

CLASIFICAR RELACIONES

Un investigador se está preparando para clasificar relaciones simbióticas entre organismos en las categorías de comensalismo, mutualismo y parasitismo. El investigador toma las siguientes notas:

Palomas de alas blancas y cactus saguaro La paloma de alas blancas come el fruto del cactus saguaro, incluyendo las semillas. El pájaro se va volando y deposita las semillas en otro lugar.

Cangrejos araña y algas Los cangrejos araña que viven en el fondo del océano tienen unas algas marrones verdosas que viven en sus espaldas, lo que permite que los cangrejos puedan camuflarse en su medio ambiente.

Bacterias y seres humanos Las bacterias que viven en los intestinos de los seres humanos digieren parcialmente y usan el alimento que los seres humanos no son capaces de digerir. Una vez que el alimento está parcialmente digerido, los seres humanos pueden proseguir con el proceso digestivo.

5. ¿En qué categoría situará el investigador estas tres relaciones?

6. ¿Por qué encajan todos los ejemplos que anotó el investigador en esta categoría?

3 *Domina la destreza*

 Ítem en foco: **COMPLETAR LOS ESPACIOS**

INSTRUCCIONES: Lee el pasaje y estudia la ilustración. Luego rellena el recuadro para completar cada enunciado.

LOS RINOCERONTES Y LOS PICABUEYES

Los organismos pueden mantener distintas relaciones unos con otros. Un tipo de relación es el mutualismo. En una relación mutualista, ambos organismos se benefician. La ilustración muestra un ejemplo de relación mutualista entre un rinoceronte y unos picabueyes. En esta relación, los picabueyes comen los insectos de la espalda del rinoceronte. Los pájaros obtienen alimento y el rinoceronte se libera de los insectos que lo pican.

7. Si los picabueyes dañasen a los rinocerontes al comer los insectos de sus cuerpos, entonces la relación se clasificaría como

[   ].

8. La relación entre los picabueyes y los insectos entra en la categoría

[   ].

INSTRUCCIONES: Lee el pasaje y estudia la ilustración. Después lee cada elemento y escribe tu respuesta en el recuadro.

BARRACUDA Y PECES LIMPIADORES

Hay unos organismos diminutos que viven en la parte externa de la barracuda. La barracuda es una especie de pez que se considera depredadora. Sin embargo, las barracudas modifican su comportamiento dependiendo de sus necesidades. A veces, una barracuda adopta una postura extraña con la cabeza hacia arriba para señalarle a un pez limpiador más pequeño que no lo comerá. Cuando el pez limpiador ve esta señal, sabe que no corre peligro al aproximarse a la barracuda. El pez limpiador entonces come los diminutos organismos que viven sobre la barracuda.

9. Clasifica la relación entre la barracuda y el pez limpiador.

[   ]

10. Clasifica la relación entre los organismos que viven sobre la barracuda y la barracuda.

[   ]

11. ¿Cómo podría clasificarse la relación entre la barracuda y el pez limpiador en caso de que la barracuda no hubiese adoptado esa postura con la cabeza hacia arriba?

[   ]

 UNIDAD 1

INSTRUCCIONES: Estudia la tabla. Luego lee cada pregunta y escribe tu respuesta en los recuadros.

MUTUALISMO Y COMENSALISMO

Mutualismo (ambos organismos se benefician)	Comensalismo (un organismo se beneficia; el otro no resulta afectado)
abejas-flores	orquídeas-árboles
hormigas cortadoras de hojas-hongos	percebes-ballenas jorobadas
pez payaso-anémonas marinas	oxalis oregana-secoyas
seres humanos-mascotas	perlero-pepinos de mar

12. ¿Qué característica debe tener una relación para que pueda considerarse como relación de comensalismo?

13. Supongamos que los percebes de una ballena jorobada fuesen tan numerosos que le provocaran una infección. ¿Qué categoría podríamos añadir a la tabla para clasificar esta relación?

14. Las águilas comen pescado. ¿Qué categoría podríamos añadir a la tabla para clasificar esta relación?

INSTRUCCIONES: Lee el pasaje. Luego lee cada pregunta y escribe tu respuesta en el recuadro.

LOS POZOS DE LOS CAIMANES

Algunos científicos consideran los pozos de los caimanes como un ejemplo de mutualismo. Los caimanes usan sus patas y hocicos para limpiar el lodo y el fango del lecho de roca caliza y así crear pozos que usan para refugiarse. Estos pozos pueden ser bastante grandes, incluso del tamaño de una piscina pequeña. Los pozos son importantes en los ecosistemas de pantanos porque retienen agua durante las épocas de sequía y muchos animales pueden beber de ellos. Sin embargo, dado que son tantos los animales que usan los pozos para beber, estos pozos también son útiles para que otros animales encuentren su alimento.

15. ¿Qué tipo de relación existe entre los animales que acuden a los pozos de los caimanes buscando alimento y los animales que acuden en busca de agua?

16. ¿En qué categoría, aparte del mutualismo, podrían clasificar los científicos la relación entre los caimanes y los animales que usan sus pozos? ¿Por qué elegirían los científicos esta categoría?

Generalizar

Usar con el *Libro del estudiante,* págs. 16–17.

TEMAS DE CIENCIAS: L.c.3, L.c.4
PRÁCTICA DE CIENCIAS: SP.1.a, SP.1.b, SP.1.c, SP.3.a, SP.3.b, SP.3.d

UNIDAD 1

① Repasa la destreza

Una generalización es una afirmación amplia que se aplica a un grupo entero. **Generalizas** basándote en información sobre objetos, organismos, lugares o sucesos. Una generalización puede ser válida o inválida. Si está respaldada por varios hechos y ejemplos, será válida. Si está respaldada por pocos o por ningún hecho, será inválida.

Cuando generalices, debes considerar la información de textos, tablas, gráficas y diagramas. Todos pueden contener información que te ayude a elaborar una generalización válida.

② Perfecciona la destreza

Al perfeccionar la destreza de generalizar, mejorarás tus capacidades de estudio y evaluación, especialmente en relación con la Prueba de Ciencias GED®. Estudia la información y la gráfica siguientes. Luego responde las preguntas.

LOS RENOS DE LA ISLA DE SAN MATEO

ⓐ Recuerda: las generalizaciones pueden ser válidas o inválidas. Busca los hechos que respalden una generalización para determinar su validez.

La isla de San Mateo es una pequeña isla (de unas 125 millas cuadradas) ubicada en el mar de Bering. En 1944, la Guardia Costera de los Estados Unidos estableció una población de 29 renos en la isla de San Mateo. La isla tenía mucha vegetación para alimentar a los renos y no había depredadores. Los expertos estimaron que la isla podría sustentar a 15 renos por milla cuadrada. Así, calcularon que la máxima población que la isla podría soportar durante un largo período de tiempo sería de unos 2,000 renos. La gráfica muestra la población de renos de la isla de San Mateo desde 1944 hasta 1966.

ⓑ Cuando uses la información de una tabla o gráfica para generalizar, piensa en una afirmación amplia que puedas hacer que exprese una idea global extraída de los datos.

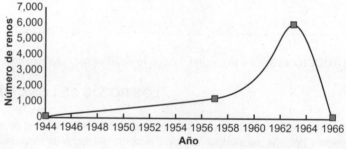

POBLACIÓN DE RENOS EN LA ISLA DE SAN MATEO, 1944–1966

TECNOLOGÍA PARA LA PRUEBA

La Prueba de GED® tiene una función de resaltado electrónico. Para confirmar que una generalización es válida, usa esta función para resaltar los hechos, ejemplos o datos que la respalden.

1. A partir de la información, ¿qué oración sería una generalización válida acerca de la población de un ecosistema?

   A. Las fluctuaciones de población se deben principalmente a la depredación.
   B. El tamaño de una población puede variar notablemente en un período de tiempo relativamente corto.
   C. Todas las poblaciones permanecen estables durante al menos cien años.
   D. El tamaño de una población no deja de incrementarse cuando los recursos abundan.

2. Una generalización inválida sobre la población de renos sería que esta

   A. se incrementó antes de disminuir.
   B. nunca superó los 6,000 individuos.
   C. generalmente permaneció estable hasta 1958.
   D. disminuyó debido a la introducción de un nuevo depredador.

INSTRUCCIONES: Estudia la información y la ilustración, lee la pregunta y elige la **mejor** respuesta.

CAPACIDAD DE CARGA

El número de animales que una zona determinada, terrestre o acuática, puede sustentar durante un período de tiempo se llama capacidad de carga. Observa esta ilustración, que representa las ratas almizcleras de una marisma. El barril representa el hábitat de la marisma (cantidad de comida, agua y refugio para las ratas). El agua del barril es el número de ratas que puede sustentar el hábitat. La tubería que vierte agua en el barril representa las nuevas ratas almizcleras que nacen en la marisma o que llegan procedentes de otros lugares. El agua que rebosa es el número de ratas que mueren cada año como consecuencia del hambre, de los depredadores, de las enfermedades o de otros factores. El barril solo puede contener una determinada cantidad de agua. Es decir, el número de ratas que pueden sobrevivir cada año es limitado, a menos que el hábitat (el tamaño del barril) cambie de algún modo. Cada porción de terreno tiene una capacidad de carga distinta para cada especie que allí habite. Una marisma prístina llena de juncos podría representar un barril profundo para las ratas almizcleras, mientras que unas dunas no albergarían muchas (si acaso alguna).

Del Departamento de Recursos Naturales de Michigan (DRN) a través de michigan.gov, última visita en 2013
Imagen original de Oscar Warbach, DRN de Michigan

3. A partir de la información, ¿qué oración sería una generalización inválida?

A. La polución tiene un efecto negativo sobre las poblaciones de un ecosistema.

B. La conservación de las zonas de marismas mantendrá la capacidad de carga para las ratas almizcleras.

C. El número de ratas almizcleras que una zona puede sustentar depende principalmente de las enfermedades.

D. Una población normalmente se mantiene en su capacidad de carga cuando las pérdidas de población equilibran los aumentos de población.

INSTRUCCIONES: Lee el pasaje. Luego lee cada pregunta y elige la **mejor** respuesta.

LOBOS GRISES EN NORTEAMÉRICA

Hubo un tiempo en el que los lobos grises eran comunes en toda Norteamérica. Sin embargo, para evitar que los lobos atacasen al ganado, los colonos mataron a muchos de ellos. En la década de 1920, los lobos grises habían desaparecido de la mayor parte de las Montañas Rocosas. En 1950, quedaban pocos lobos en los Estados Unidos. En 1973, la Ley de Especies en Peligro de Extinción protegió a las poblaciones de lobos que quedaban. En los años siguientes, los científicos hicieron planes de reintroducción de lobos en ciertas zonas. En 1995, se puso en práctica un nuevo plan para devolver a los lobos al Parque Nacional de Yellowstone y sus alrededores. En 2007, más de 1,500 lobos vivían en la zona que rodea a las Montañas Rocosas.

4. ¿Qué idea del pasaje respalda la generalización de que la actividad humana puede afectar negativamente a una población de organismos?

A. Hubo un tiempo en el que Norteamérica tenía un gran número de lobos grises.

B. La matanza de lobos grises por parte de los colonos redujo su número drásticamente.

C. La Ley de Especies en Peligro de Extinción de 1973 ayudó a proteger a los lobos.

D. Los científicos reintrodujeron lobos en ciertas zonas.

5. ¿Cuál de las siguientes es una generalización válida basada en la información del pasaje?

A. Pueden recuperarse las poblaciones de especies amenazadas si se llevan a cabo las acciones adecuadas.

B. Los cambios en un ecosistema generalmente modifican la capacidad de carga de este.

C. La supervivencia de los organismos generalmente depende de las relaciones entre depredador y presa.

D. La competencia por los recursos siempre conduce a un brusco descenso de una población.

INSTRUCCIONES: Estudia la información y la gráfica, lee cada pregunta y elige la **mejor** respuesta.

DEPREDACIÓN EN LOS ECOSISTEMAS

En un ecosistema hay multitud de relaciones entre especies. Entre algunos animales se da la relación depredador-presa. La siguiente gráfica muestra la relación entre las poblaciones de linces y liebres en un ecosistema a lo largo del tiempo. En este ecosistema, el lince es un depredador y la liebre es su presa.

POBLACIONES DE LIEBRES Y LINCES, 1845–1935

6. ¿Qué oración es una generalización válida a partir de la gráfica?

   A. Las poblaciones de depredadores y presas generalmente siguen las mismas tendencias.
   B. Cuando la población de la presa aumenta, la población del depredador normalmente disminuye.
   C. Un gran número de depredadores conduce a un incremento en el número de presas.
   D. En las poblaciones de los depredadores y sus presas, el número de presas siempre es mayor que el número de depredadores.

7. ¿Qué oración es una generalización inválida a partir de la gráfica?

   A. El número total de presas normalmente es superior al número total de depredadores en una comunidad.
   B. Un incremento en la población de presas normalmente está seguido por un aumento en la población de depredadores.
   C. Los cambios en la población de las presas se deben únicamente a los cambios en la población de los depredadores.
   D. Las poblaciones de presas fluctúan de manera más drástica que las de depredadores.

INSTRUCCIONES: Lee el pasaje. Luego lee cada pregunta y elige la **mejor** respuesta.

CARACTERÍSTICAS NO BIOLÓGICAS DE LOS ECOSISTEMAS

Los ecosistemas no solo cuentan con organismos vivos, sino que también tienen características no biológicas, como el agua. Todos los seres vivos necesitan agua para sobrevivir, pero los distintos seres vivos necesitan distintas cantidades de agua. De este modo, la cantidad de lluvia que recibe un ecosistema ayuda a determinar qué organismos pueden vivir en el ecosistema y cuán grandes podrán ser las poblaciones que el ecosistema sustente. La capacidad de carga es el número máximo de individuos de una especie determinada que pueden valerse de los recursos de una zona. La capacidad de carga de una zona puede cambiar dependiendo de factores como la lluvia. Además, la cantidad de sol y la temperatura también limitan los organismos que pueden vivir allí. La mayor parte de organismos sobreviven mejor en un rango de condiciones limitado. Solo algunos tipos de organismos pueden vivir en ambientes muy cálidos, muy fríos, muy secos o muy oscuros.

8. ¿Qué oración expresa una generalización válida hecha en el texto?

   A. Los seres vivos dependen de las características no biológicas para sobrevivir.
   B. Los organismos pueden vivir en todo tipo de condiciones.
   C. La cantidad de sol que recibe un ecosistema afecta a los organismos que viven en él.
   D. La mayoría de los organismos necesitan condiciones ambientales específicas para sobrevivir.

9. ¿Qué oración es una generalización válida basada en el pasaje?

   A. Los organismos necesitan diferentes cantidades de luz del sol para sobrevivir.
   B. El rango de temperaturas de un ecosistema afecta a los organismos que viven en él.
   C. Todos los seres vivos necesitan agua para sobrevivir.
   D. Las características no biológicas normalmente tienen un impacto importante en un ecosistema.

10. Una generalización inválida basada en el pasaje sería que las características no biológicas de un ecosistema

    A. afectan a los seres vivos del ecosistema.
    B. incluyen solamente a la lluvia y a la luz del sol.
    C. pueden tener un impacto importante sobre una población.
    D. contribuyen al rango de condiciones presentes en el ecosistema.

EFECTOS DE LA ACTIVIDAD HUMANA

Los seres humanos tienen un enorme impacto sobre otras poblaciones. Por ejemplo, hace cientos de años, 30 millones de bisontes deambulaban por las Grandes Llanuras. Como resultado de la actividad humana, los bisontes casi desaparecieron. Las siguientes líneas de tiempo muestran algunos sucesos importantes en la interacción entre seres humanos y otras poblaciones en los Estados Unidos.

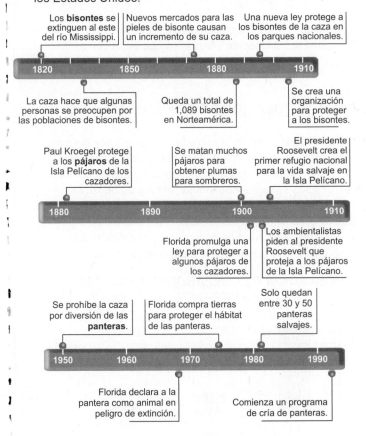

11. ¿Qué oración es una generalización válida sobre la relación entre los seres humanos y otras poblaciones en los Estados Unidos?

A. Con el tiempo, normalmente las personas se han hecho más conscientes de su efecto sobre otras poblaciones.

B. En los Estados Unidos, el tamaño de una población normalmente no varía por la interacción con los seres humanos.

C. Las personas perciben cualquier relación con otra población como una competencia por los recursos.

D. Los cambios físicos en los ecosistemas de los Estados Unidos son tan importantes como el impacto humano.

CRECIMIENTO POBLACIONAL

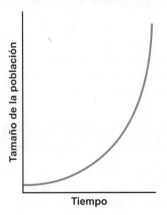

La gráfica muestra un crecimiento exponencial de una población. En presencia de recursos ilimitados, una población que experimente un crecimiento exponencial se incrementará de forma continua.

12. A partir de la información, ¿qué generalización válida podría hacerse acerca del crecimiento exponencial de una población?

A. Normalmente, el crecimiento exponencial continuará más allá de la capacidad de carga.

B. El crecimiento exponencial rápido de una población siempre se debe a una disminución de la depredación.

C. Durante períodos de crecimiento exponencial, las poblaciones siempre se ven obstaculizadas por factores como los recursos limitados y la competencia.

D. En poblaciones que experimentan un crecimiento exponencial, la reproducción normalmente ocurre de manera constante.

13. El crecimiento exponencial de la población no puede ser indefinido porque generalmente

A. los recursos ilimitados no son una realidad.

B. todas las especies dejan de reproducirse en algún momento.

C. una especie con un crecimiento exponencial de su población se convertirá en presa de sí misma.

D. tendrá lugar un suceso catastrófico que eliminará la población.

Comparar y contrastar

Usar con el *Libro del estudiante,* págs. 18–19.

UNIDAD 1

1 Repasa la destreza

TEMAS DE CIENCIAS: L.c.2, L.c.5
PRÁCTICA DE CIENCIAS: SP.1.a, SP.1.b, SP.1.c, SP.3.a, SP.6.a, SP.6.c

Considerar en qué se asemejan y se distinguen las cosas puede ayudarte a organizar, analizar y entender mejor la información escrita y visual. Cuando **comparas**, identificas las formas en que se asemejan los organismos, objetos, datos, comportamientos, sucesos o procesos. Cuando **contrastas**, buscas las formas en que se diferencian tales elementos.

Puedes usar las semejanzas y las diferencias para agrupar lo que aprendes cuando estudias temas de ciencias. Los organizadores gráficos como las tablas o los diagramas de Venn pueden ayudarte a comparar y contrastar.

2 Perfecciona la destreza

Al perfeccionar la destreza de comparar y contrastar, mejorarás tus capacidades de estudio y evaluación, especialmente en relación con la Prueba de Ciencias GED®. Estudia la información y la gráfica que aparecen a continuación. Luego responde las preguntas.

CAMBIOS EN LA POBLACIÓN DE GRANDES FELINOS

Las poblaciones de varias especies de grandes felinos, como por ejemplo los guepardos, los leopardos, los leones y los linces han alcanzado niveles excesivamente bajos. Hubo un tiempo, por ejemplo, en que decenas de miles de guepardos vivían en estado salvaje. Actualmente, el número no supera los 12,000 ejemplares, dado que la destrucción de su hábitat, la competencia con depredadores de mayor tamaño y la persecución por parte de los seres humanos han hecho mella en la cantidad de guepardos. La gráfica muestra cómo ha cambiado la población de guepardos a lo largo de los años.

a Una gráfica de barras expone datos de una forma que te ayuda a compararlos y contrastarlos. La escala en el eje de la *y* aumenta, de modo que puedes comparar y contrastar las alturas de las barras para comparar y contrastar información.

b Las categorías de los datos que se comparan y se contrastan en una gráfica de barras se muestran en el eje de la *x*.

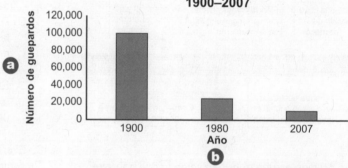

POBLACIÓN DE GUEPARDOS AFRICANOS, 1900–2007

USAR LA LÓGICA

La primera pregunta te pide que compares, así que analiza el pasaje para encontrar las semejanzas entre los felinos. La segunda pregunta te pide que contrastes, así que analiza los datos para encontrar las diferencias entre ellos.

1. Compara los felinos de los que se habla en el pasaje. ¿Qué tienen en común?

   A. Sus poblaciones han estado disminuyendo con el paso del tiempo.
   B. Todos tienen poblaciones de 12,000 ejemplares o menos.
   C. Sus poblaciones alcanzaron su número máximo en el año 1900.
   D. Todos son nativos de África.

2. Contrasta los datos sobre las poblaciones de guepardos que se muestran en la gráfica. ¿Qué oración describe correctamente una diferencia en los datos?

   A. La población se incrementó entre los años 1900 y 1980.
   B. Había más guepardos en 2007 que en 1980.
   C. En el año 1900 vivía el mayor número de guepardos.
   D. Había menos guepardos en 1900 que en 2007.

⭐ Ítem en foco: **ARRASTRAR Y SOLTAR**

INSTRUCCIONES: Lee el pasaje y la pregunta. Luego usa las opciones de arrastrar y soltar para completar la tabla.

EFECTOS DE LA DESERTIFICACIÓN

Los trastornos en un ecosistema pueden estar causados por sucesos naturales o por actividades humanas. Piensa en el ejemplo de la desertificación, que está causada principalmente por la actividad humana. La desertificación es la transformación de tierras productivas en desierto. Irónicamente, las principales actividades humanas que conducen a la desertificación son aquellas que intentan hacer que la tierra sea más productiva. Por ejemplo, los árboles y los bosques se talan para obtener tierras cultivables. En ese momento, resulta más productivo para los seres humanos emplear la tierra para la agricultura. Sin embargo, al final, la tierra termina tan dañada que puede resultar irrecuperable. Cuanto más expuesta queda la tierra, más probable es que se erosione.

La desertificación no ocurre de un día para otro. En realidad, progresa de formas muy distintas dependiendo del ambiente y de las actividades que la provoquen. Un concepto erróneo común es que la desertificación es producida por la sequía. Sin lugar a dudas, una zona que ha sido sobreexplotada por animales deja de ser productiva más rápidamente si tiene lugar una sequía. Sin embargo, la realidad es que, aunque la sequía puede acelerar la desertificación, la sequía no es la causa. Un ecosistema saludable y equilibrado tiene la habilidad de recuperarse de las sequías. Puede tardar años, pero puede recuperarse de forma natural. Por otro lado, después de la desertificación, no hay esperanza de recuperación a menos que se produzca una intervención humana.

Se están llevando a cabo intervenciones humanas para reducir e incluso revertir la desertificación. Se están probando nuevas técnicas para manejar los rebaños de pastoreo. La conservación del suelo y del agua son otros factores que pueden ayudar a cambiar la situación antes de que sea demasiado tarde.

3. Contrasta para analizar los efectos de la desertificación. A partir del pasaje, determina qué opción de arrastrar y soltar es característica de un área antes o después de la desertificación. Luego escribe cada característica en la columna adecuada de la tabla.

Antes de la desertificación	Después de la desertificación

Opciones de arrastrar y soltar

Tiene bosques.
Se usa para cultivar.
Tiene una biodiversidad mayor.
Tiene un riesgo mayor de erosión del suelo.
Tiene una biodiversidad menor.
Tiene un número menor de animales de pastoreo.

⭐ Ítem en foco: **ARRASTRAR Y SOLTAR**

INSTRUCCIONES: Lee el pasaje y la pregunta. Luego usa las opciones de arrastrar y soltar para completar el diagrama.

TRASTORNOS EN LA RED ALIMENTICIA

Las redes alimenticias son frágiles. Cambios pequeños en la población de un organismo pueden tener efectos significativos sobre las poblaciones de otros organismos. La red alimenticia de las nutrias marinas es un perfecto ejemplo de la fragilidad de las redes alimenticias. Normalmente se considera a la nutria marina como una especie clave, o como una que desempeña un papel crucial en el funcionamiento del ecosistema. La reducción del número de ejemplares de una especie clave puede iniciar un efecto dominó que conduzca a la desaparición de otras especies en el ecosistema e incluso a la extinción de especies.

En la década de 1990, las poblaciones de nutrias marinas de los ecosistemas de la costa oeste de Alaska se redujeron alrededor de un 25 por ciento por año. Los investigadores atribuyeron esta disminución a una cadena de sucesos. Descubrieron que el factor principal de esta disminución era que las orcas habían comenzado a cazar nutrias marinas en grandes cantidades. Pensaron que este cambio se debía a una disminución en la población de la principal presa de las orcas, las focas y los leones marinos. Las poblaciones de focas y leones marinos se habían reducido porque las poblaciones de los peces que comían también habían disminuido. Los científicos piensan que la sobreexplotación pesquera o tal vez el incremento de la temperatura del océano pueden haber provocado el cambio en las poblaciones de peces.

Si examinamos la situación de las nutrias marinas, no será difícil entender que las poblaciones que integran una red alimenticia dependen unas de otras. Además, toda la red alimenticia depende de fuerzas externas, como el cambio climático y la actividad humana.

4. A partir del pasaje, identifica formas en que la red alimenticia tendría **más probabilidades** de cambiar o de seguir igual después de una reducción drástica en la población de las nutrias marinas. Usa las opciones de arrastrar y soltar para indicar un crecimiento (signo más), una disminución (signo menos) o ningún cambio (signo igual) en las poblaciones que se muestran en esta red alimenticia. Escribe el símbolo adecuado en el lugar correcto para señalar el efecto sobre las algas pardas, las algas, los erizos de mar, los mejillones, las almejas y los leones marinos.

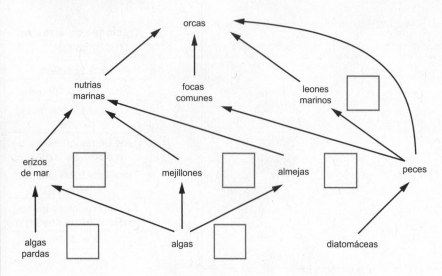

INSTRUCCIONES: Lee el pasaje y la pregunta. Luego usa las opciones de arrastrar y soltar para completar el diagrama.

PLANTAS INVASIVAS CONTRA PLANTAS NATIVAS

Hay veces en que las personas introducen organismos de un ecosistema en otro. Las especies introducidas pueden ser problemáticas para el nuevo ecosistema. Un ejemplo de especie problemática es la enredadera kudzu. La enredadera kudzu es nativa de Japón. La gente comenzó a plantarla en el sur de los Estados Unidos para intentar frenar la erosión del suelo. Aunque esta enredadera ayudó a frenar la erosión, no tenía restricción alguna para multiplicarse en su nuevo ambiente. Comenzó a crecer fuera de control. Las enredaderas kudzu pueden crecer hasta un pie cada día y es difícil matarlas. En solo unas pocas semanas o meses, puede cubrir por completo edificios u otras estructuras y pueden incluso matar árboles. Aunque los químicos herbicidas pueden matar a la kudzu, estos químicos también dañan otras plantas. Hoy en día, este tipo de enredadera crece de manera silvestre en todos los estados del sureste de los Estados Unidos. Se ha extendido hasta Nueva York y Massachusetts en el norte y hasta Texas y Nebraska en el oeste.

Por otro lado, las plantas nativas son aquellas que crecen de forma natural en una región en particular. En los Estados Unidos, las plantas que se consideran nativas de zonas concretas son aquellas que ya estaban aquí cuando llegaron los europeos. Las plantas nativas están bien adaptadas para crecer en el ambiente en el que viven. Normalmente crecen sin problemas y requieren pocos cuidados. En contraste con las especies invasivas, como las kudzu, no crecen fuera de control. Las plantas nativas son parte importante de un ecosistema. Brindan cobijo y alimento en forma de semillas y frutos a los animales. Las poblaciones de plantas nativas también son beneficiosas para el suelo. Previenen la erosión y contribuyen a que el suelo esté saludable. Y lo más importante de todo es que las plantas nativas no dañan a otras comunidades de plantas en un ecosistema. Al contrario, son beneficiosas.

5. Compara y contrasta las plantas nativas y las plantas invasivas. A partir del pasaje, determina qué opciones de arrastrar y soltar corresponden a una planta nativa, una planta invasiva o a ambas. Luego escribe cada característica en la parte adecuada del diagrama.

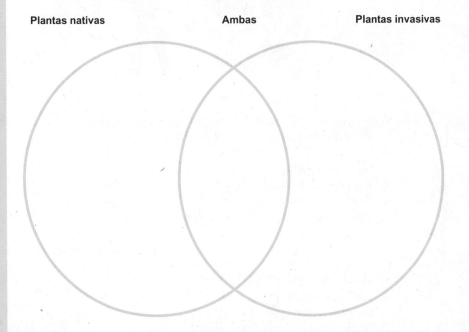

Plantas nativas   **Ambas**   **Plantas invasivas**

Opciones de arrastrar y soltar

| Crecen sin control. |
| Son nativas de un ecosistema. |
| Se extienden rápidamente. |
| Contribuyen positivamente al hábitat. |
| Previenen la erosión. |
| Sofocan a otras plantas. |

Relacionar texto y elementos visuales

Usar con el *Libro del estudiante*, págs. 20–21.

UNIDAD 1

1 Repasa la destreza

TEMAS DE CIENCIAS: L.d.3, L.e.1
PRÁCTICA DE CIENCIAS: SP.1.a, SP.1.b, SP.1.c, SP.6.a, SP.6.c, SP.7.a, SP.8.b

A menudo, el texto está acompañado por elementos visuales, como ilustraciones, tablas y diagramas. Saber cómo **se relacionan el texto y los elementos visuales** te ayudará a entender por completo la información que se presenta. El texto normalmente contiene información que no está incluida en los elementos visuales. Del mismo modo, los elementos visuales pueden presentar información que no esté incluida en el texto. Lee el texto y examina los elementos visuales con cuidado para entender cómo se combina la información.

2 Perfecciona la destreza

Al perfeccionar la destreza de relacionar texto y elementos visuales, mejorarás tus capacidades de estudio y evaluación, especialmente en relación con la Prueba de Ciencias GED®. Estudia la información y la ilustración que aparecen a continuación. Luego responde las preguntas.

PAQUETES DE ADN EN LAS CÉLULAS

El ácido desoxirribonucleico o ADN de una célula es bastante largo (de hasta dos metros en una célula humana). Todo este ADN y su información genética (hereditaria) deben empaquetarse juntos para que quepan dentro de cada célula. En organismos como plantas y animales, el ADN está enrollado alrededor de unas proteínas especiales llamadas histonas. Juntos, el ADN y las histonas forman la cromatina. La cromatina es el material que compone los cromosomas. Los cromosomas se replican justo antes de que la célula inicie la mitosis, la parte del proceso de división celular en que el núcleo de la célula se divide. La replicación de un cromosoma crea dos partes iguales llamadas <u>cromátidas</u>.

a Cuando veas rótulos en una ilustración, busca esas palabras también en el texto. El texto puede ofrecerte explicaciones adicionales que pueden ayudarte a aclarar los rótulos.

b Cuando aparecen un texto y un elemento visual juntos, normalmente hacen falta ambos para responder la pregunta. El texto te explica qué son las cromátidas, pero necesitas examinar la ilustración para ver cómo se unen.

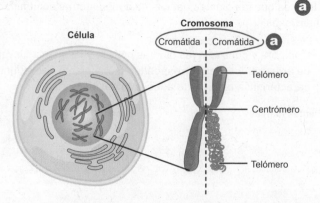

PRÁCTICAS DE CONTENIDOS

Comprender las presentaciones científicas no textuales es una importante práctica de contenido para la Prueba de GED®. Relacionar el texto con los elementos visuales te ayudará en esta tarea.

1. A partir de la información del pasaje y la ilustración, ¿qué oración describe la célula que se muestra en la ilustración?

   A. Es una célula humana.
   B. Está empaquetando ADN.
   C. Está comenzando la mitosis.
   D. Está completando la división celular.

2. Las dos partes de un cromosoma creado durante la replicación están unidas

   A. por un centrómero.
   B. por un telómero.
   C. por otro cromosoma.
   D. por histonas.

INSTRUCCIONES: Estudia la información y el diagrama, lee cada pregunta y elige la **mejor** respuesta.

DIFERENCIACIÓN CELULAR

Los organismos pluricelulares complejos están compuestos por una amplia variedad de tipos de células. Por ejemplo, los seres humanos tienen células musculares, células de la piel, células óseas, células hepáticas y así sucesivamente. La división celular en los seres humanos, a partir de la división del óvulo fecundado, produce células embrionarias tempranas que son todas iguales. A medida que continúa el desarrollo humano, la división celular resulta en la formación de células especializadas. La diferenciación es el proceso por el cual una célula se divide para producir células especializadas que realicen funciones distintas.

Aunque las células de un organismo contienen el mismo ADN, los distintos tipos de células difieren en estructura y función debido a la expresión génica. Como se muestra en el diagrama, la expresión génica es el proceso por el cual la información de ciertos genes se utiliza para hacer ciertas proteínas. Solo una parte de los genes del ADN de una célula se expresan, o se activan. Los otros genes están reprimidos, o se dejan inactivos. Durante el desarrollo de un organismo, los genes se expresan y se reprimen para hacer que las células se desarrollen de formas especializadas. Por ejemplo, los genes que se codifican o proporcionan instrucciones para fabricar proteínas que trabajen en la desintoxicación se expresan en células hepáticas porque el hígado elimina las sustancias perjudiciales de la sangre.

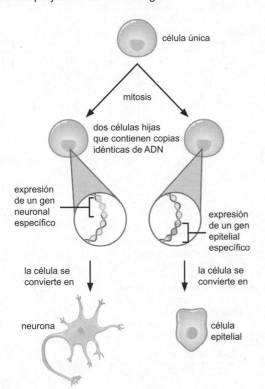

3. Las neuronas son las células del sistema nervioso. A partir del pasaje y del diagrama, ¿qué situación debe presentarse para que la división celular produzca neuronas?

   A. Deben activarse los genes correctos en las células que se producen.
   B. Deben estar presentes los genes correctos en las neuronas existentes.
   C. Los genes deben codificarse para las proteínas involucradas en la fabricación de huesos.
   D. Los genes neuronales específicos de las células deben reprimirse en el momento adecuado.

4. A partir de la explicación de la diferenciación celular que se da en el pasaje y el diagrama, ¿qué acción puede ocurrir?

   A. Las células del estómago pueden diferenciarse para formar células de la piel.
   B. Una célula embrionaria puede diferenciarse para formar células hepáticas.
   C. Las células musculares pueden diferenciarse para formar glóbulos blancos.
   D. Los glóbulos blancos pueden diferenciarse para formar glóbulos rojos.

INSTRUCCIONES: Estudia la información y la tabla, lee la pregunta y elige la **mejor** respuesta.

EUCARIOTAS Y PROCARIOTAS

Los organismos pueden ser eucariotas o procariotas, lo cual quiere decir que pueden estar formados por células eucariotas, más grandes y complejas; o por células procariotas, más pequeñas y menos complejas. En los eucariotas, la mayor parte del material genético se encuentra en el núcleo de la célula. Encerrar el material genético de una célula en su núcleo hace que la división celular sea más eficiente. Las células procariotas no necesitan núcleo porque todos los materiales de estas células están juntos.

Tipo de organismo	Tipo de célula
Animal, planta, hongo	Eucariota
Bacteria	Procariota

5. A partir de la información del pasaje y de la tabla, el ADN no está encerrado en el núcleo de la célula en

   A. los animales.
   B. las plantas.
   C. los hongos.
   D. las bacterias.

★ Ítem en foco: **ARRASTRAR Y SOLTAR**

INSTRUCCIONES: Lee el pasaje y la pregunta. Luego usa las opciones de arrastrar y soltar para completar el diagrama.

REPLICACIÓN DEL ADN EN LA MITOSIS

La mitosis es una de las formas en que los núcleos de las células se dividen durante la división celular. El desarrollo de las células y la reproducción a través de la mitosis es un ciclo continuo de etapas. La interfase es el período anterior a la mitosis. La profase, la metafase, la anafase y la telofase son las fases activas de la mitosis. La citocinesis, que tiene lugar al finalizar la mitosis, es la fase en que el citoplasma se divide para completar el proceso de división celular.

Cuando una célula se divide por mitosis, traspasa una información genética idéntica a sus dos células hijas. ¿Cómo ocurre esto? Los cromosomas del núcleo de la célula progenitora contienen la mayor parte del ADN del organismo. El ADN contiene genes que proporcionan instrucciones para la producción de los rasgos del organismo. Antes de que una célula comience la mitosis, los cromosomas se replican y cada uno de ellos crea dos partes idénticas que se llaman cromátidas. Los cromosomas replicados son visibles en la primera fase de la mitosis. Durante la mitosis, las cromátidas se separan para que cada célula hija tenga una copia de cada cromosoma.

6. A partir del pasaje y de las partes completas del diagrama, determina a qué momento del ciclo de desarrollo y reproducción de la célula pertenece cada opción de arrastrar y soltar. Después escribe cada descripción en el lugar adecuado del diagrama.

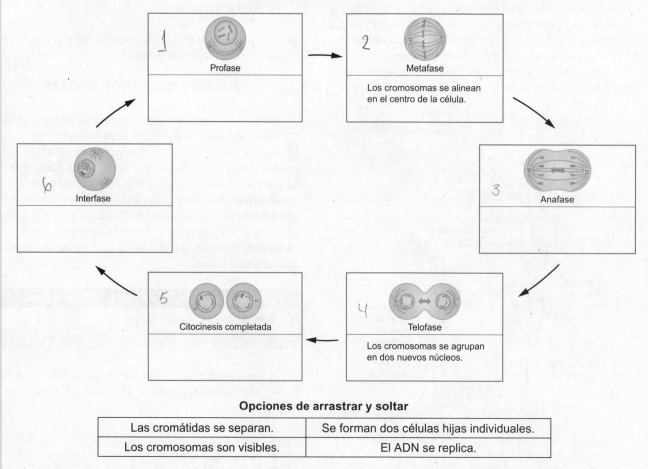

Opciones de arrastrar y soltar

Las cromátidas se separan.	Se forman dos células hijas individuales.
Los cromosomas son visibles.	El ADN se replica.

INSTRUCCIONES: Estudia la información y el diagrama, lee la pregunta y elige la **mejor** respuesta.

GAMETOS

El cuerpo humano está compuesto por células somáticas y gametos, o células sexuales. En los seres humanos y en muchos otros animales, los gametos son los espermatozoides masculinos y los óvulos de las hembras. Las células somáticas son todas las demás células del cuerpo. Los gametos son resultado de la meiosis. A través de este proceso, cada célula hija recibe solo un cromosoma de cada par de cromosomas de la célula progenitora. El diagrama indica el número de cromosomas en cada célula progenitora.

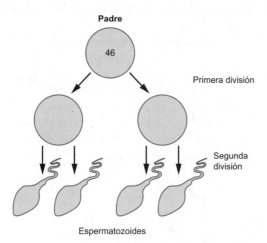

Padre

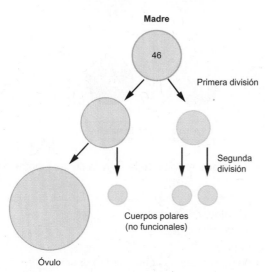

Óvulo

7. A partir del pasaje y del diagrama, ¿cuántos cromosomas tiene cada espermatozoide u óvulo?

A. 46
B. 23
C. 92
D. 12

INSTRUCCIONES: Estudia la información y el diagrama, lee la pregunta y elige la **mejor** respuesta.

RECOMBINACIÓN GENÉTICA

La división celular mediante la mitosis produce dos células somáticas que son idénticas a la célula progenitora. La división celular mediante la meiosis produce cuatro gametos que son genéticamente distintos de la célula progenitora y también son distintos entre sí. Las diferencias genéticas se producen porque los genes se combinan de nuevas formas durante la meiosis. ¿Cómo se produce esta recombinación genética? Los genes se emparejan porque están contenidos en cromosomas que, a su vez, están en parejas. Los cromosomas homólogos, que contienen genes de la madre y del padre de un organismo, se alinean unos al lado de los otros durante la meiosis. Cuando los cromosomas están juntos, las cromátidas pasan de uno a otro. Este cruce es la causa de que haya material genético distinto en los gametos que se producen.

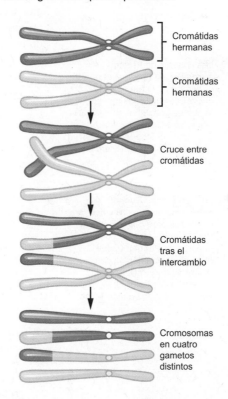

8. ¿Qué sugieren el pasaje y el diagrama acerca de la recombinación genética?

A. Los dos cromosomas que realizan el cruce no son homólogos.
B. Los cruces tienen lugar después de que la división celular haya producido gametos.
C. El intercambio de material genético tiene lugar entre cromátidas no hermanas.
D. Después de que se produce el intercambio, dos de los cromosomas resultantes son idénticos.

Comprender las herramientas basadas en el contenido

Usar con el *Libro del estudiante,* págs. 22–23.

TEMAS DE CIENCIAS: L.e.2
PRÁCTICA DE CIENCIAS: SP.1.a, SP.1.b, SP.1.c, SP.3.d, SP.8.b, SP.8.c

UNIDAD 1

1 Repasa la destreza

Algunas herramientas están específicamente relacionadas con ciertas materias. Por ejemplo, los cuadros de Punnett y las tablas de pedigrí son fundamentales para entender temas de genética pero no se usan en otras áreas de la ciencia. **Comprender las herramientas basadas en el contenido** te ayudará a entender contenidos específicos de ciencias con más claridad.

2 Perfecciona la destreza

Al perfeccionar la destreza de comprender las herramientas basadas en el contenido, mejorarás tus capacidades de estudio y evaluación, especialmente en relación con la Prueba de Ciencias GED®. Estudia la información y el cuadro de Punnett que aparecen a continuación. Luego responde las preguntas.

COLOR DE LA SEMILLA DE LAS PLANTAS DE CHÍCHAROS

Los dos alelos que componen un par genético pueden diferir. Cuando los alelos de un gen difieren, el carácter producido por el gen puede variar. Si hay un alelo dominante presente en un organismo, el organismo tiene el carácter asociado con ese alelo. El genotipo, o la conformación de los alelos de un par genético, está representado por símbolos, como *YY, Yy* o *yy.* Una letra mayúscula indica un alelo dominante. El cuadro de Punnett muestra los genotipos potenciales del color de la semilla en la descendencia de dos plantas de chícharos en particular.

a Los cuadros de Punnett son útiles para predecir los caracteres que heredará la descendencia. Ellos muestran todos los genotipos potenciales y la probabilidad de cada uno. Aquí, el 50 por ciento de la descendencia tendrá el genotipo *Yy.*

b Los cuadros de Punnett más grandes muestran los genotipos para dos caracteres. Por ejemplo, uno de esos cuadros de Punnett puede mostrar descendencia con el genotipo *YyRr* para los caracteres de color de la semilla *(Yy)* y la textura de la semilla *(Rr).*

Y = alelo de la semilla amarilla
y = alelo de la semilla verde

PRÁCTICAS DE CONTENIDOS

En una Prueba de Ciencias GED® te pueden pedir que determines la probabilidad de los sucesos, como en la pregunta 2. Un cuadro de Punnett puede ser considerado como un modelo de probabilidad.

1. El cuadro de Punnett sugiere que el color de la semilla de las plantas de chícharos

A. es verde amarillento en algunas plantas.
B. está determinado por más de un gen.
C. no pasa a la descendencia.
D. está controlado por un gen con alelos que pueden diferir.

2. A partir del cuadro de Punnett, ¿cuál es la probabilidad de producir una planta con semillas amarillas?

A. 25 por ciento
B. 50 por ciento
C. 75 por ciento
D. 100 por ciento

⭐ Ítem en foco: **PUNTO CLAVE**

INSTRUCCIONES: Lee el pasaje y la pregunta. Luego marca el lugar o los lugares adecuados para responder.

GENOTIPO, FENOTIPO Y PECAS

El genotipo es la composición genética de un individuo. Se puede referir a la composición genética total de un organismo o, más comúnmente, a la composición de los alelos de un gen en particular. Un genotipo que tiene dos alelos idénticos, como *YY*, es homocigoto. Un genotipo que tiene dos alelos diferentes, como *Yy*, es heterocigoto.

Un fenotipo es la expresión observable de un genotipo, es decir, el carácter observable. El fenotipo está controlado por el alelo dominante de un gen. Por ejemplo, en los seres humanos, la piel con pecas es un carácter dominante y la piel sin pecas es un carácter recesivo.

3. El cuadro de Punnett incompleto representa la reproducción de dos individuos y muestra sus genotipos para el carácter de las pecas. Marca con una *X* cualquier descendiente cuyos genes para las pecas es homocigoto.

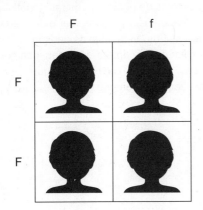

INSTRUCCIONES: Estudia la información y la tabla. Luego lee la pregunta y marca el lugar adecuado para responder.

TEXTURA DE LA SEMILLA DE LAS PLANTAS DE CHÍCHAROS

A mediados del siglo XIX, Gregor Mendel usó plantas de chícharos para investigar la herencia. Un carácter que Mendel estudió fue la textura de las semillas de las plantas de chícharos. Algunas plantas de chícharos tienen semillas lisas y otras tienen semillas rugosas. El fenotipo de las semillas lisas está controlado por el alelo dominante. La tabla identifica los fenotipos y genotipos de las plantas progenitoras en tres investigaciones.

Investigación 1	Investigación 2	Investigación 3
Lisa (RR) × lisa (Rr)	Rugosa (rr) × rugosa (rr)	Lisa (RR) × rugosa (rr)

4. Los cuadros de Punnett se pueden usar para mostrar los genotipos potenciales de la descendencia de las investigaciones de Mendel. Marca con una *X* el cuadro de Punnett que aparece a continuación y que representa la Investigación 2.

	R	r
R	RR	Rr
R	RR	Rr

	r	r
R	Rr	Rr
R	Rr	Rr

	r	r
r	rr	rr
r	rr	rr

★ Ítem en foco: **PUNTO CLAVE**

INSTRUCCIONES: Lee el pasaje y la pregunta. Luego marca el lugar o los lugares adecuados para responder.

RASTREAR CARACTERES EN FAMILIAS

Como las tablas de pedigrí son útiles para rastrear caracteres a través de múltiples generaciones, una tabla de pedigrí puede mostrar la herencia de un carácter en particular en la historia de una familia. También, los científicos y otras personas usan las tablas de pedigrí para estudiar los patrones de herencia de los seres humanos.

Para desarrollar las tablas de pedigrí se utilizan varios formatos. En muchas tablas de pedigrí, los hombres están representados por cuadrados y las mujeres están representadas por círculos. En algunas tablas de pedigrí se usa el color para dar información. Por ejemplo, las figuras coloreadas representan individuos que tienen un carácter particular y las figuras blancas representan individuos que no tienen ese carácter.

5. Imagina que el carácter rastreado en esta tabla de pedigrí está controlado por el alelo dominante. Marca con una X la figura de cada individuo que definitivamente tiene un genotipo homocigoto para el carácter.

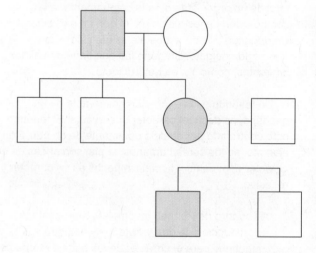

INSTRUCCIONES: Lee el pasaje y la pregunta. Luego marca el lugar o los lugares adecuados para responder.

RASTREAR ENFERMEDADES HEREDITARIAS

Muchos trastornos y enfermedades son causados por genes recesivos, es decir, genes que tienen dos alelos recesivos. La fibrosis quística es un ejemplo de esas enfermedades.

Las personas que tienen el gen de la fibrosis quística tienen la enfermedad. Las personas que tienen un gen con un alelo dominante y un alelo recesivo no tienen la enfermedad pero son portadores. Entonces, un niño puede heredar la fibrosis quística de sus padres si cada uno de ellos porta un alelo recesivo, aun si ninguno de los padres tiene la enfermedad. Un niño no heredará la enfermedad si uno de los padres es portador y el otro no. Además, un niño será portador de la enfermedad si uno de los padres tiene la enfermedad, aun si el otro padre no tiene la enfermedad ni es portador.

6. Las tablas de pedigrí muestran genotipos que se pueden usar para rastrear enfermedades hereditarias. Esta tabla de pedigrí muestra la historia familiar de una enfermedad causada por un gen recesivo. Marca con una X la figura de cada individuo que tiene esta enfermedad.

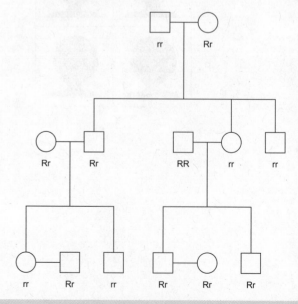

INSTRUCCIONES: Lee el pasaje. Luego lee cada pregunta y marca el lugar o los lugares adecuados para responder.

IDENTIFICAR RAZONES GENOTÍPICAS Y FENOTÍPICAS

A menudo, los cuadros de Punnett se usan para determinar el porcentaje de descendencia que probablemente tendrá un carácter particular. También se pueden usar para predecir razones de genotipos y fenotipos en la descendencia.

Una razón genotípica expresa el número de descendientes que tiene genotipos dominantes homocigotos, luego el número de descendientes que tiene genotipos dominantes heterocigotos y, por último, el número de descendientes que tiene genotipos recesivos homocigotos. Por ejemplo, para un cuadro de Punnett que muestra descendientes que tienen un genotipo *GG*, dos *Gg* y uno *gg*, la razón genotípica es 1:2:1.

Una razón fenotípica expresa el número de descendientes que muestran el carácter dominante y luego el número de descendientes que muestran el carácter recesivo. Para el ejemplo anterior, un genotipo *GG* y dos *Gg* producen tres descendientes que muestran el carácter dominante y un genotipo *gg* produce un descendiente que muestra el carácter recesivo. Entonces, la razón fenotípica es 3:1.

7. Marca con una *X* cada cuadro de Punnett que represente una cruza que produce descendencia con una razón genotípica de 0:4:0.

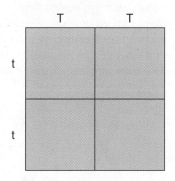
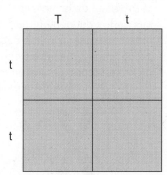
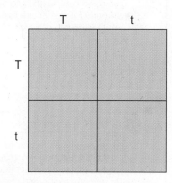

8. Marca con una *X* cada cuadro de Punnett que represente una cruza que produce descendencia con una razón fenotípica de 3:1.

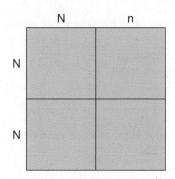
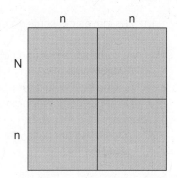

Usar las claves del contexto

Usar con el *Libro del estudiante,* págs. 24–25.

TEMAS DE CIENCIAS: L.e.3
PRÁCTICA DE CIENCIAS: SP.1.a, SP.1.b, SP.1.c, SP.3.b, SP.7.a

UNIDAD 1

1 Repasa la destreza

Si te estás esforzando por entender una palabra, una frase o una idea, busca las **claves del contexto** como ayuda. Cuando **usas las claves del contexto**, encuentras palabras y oraciones que rodean una parte no conocida de un texto y te dan pistas sobre su significado. A veces, otras partes de un texto repiten o definen una palabra en particular o explican cómo una idea compleja se relaciona con una más simple. Los elementos visuales también te pueden ayudar a entender algo desconocido.

2 Perfecciona la destreza

Al perfeccionar la destreza de usar las claves del contexto, mejorarás tus capacidades de estudio y evaluación, especialmente en relación con la Prueba de Ciencias GED®. Estudia la información y el diagrama que aparecen a continuación. Luego responde las preguntas.

PAPEL DE LA RECOMBINACIÓN GENÉTICA EN LA VARIACIÓN GENÉTICA

Un niño no luce exactamente igual a ninguno de sus padres porque hereda los genes de ambos padres. Los seres humanos, como otros organismos que se reproducen sexualmente, difieren genéticamente entre sí. Una razón para esta variación genética es el hecho de que se produzca una recombinación genética durante la meiosis. <u>Con la meiosis, una célula progenitora se divide y luego sus células descendientes se dividen para formar gametos</u>. Durante la Profase I de la meiosis, los cromosomas homólogos replicados se juntan y sus partes pueden entrecruzarse. En este punto, los cromosomas se pueden romper y volver a unirse para formar nuevas combinaciones de genes, lo que produce mayores variaciones genéticas en los gametos resultantes. Este diagrama representa el entrecruzamiento y la recombinación genética que puede ocurrir durante la meiosis.

a A menudo, las palabras u oraciones que preceden un texto no conocido dan contexto para el mismo. Esta oración da claves del significado del término *Profase I*, que aparece en la siguiente oración.

b Un diagrama puede dar claves del contexto. Este diagrama muestra que los cromosomas se entrecruzan e intercambian material durante la recombinación genética.

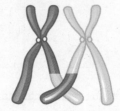 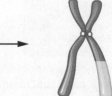 

CONSEJOS PARA REALIZAR LA PRUEBA

Las claves del contexto toman diferentes formas en relación con la palabra, frase o idea relevantes. Una clave del contexto puede ser una explicación, un ejemplo, una repetición, un sinónimo o un antónimo.

1. Las claves del contexto indican que el **I** de la **Profase I** está relacionado con

   A. la primera división celular en la meiosis.
   B. un cromosoma en un par de cromosomas.
   C. una sola célula progenitora.
   D. el período anterior a la meiosis.

2. ¿Qué frase del pasaje ayuda a explicar el proceso de **recombinación genética**?

   A. hereda los genes de ambos padres
   B. los cromosomas homólogos replicados se juntan
   C. se pueden romper y volver a unirse para formar nuevas combinaciones
   D. lo que produce mayores variaciones genéticas

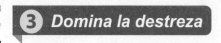
INSTRUCCIONES: Estudia la información y la tabla, lee cada pregunta y elige la **mejor** respuesta.

MUTACIONES GENÉTICAS

Los errores en la replicación del ADN pueden producir cambios en la secuencia de bases nucleotídicas del ADN de un organismo que se reproduce sexualmente. Estas mutaciones se pueden clasificar de varias formas, algunas de las cuales se muestran en la tabla que aparece a continuación. A veces, estos cambios se producen en los genes y otras veces no. Un cambio en un gen puede alterar su capacidad para dar instrucciones correctas para la síntesis de proteínas. Que una mutación genética tenga un impacto negativo depende de dónde ocurra la mutación y si influye de forma significativa en la producción de proteínas. Por ejemplo, en algunos casos, una mutación puede llevar a la producción de una proteína incompleta. Esa mutación puede tener efectos devastadores. En otros casos, una mutación genética puede pasar completamente desapercibida.

Tipo de mutación	Ejemplo
Sustitución	CGATGC se convierte en CGAGGC.
Inserción	CGATGC se convierte en CGAGCGTGC.
Deleción	CGATGC se convierte en CGGC.
Desplazamiento del marco de lectura	CGA TGC TAG se convierte en C GAT GCT AG.

3. ¿Qué es una **mutación genética**?

   A. cualquier cambio en el ADN
   B. un cambio que tiene un efecto negativo
   C. cualquier cambio que pasa desapercibido
   D. un cambio en un gen

4. ¿Qué significa el término **síntesis de proteínas**?

   A. entender lo que hacen las proteínas
   B. la producción de proteínas
   C. las instrucciones de un gen
   D. una mutación que afecta a una proteína

5. Según la información de la tabla, ¿qué palabras describen una **mutación por inserción**?

   A. la adición de bases nucleotídicas adicionales
   B. la sustracción de bases nucleotídicas
   C. la reestructuración de bases nucleotídicas
   D. el intercambio de una base nucleotídica por otra

INSTRUCCIONES: Lee el pasaje y la pregunta y elige la **mejor** respuesta.

RELACIONAR LOS FACTORES AMBIENTALES CON LOS CARACTERES COMPLEJOS

El creciente campo de la Genética Molecular nos ha dado nuevas herramientas para examinar los caracteres de los gemelos. Como son genéticamente iguales pero sus entornos se diferencian a medida que crecen, los gemelos idénticos son un modelo excelente para estudiar cómo interaccionan el ambiente y los genes. Esto ha cobrado creciente importancia al estudiar las conductas y enfermedades complejas.

Por ejemplo, cuando solo uno de los gemelos idénticos padece una enfermedad, los investigadores buscan elementos en los entornos de los gemelos que sean diferentes. Se recopilan y comparan datos de grandes números de gemelos afectados y se relacionan con el ADN y el análisis del producto genético. Estos tipos de estudios de gemelos pueden ayudar a precisar el mecanismo molecular exacto de una enfermedad y determinar el alcance de la influencia ambiental. Tener esta información puede llevar a la prevención y tratamiento de enfermedades complejas.

Para ilustrar, en pares de gemelos donde se produce esquizofrenia, en el 50% de los casos los dos gemelos idénticos desarrollan la enfermedad, mientras que solo del 10 al 15% de los casos de gemelos fraternos muestra este patrón. Esto es evidencia de un fuerte componente genético en la propensión a la esquizofrenia. Sin embargo, el hecho de que ambos gemelos idénticos de un par no desarrollen la enfermedad el 100% del tiempo indica que hay otros factores involucrados.

Fragmento traducido de learn.genetics.utah.edu GEMELOS IDÉNTICOS: PRECISAR EL IMPACTO AMBIENTAL EN EL EPIGENOMA, visto en 2013

6. El autor da estadísticas como "evidencia de un fuerte componente genético en la propensión a la esquizofrenia". En este contexto, ¿qué significa **componente genético**?

   A. una influencia del ambiente
   B. un factor que involucra los genes de un organismo
   C. un carácter visto solo en gemelos idénticos
   D. una parte específica del ADN

3 Domina la destreza

INSTRUCCIONES: Lee el pasaje y la pregunta y elige la **mejor** respuesta.

MUTACIONES DE LOS INTERRUPTORES GENÉTICOS

Las mutaciones del ADN pueden ocurrir en los genes o en otros lugares, como los interruptores genéticos. Las mutaciones de los interruptores genéticos no influyen en *cómo* se producen las proteínas porque la instrucción para producir proteínas proviene de los genes. Sin embargo, una mutación de un interruptor genético puede provocar cambios en dónde, cuándo y cuánta proteína se produce. Una mutación puede agregar, romper o modificar un interruptor genético. Cuando se agrega un interruptor, este puede activar un gen en un nuevo lugar. Cuando se rompe un interruptor, es posible que no se exprese un gen. Cuando se modifica un interruptor, puede hacer que un gen sea más o menos activo que lo normal, resultando en mayor o menor producción de proteínas. Así como con ciertas mutaciones de los genes, las mutaciones de los interruptores genéticos pueden producir resultados drásticos.

7. ¿Cuál es el papel de un interruptor genético en la producción de proteínas?

   A. Regula la ubicación, tiempo y alcance de la producción de proteínas.
   B. Da instrucciones de cómo se produce una proteína.
   C. Puede agregar, romper o modificar una proteína durante su producción.
   D. Tiene poco o ningún efecto sobre la producción de proteínas.

INSTRUCCIONES: Lee el pasaje y la pregunta y elige la **mejor** respuesta.

MUTACIONES EN CÉLULAS DE LÍNEA GERMINAL

Las mutaciones pueden ocurrir tanto en las células somáticas como en las células de línea germinal. Cuando ocurre una mutación en una célula somática, influye solo en el organismo en el que ocurre. Cuando ocurre una mutación en una célula de línea germinal, esta puede transmitirse a la descendencia.

8. A partir de las claves del contexto del pasaje, ¿qué son las células de **línea germinal**?

   A. células enfermas
   B. células del cerebro que controlan la expresión genética
   C. células relacionadas con la reproducción sexual
   D. células del organismo usadas en el crecimiento

INSTRUCCIONES: Lee el pasaje. Luego lee cada pregunta y elige la **mejor** respuesta.

DESARROLLO DE NUEVOS ALELOS

El ADN de una célula humana contiene aproximadamente seis mil millones de pares de base nucleotídica. Cuando una célula se divide, debe copiar este código de ADN. Si ocurre un error, la célula tiene la capacidad de corregirlo. Un error que no es corregido provoca una mutación. La mayoría de las mutaciones no tienen efecto en un individuo. Una mutación puede tener un efecto solo si está relacionada con el 3 por ciento del ADN que conforma los genes. El otro 97 por ciento del ADN de las células humanas es ADN no codificante.

Algunas mutaciones tienen un impacto que va más allá del individuo. Estas mutaciones ocurren en una célula de línea germinal. Después de que se produce la fertilización, la mutación se puede copiar en toda nueva célula del embrión en crecimiento. Si la mutación afecta un gen, el resultado es un nuevo alelo, o nueva versión de ese gen. El nuevo alelo luego puede ser transmitido a futuras generaciones.

9. A partir de las claves del contexto del pasaje, ¿qué significa **ADN no codificante**?

   A. una cadena de ADN que no está relacionada con la replicación
   B. una porción de ADN que no tiene instrucciones para producir proteínas
   C. una sección de ADN que no produce mutaciones
   D. un tramo de ADN que no puede corregir errores

10. El pasaje establece que una mutación puede tener "un impacto que va más allá del individuo". En el contexto del pasaje, esto significa que la mutación afecta a

   A. los ancestros del individuo.
   B. los hermanos y hermanas del individuo.
   C. otros miembros de la población.
   D. generaciones futuras.

11. La palabra *desarrollo* tiene múltiples significados. ¿Cuál es el significado de **desarrollo** en el título del pasaje?

   A. crecimiento
   B. formación
   C. progreso
   D. mejoramiento

UNIDAD 1

EL AMBIENTE Y LA EXPRESIÓN GENÉTICA

El papel que juega el ambiente en la expresión genética se está volviendo cada vez más claro para los investigadores. Hay un campo completo, la epigenética, dedicado a estudiar la relación entre el ambiente de un organismo y sus genes.

El epigenoma está constituido por los compuestos químicos que no son parte del ADN pero influyen en el ADN del organismo. Algunas formas en que el epigenoma influye directamente sobre los organismos se ven fácilmente. Por ejemplo, los gatos siameses tienen un patrón de color específico, como se muestra en la fotografía.

©EEI_Tony/iStockPhoto.com

Los gatos siameses tienen este color debido a un gen particular del pigmento. Este gen se ve afectado por la temperatura, que es un factor ambiental, no un factor genético. El gen está expresado en mayor grado a temperaturas bajas. Cuando observas la fotografía, puedes ver que el gato tiene pelaje más oscuro en sus orejas, hocico, patas y cola. Estas áreas de pelaje más oscuro se denominan puntos de color y esta coloración es producida por el gen de la sensibilidad a la temperatura. Las orejas, el hocico, las patas y la cola del gato son más fríos que el resto de su cuerpo y, entonces, son de color más oscuro.

12. A partir de las claves del contexto del pasaje y la fotografía, ¿qué es un **pigmento**?

   A. una sustancia que da color a un organismo
   B. un gen que controla la temperatura del cuerpo
   C. un alelo para un color particular de pelaje
   D. un factor ambiental que afecta la coloración

ESTUDIAR EL EPIGENOMA

La epigenética, o estudio del epigenoma, da motivos tanto para la preocupación como para el optimismo. Primero, la epigenética ha mostrado que la elección de un estilo de vida insalubre, como comer en exceso o fumar, pueden alterar los marcadores genéticos al final del ADN de la persona, y así afectar los genes relacionados. Por ejemplo, estos marcadores epigenéticos pueden hacer que los genes de la obesidad se expresen con mayor fuerza o que los genes de la longevidad se expresen más débilmente. Entonces, además de las consecuencias inmediatas que tiene la elección de un estilo de vida insalubre en la salud, esas conductas pueden poner en mayor riesgo de enfermedad y corta vida a los hijos.

Por otra parte, de acuerdo con un artículo de time.com, los científicos están "aprendiendo a manipular los marcadores epigenéticos en el laboratorio". Han aprendido a combatir enfermedades creando drogas que activan los genes buenos y suprimen a los malos. La Administración de Medicamentos y Alimentos (FDA, por sus siglas en inglés) aprobó la primera droga epigenética en 2004.

Desde entonces, la FDA ha aprobado un grupo de drogas epigenéticas que parecieran trabajar, en parte, para activar genes supresores de tumores, desactivados por la enfermedad. Según time.com, activando y desactivando estos marcadores epigenéticos, "podemos hacer que los genes que juegan un papel en muchas enfermedades (…) permanezcan inactivos". Los científicos esperan que un día la epigenética ayude a combatir muchas enfermedades importantes. Las primeras pruebas clínicas de la terapia epigenética han mostrado resultados alentadores para los pacientes con ciertas enfermedades de la sangre. Esos desarrollos sugieren que nuestros epigenomas y su impacto en nuestros hijos pueden realmente ser cambiados de forma positiva.

13. ¿Cuál de las siguientes opciones es un ejemplo que puede explicar la idea de que los científicos están "aprendiendo a manipular los marcadores epigenéticos"?

   A. una conducta que puede cambiar los marcadores epigenéticos
   B. un gen que juega un papel en la enfermedad
   C. un marcador epigenético que puede ser heredado
   D. una droga que estimula los genes supresores de tumores

14. ¿Qué significa la frase **permanecer inactivo** como está usada en el último párrafo del pasaje?

   A. empezar a atacarse a sí mismo
   B. usar más cantidades de energía
   C. permanecer pasivo y no expresado
   D. activar genes supresores de tumores

UNIDAD 1

Comprender la evidencia científica

Usar con el *Libro del estudiante,* págs. 26–27.

UNIDAD 1

① Repasa la destreza

TEMAS DE CIENCIAS: L.f.1
PRÁCTICA DE CIENCIAS: SP.1.a, SP.1.b, SP.1.c, SP.3.a, SP.3.b, SP.4.a, SP.6.a, SP.6.c, SP.7.a, SP.8.b

La **evidencia científica** debe desarrollar ideas que respondan preguntas de ciencias. Por ejemplo, cuando un científico observa algo sobre un objeto o un proceso, esa observación debe respaldar o refutar las ideas científicas actuales. Constantemente se reúne nueva evidencia que arroja luz sobre el modo en que funciona el mundo. Cuando **comprendes la evidencia científica**, aumentas tu conocimiento de la ciencia.

② Perfecciona la destreza

Al perfeccionar la destreza de comprender la evidencia científica, mejorarás tus capacidades de estudio y evaluación, especialmente en relación con la Prueba de Ciencias GED®. Estudia la información y el diagrama que aparecen a continuación. Luego responde las preguntas.

CLADOGRAMAS

Los científicos usan cladogramas para organizar evidencia reunida a través del examen de ejemplares de organismos. Un cladograma puede mostrar las relaciones evolutivas entre grupos de organismos u organismos individuales. Un carácter, la característica original, está presente en todos los organismos incluidos en un cladograma. Otros caracteres, características derivadas, están presentes solo en algunos. Por ejemplo, todos los animales que se muestran en el cladograma que aparece a continuación tienen vértebras, pero solo las salamandras, las tortugas y los leopardos tienen cuatro patas. Los científicos pueden rastrear la historia de la evolución combinando varios cladogramas para hacer un árbol genealógico.

ⓐ El organismo que tiene solo las características originales ocupa el nivel más bajo en un cladograma. A medida que se sube, cada organismo tiene un número mayor de características derivadas que el organismo anterior.

ⓑ No necesitas saber qué es un carácter para interpretar un cladograma. Por ejemplo, es posible que no sepas qué es un huevo amniótico, pero sabes que de todos los animales que se muestran, solo las tortugas y los leopardos tienen este carácter.

Lamprea   Atún   Salamandra   Tortuga   Leopardo

Pelo
Huevo amniótico **ⓑ**
Cuatro patas
Mandíbulas
Columna vertebral

USAR LA LÓGICA

Cuando entiendes el formato del cladograma, sabes que los organismos de las ramas más altas tienen más características derivadas. Usa la lógica para decidir qué animal tiene más características derivadas.

1. A partir de la evidencia representada en el cladograma, ¿qué carácter tienen todos los animales?

   A. huevo amniótico
   B. cuatro patas
   C. mandíbulas
   D. columna vertebral

2. ¿Qué animal tiene el mayor número de características derivadas?

   A. leopardo
   B. atún
   C. tortuga
   D. lamprea

INSTRUCCIONES: Estudia la ilustración y la información, lee la pregunta y elige la **mejor** respuesta.

INSTRUCCIONES: Lee el pasaje. Luego, lee cada pregunta y elige la **mejor** respuesta.

LA EVOLUCIÓN DE LA BALLENA

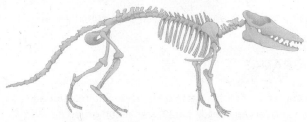

Esqueleto de *Pakicetus*

Los científicos comparan los animales que viven en la actualidad con los restos fósiles de animales que se extinguieron. Al hacerlo, pueden obtener evidencia que respalde la idea del ancestro común. Los estudios de las ballenas son un ejemplo de este tipo de hallazgo.

La evidencia muestra que los mamíferos evolucionaron a partir de los reptiles. En la actualidad, la mayoría de los mamíferos son animales terrestres. Sin embargo, las ballenas son mamíferos adaptados a vivir enteramente en el mar. Es por esta razón que siempre han intrigado a los científicos.

Los fósiles dan claves de la historia de la evolución de la ballena. Los científicos han hallado restos fosilizados de una serie de animales que son parientes de las ballenas de la actualidad. Los hallazgos fósiles incluyen un cráneo de un animal terrestre, el *Pakicetus*, que es semejante tanto a animales terrestres extintos del tamaño de un lobo como a las ballenas de la actualidad. Es de gran importancia el hecho de que la región de la oreja del cráneo representa una transición entre la oreja de un mamífero terrestre y la de un mamífero acuático. Esta estructura y otras características de transición dan a los científicos evidencia del viaje evolutivo de las ballenas desde la tierra hasta el mar.

3. ¿Qué enunciado respalda la evidencia fósil?

   A. Hace tiempo, las ballenas vivían en tierra.
   B. Las ballenas descienden de los lobos.
   C. Los animales relacionados con las ballenas vivieron, alguna vez, en tierra.
   D. Los cráneos de las ballenas tienen características de transición.

ESTRUCTURAS VESTIGIALES

Una estructura vestigial es una característica que se hereda de un ancestro pero que es menos funcional o ya no es funcional en el organismo que existe en la actualidad. Por ejemplo, los peces que viven en la mayoría de las masas de agua tienen ojos funcionales que fueron modificados a lo largo del tiempo para hacer un mejor uso de la luz. Estos peces usan los ojos para evitar a sus depredadores y para encontrar comida. Los peces que viven en cavernas oscuras no necesitan ojos. Aun así, tienen ojos vestigiales no funcionales. Los ojos vestigiales son evidencia de que estos peces provienen de otros organismos videntes. Otros ejemplos de estructuras vestigiales son el coxis en los seres humanos y los huesos de patas no existentes en las serpientes.

4. ¿Qué enunciado describe estructuras vestigiales?

   A. Un organismo que vive en la actualidad tiene las mismas estructuras vestigiales que sus ancestros.
   B. Las estructuras vestigiales son menos importantes para los organismos que las tienen en la actualidad que lo que fueron para los organismos de sus ancestros.
   C. Las estructuras vestigiales influyen solo en la visión de los organismos de la actualidad.
   D. Las características que han evolucionado para permitir a los organismos sobrevivir en ciertos lugares son estructuras vestigiales.

5. A menudo, una estructura vestigial de una especie es homóloga a una estructura en pleno funcionamiento de otra especie. ¿De qué manera respalda esta evidencia a la teoría de la evolución?

   A. Es probable que la especie con la estructura vestigial no exista en la actualidad.
   B. Es probable que las dos especies compartan un ancestro común.
   C. Es probable que los embriones de las dos especies se desarrollen de la misma forma.
   D. Es probable que, en el futuro, los fósiles de las dos especies parezcan semejantes.

UNIDAD 1

⭐ Ítem en foco: **ARRASTRAR Y SOLTAR**

INSTRUCCIONES: Lee el pasaje y la pregunta. Luego usa las opciones de arrastrar y soltar para completar el cladograma.

HACER CLADOGRAMAS

Los científicos pueden usar un cladograma para organizar varios animales a partir de la evidencia relacionada con cada animal. Para desarrollar tal cladograma, los científicos observan ciertos caracteres de un grupo de animales. Identifican la característica original, o el carácter común a todos los animales, y anotan ese carácter en la parte más baja del tronco del cladograma. Luego, determinan qué animal tiene solo la característica original y ninguna de las características derivadas, u otros caracteres. Anotan el nombre de ese animal en la rama más baja del cladograma. Continúan anotando caracteres y nombres de animales en el cladograma hasta haber anotado el nombre del animal que tiene todos los caracteres en la parte superior del cladograma.

6. Haz un cladograma a partir de la observación de ciertos caracteres de un grupo de animales. Determina la mejor ubicación en el cladograma para cada opción de arrastrar y soltar. Luego anota el nombre de cada animal en el recuadro adecuado.

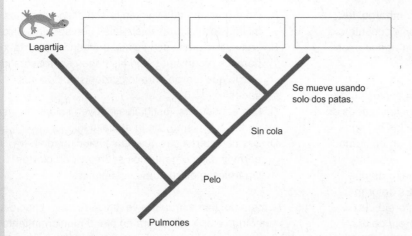

Opciones de arrastrar y soltar

Gorila | Ser humano | Tigre

INSTRUCCIONES: Lee el pasaje y la pregunta y elige la **mejor** respuesta.

EL VALOR DEL REGISTRO DE FÓSILES

Charles Darwin advirtió que los seres vivos evolucionan lentamente en su forma a partir de organismos del pasado. Sin embargo, no tenía ninguna evidencia directa porque el registro de fósiles era incompleto. Sugirió que si los científicos pudieran encontrar fósiles que cubrieran todos los períodos de tiempo, verían la evolución gradual en las formas de los organismos. Aunque aún falta mucho para que el registro fósil esté completo, los nuevos hallazgos fósiles ayudan a los científicos a darle sentido a la historia de cómo las estructuras de los animales han cambiado con el paso del tiempo.

7. A partir de la información, ¿qué tipo de evidencia respalda **mejor** las ideas de Darwin?

A. animales vivos de la misma especie con características diferentes

B. animales vivos de la misma especie con las mismas características

C. fósiles de diferentes períodos de tiempo con características que se vuelven más semejantes a aquellas de los animales vivos

D. fósiles de animales de la misma especie del mismo período de tiempo pero con diferentes características

COMPARACIÓN DE SECUENCIAS DE ADN

Gen de
la mosca

GTATCAAATGGATGTGTGAGCAAAATTCTCGGGAGGTATTAT GAAACAGGAAGCATACGA

Gen
del ratón

GTATCCAACGGTTGTGTGAGTAAAATTCTGGGCAGGTATTACGAGACTGGCTCCATCAGA

El ADN tiene genes que llevan códigos con instrucciones para la producción de proteínas. Estas proteínas forman bloques de organismos. Por ejemplo, el ADN contiene no solo genes que hacen que una persona tenga un color particular de ojos, sino que también incluye la ubicación de los ojos de esa persona en el lugar correcto del cuerpo. Como el ADN se relaciona con la manera en que se forman los organismos, las semejanzas en el ADN de diferentes organismos sugieren que esos organismos tienen un ancestro común.

Los científicos usan el ADN para obtener evidencia de ancestros comunes comparando los genomas de diferentes especies. Un genoma es un conjunto completo de genes de una especie. Cuanto más semejantes sean las secuencias de ADN, más íntimamente relacionados están los diferentes organismos. Un aspecto de la investigación científica relacionada con los genomas de diferentes especies tiene que ver con el desarrollo del ojo. Los científicos han encontrado semejanzas en las secuencias de ADN de los genes relacionados con el desarrollo del ojo entre varias especies. Los animales vertebrados, como los ratones, los tiburones y los seres humanos, tienen ojos estructurados de forma semejante. Lógicamente, existen secuencias semejantes en los genes relacionados con el desarrollo de sus ojos. Las moscas, por otra parte, tienen ojos compuestos que difieren significativamente de los ojos de los vertebrados. Sin embargo, la secuencia de ADN de un gen relacionado con el desarrollo del ojo de una mosca es muy similar a la de un gen relacionado con el desarrollo del ojo de un ratón.

El diagrama que aparece arriba muestra semejanzas en la codificación de las secuencias de ADN del gen de la mosca y el gen del ratón. Los científicos afirman que este hallazgo sugiere que los insectos y los mamíferos, que han evolucionado de forma separada durante millones de años, comparten versiones homólogas de un gen que ejerce el control central del desarrollo del ojo. Al comparar las secuencias de ADN de los genes de la mosca y el ratón, los investigadores han reunido evidencia de ascendencia común que hubiera sido imposible detectar de otra manera.

8. ¿Cuántos conjuntos semejantes de secuencias de ADN existen en los genes de la mosca y el ratón representados en el diagrama?

   A. 2
   B. 11
   C. 12
   D. 23

9. ¿Qué evidencia proporcionan las secuencias de ADN para respaldar la idea de que las moscas y los ratones tienen un ancestro común?

   A. Las secuencias muestran que los científicos han comparado el ADN de los animales.
   B. Las secuencias muestran que el ADN de todos los organismos es el mismo.
   C. Las secuencias muestran que los animales tienen ojos estructurados de forma semejante.
   D. Las secuencias tienen un alto porcentaje de codificación idéntica.

10. Cuando los científicos implantaron el gen relacionado con el desarrollo del ojo del ratón en la pata de una mosca, la mosca desarrolló ojos en su pata. A partir de la evidencia, ¿cómo es posible esto?

    A. Los ratones y las moscas tienen versiones semejantes de un gen para el desarrollo del ojo.
    B. Un ancestro común de los ratones y las moscas podía desarrollar ojos en sus patas.
    C. Las moscas y los ratones tienen secuencias idénticas de ADN en muchos de sus genes.
    D. Los genes de la mosca se manipulan con más facilidad que los genes del ratón.

Hacer e identificar inferencias

Usar con el *Libro del estudiante,* págs. 28–29.

TEMAS DE CIENCIAS: L.f.2
PRÁCTICA DE CIENCIAS: SP.1.a, SP.1.b, SP.1.c, SP.3.a, SP.3.b, SP.7.a

UNIDAD 1

❶ Repasa la destreza

Las presentaciones textuales y visuales expresan la importancia de algunos detalles pero dejan que el significado quede implícito en otros detalles. Una **inferencia** es una estimación lógica sobre el significado implícito de alguna parte de una presentación textual o visual. Cuando **haces una inferencia**, te aseguras de que tu estimación sea lógica a partir de hechos, evidencia, experiencia, observación o razonamiento.

Cuando se enuncia la importancia de un detalle, el autor está haciendo la inferencia. Para comprender completamente el material, debes poder **identificar la inferencia** y reconocer los detalles que la respaldan.

❷ Perfecciona la destreza

Al perfeccionar la destreza de hacer e identificar inferencias, mejorarás tus capacidades de estudio y evaluación, especialmente en relación con la Prueba de Ciencias GED®. Lee el pasaje que aparece a continuación. Luego responde las preguntas.

a El autor presenta su evidencia y luego usa la lógica para convertir sus ideas en un enunciado cohesivo. Este enunciado es su inferencia.

b Hacer una inferencia puede ser como intentar resolver un misterio sin todas las pistas. Por ejemplo, los científicos no pueden volver en el tiempo para ver cómo evolucionaron los topos para tener ojos pequeños; entonces reúnen evidencia y hacen una estimación a modo de explicación.

LOS OJOS DE LOS ANIMALES QUE EXCAVAN

Los ojos de los topos y de algunos roedores que excavan son rudimentarios en tamaño y, en algunos casos, están bastante cubiertos de piel y pelo. Es probable que el estado de los ojos se deba a una reducción gradual derivada del desuso. (...) En Sudamérica, un roedor que excava, el tuco-tuco (...) es aún más subterráneo en sus hábitos que el topo y (…) a menudo son ciegos; uno que mantuve vivo ciertamente estaba en esta condición. La causa, según surgió de la disección, había sido la inflamación de la membrana nictitante. Como una inflamación frecuente de los ojos debe ser perjudicial para cualquier animal, y como los ojos seguramente no son indispensables para los animales con hábitos subterráneos, es posible que una reducción en su tamaño (...) sea una ventaja en ese caso (...)

Fragmento traducido de *El origen de las especies por medio de la selección natural*, de Charles Darwin, © 1859

CONSEJOS PARA REALIZAR LA PRUEBA

Un ejercicio de la prueba puede pedirte que identifiques una inferencia. Los escritores típicamente enuncian una inferencia después de presentar la evidencia. A menudo, las inferencias incluyen las palabras: *si (...) entonces, dado que (...) entonces, es posible, podría, probablemente.*

1. ¿Qué inferencia hace Darwin sobre la relación entre el tamaño del ojo y vivir bajo tierra?

   A. Los animales que excavan tienen ojos pequeños pero muy buena vista.
   B. Excavar bajo tierra hace que un animal desarrolle ojos grandes.
   C. Los ojos pequeños de los animales que excavan son beneficiosos para su supervivencia.
   D. Los topos tienen ojos más pequeños que ciertos roedores que excavan.

2. ¿Qué palabras clave te ayudan a entender que el enunciado de Darwin sobre un carácter ventajoso es una inferencia?

   A. si (...) entonces
   B. es posible
   C. podría
   D. probablemente

INSTRUCCIONES: Estudia la información y la gráfica, lee cada pregunta y elige la **mejor** respuesta.

MODIFICACIÓN DE CARACTERES A LO LARGO DEL TIEMPO

La selección natural es un proceso que causa cambios evolutivos en una población. Ciertos caracteres causados por las diferencias genéticas pueden resultar en organismos que son más capaces de sobrevivir en el medio ambiente en el que viven. Esos individuos son más capaces de sobrevivir y, entonces, es más probable que se reproduzcan y continúen su especie. Si un carácter ventajoso es heredable, como la rapidez de marcha de los conejos, se transmitirá a las futuras generaciones. Con el tiempo, cada vez más miembros de la población tendrán el carácter.

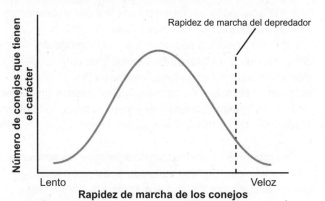

3. La gráfica representa la rapidez de marcha de todos los conejos de una población. ¿Qué inferencia se puede hacer a partir de los datos que se muestran en la gráfica?

   A. El depredador está en condiciones de capturar muy pocos conejos.
   B. Solo un tipo de depredador se alimenta de conejos en la población.
   C. Es más probable que sean cazados los conejos representados en el lado izquierdo de la curva que aquellos representados en el derecho.
   D. Es más probable que se reproduzcan los conejos representados en el lado izquierdo de la curva que aquellos representados en el derecho.

4. La rapidez de la marcha es un carácter heredable. Suponiendo que las condiciones ambientales no varíen, ¿qué inferencia se puede hacer?

   A. Al final, todos los conejos del medio ambiente tendrán la misma rapidez de marcha.
   B. En el futuro, la mayor parte de los conejos del medio ambiente podrá correr más rápido que su depredador.
   C. Una menor rapidez de marcha se convertirá en un carácter común de la población del depredador de los conejos.
   D. Con el tiempo, más miembros de la población de conejos tendrán mayor rapidez de marcha.

INSTRUCCIONES: Estudia la información y la tabla, lee cada pregunta y elige la **mejor** respuesta.

EFECTOS DE LOS CAMBIOS AMBIENTALES

Dos tipos de polillas moteadas, una gris claro y la otra gris oscuro, viven en la misma área. Hubo un tiempo en el que las polillas gris claro podían permanecer ocultas de sus depredadores mientras descansaban sobre troncos de árboles de color claro. Sin embargo, esos depredadores podían ver fácilmente a las polillas más oscuras. Cuando se construyeron fábricas en el área, el hollín de las chimeneas ennegreció los troncos de los árboles.

Una científica observó las poblaciones de polillas de color claro y las de color oscuro durante un período de tiempo. Contó el número de individuos en la población de cada polilla y comparó sus números con los datos de población anteriores a la construcción de las fábricas. La tabla muestra los datos que compiló.

	Polillas claras	Polillas oscuras
Población antes de las fábricas	243	104
Población después de las fábricas	150	227

5. ¿Qué inferencia se puede hacer a partir de los datos de la tabla?

   A. La población de polillas claras disminuyó con el tiempo.
   B. La población de polillas oscuras disminuyó con el tiempo.
   C. Ambas poblaciones permanecieron estables.
   D. Ambas poblaciones crecieron.

6. ¿Qué inferencia adicional se puede hacer sobre el carácter del color?

   A. Los animales oscuros pueden vivir más tiempo en ambientes contaminados.
   B. El color claro fue una ventaja cuando los troncos de los árboles eran claros; el color oscuro se convirtió en una ventaja cuando los troncos se oscurecieron.
   C. Las polillas oscuras tuvieron siempre más probabilidades de sobrevivir que las polillas claras.
   D. Es improbable que el color determine la supervivencia de una población.

INSTRUCCIONES: Estudia la información y la ilustración, lee cada pregunta y elige la **mejor** respuesta.

LOS PINZONES DE LAS ISLAS GALÁPAGOS

En 1831, Charles Darwin dejó Gran Bretaña para hacer un viaje de tres años alrededor del mundo. El viaje le dio la posibilidad de observar y recoger plantas y animales de muchos lugares diferentes. A fines de 1835, Darwin pasó varias semanas en las Islas Galápagos frente a las costas de Sudamérica. Recogió varios pinzones y los llevó de regreso a Londres. Una vez en Londres, Darwin estudió los pájaros. Se asombró al ver que, aunque todos eran pinzones del mismo grupo de islas, tenían picos de diferentes tamaños y formas. Darwin escribió: "Uno podría imaginar que (...) una especie había sido tomada y modificada para diferentes fines".

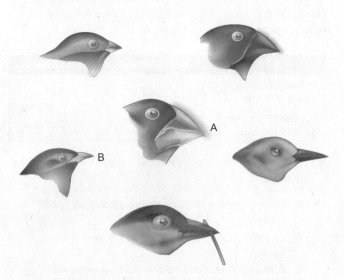

7. Según el pasaje, Darwin consideró la posibilidad de que una especie hubiera sido modificada para diferentes propósitos. ¿Qué inferencia está haciendo Darwin?

   A. Los pinzones de diferentes islas tienen diferentes formas de pico.
   B. Los pájaros de las Islas Galápagos son diferentes de los pájaros de Londres.
   C. Las variaciones del clima influyen en la forma de los picos de los pájaros.
   D. Los diferentes pinzones habían venido del mismo ancestro.

8. A partir del pasaje y de la ilustración, ¿qué inferencia se puede hacer sobre el pájaro A y el pájaro B?

   A. Es probable que los pájaros no compitan por comida.
   B. El pájaro B es un ancestro del pájaro A.
   C. Es más probable que se reproduzca el pájaro A que el pájaro B.
   D. El pico del pájaro B es más pequeño que el pico del pájaro A.

INSTRUCCIONES: Lee el pasaje y la pregunta y elige la **mejor** respuesta.

LA SELECCIÓN NATURAL Y EL COLOR DE PIEL

En la actualidad, protegemos nuestra piel y obtenemos la vitamina D que necesitamos al usar productos como pantalla solar y suplementos multivitamínicos. Sin embargo, a medida que los seres humanos evolucionábamos, estos beneficios de la tecnología no estaban disponibles. En cambio, las variaciones en el color de la piel ofrecían ventajas y desventajas que condujeron al predominio de ciertos colores de piel en ciertos ambientes.

Los primeros seres humanos vivieron en un ambiente cálido y soleado y tenían piel oscura. Su piel oscura los beneficiaba porque la piel más oscura ofrece más protección del daño causado por el sol que la piel más clara. A medida que grupos de seres humanos migraban a ambientes más fríos y menos soleados, la piel más clara se volvía más común en algunas poblaciones. La piel más clara era un carácter ventajoso en esas poblaciones porque produce vitamina D con más eficiencia que la piel más oscura.

9. El sol es una fuente de vitamina D para los seres humanos. ¿Qué información del pasaje respalda la inferencia de que los individuos que vivían en ambientes menos soleados no podían obtener cantidades adecuadas de vitamina D del sol?

   A. La piel más clara, que produce vitamina D con más eficiencia que la piel más oscura, se volvió más común en las poblaciones que vivían en ambientes menos soleados.
   B. Más allá del color de la piel o del ambiente, en la actualidad los seres humanos podemos tomar suplementos multivitamínicos para obtener cantidades adecuadas de vitamina D.
   C. Grupos de seres humanos migraron de ambientes que eran cálidos y soleados a ambientes que eran más fríos y menos soleados.
   D. La piel más oscura produce vitamina D con menos eficiencia que la piel más clara pero ofrece mayor protección contra el daño causado por el sol.

SELECCIÓN ARTIFICIAL

La selección artificial es la propagación o cultivo selectivo de plantas o animales por parte de los seres humanos. A través del cultivo selectivo, los seres humanos influyen en el desarrollo de características de los seres vivos. Con la selección natural, la oportunidad que un individuo tiene de reproducirse es el factor que conduce a las futuras generaciones a tener caracteres particulares. Con la selección artificial, los seres humanos eligen qué individuos se reproducirán para crear futuras generaciones que tengan los caracteres deseados. Ambos procesos conducen al mismo resultado: con el tiempo, ciertos caracteres se convierten en más comunes en una población.

No necesitas mirar más allá de tu mascota familiar para observar los resultados de la selección artificial. Los perros aún tienen genomas muy similares a los de su ancestro, el lobo gris. Sin embargo, tienen tipos de complexión física, tamaños, colores, habilidades y otras características que varían ampliamente. A través de la selección artificial en miles de años, los seres humanos han criado perros para que tengan atributos físicos particulares y conductas adecuadas para cazar, pastorear, proteger y servir como compañía.

10. ¿Qué inferencia se puede hacer sobre el proceso de selección artificial?

    A. Los organismos progenitores que tienen ciertos caracteres son cultivados o criados por organismos progenitores que carecen de esos caracteres.

    B. Los organismos progenitores que carecen de ciertos caracteres son cultivados o criados para producir descendencia que tenga esos caracteres.

    C. Los organismos progenitores que tienen ciertos caracteres son cultivados o criados para producir descendencia que carezca de esos caracteres.

    D. Los organismos progenitores que tienen ciertos caracteres son cultivados o criados para producir descendencia que tenga esos caracteres.

11. Las agencias del orden público usan perros que han sido selectivamente criados para detectar drogas. ¿Puedes inferir que los perros han sido criados para tener qué carácter?

    A. alta rapidez de marcha

    B. una complexión física grande y fuerte

    C. un agudo sentido del olfato

    D. una tendencia a cuidar objetos, lugares o personas

TECNOLOGÍAS PARA EL MEJORAMIENTO DE LOS CULTIVOS

Mucha de la comida que comemos proviene de las plantas. Desde las primeras personas que cultivaron plantas alimenticias hasta los conglomerados agrícolas modernos, los agricultores siempre han usado la tecnología para producir cultivos con ciertos caracteres.

Nuestras especies agrícolas derivan de plantas que se originan naturalmente y que cambiaron de forma con el tiempo. El maíz, por ejemplo, desciende del teosinte, una planta gramínea que produce pequeñas mazorcas de granos diminutos. Hace miles de años, los nativos de México consideraban el teosinte como una fuente de alimento. Más adelante, los agricultores antiguos comenzaron a plantar sus granos (semillas) para cultivar su propio alimento. Como los primeros agricultores notaron que algunas plantas tenían mejor sabor o crecían más que otras, usaron la selección para cultivar más plantas con estos caracteres.

En la actualidad, la ingeniería genética también se usa para producir cultivos mejorados. La ingeniería genética abarca la introducción de genes de un organismo en el genoma de otro organismo. Por ejemplo, los científicos han transferido un gen de una bacteria que extermina insectos al maíz para hacerlo más resistente al daño de los insectos. A veces, la ingeniería genética también es denominada modificación genética, pero los científicos mencionan que este término se aplica también a la selección artificial.

12. ¿Qué inferencia se puede hacer sobre el proceso de selección artificial usado por los primeros agricultores?

    A. Los agricultores comían solo plantas que tenían los caracteres deseados y descartaban todas las otras plantas.

    B. Los agricultores guardaban los granos de las plantas con los caracteres deseados para plantarlos más tarde.

    C. Los agricultores mejoraban los cultivos solo de forma accidental al cultivar plantas con los caracteres deseados.

    D. Los agricultores encontraron una forma de trasplantar material genético de una planta a otra.

13. ¿Qué inferencia se puede hacer sobre por qué el término *modificación genética* describe tanto a la ingeniería genética como a la selección artificial?

    A. Ambos procesos cambian la conformación genética de una especie con el tiempo.

    B. El resultado de ambos procesos siempre son plantas con genes que las hacen más resistentes a los insectos.

    C. Ambos procesos incluyen la transferencia de genes de un organismo a otro organismo.

    D. Para ambos procesos, los seres humanos eligen qué cultivos necesitan caracteres mejorados.

UNIDAD 1

Sacar conclusiones

Usar con el *Libro del estudiante,* págs. 30–31.

TEMAS DE CIENCIAS: L.c.5, L.f.3
PRÁCTICA DE CIENCIAS: SP.1.a, SP.1.b, SP.3.a, SP.3.b, SP.6.c, SP.7.a

1 Repasa la destreza

Cuando **sacas una conclusión** sobre un tema, consideras toda la información que tienes sobre el tema así como cualquier inferencia que hayas hecho. Una conclusión válida no contradice los hechos, la evidencia o las observaciones disponibles. Tampoco es una hipergeneralización de la información disponible.

Una conclusión es una interpretación razonada de algo y, por lo tanto, no es irrefutable. Después de sacar una conclusión, puedes encontrar información o tener una experiencia que respalde la conclusión o la refute.

2 Perfecciona la destreza

Al perfeccionar la destreza de sacar conclusiones, mejorarás tus capacidades de estudio y evaluación, especialmente en relación con la Prueba de Ciencias GED®. Lee el pasaje que aparece a continuación. Luego responde las preguntas.

EL CLIMA Y LA ADAPTACIÓN

Las diferentes regiones del mundo tienen diferentes climas. Las selvas caducifolias templadas reciben cantidades importantes de precipitaciones y no son ni extremadamente cálidas en verano ni extremadamente frías en invierno. Los desiertos son muy secos y casi siempre cálidos. Las tundras son relativamente secas y frías.

a Para sacar una conclusión, recuerda lo que ya sabes sobre un tema. ¿Qué sabes sobre las adaptaciones?

Los seres vivos tienen adaptaciones relacionadas con la supervivencia en los climas en que viven. Estas adaptaciones adoptan muchas formas. Algunas adaptaciones son características físicas. Por ejemplo, las plantas que viven en selvas densas pueden ser muy altas. Este carácter físico les permite recibir la luz solar que necesitan al crecer por encima de otras plantas de la selva. Otras adaptaciones están relacionadas con comportamientos. La migración es un ejemplo de adaptación conductual. Los animales que viven principalmente en regiones con inviernos fríos pueden trasladarse a áreas más cálidas antes del invierno y volver cuando este termina.

b Piensa sobre lo que está implícito en el texto. Este enunciado implica que la migración ayuda a un animal a sobrevivir.

Algunas adaptaciones que permiten que un organismo sobreviva en un clima en particular serían caracteres dañinos en organismos que viven en otro clima. Considera las formas de vida del desierto. Las plantas y los animales del desierto tienen adaptaciones que los ayudan a eliminar el calor excesivo y prevenir la pérdida de agua. Esas adaptaciones podrían hacer que los animales que viven en una tundra, por otra parte, tuvieran dificultades para sobrevivir en su ambiente.

CONSEJOS PARA REALIZAR LA PRUEBA

La Prueba de GED® tiene tipos de ejercicios variados. Para la selección múltiple, decide si una opción concuerda con la información dada. Para la respuesta breve, considera si la respuesta está de acuerdo con la información dada.

1. ¿Qué conclusión se puede sacar sobre un animal que migra de una región durante el invierno?

   A. El animal tiene una adaptación que le permite vivir en áreas frías.
   B. El animal no puede sobrevivir en las temperaturas de invierno de la región.
   C. El animal se irá de la región de forma permanente.
   D. El animal se trasladó por error a un lugar donde no puede sobrevivir.

2. Una conclusión válida es que las plantas y los animales del desierto probablemente tengan adaptaciones relacionadas con sobrevivir

   A. con poca agua.
   B. solo en temperaturas moderadas.
   C. solo durante breves períodos de tiempo.
   D. en tundras así como en desiertos.

★ Ítem en foco: **RESPUESTA BREVE**

INSTRUCCIONES: Lee el pasaje y la pregunta. Luego escribe tu respuesta en las líneas. Completar esta tarea puede llevarte 10 minutos aproximadamente.

ESPECIACIÓN

A veces, las condiciones ambientales hacen que se produzca una especiación. La especiación es el desarrollo de una especie diferente a través de la evolución. En otras palabras, una especie se convierte en dos o más especies.

Más comúnmente, la especiación ocurre cuando las poblaciones de una especie están geográficamente divididas de forma que ya no pueden reproducirse entre sí. Debido a que se introducen diferencias genéticas en individuos de cada población, los caracteres útiles en un medio ambiente en particular se acumulan a través de la selección natural. Como cada población está en un lugar diferente, pueden desarrollarse adaptaciones diferentes. Después de un período de tiempo, los dos grupos pueden tener diferentes rituales de apareamiento y diferentes estructuras genéticas. Ya no quieren reproducirse entre sí ni están en condiciones de hacerlo en forma exitosa y, entonces, se han convertido en especies diferentes.

3. Imagina que un huracán hace que las frutas de un área continental sean trasladadas a una isla remota. Las frutas tienen larvas de la mosca de la fruta. Las larvas maduran y las moscas maduras de la fruta se reproducen, lo que produce una nueva generación de moscas de la fruta en la isla. Saca una conclusión sobre cómo las moscas de la fruta de la isla podrían convertirse en una especie diferente a las moscas de la fruta del área continental. Incluye respaldo del pasaje en tu respuesta.

_____

_____

_____

_____

_____

_____

_____

_____

_____

_____

_____

_____

_____

UNIDAD 1

⭐ Ítem en foco: **RESPUESTA BREVE**

INSTRUCCIONES: Lee el pasaje y la pregunta. Luego escribe tu respuesta en las líneas. Completar esta tarea puede llevarte 10 minutos aproximadamente.

LA ADAPTACIÓN EN LOS MICROBIOS

Los microbios, como las bacterias, los virus, los hongos y los protozoos son organismos diminutos que, a menudo, se multiplican y se propagan fácilmente de un lugar a otro. Algunos microbios son útiles para el cuerpo humano; otros causan enfermedades.

Al reproducirse con tanta frecuencia, las poblaciones de microbios tienen rápido recambio generacional. Entonces, las poblaciones de microbios se pueden adaptar rápidamente a los cambios en el medio ambiente. Cuando una presión de selección de su medio ambiente tiene la forma de un nuevo producto químico, como un nuevo medicamento para exterminarlos o limitar su crecimiento, los microbios se vuelven resistentes a la droga.

La capacidad de los microbios para volverse resistentes a las drogas con relativa facilidad hace que sea más difícil tratar a los pacientes de manera eficaz. Cuanto más frecuentemente se use una droga, más rápido evolucionará la resistencia de los microbios afectados. Cuantos más microbios de una población desarrollen resistencia a una droga, menos útil se volverá la droga.

4. Saca una conclusión sobre la importancia de la selección natural en el desarrollo de microbios resistentes a las drogas. Incluye respaldo del pasaje en tu respuesta.

_____

_____

_____

_____

_____

_____

_____

_____

_____

_____

_____

_____

_____

INSTRUCCIONES: Lee el pasaje y la pregunta. Luego escribe tu respuesta en las líneas. Completar esta tarea puede llevarte 10 minutos aproximadamente.

EXTINCIÓN

Mientras que la adaptación conduce a la supervivencia y también a la especiación, la falta de adaptación puede conducir a la extinción. La extinción es el estado de dejar de existir. Cuando una especie íntegra va muriendo porque sus miembros no pueden desarrollar los caracteres necesarios para sobrevivir y reproducirse en un medio ambiente modificado, la especie se extingue.

La extinción es una parte normal del proceso evolucionario, en el que una de cinco especies típicamente se extingue cada año. Sin embargo, los científicos estiman que la incidencia de extinción actual es entre 1,000 y 10,000 veces esa tasa. Algunos estiman que hasta un 50 por ciento de todas las especies estarán extintas para mediados de siglo.

Grupos preocupados por este tema han estudiado el vínculo entre las acciones del ser humano y las crecientes extinciones. Los científicos, líderes mundiales y otros sugieren que el rápido aumento en la tasa de extinción de las especies se debe a las actividades humanas, como la destrucción del hábitat y los cambios climáticos por el calentamiento global. Una organización señala que el aumento en las tasas de extinción está íntimamente ligado al crecimiento de la población y el creciente uso de la energía por parte de los seres humanos.

5. Saca una conclusión sobre cómo los seres humanos ejercen presiones de selección que influyen en la tasa de extinción. Incluye respaldo del pasaje en tu respuesta.

_____

_____

_____

_____

_____

_____

_____

_____

_____

_____

_____

_____

_____

Usar con el *Libro del estudiante,* págs. 42–43.

TEMAS DE CIENCIAS: P.c.1
PRÁCTICA DE CIENCIAS: SP.1.a, SP.1.b, SP.1.c, SP.6.b, SP.7.a

1 Repasa la destreza

Los **modelos científicos** se usan para representar objetos o procesos que no pueden ser observados de forma directa, como objetos muy pequeños o muy grandes, o procesos que ocurren muy lentamente o muy rápidamente. **Comprender los modelos científicos** te ayuda a entender más claramente las descripciones y explicaciones de los conceptos científicos.

A menudo, los modelos científicos no pueden mostrar los objetos o procesos como son en realidad. En cambio, los modelos representan las cosas de maneras creativas. Los tipos de modelos científicos incluyen modelos ilustrados bidimensionales o tridimensionales, grupos de símbolos y ecuaciones matemáticas.

2 Perfecciona la destreza

Al perfeccionar la destreza de comprender los modelos científicos, mejorarás tus capacidades de estudio y evaluación, especialmente en relación con la Prueba de Ciencias GED®. Estudia la información y el modelo que aparecen a continuación. Luego responde las preguntas.

LOS ÁTOMOS Y SUS PARTÍCULAS SUBATÓMICAS

La materia que compone el universo que podemos observar está compuesta por átomos. Los átomos, a su vez, están compuestos por protones, neutrones o electrones. Los protones, los neutrones y los electrones son partículas subatómicas, es decir, partículas que son más pequeñas que un átomo. Los protones y neutrones se mueven dentro del núcleo de un átomo y los electrones están en constante movimiento alrededor del núcleo. El núcleo de un átomo y la nube de electrones se mantienen unidos por las cargas eléctricas de las partículas subatómicas del átomo. Un protón tiene carga positiva y suele estar representado en los modelos por un signo más. Un electrón tiene carga negativa y puede estar representado por un signo menos. Un neutrón no tiene carga. Un átomo tiene el mismo número de protones y electrones, lo que hace que esté eléctricamente equilibrado.

a Los átomos son demasiado pequeños para ser observados en forma directa. Un modelo ilustrado te puede ayudar a desarrollar una imagen mental de un átomo.

b Los protones y los neutrones se agrupan en el núcleo y los electrones se mueven rápidamente en niveles de energía alrededor del núcleo. El modelo representa estas partículas subatómicas en forma bidimensional.

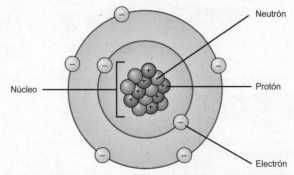

HACER SUPOSICIONES

Es posible que no todas las partes de un objeto o un proceso estén rotuladas en un modelo. Si una parte no rotulada es igual a una parte rotulada, puedes suponer que es la misma cosa.

1. ¿Cuántos protones tiene el átomo representado en el modelo?

   A. uno
   B. siete
   C. catorce
   D. veintiuno

2. ¿Qué oración describe el átomo representado en el modelo?

   A. No tiene carga.
   B. Tiene más electrones que protones.
   C. Es un átomo de hidrógeno.
   D. Cada uno de sus neutrones tiene carga positiva.

3 Domina la destreza

INSTRUCCIONES: Estudia la información y el modelo, lee la pregunta y elige la **mejor** respuesta.

LOS ELEMENTOS, LOS ÁTOMOS Y LOS IONES

Los científicos han identificado aproximadamente 116 elementos, cada uno compuesto por solo un tipo de átomo. Un átomo es la unidad de materia más pequeña que tiene los caracteres propios de un elemento en particular. El hidrógeno, el carbono, el oxígeno, el aluminio, el calcio, el uranio y muchas otras formas de materia comúnmente conocidas son elementos.

Los átomos están compuestos por protones, neutrones y electrones. Todos los protones son iguales, como lo son todos los neutrones y todos los electrones. Aun así, los átomos que componen un elemento son únicos para ese elemento. El factor que distingue los átomos, por ejemplo, un átomo de carbono de un átomo de uranio, es el número de protones que tiene el átomo. Un átomo de carbono tiene seis protones, mientras que un átomo de uranio tiene noventa y dos.

Un átomo tiene el mismo número de protones con carga positiva y de electrones con carga negativa. Sin embargo, un átomo puede perder o ganar electrones. Cuando esto ocurre, la partícula cambia de un átomo neutral a un ión. Un ión es una partícula con carga eléctrica producida cuando un átomo pierde o gana electrones.

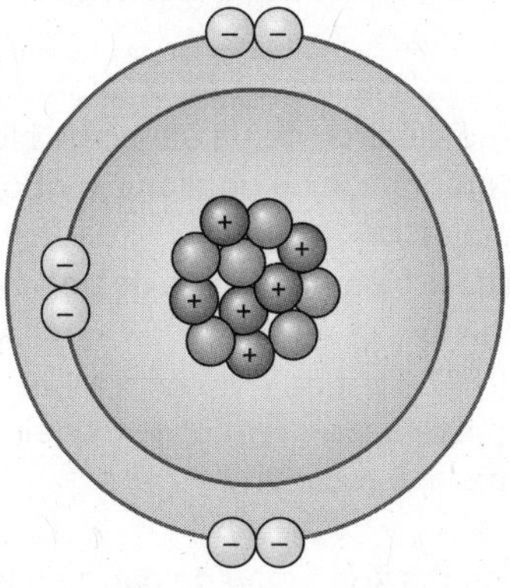

Carbono

3. ¿Por qué está claro que el modelo representa un átomo de carbono y no un ión de carbono?

   A. El núcleo contiene el mismo número de protones y neutrones.
   B. El número de electrones es igual a la mitad del número de partículas del núcleo.
   C. El número de electrones es igual al número de protones.
   D. La partícula tiene carga.

INSTRUCCIONES: Estudia el modelo, lee la pregunta y elige la **mejor** respuesta.

EJEMPLO DE LO QUE OCURRE CUANDO UN ÁTOMO SE CONVIERTE EN UN IÓN

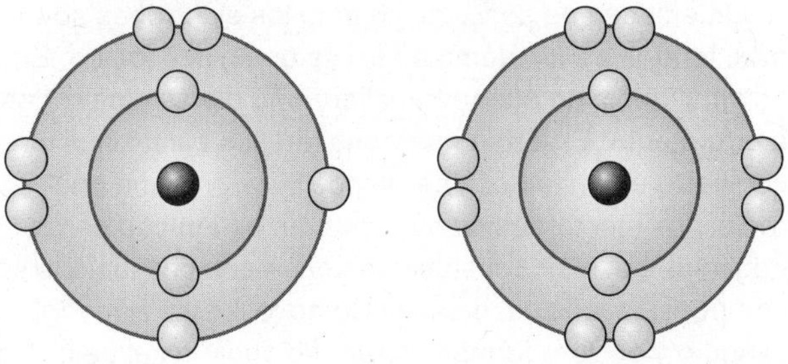

Átomo de oxígeno   Ión de oxígeno

4. ¿Qué enunciado describe el ión de oxígeno?

   A. Tiene carga negativa.
   B. Tiene carga positiva.
   C. Derivó de un átomo que ganó dos protones.
   D. Derivó de un átomo que perdió dos neutrones.

INSTRUCCIONES: Estudia la información y el modelo, lee la pregunta y elige la **mejor** respuesta.

ENLACE COVALENTE

Los átomos se pueden enlazar compartiendo o transfiriendo electrones. Un enlace que se forma cuando los átomos comparten electrones es un enlace covalente. Cuando los átomos se unen mediante un enlace covalente forman una molécula. Los átomos se enlazan en una razón fija para convertirse en un tipo particular de molécula. Por ejemplo, un átomo de carbono y dos átomos de oxígeno comparten electrones para formar una molécula de dióxido de carbono, como muestra el modelo. En los modelos científicos, las líneas o barras que conectan los átomos representan enlaces covalentes. Los compuestos formados por enlaces covalentes son compuestos covalentes. Los prefijos como *di* en nombres compuestos nos indican cuántos átomos de un cierto tipo hay en cada una de las moléculas de un compuesto.

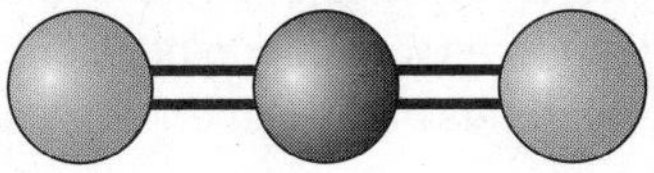

Oxígeno   Carbono   Oxígeno

5. A partir del pasaje y el modelo, ¿qué significa **dióxido**?

   A. que está formado por carbono y oxígeno
   B. que tiene tres átomos
   C. que contiene oxígeno
   D. que tiene dos átomos de oxígeno

UNIDAD 2

INSTRUCCIONES: Estudia la información y el modelo, lee cada pregunta y elige la **mejor** respuesta.

ENLACE IÓNICO

Un enlace que se forma cuando los electrones son transferidos de un átomo a otro es un enlace iónico. En un enlace iónico, un átomo transfiere uno o más electrones a otro átomo. El átomo que transfiere los electrones se convierte en un ión con carga positiva. El átomo que recibe los electrones se convierte en un ión con carga negativa. Los compuestos que tienen enlaces iónicos son compuestos iónicos, o sales. Como lo ilustra el modelo, el sodio y el cloro forman cloruro de sodio o sal de mesa común a través de un enlace iónico.

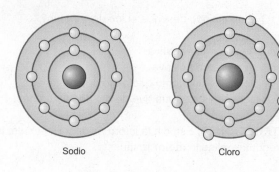

Sodio   Cloro

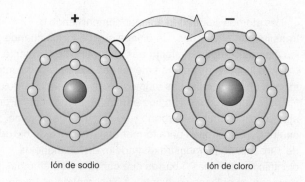

Ión de sodio   Ión de cloro

6. A partir del modelo, ¿qué enunciado describe el enlace entre el sodio y el cloro en el cloruro de sodio?

   A. El sodio y el cloro comparten electrones.
   B. Un electrón es transferido del sodio al cloro.
   C. Un electrón es transferido del cloro al sodio.
   D. Los electrones van y vienen entre el sodio y el cloro.

7. ¿Por qué el modelo incluye un rótulo con el signo más para el ión de sodio?

   A. Se sumó un electrón al ión de sodio.
   B. El ión de sodio tiene más protones que el ión de cloro.
   C. El ión de sodio tiene carga positiva.
   D. Cualquier compuesto que contenga sodio tiene carga eléctrica.

INSTRUCCIONES: Estudia los modelos, lee cada pregunta y elige la **mejor** respuesta.

DOS MODELOS DE UNA MOLÉCULA DE HIDRÓGENO

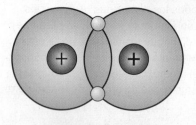

Átomo de hidrógeno

Clave

◯ = Electrón

⊕ = Protón

8. ¿Qué representa cada signo más encerrado en un círculo en el modelo de la izquierda?

   A. la nube de electrones de un átomo de hidrógeno
   B. el único electrón de un átomo de hidrógeno
   C. la incorporación de un átomo a otro para formar una molécula
   D. el único protón del núcleo de un átomo de hidrógeno

9. ¿Qué representa la barra en el modelo de barras y esferas de la derecha?

   A. estructuras con forma de barra en la molécula
   B. el movimiento de los átomos
   C. núcleos atómicos
   D. un enlace covalente entre los átomos

10. Ambos modelos indican que una molécula de hidrógeno se forma cuando

   A. dos átomos de hidrógeno comparten electrones.
   B. un átomo de hidrógeno pierde un electrón.
   C. un átomo de hidrógeno gana un electrón.
   D. dos átomos de hidrógeno están conectados por una barra.

Ítem en foco: **ARRASTRAR Y SOLTAR**

INSTRUCCIONES: Lee el pasaje y la pregunta. Luego usa las opciones de arrastrar y soltar para responder.

REPRESENTAR ELEMENTOS Y COMPUESTOS

Cada elemento está representado por un símbolo, como H para el hidrógeno, C para el carbono y O para el oxígeno. Una fórmula química indica el número de átomos de cada tipo que hay en una molécula de un elemento. Por ejemplo, la fórmula química del hidrógeno es H_2 porque una molécula de hidrógeno está formada por dos átomos de hidrógeno. Las fórmulas químicas se pueden representar visualmente con fórmulas estructurales.

11. Se muestran las fórmulas estructurales de tres compuestos que contienen oxígeno. Examina las fórmulas químicas incluidas como opciones de arrastrar y soltar y determina qué opción de arrastrar y soltar representa cada fórmula estructural. Luego anota la fórmula química adecuada debajo de cada fórmula estructural.

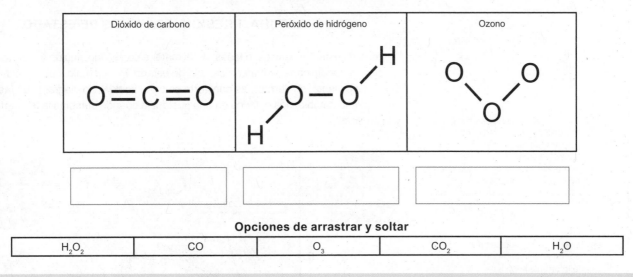

Dióxido de carbono	Peróxido de hidrógeno	Ozono

Opciones de arrastrar y soltar

H_2O_2	CO	O_3	CO_2	H_2O

INSTRUCCIONES: Estudia la información y el modelo, lee la pregunta y elige la **mejor** respuesta.

MOLÉCULAS DE AGUA

En la antigüedad, las personas creían que el agua era un elemento básico. Luego, a fines del siglo XVIII, un químico francés descubrió que, en realidad, el agua estaba formada por hidrógeno (H) y oxígeno (O). Debido a la forma en que los átomos de hidrógeno y oxígeno están enlazados juntos, un lado de la molécula tiene una carga levemente positiva y el otro lado tiene una carga levemente negativa. En una muestra de agua, que contiene muchas moléculas de agua, el extremo positivo de cada molécula atrae el extremo negativo de otra molécula. Esta atracción no es tan fuerte como los enlaces entre los átomos de hidrógeno y oxígeno. Sin embargo, es lo suficientemente fuerte como para producir muchos caracteres importantes del agua, incluida su capacidad de absorber calor.

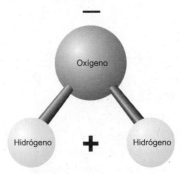

12. ¿Qué inferencia se puede hacer sobre el agua?

A. Una molécula de agua es magnética.
B. Los átomos de H de una molécula atraen los átomos de O de otra.
C. El agua es un elemento.
D. Los átomos de una molécula de agua forman una línea.

UNIDAD 2

Interpretar elementos visuales complejos

Usar con el *Libro del estudiante,* págs. 44–45.

TEMAS DE CIENCIAS: P.c.2
PRÁCTICA DE CIENCIAS: SP.1.a, SP.1.b, SP.1.c, SP.3.b, SP.7.a

UNIDAD 2

1 Repasa la destreza

Un **elemento visual complejo** es una ilustración, gráfica, diagrama u otro elemento gráfico detallado o complicado. De hecho, un elemento visual complejo puede tener elementos de más de un tipo de ayuda visual, como elementos de un diagrama y de una gráfica.

Al igual que otros elementos gráficos, los elementos visuales complejos te ayudan a hacer conexiones entre datos, ideas, objetos o sucesos. Pueden mostrar secuencias, semejanzas y diferencias u otros tipos de relaciones. Cuando **interpretas elementos visuales complejos**, identifica cada relación representada y luego concéntrate en los detalles de la relación.

2 Perfecciona la destreza

Al perfeccionar la destreza de interpretar elementos visuales complejos, mejorarás tus capacidades de estudio y evaluación, especialmente en relación con la Prueba de Ciencias GED®. Estudia la información y el diagrama complejo que aparecen a continuación. Luego responde las preguntas.

TEMPERATURA, PRESIÓN Y CAMBIOS DE ESTADO

Los tres estados básicos, o fases, de la materia son sólido, líquido y gaseoso. En ciertas condiciones, la materia cambia de estado. Por ejemplo, cuando el hielo sólido se calienta, se derrite y se convierte en agua líquida. Un diagrama de fases indica cómo cambian los estados de una sustancia cuando cambian la temperatura y la presión.

a Este diagrama de fases tiene rótulos para los estados de la materia, como sólido, y para los sucesos, como la fusión. También tiene ilustraciones que muestran el espacio entre las partículas en los tres estados de la materia.

b Un diagrama de fases tiene elementos de una gráfica. Lee la información hacia arriba para entender qué ocurre a medida que aumenta la presión y hacia la derecha para entender qué ocurre a medida que aumenta la temperatura.

Fusión
Líquido
Congelamiento
Sólido
Evaporación
Condensación
Presión
Gaseoso
Sublimación
Deposición
Temperatura

CONSEJOS PARA REALIZAR LA PRUEBA

Estudia un elemento visual complejo y cualquier texto relacionado para entender las ideas principales antes de ver una pregunta de la prueba. Luego repasa el elemento visual antes de responder la pregunta para hallar información específica para esa pregunta.

1. En condiciones de baja presión y alta temperatura, la sustancia representada en el diagrama

   A. es un gas.
   B. es un líquido.
   C. es un sólido.
   D. está hirviendo.

2. A partir del diagrama, ¿qué ocurre con una sustancia durante la sublimación?

   A. Cambia de un sólido a un líquido.
   B. Cambia de un líquido a un gas.
   C. Cambia de un sólido a un gas.
   D. Cambia de un gas a un sólido.

INSTRUCCIONES: Estudia el diagrama y la información, lee cada pregunta y elige la **mejor** respuesta.

PROPIEDADES DE LOS SÓLIDOS, LOS LÍQUIDOS Y LOS GASES

SÓLIDO   LÍQUIDO

• No fluye.

• Participa en la fusión y el congelamiento.
• No se puede comprimir.
• Tiene un volumen fijo.

• Partículas muy cercanas entre sí

• Partículas compactadas fuertemente

• Caracterizada por la disposición de las partículas

• Partículas que chocan entre sí

• Participa en la sublimación y la deposición.

• Participa en la Evaporación y la condensación.
• Puede fluir.

• Grandes espacios entre las partículas

• Fácilmente comprimible

GAS

En nuestra vida diaria encontramos materia en tres estados básicos: sólido, líquido y gaseoso. Sin importar qué sustancia es, la materia tiene características, o propiedades, en cada estado como indica el diagrama. Por ejemplo, la cantidad de espacio entre las partículas de una sustancia cambia cuando cambia el estado de la sustancia. En estado sólido, las partículas están compactadas fuertemente de forma ordenada y no se mueven en relación con las otras. En estado líquido, las partículas están cerca unas de otras pero no tanto como en un sólido. También, las partículas de los líquidos se mueven y se chocan entre ellas constantemente. Las partículas de los gases están lejos unas de otras y se mueven libremente.

3. El diagrama indica que solo la materia en estado sólido

   A. no participa en la evaporación y la condensación.
   B. participa en los procesos de fusión y congelamiento.
   C. tiene partículas que se chocan entre ellas.
   D. contiene partículas individuales.

4. Según el diagrama, ¿qué características comparten los sólidos, los líquidos y los gases?

   A. No se pueden comprimir.
   B. Se identifican por la disposición de las partículas.
   C. Pueden experimentar la sublimación y luego la condensación.
   D. Pueden fluir.

5. ¿Qué inferencia se puede hacer a partir de la información del diagrama?

   A. Durante la fusión, el espacio entre las partículas disminuye.
   B. El espacio entre las partículas no está relacionado con el estado de la sustancia.
   C. El aumento del espacio entre las partículas conduce a disminuciones en la compresibilidad.
   D. El espacio entre las partículas cambia más durante la sublimación que durante la fusión.

INSTRUCCIONES: Estudia la información y la ilustración, lee cada pregunta y elige la **mejor** respuesta.

LA MATERIA Y LA FORMA

Una propiedad de la materia en ciertos estados es la capacidad o incapacidad de la materia para conservar su forma. La ilustración proporciona información sobre la relación de esta característica con los tres estados primarios de la materia. Representa sustancias que tienen materia en diferentes estados en el mismo tipo de recipiente cerrado.

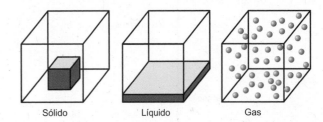

Sólido   Líquido   Gas

6. ¿Qué enunciado es una comparación precisa de los estados de la materia representados en la ilustración?

   A. Los líquidos y los gases mantienen su forma independientemente de las formas de los recipientes que los contienen.
   B. Los sólidos y los líquidos tienden a llenar los recipientes que los contienen.
   C. Los sólidos y los líquidos siempre tienen forma de caja.
   D. Los líquidos y los gases adoptan las formas de los recipientes que los contienen.

7. ¿Qué conclusión se puede sacar a partir de la ilustración?

   A. Un líquido en cualquier recipiente no puede cambiar a otro estado.
   B. Un gas escapará de cualquier recipiente abierto.
   C. Una muestra de líquido entrará en cualquier recipiente.
   D. Dos muestras cualesquiera de materia en estado sólido entrarán en un recipiente del mismo tamaño.

INSTRUCCIONES: Estudia la información y el diagrama, lee cada pregunta y elige la **mejor** respuesta.

PROPIEDADES DE LOS COMPUESTOS

Los compuestos se producen cuando los átomos forman enlaces covalentes o iónicos. Debido a la naturaleza de los dos tipos diferentes de enlaces, los compuestos covalentes y los compuestos iónicos tienden a tener propiedades muy diferentes. Por ejemplo, los compuestos covalentes típicamente tienen puntos de ebullición mucho más bajos que los compuestos iónicos. Aunque los enlaces covalentes entre los átomos son fuertes, la atracción de las moléculas enlazadas de forma covalente entre sí es relativamente débil. Por otra parte, los iones que forman un compuesto iónico muestran una atracción fuerte entre sí. En otras palabras, para que las partículas de un compuesto iónico se separen, se necesita un cambio más significativo de energía; entonces, se necesita más calor para hacer que los compuestos iónicos hiervan. El diagrama indica los puntos de ebullición en grados Celsius (°C) de un muestreo de compuestos.

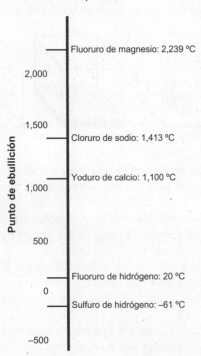

8. ¿Qué enunciado está respaldado por el diagrama?

   A. Ningún compuesto hierve a una temperatura menor que 0 °C.
   B. El cloruro de sodio, o sal de mesa, tiene un punto de ebullición mayor que 2,000 °C.
   C. El punto de ebullición es una propiedad que varía mucho entre los compuestos.
   D. Los compuestos covalentes suelen tener puntos de ebullición más altos.

9. Un científico estudia un compuesto desconocido y llega a la conclusión de que el compuesto es iónico. A partir de la información, ¿qué temperatura es el punto de ebullición **más probable** para el compuesto?

   A. −100 °C
   B. 15 °C
   C. 110 °C
   D. 1,300 °C

INSTRUCCIONES: Estudia la información y la gráfica, lee la pregunta y elige la **mejor** respuesta.

ESTADOS DEL GAS NATURAL

El gas natural es un combustible fósil que se encuentra debajo de la superficie de la Tierra. La gráfica muestra la composición típica del gas natural. Contiene hidrocarburos, o compuestos cuyas moléculas están formadas por átomos de hidrógeno (H) y de carbono (C), como se indica en las fórmulas químicas de la gráfica. El gas natural se puede transportar en forma gaseosa a través de tuberías, o se puede licuar y transportar en camiones o barcos transoceánicos. La licuefacción del gas natural, o el proceso de convertirlo en un líquido, ocurre a una temperatura de −161 °C y hace que se comprima 600 veces más. Entonces, es más económico transportar gas natural licuado que gas natural en su forma gaseosa.

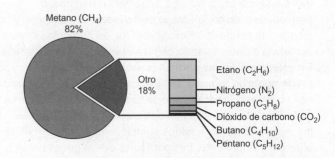

10. ¿Qué sugiere la gráfica sobre la composición del gas natural?

    A. El C_3H_8 es el principal componente del gas natural.
    B. El gas natural no está enteramente compuesto de hidrocarburos.
    C. No todos los componentes del gas natural se pueden licuar.
    D. El CH_4 no se encuentra en el gas natural.

INSTRUCCIONES: Estudia el diagrama, lee cada pregunta y elige la **mejor** respuesta.

INSTRUCCIONES: Estudia la información y los diagramas, lee cada pregunta y elige la **mejor** respuesta.

TEMPERATURAS DE CAMBIOS DE ESTADO DEL AGUA Y DEL ALCOHOL TERBUTÍLICO

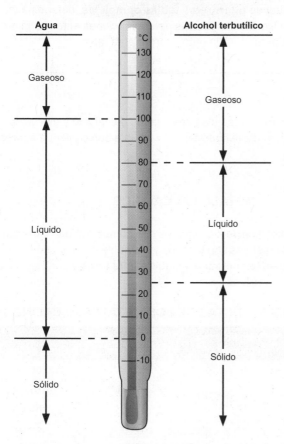

LA SUBLIMACIÓN

En ciertas condiciones, las sustancias pueden cambiar de estado sólido a gaseoso sin pasar primero por un estado líquido. Este proceso se denomina sublimación. El dióxido de carbono congelado, o hielo seco, es un buen ejemplo de un sólido que experimenta sublimación a una presión de aire normal. El dióxido de carbono puede existir como un líquido solo bajo alta presión. Los diagramas muestran temperaturas para cambios de estado del agua y del dióxido de carbono.

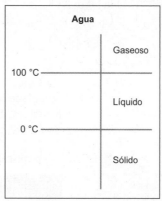 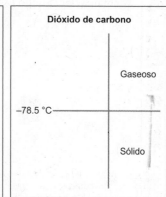

UNIDAD 2

11. ¿Qué diferencia hay entre los puntos de congelamiento y de ebullición del alcohol terbutílico y el agua?

   A. El punto de congelamiento y el de ebullición del alcohol terbutílico son más altos que los del agua.
   B. El agua tiene un punto de ebullición pero el alcohol terbutílico, no.
   C. Las sustancias tienen el mismo punto de congelamiento y de ebullición.
   D. El punto de congelamiento del alcohol terbutílico es más alto que el del agua y el punto de ebullición es más bajo que el del agua.

12. Dentro del rango de temperaturas en las que el agua es un líquido, ¿en qué estado o estados puede existir el alcohol terbutílico?

   A. gaseoso, líquido o sólido
   B. solo gaseoso o líquido
   C. solo líquido o sólido
   D. solo líquido

13. De acuerdo con los diagramas, ¿qué ocurre si las muestras de agua y de dióxido de carbono se calientan de −100 °C a −50 °C?

   A. Tanto el agua como el dióxido de carbono se subliman.
   B. El agua se evapora y el dióxido de carbono hierve.
   C. Tanto el agua como el dióxido de carbono se funden.
   D. El agua permanece sin cambios y el dióxido de carbono se sublima.

14. ¿Qué idea sugiere la información?

   A. La sublimación es el proceso de un gas que se convierte en un sólido.
   B. El dióxido de carbono representado por el diagrama no está en alta presión.
   C. La sublimación es el proceso de un líquido que se convierte en un gas.
   D. La sublimación del dióxido de carbono ocurre a cualquier temperatura.

Interpretar tablas complejas

Usar con el *Libro del estudiante,* págs. 46–47.

1 Repasa la destreza

TEMAS DE CIENCIAS: P.c.2
PRÁCTICA DE CIENCIAS: SP.1.a, SP.1.b, SP.1.c, SP.3.b, SP.3.d, SP.7.a, SP.7.b, SP.8.b

Todas las tablas tienen columnas y filas. Una **tabla compleja** puede tener varias columnas y filas. Puede incluso tener celdas combinadas dentro de una columna o una fila. Cuando **interpretas tablas complejas**, determina qué tipo de información contiene cada columna y qué representa cada fila. Haciendo esas determinaciones antes de mirar la información de cada celda de una tabla compleja, estarás mejor preparado para interpretar la tabla.

2 Perfecciona la destreza

Al perfeccionar la destreza de interpretar tablas complejas, mejorarás tus capacidades de estudio y evaluación, especialmente en relación con la Prueba de Ciencias GED®. Estudia la información y la tabla compleja que aparecen a continuación. Luego responde las preguntas.

METALES ALCALINOS

Los metales alcalinos son seis elementos que comparten una variedad de propiedades. Estos metales son blandos y maleables y conducen calor y electricidad. Se funden a temperaturas relativamente bajas y pueden explotar si se humedecen.

a Cuando interpretes una tabla compleja, da un vistazo a la tabla antes de estudiarla con más atención. Observa cómo está organizada la información en la tabla y busca los patrones que te sugiera la disposición.

b Es posible que algunos detalles importantes no entren en una parte determinada de una tabla. Los símbolos adicionales pueden remitirnos a otro lugar para encontrar información. Observa la clave debajo de la tabla para encontrar información adicional.

PROPIEDADES SELECTAS DE LOS METALES ALCALINOS

Elemento	Número atómico[1]	Peso atómico[2]	Punto de fusión[3]
Litio	3	6.94	180.54
Sodio	11	22.99	97.72
Potasio	19	39.10	63.65
Rubidio	37	85.47	38.89
Cesio	55	132.91	28.5
Francio	87	223	27.0

[1]Número atómico: el número de protones de un solo átomo de un elemento
[2]Peso atómico: la masa promedio de los átomos de un elemento, en unidades de masa atómica (UMA)
[3]Punto de fusión: la temperatura a la que se funde un elemento, en grados Celsius

HACER SUPOSICIONES

Para los datos numéricos, a menudo las unidades están dadas en una clave o en un título de columna. Todos los valores de una columna están expresados en la unidad dada. También, los datos numéricos pueden estar dados en un orden especial.

1. ¿Cuál es el metal alcalino que se funde a la temperatura más baja?

   A. el litio
   B. el potasio
   C. el rubidio
   D. el francio

2. ¿Qué patrón sugiere la información de la tabla?

   A. Cuanto mayor es el peso atómico, más bajo es el punto de fusión.
   B. Cuanto menor es el peso atómico, más bajo es el punto de fusión.
   C. Cuanto mayor es el número atómico, más alto es el punto de fusión.
   D. Cuanto mayor es el número atómico, menor es el peso atómico.

INSTRUCCIONES: Estudia la tabla de esta página y la información de la página siguiente. Luego lee cada pregunta y elige la **mejor** respuesta.

UNIDAD 2

TABLA PERIÓDICA DE ELEMENTOS

Grupo principal de elementos

Leyenda:
6 — Número atómico
C — Símbolo
Carbono — Nombre del elemento
12.01 — Peso atómico

Metales de transición

Metales de transición interna

*Lantánidos
**Actínidos

Metal
Metaloide
No metal

Grupo principal de elementos

1 1A	2 2A		13 3A	14 4A	15 5A	16 6A	17 7A	18 8A
1 H Hidrógeno 1.01								2 He Helio 4.00
3 Li Litio 6.94	4 Be Berilio 9.01		5 B Boro 10.81	6 C Carbono 12.01	7 N Nitrógeno 14.01	8 O Oxígeno 16.00	9 F Flúor 19.00	10 Ne Neón 20.18
11 Na Sodio 22.99	12 Mg Magnesio 24.31		13 Al Aluminio 26.98	14 Si Silicio 28.09	15 P Fósforo 30.97	16 S Azufre 32.07	17 Cl Cloro 35.45	18 Ar Argón 39.95

Metales de transición

3	4	5	6	7	8	9	10	11	12
21 Sc Escandio 44.96	22 Ti Titanio 47.87	23 V Vanadio 50.94	24 Cr Cromo 52.00	25 Mn Manganeso 54.94	26 Fe Hierro 55.85	27 Co Cobalto 58.93	28 Ni Níquel 58.69	29 Cu Cobre 63.55	30 Zn Zinc 65.41
39 Y Itrio 88.91	40 Zr Circonio 91.22	41 Nb Niobio 92.91	42 Mo Molibdeno 95.94	43 Tc Tecnecio (98)	44 Ru Rutenio 101.07	45 Rh Rodio 102.91	46 Pd Paladio 106.42	47 Ag Plata 107.87	48 Cd Cadmio 112.41
57–71*	72 Hf Hafnio 178.49	73 Ta Tantalio 180.95	74 W Volframio 183.84	75 Re Renio 186.21	76 Os Osmio 190.23	77 Ir Iridio 192.22	78 Pt Platino 195.08	79 Au Oro 196.97	80 Hg Mercurio 200.59
89–103**	104 Rf Rutherfordio (261)	105 Db Dubnio (262)	106 Sg (no data)	107 Bh Bohrio (264)	108 Hs Hassio (277)	109 Mt Meitnerio (268)	110 Ds Darmstadtio (269)	111 Rg Roentgenio (272)	112 Uub Ununbio (285)

(continuación de grupo principal)

31 Ga Galio 69.72	32 Ge Germanio 72.64	33 As Arsénico 74.92	34 Se Selenio 78.96	35 Br Bromo 79.90	36 Kr Criptón 83.80
49 In Indio 114.82	50 Sn Estaño 118.71	51 Sb Antimonio 121.76	52 Te Telurio 127.60	53 I Yodo 126.90	54 Xe Xenón 131.29
81 Tl Talio 204.38	82 Pb Plomo 207.2	83 Bi Bismuto 208.98	84 Po Polonio (209)	85 At Ástato (210)	86 Rn Radón (222)
114 Uuq Ununcuadio (289)		116 Uuh Ununhexio (292)			

Grupo principal de elementos (filas 6, 7)

19 K Potasio 39.10	20 Ca Calcio 40.08
37 Rb Rubidio 85.47	38 Sr Estroncio 87.62
55 Cs Cesio 132.91	56 Ba Bario 137.33
87 Fr Francio (223)	88 Ra Radio (226)

Metales de transición interna

*Lantánidos:
| 57 La Lantano 138.91 | 58 Ce Cerio 140.17 | 59 Pr Praseodimio 140.91 | 60 Nd Neodimio 144.24 | 61 Pm Promecio (145) | 62 Sm Samario 150.36 | 63 Eu Europio 151.96 | 64 Gd Gadolinio 157.25 | 65 Tb Terbio 158.93 | 66 Dy Disprosio 162.50 | 67 Ho Holmio 164.93 | 68 Er Erbio 167.26 | 69 Tm Tulio 168.93 | 70 Yb Iterbio 173.04 | 71 Lu Lutecio 174.97 |

**Actínidos:
| 89 Ac Actinio (227) | 90 Th Torio 232.04 | 91 Pa Protactinio 231.04 | 92 U Uranio 238.03 | 93 Np Neptunio (237) | 94 Pu Plutonio (244) | 95 Am Americio (243) | 96 Cm Curio (251) | 97 Bk Berkelio (247) | 98 Cf Californio (251) | 99 Es Einstenio (252) | 100 Fm Fermio (257) | 101 Md Mendelevio (258) | 102 No Nobelio (259) | 103 Lr Lawrencio (262) |

ENTENDER LA TABLA PERIÓDICA

Después del primer descubrimiento científico de un elemento en 1649 y, a medida que se iban conociendo más elementos, los químicos estudiaron sus propiedades con mucha atención. Empezaron a reconocer patrones en las propiedades y a clasificar los elementos según esos patrones. Hacia 1869, el químico ruso Dmitri Mendeléiev había publicado una tabla periódica de los 63 elementos conocidos, la base de la actual tabla periódica.

La tabla periódica organiza los elementos de forma que muestra la periodicidad, o frecuencia, de sus propiedades físicas y químicas. Las columnas de la tabla periódica se denominan grupos. Los elementos del mismo grupo tienen un número de caracteres comunes, incluidas las propiedades físicas y químicas semejantes. La masa atómica, o peso atómico, aumenta de arriba abajo en cada columna. Las filas de la tabla periódica se denominan períodos. A través de un período de izquierda a derecha, el número atómico aumenta. El radio atómico disminuye a través de un período y aumenta hacia abajo en un grupo.

3. En la tabla periódica, ¿dónde se muestran los elementos que tienen mayor masa?

   A. esquina superior izquierda
   B. esquina superior derecha
   C. esquina inferior izquierda
   D. esquina inferior derecha

4. ¿Qué enunciado está respaldado por la información de la tabla periódica?

   A. El neón es un metal.
   B. El carbono y el silicio tienen propiedades semejantes.
   C. El potasio y el criptón tienen propiedades semejantes.
   D. El calcio no es un metal.

5. ¿Qué enunciado describe una forma de usar la tabla periódica?

   A. Para determinar el punto de fusión del titanio, observa su número atómico.
   B. Para encontrar elementos con números atómicos más altos que el cadmio, observa a la izquierda de la fila en la que aparece el cadmio.
   C. Para encontrar elementos con propiedades semejantes al helio, observa la columna en que aparece el helio.
   D. Para determinar qué propiedades comparten el flúor y el cloro, observa la columna en la que aparecen esos elementos.

INSTRUCCIONES: Estudia la información y la tabla, lee cada pregunta y elige la **mejor** respuesta.

CALCULAR MASA, VOLUMEN Y DENSIDAD

La masa, el volumen y la densidad son propiedades físicas de la materia. La masa es la cantidad de materia que tiene un objeto. El volumen es la cantidad de espacio que ocupa una cantidad de materia. La densidad es la cantidad de materia que hay en un cierto volumen. La tabla muestra las densidades de algunas sustancias comunes. Como la masa, el volumen y la densidad están relacionados, un valor se puede calcular si se conocen los otros dos usando la siguiente fórmula:

$$densidad = \frac{masa}{volumen}$$

DENSIDAD DE SUSTANCIAS SELECCIONADAS

Material	Densidad (g/cm³)*
Sólidos	
Aluminio	2.7
Plomo	11.3
Hielo (a 0 °C)	0.92
Líquidos	
Agua (a 4 °C)	1.0000
Gasolina	0.70
Mercurio	13.6
Gases	
Monóxido de carbono	0.00125
Hidrógeno	0.00009
Nitrógeno	0.001251

*g/cm³: gramos por centímetro cúbico
Nota: La densidad en kilogramos por metro cúbico (kg/m³) se puede obtener multiplicando un valor por 1,000.

6. Una sustancia desconocida tiene una masa de 5.4 g y un volumen de 2 cm³. A partir de la información de la tabla, es **muy probable** que la sustancia sea

   A. aluminio.
   B. gasolina.
   C. mercurio.
   D. monóxido de carbono.

7. A partir de la información de la tabla, ¿qué valor es otra representación de la densidad del nitrógeno?

   A. .00001251 kg/m³
   B. 1.25 kg/m³
   C. 1,000 kg/m³
   D. 1.251 kg/m³

CAMBIOS FÍSICOS Y QUÍMICOS

La materia puede sufrir cambios físicos o químicos. En un cambio físico, la composición química de una sustancia no resulta afectada. La sustancia es diferente de alguna forma, pero sigue siendo la misma sustancia. En un cambio químico, o reacción química, la composición química de una sustancia cambia para formar una sustancia totalmente diferente.

PROPIEDADES Y CAMBIOS FÍSICOS Y QUÍMICOS

	Físicos	Químicos
Propiedades	Textura	Reactividad al aire
	Color	Reactividad al agua
	Forma	Inflamabilidad
	Estado	Corrosividad
Indicadores de cambio	Cambio de textura	Cambio de color
	Cambio de color	Cambio de temperatura
	Cambio de forma	Olor perceptible
	Cambio de estado	Formación de burbujas
Acciones que producen cambios	Lijar madera rugosa	Oxidación de muebles de jardín de metal
	Pintar un buzón de metal	Deslustrado de platería
	Congelar agua para hacer cubos de hielo	Descomposición de comida

8. Después de verter dos fluidos juntos, un científico percibió un nuevo olor y vio que se formaba espuma. A partir de la información de la tabla, ¿cuál es la explicación **más probable**?

   A. Ha ocurrido un cambio físico.
   B. Las texturas de las sustancias han cambiado.
   C. Ha ocurrido una reacción química.
   D. Las sustancias han cambiado de un líquido a un sólido.

9. Mientras realiza una investigación, una científica observa los efectos de sus acciones sobre varias sustancias. ¿Qué efecto no sugiere con certeza si ha ocurrido un cambio físico o un cambio químico?

   A. el cambio de color
   B. el estallido en llamas
   C. el cambio de líquido a gas
   D. la disminución de la temperatura

ESCALA DE pH

Descripción	pH	[H⁺]	[OH⁻]
Base	14	1×10^{-14}	1×10^{0}
	13	1×10^{-13}	1×10^{-1}
	12	1×10^{-12}	1×10^{-2}
	11	1×10^{-11}	1×10^{-3}
	10	1×10^{-10}	1×10^{-4}
	9	1×10^{-9}	1×10^{-5}
	8	1×10^{-8}	1×10^{-6}
Neutro	7	1×10^{-7}	1×10^{-7}
Ácido	6	1×10^{-6}	1×10^{-8}
	5	1×10^{-5}	1×10^{-9}
	4	1×10^{-4}	1×10^{-10}
	3	1×10^{-3}	1×10^{-11}
	2	1×10^{-2}	1×10^{-12}
	1	1×10^{-1}	1×10^{-13}
	0	1×10^{0}	1×10^{-14}

H^+ = ión de hidrógeno
OH^- = ión de hidróxido

La acidez y la alcalinidad son propiedades importantes de algunas sustancias. La acidez o alcalinidad de una sustancia está determinada por la concentración de iones de hidrógeno (H^+) en la sustancia. Debido a que la concentración de H^+ puede variar en un amplísimo rango, la escala de pH fue desarrollada para aplicarla a este rango de valores. La tabla muestra la escala de pH, que va desde 0 hasta 14. Los valores usados en la escala de pH corresponden al exponente que define la concentración H+. Por ejemplo, el pH 3 corresponde a una concentración de H^+ de 1×10^{-3}.

10. A partir de la tabla, ¿qué cambio en el pH se podría esperar para una sustancia, si su concentración de H^+ cambiara de 1×10^{-7} a 1×10^{-6}?

    A. Aumentaría de 6 a 7.
    B. Disminuiría de 7 a 6.
    C. Aumentaría de 5 a 6.
    D. Disminuiría de 6 a 5.

11. El ácido de batería es un ejemplo de un ácido concentrado. A partir de la información, ¿cuál es el pH **más probable** del ácido de batería?

    A. pH 14
    B. pH 12
    C. pH 8
    D. pH 0

UNIDAD 2

Comprender las ecuaciones químicas

Usar con el *Libro del estudiante,* págs. 48–49.

TEMAS DE CIENCIAS: P.c.2, P.c.3
PRÁCTICA DE CIENCIAS: SP.1.a, SP.1.b, SP.1.c, SP.3.b, SP.6.b, SP.7.a, SP.8.b

① Repasa la destreza

Las **ecuaciones químicas** se encuentran entre las herramientas basadas en el contenido de ciencias. Representan reacciones químicas. Indican las maneras en las cuales las partículas cambian su disposición durante las reacciones químicas y las cantidades relativas de las sustancias involucradas. **Comprender las ecuaciones químicas** es fundamental para saber cómo las reacciones químicas constituyen la base de los sucesos que ocurren en todas las áreas de las ciencias.

② Perfecciona la destreza

Al perfeccionar la destreza de comprender las ecuaciones químicas, mejorarás tus capacidades de estudio y evaluación, especialmente en relación con la Prueba de Ciencias GED®. Lee el pasaje que aparece a continuación. Luego responde las preguntas.

REACCIONES QUÍMICAS Y CONSERVACIÓN DE LA MASA

Las reacciones químicas ocurren cuando las partículas que componen sustancias determinadas cambian su disposición para formar distintas sustancias. Las sustancias involucradas inicialmente son los reactantes. Las nuevas sustancias que se forman son los productos.

La materia no se crea ni se destruye cuando se produce una reacción química. Este concepto se conoce como la ley de conservación de la masa. Debido a la conservación de la masa, una ecuación química debe estar equilibrada. Es decir, debe tener cantidades iguales de cada tipo de átomo en ambos lados de la flecha direccional. Por ejemplo, la ecuación química que se muestra a continuación representa la reacción que produce agua (H_2O).

a Usa la información del pasaje para hacer inferencias sobre las ecuaciones químicas. Tienen dos lados iguales separados por una flecha direccional. La flecha direccional es como un signo de la igualdad.

$$2H_2 + O_2 \rightarrow 2H_2O \quad \textbf{b}$$

La ecuación está equilibrada porque el número de átomos de hidrógeno (H) en un lado es igual al número de átomos de hidrógeno en el otro lado y el número de átomos de oxígeno (O) en un lado es igual al número de átomos de oxígeno en el otro lado.

b En una ecuación química típica se usan formulas químicas para identificar sustancias. Los coeficientes, o los números que están delante de las fórmulas, indican las proporciones de las sustancias involucradas.

USAR LA LÓGICA

El subíndice indica el número de átomos que hay en una molécula de una sustancia. El coeficiente indica el número de moléculas de una sustancia que están representadas en una ecuación. Interpreta estos números para comprender las ecuaciones.

1. ¿Qué indica la ecuación sobre la reacción química que forma el agua?

   A. El hidrógeno y el oxígeno son los reactantes.
   B. El hidrógeno es uno de los productos.
   C. Las partículas no cambian su disposición durante la reacción.
   D. El número de átomos de oxígeno se duplica durante la reacción.

2. ¿Qué parte de la ecuación indica que los reactantes producen dos moléculas de agua?

   A. el coeficiente 2 en $2H_2$
   B. el coeficiente 2 en $2H_2O$
   C. el subíndice 2 en O_2
   D. el subíndice 2 en $2H_2O$

INSTRUCCIONES: Lee el pasaje. Luego lee cada pregunta y elige la **mejor** respuesta.

TIPOS DE REACCIONES QUÍMICAS

Varios sucesos pueden ocurrir durante las reacciones químicas. Por ejemplo, en la reacción química que produce el agua, dos sustancias se combinan para formar una sustancia distinta. Las reacciones químicas se pueden clasificar según su tipo, dependiendo de lo que sucede cuando ocurren.

- En una reacción de síntesis (A + B → AB), dos o más reactantes se combinan para formar un solo producto.

- En una reacción de descomposición (AB → A + B), un solo reactante forma dos o más productos.

- En una reacción de sustitución simple (AB + C → AC + B), un elemento toma el lugar de otro elemento en un compuesto.

- En una reacción de sustitución doble (AB + CD → AD + CB), dos reactantes forman dos nuevos productos.

3. A partir de las ecuaciones generales de los tipos de reacciones químicas, ¿qué observación indica que es **más probable** que se haya producido una reacción de descomposición?

   A. Se forman dos gases a partir de un líquido.
   B. Un sólido y un líquido forman un sólido distinto y un líquido distinto.
   C. Se forma un líquido a partir de dos gases.
   D. Se forma un sólido a partir de dos líquidos.

4. Un científico observa una reacción química en la cual el polvo de hierro reacciona con sulfato de cobre para formar sulfato de hierro y cobre, como se muestra en la siguiente ecuación:

$$Fe + CuSO_4 \rightarrow FeSO_4 + Cu$$

A partir de la ecuación, ¿qué tipo de reacción observó el científico?

   A. una reacción de síntesis
   B. una reacción de descomposición
   C. una reacción de sustitución simple
   D. una reacción de sustitución doble

INSTRUCCIONES: Lee el pasaje y la pregunta y elige la **mejor** respuesta.

INVESTIGACIÓN SOBRE LA OXIDACIÓN

En un tubo de ensayo, se coloca lana de acero humedecida. Luego, se colocan el tubo de ensayo con la lana de acero humedecida y un tubo de ensayo vacío dados vuelta en un molde con agua de aproximadamente $\frac{1}{2}$ pulgada de profundidad y se los deja reposar durante 24 horas. Durante ese tiempo, el hierro (Fe) de la lana de acero reacciona con el oxígeno (O_2) que hay en el aire dentro del tubo de ensayo y forma óxido de hierro (Fe_2O_3), o herrumbre.

5. ¿Cuál es la ecuación equilibrada correcta para la reacción que se produce durante la investigación?

   A. $Fe + O_2 \rightarrow Fe_2O_3$
   B. $4Fe + 3O_2 \rightarrow 2Fe_2O_3$
   C. $2Fe_2O_3 \rightarrow 4Fe + 3O_2$
   D. $Fe_2O_3 \rightarrow Fe + O_2$

INSTRUCCIONES: Estudia los modelos, lee la pregunta y elige la **mejor** respuesta.

MODELOS DE ECUACIONES QUÍMICAS

Ecuación 1
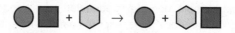

Ecuación 2

Ecuación 3

Ecuación 4

6. ¿Cuál de los siguientes enunciados describe correctamente una reacción representada por los modelos?

   A. La ecuación 1 representa una reacción de descomposición.
   B. La ecuación 2 representa una reacción de síntesis.
   C. La ecuación 3 representa una reacción de sustitución doble.
   D. La ecuación 4 representa una reacción de sustitución simple.

UNIDAD 2

⭐ Ítem en foco: COMPLETAR LOS ESPACIOS

INSTRUCCIONES: Lee el pasaje. Luego lee la pregunta y escribe tus respuestas en los recuadros.

EL EQUILIBRIO EN LAS ECUACIONES QUÍMICAS

Como la ley de conservación de la masa establece que la cantidad de cada elemento no cambia en una reacción química, una ecuación química debe estar equilibrada. Es decir, cada lado de una ecuación química debe representar la misma cantidad de cualquier elemento en particular. El proceso de equilibrar una ecuación química implica determinar los coeficientes que representan las proporciones de moléculas enteras en la reacción química.

Un científico equilibra una ecuación química simple inspeccionando la ecuación y, si es necesario, cambiando el coeficiente para cada fórmula química, comenzando con la fórmula más compleja. Generalmente, las ecuaciones equilibradas se escriben con los menores coeficientes de números naturales posibles. Si no hay un coeficiente delante de una fórmula química, se asume que el coeficiente es 1.

Como ejemplo, observa la ecuación para la reacción química que produce agua, escrita como se muestra a continuación:

$$H_2 + O_2 \rightarrow H_2O$$

No está equilibrada porque muestra dos átomos de oxígeno a la izquierda y uno a la derecha. Para equilibrar los átomos de oxígeno, un científico cambia el coeficiente implícito 1 delante de H_2O por el coeficiente 2. Entonces, el número de átomos de hidrógeno a la izquierda de la ecuación es dos y el número a la derecha es cuatro. En consecuencia, el científico cambia el coeficiente delante de H_2 por 2 para equilibrar los átomos de hidrógeno, formando así la ecuación equilibrada para el agua:

$$2H_2 + O_2 \rightarrow 2H_2O$$

7. Examina esta ecuación que corresponde a la combustión del metano.

$$CH_4 + O_2 \rightarrow CO_2 + H_2O$$

No está equilibrada. Usa los siguientes pasos para equilibrar la ecuación.

Paso 1: Recuerda que si no hay un coeficiente delante de una fórmula química, se asume que el coeficiente es 1. Determina si el único átomo de carbono (C) de la molécula CH_4 está equilibrado en el otro lado de la ecuación y cambia un coeficiente, si es necesario. ¿Cómo queda la ecuación después de terminar este paso?

Paso 2: Determina si los cuatro átomos de hidrógeno de la molécula CH_4 están equilibrados en el otro lado de la ecuación y cambia un coeficiente, si es necesario. ¿Cómo queda la ecuación después de terminar este paso?

Paso 3: Determina si los dos átomos de oxígeno de la molécula O_2 están equilibrados en el otro lado de la ecuación y cambia un coeficiente, si es necesario. ¿Cómo queda la ecuación después de terminar este paso?

Paso 4: Cuenta cada tipo de átomo en ambos lados para comprobar tu trabajo y haz las correcciones necesarias. ¿Cuál es la ecuación equilibrada?

UNIDAD 2

INSTRUCCIONES: Estudia la información y la tabla, lee la pregunta y elige la **mejor** respuesta.

CAMBIOS EN LA MATERIA

La materia puede experimentar cambios físicos o cambios químicos. Cuando la materia experimenta cambios físicos, las moléculas involucradas en el proceso no sufren cambios. Cuando la materia experimenta cambios químicos, las moléculas cambian separándose o cambiando su disposición de distintas maneras. La tabla identifica las moléculas de las sustancias antes y después de que experimentan cambios en la materia.

Antes	Después
$3H_2$ y N_2	$2NH_3$
$2Mg$ y O_2	$2MgO$
$AgNO_3$ y NaI	AgI y $NaNO_3$
H_2O (agua)	H_2O (hielo)
HCl y $NaOH$	$NaCl$ y H_2O

8. ¿Qué ecuación representa una reacción química identificada en la tabla?

   A. H_2O (agua) $\rightarrow$ H_2O (hielo)
   B. $2Mg + O_2$
   C. $2NH_3 \rightarrow 3H_2 + N_2$
   D. $AgNO_3 + NaI \rightarrow AgI + NaNO_3$

INSTRUCCIONES: Lee el pasaje y la pregunta y elige la **mejor** respuesta.

INVESTIGACIÓN SOBRE LOS METALES

Se colocan pequeños trozos de tres metales diferentes en tubos de ensayo separados. Se agrega ácido a cada tubo de ensayo y entonces se producen reacciones químicas. Los productos de cada reacción química son una sal y gas hidrógeno.

9. A partir de la información, ¿cuál es la ecuación general expresada en palabras que describe lo que sucede cuando un metal reacciona con un ácido?

   A. metal $\rightarrow$ ácido + sal + hidrógeno
   B. metal + ácido $\rightarrow$ sal + hidrógeno
   C. metal + ácido $\rightarrow$ hidrógeno
   D. sal + hidrógeno $\rightarrow$ metal + ácido

INSTRUCCIONES: Estudia la información y las fórmulas estructurales, lee la pregunta y elige la **mejor** respuesta.

ALCANOS

Los alcanos son un grupo de hidrocarburos. Altamente inflamables, son combustibles de combustión limpia con una amplia variedad de usos prácticos. Las fórmulas estructurales que se muestran a continuación representan las moléculas de tres alcanos comunes. El metano es el principal componente del gas natural. El butano es un combustible que se usa en anafes y en otros productos. El octano es un componente de la gasolina. En presencia de oxígeno (O_2) y de una chispa, los alcanos arden y producen dióxido de carbono (CO_2) y agua (H_2O).

Metano

Butano

Octano

10. A partir de la información, ¿cuál es la ecuación química equilibrada que representa la combustión de butano?

    A. $2C_4H_{10} + 13O_2 \rightarrow 8CO_2 + 10H_2O$
    B. $CH_4 + 2O_2 \rightarrow CO_2 + 2H_2O$
    C. $2C_8H_{18} + 25O_2 \rightarrow 16CO_2 + 18H_2O$
    D. $C_4H_{10} + O_2 \rightarrow CO_2 + H_2O$

Predecir resultados

Usar con el *Libro del estudiante,* págs. 50–51.

1 Repasa la destreza

TEMAS DE CIENCIAS: P.c.4
PRÁCTICA DE CIENCIAS: SP.1.a, SP.1.b, SP.1.c, SP.3.c, SP.3.d, SP.6.c, SP.7.a

Cuando realizan investigaciones, los científicos siguen la secuencia establecida de observar, analizar y hacer predicciones para descubrir nueva información sobre el universo. Al buscar patrones en los datos y observaciones, pueden desarrollar hipótesis, o predicciones, que se pueden poner a prueba a través de más experimentaciones. A medida que estudies ciencias, puedes implementar las mismas prácticas que usan los científicos, entre ellas **predecir resultados**.

2 Perfecciona la destreza

Al perfeccionar la destreza de predecir resultados, mejorarás tus capacidades de estudio y evaluación, especialmente en relación con la Prueba de Ciencias GED®. Estudia la información y la tabla que aparecen a continuación. Luego responde las preguntas.

ÁCIDOS, BASES Y SALES

Una solución es una mezcla homogénea de al menos una sustancia (soluto) disuelta en otra sustancia (solvente). Las propiedades son las mismas en toda la mezcla homogénea porque las moléculas de las sustancias que la componen están distribuidas en las mismas proporciones a través de ella. Algunas soluciones comunes se forman cuando un ácido, una base o una sal se disuelven en agua. Estos tres tipos de sustancias se ionizan, o se disocian en iones, cuando se disuelven en agua. La tabla brinda ejemplos de estas reacciones de ionización.

a Usa las semejanzas que ves en los ejemplos de cada grupo de compuestos para aprender a definir características del tipo de compuesto. Por ejemplo, observa que todos los ácidos se ionizan para producir iones H⁺.

b Recuerda que las ecuaciones químicas representan lo que sucede durante las reacciones químicas. Puedes usarlas para saber más sobre los resultados esperados en las investigaciones científicas.

	Ejemplo	Reacción de ionización
Ácidos	HCl HBr HI	$HCl \to H^+ + Cl^-$ $HBr \to H^+ + Br^-$ $HI \to H^+ + I^-$
Bases	NaOH KOH LiOH	$NaOH \to Na^+ + OH^-$ $KOH \to K^+ + OH^-$ $LiOH \to Li^+ + OH^-$
Sales	NaCl LiBr KI	$NaCl \to Na^+ + Cl^-$ $LiBr \to Li^+ + Br^-$ $KI \to K^+ + I^-$

USAR LA LÓGICA

Buscar patrones y tendencias en grupos de datos u observaciones puede ayudarte a hacer generalizaciones. La capacidad para generalizar puede facilitar la predicción de resultados.

1. Si se investigaran los compuestos que se enumeran en la tabla, la observación **más probable** sería que el compuesto que tiene más propiedades en común con HBr es

A. NaOH.
B. LiBr.
C. HCl.
D. Br.

2. ¿Qué ecuación muestra el resultado de una sal disuelta en agua?

A. $Na^+ + Cl^- \to NaCl$
B. $NaOH \to Na^+ + OH^-$
C. $HCl \to H^+ + Cl^-$
D. $NaCl \to Na^+ + Cl^-$

③ *Domina la destreza*

⭐ Ítem en foco: **RESPUESTA BREVE**

INSTRUCCIONES: Lee el pasaje y estudia el diagrama. Luego lee la pregunta y escribe tu respuesta en las líneas. Completar esta tarea puede llevarte 10 minutos aproximadamente.

SOLUCIONES NO SATURADAS Y SATURADAS

La solubilidad es la cantidad de soluto que se puede disolver en una cantidad dada de solvente, a una temperatura específica. Una solución es no saturada siempre que se pueda disolver en ella más soluto. Alcanza la saturación cuando no se puede disolver en ella más soluto. La investigación representada por el diagrama ilustra este concepto. En el primer paso, se agregan 30 gramos (g) de NaCl a 100 mililitros (ml) de agua. En el siguiente paso, se agregan lentamente a la mezcla otros 10 g de NaCl. En las condiciones de la investigación, la solución se torna saturada cuando se han disuelto 36 g de NaCl.

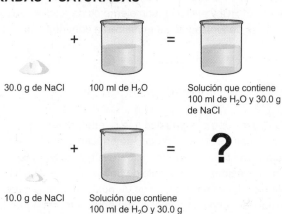

3. A partir de la información, describe qué ocurre durante la investigación y predice el resultado.

_____

_____

_____

_____

_____

_____

_____

INSTRUCCIONES: Lee el pasaje y la pregunta y elige la **mejor** respuesta.

ÁCIDOS FUERTES Y DÉBILES

Los ácidos pueden ser fuertes o débiles. Los ácidos fuertes se ionizan por completo en una solución, de manera que todo el hidrógeno está en la forma H^+ (ión de hidrógeno). Un ejemplo es el HCl (HCl → H^+ + Cl^-). Los ácidos débiles no se ionizan completamente en una solución. Cuando los ácidos débiles se disocian, parte del hidrógeno permanece unido a la molécula madre. Un ejemplo es el HNO_2 (HNO_2 ⇔ H^+ + NO_2^-). En la ecuación, la flecha doble indica que no todo el HNO_2 se ioniza.

4. El ácido acético es un ácido débil. Se esperaría que

A. tenga más iones de H^+ en una solución que el HCl.
B. se ionice completamente en una solución.
C. tenga menos iones de H^+ en una solución que el HCl.
D. no experimente la ionización en una solución.

UNIDAD 2

INSTRUCCIONES: Lee el pasaje. Luego lee cada pregunta y elige la **mejor** respuesta.

NEUTRALIZACIÓN DE SOLUCIONES ÁCIDAS

Los ácidos son compuestos que se ionizan y forman H^+ (iones de hidrógeno). La concentración de H^+ en una solución se usa para medir la acidez de una solución. Cuanta más concentración de H^+ hay, más ácida es la solución. El HCl y el H_2SO_4 son ejemplos de ácidos. Sus reacciones de ionización se muestran a continuación.

$$HCl \rightarrow H^+ + Cl^-$$

$$H_2SO_4 \rightarrow 2H^+ + SO_4^{2-}$$

Las bases son compuestos que pueden reaccionar con los iones de H^+ para reducir su concentración en una solución. Las bases pueden, entonces, neutralizar las soluciones ácidas. Un ejemplo de una base es el NaOH. Cuando el NaOH se mezcla con un ácido, el OH^- (ión de hidróxido) se combina con el H^+ del ácido y forma agua. La ecuación completa que muestra la reacción del NaOH con el HCl y un esquema de una reacción general se muestran a continuación.

$$HCl + NaOH \rightarrow H_2O + NaCl$$

$$\text{Ácido} + \text{Base} \rightarrow \text{Agua} + \text{Sal}$$

Observa que el agua es un producto de la reacción y la sal es otro producto. Estas reacciones se llaman reacciones de neutralización porque las concentraciones de iones de H^+ y de OH^- disminuyen como resultado de la reacción.

5. Un estudiante mezcla los siguientes pares de compuestos en una solución. ¿Qué predices que ocurrirá en cada caso?

$$KOH + NaOH$$
$$HI + KBr$$
$$H_2SO_4 + KOH$$

   A. sin reacción, sin reacción, reacción
   B. reacción, reacción, reacción
   C. sin reacción, sin reacción, sin reacción
   D. reacción, reacción, sin reacción

6. Una científica prepara dos soluciones usando el mismo número de moléculas de HCl y H_2SO_4. Ella puede predecir que la solución de HCl será

   A. la mitad de ácida que la solución de H_2SO_4.
   B. exactamente tan ácida como la solución de H_2SO_4.
   C. el doble de ácida que la solución de H_2SO_4.
   D. el triple de ácida que la solución de H_2SO_4.

INSTRUCCIONES: Estudia la información y el diagrama, lee la pregunta y elige la **mejor** respuesta.

PRESIÓN Y SOLUBILIDAD

Los solutos y los solventes pueden ser gases, líquidos o sólidos. Una bebida carbonatada es un ejemplo de una solución en la cual un gas se disuelve en un líquido. Cuando abres una lata de refresco, escuchas un chasquido y observas que se escapa gas. El refresco está bajo presión cuando está embotellado de modo que el dióxido de carbono (CO_2) permanezca en la solución. Cuando abres la lata, la presión que existe arriba del líquido de la lata disminuye. La disminución en la presión hace que el CO_2 se torne menos soluble y se escape de la solución. El diagrama muestra cómo aumenta la solubilidad de un gas a medida que aumenta la presión.

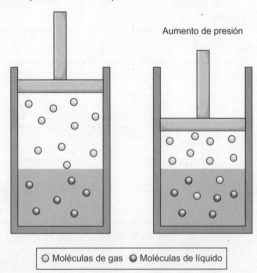

Aumento de presión

○ Moléculas de gas   ● Moléculas de líquido

7. A partir del diagrama, ¿qué resultado se puede predecir cuando aumenta la presión de un gas arriba de la superficie de una solución?

   A. Se disolverá menos gas en la solución.
   B. Se disolverá más gas en la solución.
   C. El gas se convertirá en un líquido.
   D. No se producirán cambios en la solubilidad.

REGLAS DE LA SOLUBILIDAD

Las reglas de la solubilidad son generalizaciones que brindan información sobre la solubilidad de ciertas sustancias. A partir de criterios específicos, se pueden usar para determinar qué compuestos son solubles y cuáles no son solubles en agua. La tabla muestra reglas básicas de solubilidad.

Regla	Excepciones
1. Todos los compuestos de metales alcalinos son solubles.	
2. Todas las sales de amonio (NH_4^+) son solubles.	
3. Todas las sales de los nitratos (NO_3^-), cloratos (ClO_3^-), percloratos (ClO_4^-) y acetatos (CH_3COO^- o $C_2H_3O_2^-$) son solubles.	
4. La mayoría de las sales de los cloruros (Cl^-), bromuros (Br^-) y yoduros (I^-) son solubles.	Los compuestos de Ag^+, Pb^{2+} y Hg_2^{2+}
5. La mayoría de las sales de los sulfatos (SO_4) son solubles.*	Los compuestos de Ba^{2+}, Sr_{2+}, Ca^{2+}, Pb^{2+}, Hg_2^{2+}
6. La mayoría de las sales de los hidróxidos (OH^-) son insolubles.	Los compuestos de los metales alcalinos y Ba^{2+}, Ca^{2+} y Sr^{2+}
7. La mayoría de las sales de los sulfuros (S^{2-}) son insolubles.	Los compuestos de los metales alcalinos y de los alcalino-térreos
8. La mayoría de las sales de los sulfitos (SO_3), carbonatos (CO_3), cromatos (CrO_4) y fosfatos (PO_4^{3-}) son insolubles.	Los compuestos de NH_4^+ y de metales alcalinos

*Los compuestos de Hg^{2+}, Ca^{2+} y Ag^+ son solo moderadamente solubles.

8. ¿Cuál de las siguientes ecuaciones representa un resultado que se produce a partir de la regla 2?

   A. $AgCl \rightarrow Ag^+ + Cl^-$
   B. $KCl \rightarrow K^+ + Cl^-$
   C. $NH_4OH \rightarrow NH_4^+ + OH^-$
   D. $KNO_3 \rightarrow K^+ + NO^{3-}$

9. Se mezcla una muestra del hidróxido $Mg(OH)_2$ con una muestra de agua. A partir de las reglas de la solubilidad, ¿qué resultado se puede esperar?

   A. El $Mg(OH)_2$ se disociará por completo en iones de Mg^+ y de OH^-.
   B. El $Mg(OH)_2$ se disociará moderadamente en la solución.
   C. El $Mg(OH)_2$ no será soluble en agua.
   D. El $Mg(OH)_2$ y el agua reaccionarán y formarán un nuevo compuesto.

AMALGAMAS

Una aleación es una solución sólida compuesta por dos metales o por un metal y un no metal. Las amalgamas son aleaciones que contienen mercurio como solvente y otros varios metales, como plata, estaño, cobre y zinc, como solutos. Un ejemplo de amalgama es la solución que se usa para rellenar las cavidades que producen las caries: la amalgama dental. Las amalgamas dentales están compuestas por mercurio líquido y una aleación en polvo que generalmente contiene plata, estaño y cobre. La siguiente tabla muestra ventajas y desventajas del uso de varios solutos en las amalgamas dentales.

Propiedad	Elemento			
	Plata	Estaño	Cobre	Zinc
Resistencia	Aumenta.			
Durabilidad	Aumenta.			
Dureza			Aumenta.	
Expansión	Aumenta.	Disminuye.	Aumenta.	
Flujo	Disminuye.	Aumenta.	Disminuye.	
Color	Se transmite.			
Tiempo de solidificación	Disminuye.	Aumenta.	Disminuye.	
Docilidad		Aumenta.		Aumenta.
Limpieza				Aumenta.

10. ¿Qué resultado se puede predecir si se agrega cobre a una amalgama dental?

    A. La amalgama se expandirá más.
    B. El tiempo de solidificación aumentará.
    C. El empaste no será tan duro.
    D. Se producirá un cambio en el color.

11. ¿Qué resultado se puede predecir a partir de la información de la tabla?

    A. La disolución de cualquier metal en mercurio aumenta la durabilidad de la amalgama.
    B. Las propiedades de una amalgama de plata disuelta en mercurio y de una amalgama de estaño disuelta en mercurio serán distintas.
    C. Usar plata, estaño o cobre como soluto en una amalgama disminuye el tiempo que se necesita para que un empaste se solidifique.
    D. El estaño y el cobre usados como solutos tienen el mismo efecto sobre una amalgama.

UNIDAD 2

TEMAS DE CIENCIAS: P.b.1, P.b.2
PRÁCTICA DE CIENCIAS: SP.1.a, SP.1.b, SP.1.c, SP.6.b, SP.7.b, SP.8.b

1 Repasa la destreza

Cuando los textos científicos incluyen diagramas que contienen valores numéricos, en general, se pueden usar esos valores con el fin de **calcular para interpretar resultados**. Puedes calcular valores como el tiempo, la rapidez, la velocidad o la aceleración a partir de la información que brindan los diagramas.

2 Perfecciona la destreza

Al perfeccionar la destreza de calcular para interpretar resultados, mejorarás tus capacidades de estudio y evaluación, especialmente en relación con la Prueba de Ciencias GED®. Estudia la información y el diagrama que aparecen a continuación. Luego responde las preguntas.

DISTANCIA, RAPIDEZ Y TIEMPO

a Comprender las variables de una ecuación te ayuda a determinar los valores que se necesitan para hacer cálculos.

La distancia, la rapidez y el tiempo de un viaje son valores que se pueden calcular usando la ecuación $d = st$. En las ecuaciones de "distancia, rapidez y tiempo", *d* representa distancia, *s* representa rapidez y *t* representa la cantidad de tiempo necesario para recorrer la distancia. El único requisito para calcular uno de estos valores es que se deben conocer los otros dos. La ecuación también puede tener la forma $s = \frac{d}{t}$ o $t = \frac{d}{s}$.

El diagrama muestra la rapidez promedio en millas por hora (mi/h) a la cual un ciclista, Raúl, corrió una carrera de 100 millas.

b Identifica los números del diagrama representados por cada variable de la ecuación. En este caso, *d* es 100 millas y *s* es 15 mi/h.

Raúl: 15 mi/h

100 millas

CONSEJOS PARA REALIZAR LA PRUEBA

Si se realiza la misma operación en ambos lados de una ecuación, la ecuación continuará siendo verdadera. Por lo tanto, para hallar *t*, divide ambos lados de d = st entre s, lo que da como resultado $\frac{d}{s} = t$.

1. ¿Cuánto tiempo le tomó a Raúl terminar la carrera?

   A. 0.15 de hora
   B. 6.7 horas
   C. 10 horas
   D. 15 horas

2. Raúl corre otra carrera de 100 millas pero su rapidez promedio es la mitad de la rapidez de la primera carrera. ¿Cuánto tiempo le tomó terminar la segunda carrera?

   A. la mitad de la primera carrera
   B. el doble de la primera carrera
   C. tres veces más que la primera carrera
   D. cuatro veces más que la primera carrera

INSTRUCCIONES: Estudia la información y los diagramas, lee cada pregunta y elige la **mejor** respuesta.

INSTRUCCIONES: Estudia la información y el diagrama, lee cada pregunta y elige la **mejor** respuesta.

DISTANCIA Y DESPLAZAMIENTO

La distancia es la cantidad de espacio que hay entre dos posiciones. El desplazamiento es distancia y dirección; es decir, una medida de cuán lejos de un lugar y en qué dirección está un objeto en relación con su posición original.

En los diagramas que aparecen a continuación, la persona 1 y la persona 2 caminan desde el punto A hasta el punto B. La persona 1 camina en línea recta entre dos puntos. La persona 2 recorre un largo camino alrededor de las calles.

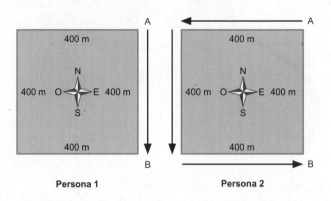

Persona 1   Persona 2

3. ¿Qué distancias en metros (m) caminan estas personas?

   A. La persona 1 camina 400 m y la persona 2 camina 800 m.
   B. La persona 1 y la persona 2 caminan 400 m.
   C. La persona 1 camina 400 m y la persona 2 camina 1,200 m.
   D. La persona 1 y la persona 2 caminan 800 m.

4. ¿Cuál es el desplazamiento de cada persona?

   A. La persona 1 y la persona 2 tienen un desplazamiento de 0 m.
   B. La persona 1 tiene un desplazamiento de 400 m hacia el Sur y la persona 2 tiene un desplazamiento de 1,200 m hacia el Sur.
   C. La persona 1 y la persona 2 tienen un desplazamiento de 400 m hacia el Sur.
   D. La persona 1 tiene un desplazamiento de 400 m hacia el Sur y la persona 2 tiene un desplazamiento de 400 m hacia el Oeste.

RAPIDEZ Y VELOCIDAD PROMEDIO

La rapidez promedio es la tasa a la cual un objeto cambia de posición y se calcula dividiendo la distancia entre el tiempo; por ejemplo, metros por minuto (m/min). La velocidad promedio es una medida de la tasa a la cual un objeto cambia de posición en una dirección dada.

El siguiente diagrama muestra el tiempo, la distancia y la dirección de un carro que viaja desde una casa hasta un centro comercial.

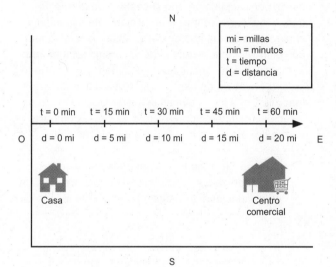

5. ¿Cuál es la rapidez promedio del carro entre la casa y el centro comercial?

   A. 20 mi/h hacia el Este
   B. 30 mi/h hacia el Este
   C. 20 mi/h
   D. 40 mi/h

6. ¿Cuál es la velocidad promedio del carro entre la casa y el centro comercial?

   A. 20 mi/h hacia el Este
   B. 30 mi/h hacia el Este
   C. 20 mi/h
   D. 40 mi/h

UNIDAD 2

Ítem en foco: **COMPLETAR LOS ESPACIOS**

INSTRUCCIONES: Lee la información y estudia el diagrama. Luego lee cada pregunta y escribe tu respuesta en el recuadro.

CALCULAR EL MOVIMIENTO RELATIVO

El movimiento relativo describe cómo se perciben los objetos en movimiento cuando están en marcos de referencia distintos. En un carro, compartes un marco de referencia con el carro. No pareces estar moviéndote cuando alguien más te observa en el carro, pero alguien parado al costado de la ruta ve que tú y el carro se mueven. La siguiente situación y el diagrama que la acompaña también se relacionan con el movimiento relativo. Steve camina rápidamente a una velocidad constante de +1.5 metros por segundo (m/s) a través de un aeropuerto. Sube a una pasarela mecánica que se mueve en la misma dirección a una velocidad constante de +0.5 m/s. Él ahora comparte un marco de referencia con la pasarela mecánica.

Dirección del movimiento

7. Cuando Steve sube a la pasarela mecánica, su velocidad se combina con la de la pasarela. ¿Cuál es la velocidad de Steve en la pasarela mecánica?

8. Si Steve mantiene su velocidad luego de subirse a la pasarela mecánica, ¿cuál es su velocidad en relación con alguien que está parado, sin moverse, sobre la misma pasarela mecánica?

9. Aun manteniendo su velocidad de +1.5 m/s en la pasarela mecánica, Steve pasa cerca de una mujer que está sentada cerca de la pasarela. ¿Cuál es su velocidad en relación con esa mujer?

INSTRUCCIONES: Estudia la información, lee la pregunta y elige la **mejor** respuesta.

LA RAPIDEZ DEL SONIDO

La rapidez es una medida de cuán rápidamente se mueve algo. La rapidez promedio se calcula dividiendo la distancia recorrida entre el tiempo que se necesita para el movimiento. La ecuación que representa este cálculo es $s = \frac{d}{t}$. Cuando una persona habla, se producen ondas sonoras. Las ondas sonoras se alejan de su fuente y, por lo tanto, tienen rapidez.

10. Delaney grita y escucha un eco. El sonido se reflejó desde un edificio que está a 680 m de distancia. Si la rapidez del sonido es 340 m/s, ¿cuánto tiempo pasó entre el grito de Delaney y el momento en el que escuchó el eco?

A. 1 segundo
B. 2 segundos
C. 4 segundos
D. 8 segundos

CAÍDA LIBRE

La aceleración es un cambio en la velocidad. Indica si algo acelera o desacelera. El siguiente diagrama muestra un objeto en caída libre. A medida que aumenta el tiempo, aumenta la distancia que recorre el objeto por segundo. Debido a la fuerza de gravedad, cuando se deja caer un objeto, su aceleración es constante a 9.8 metros por segundo cuadrado (m/s^2). La velocidad de un objeto que se deja caer aumenta a una tasa que es proporcional a la cantidad de tiempo que cae. Una ecuación para expresar esto es $v = at$, donde v representa la velocidad, a es igual a 9.8 m/s^2 y t representa el tiempo.

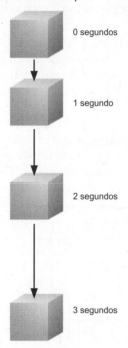

0 segundos

1 segundo

2 segundos

3 segundos

11. ¿Cuál es la velocidad del bloque a los 3 segundos?

A. 3 m/s en dirección descendente
B. 3.26 m/s en dirección descendente
C. 9.8 m/s en dirección descendente
D. 29.4 m/s en dirección descendente

12. ¿Cuál será la velocidad del bloque a los 4 segundos, comparada con su velocidad a los 3 segundos, si continúa en caída libre?

A. Será la misma.
B. Habrá aumentado a 39.2 m/s en dirección descendente.
C. Habrá aumentado 2.5 m/s en dirección descendente.
D. Habrá aumentado 29.4 m/s en dirección descendente.

CAMBIO EN LA VELOCIDAD

La velocidad es una medida de la tasa a la cual un objeto cambia de posición en una dirección dada. La aceleración es el cambio en la velocidad con el transcurso del tiempo. La fórmula que se usa para calcular la aceleración es $\frac{(v2 - v1)}{t}$; es decir, la diferencia entre la velocidad final y la velocidad inicial dividida entre el tiempo. Cuando un objeto desacelera, la aceleración es negativa. La aceleración negativa se conoce como desaceleración.

Se configura una cámara para que tome una fotografía por segundo automáticamente. La cámara se usa para fotografiar un objeto que se mueve en línea recta. Las fotografías individuales obtenidas se combinan para formar el diagrama de puntos que se muestra a continuación. En este diagrama de puntos, la distancia entre los puntos representa el cambio en la posición del objeto con el transcurso del tiempo, segundo a segundo. Cada una de las pequeñas líneas del diagrama representa una distancia de 1 metro. Por lo tanto, cuanto mayor es la distancia entre los puntos en cada intervalo de un segundo, mayor es la velocidad del objeto.

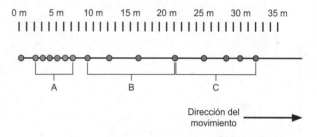

Dirección del movimiento

13. ¿Cuál de los siguientes enunciados describe el movimiento del objeto durante el intervalo A?

A. Se mueve a una velocidad constante de 1 m/s hacia la derecha.
B. Acelera a una tasa de 1 m/s^2 hacia la derecha.
C. Acelera a una tasa de 1 m/s^2 desde una posición detenida.
D. Su velocidad y su aceleración son 1 m/s hacia la derecha.

14. ¿Cuál de los siguientes enunciados describe el movimiento del objeto durante el intervalo B?

A. Se desplaza a una velocidad constante de 11 m/s.
B. Acelera a una tasa de 1 m/s^2 hacia la derecha.
C. Acelera a una tasa de 3 m/s^2 hacia la derecha.
D. Desacelera a una tasa de 1 m/s^2 hacia la izquierda.

UNIDAD 2

Comprender los diagramas vectoriales

Usar con el *Libro del estudiante,* págs. 54–55.

① Repasa la destreza

TEMAS DE CIENCIAS: P.b.2
PRÁCTICA DE CIENCIAS: SP.1.a, SP.1.b, SP.1.c, SP.3.a, SP.7.a, SP.7.b, SP.8.a

En los **diagramas vectoriales** se usan flechas para representar fuerzas. El tamaño (generalmente, la longitud) de la flecha refleja la magnitud de la fuerza. El sentido de la flecha indica el sentido en el cual actúa la fuerza. **Comprender los diagramas vectoriales** te permite determinar la magnitud y el sentido de la fuerza neta que actúa sobre un objeto.

② Perfecciona la destreza

Al perfeccionar la destreza de comprender los diagramas vectoriales, mejorarás tus capacidades de estudio y evaluación, especialmente en relación con la Prueba de Ciencias GED®. Estudia la información y el diagrama que aparecen a continuación. Luego responde las preguntas.

LAS FUERZAS NETAS Y LOS VECTORES

La primera ley del movimiento de Newton establece que un objeto en reposo tiende a permanecer en reposo y que un objeto en movimiento tiende a permanecer en movimiento (con una velocidad constante), a menos que actúe sobre él una fuerza desequilibrada. Una fuerza desequilibrada es aquella que no es equilibrada (o cancelada) por otra fuerza u otras fuerzas.

ⓐ El pasaje explica que los objetos pueden estar sujetos a más de una fuerza a la vez. Cada una de estas fuerzas individuales está representada por una flecha distinta en un diagrama vectorial.

El siguiente diagrama muestra dos objetos que están bajo la acción de más de una fuerza. Las flechas vectoriales del diagrama indican los sentidos y las magnitudes de las fuerzas que actúan sobre los objetos. Cada flecha también está rotulada para indicar la magnitud de la fuerza en newtons (N). Si las fuerzas no se cancelan mutuamente, entonces la fuerza neta resultante es una fuerza desequilibrada que moverá al objeto.

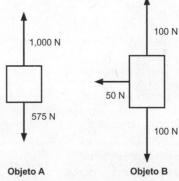

Objeto A   Objeto B

ⓑ Las preguntas te piden que halles la fuerza neta. La fuerza neta es la suma de todas las fuerzas que actúan sobre un objeto. Para hallar las fuerzas netas, halla las diferencias entre las fuerzas que actúan en sentidos opuestos.

1. ¿Cuál es la fuerza neta que actúa sobre el objeto A?

   A. 1,000 N hacia arriba
   B. 1,575 N hacia abajo
   C. 425 N hacia arriba
   D. 575 N hacia abajo

2. ¿Cuál es la fuerza neta que actúa sobre el objeto B?

   A. 250 N hacia la izquierda
   B. 50 N hacia la izquierda
   C. 150 N hacia abajo
   D. 150 N hacia arriba

HACER SUPOSICIONES

Puedes suponer que los procesos y las fuerzas descriptos en una situación se aplican a otras situaciones parecidas. Hacer estas suposiciones te permite aplicar los conceptos ya conocidos a nuevas situaciones.

⭐ Ítem en foco: **MENÚ DESPLEGABLE**

INSTRUCCIONES: Estudia el diagrama. Luego lee el pasaje incompleto que aparece a continuación. Usa información del diagrama para completar el pasaje. En cada ejercicio con menú desplegable, elige la opción que **mejor** complete la oración.

LAS FUERZAS DESEQUILIBRADAS Y LOS VECTORES

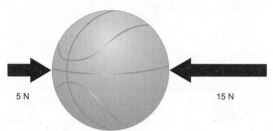

5 N   15 N

3. El diagrama ilustra fuerzas desequilibradas que actúan sobre una pelota de básquetbol. Las fuerzas no están equilibradas porque no son iguales entre sí. Como las fuerzas actúan en sentidos opuestos, la fuerza neta es igual a la diferencia entre las dos. Como resultado de las fuerzas desequilibradas, la pelota de básquetbol se moverá en el sentido de la fuerza más potente. Las flechas del diagrama vectorial muestran una fuerza neta de [3. Menú desplegable 1] sobre la pelota de básquetbol. Como resultado de esa fuerza neta, la pelota de básquetbol se moverá [3. Menú desplegable 2] . Si la fuerza de 5 N tuviera el doble de magnitud, una fuerza neta de [3. Menú desplegable 3] actuaría sobre la pelota de básquetbol.

Opciones de respuesta del menú desplegable

3.1 A. 5 N hacia la derecha
    B. 5 N hacia la izquierda
    C. 10 N hacia la izquierda
    D. 15 N hacia la derecha

3.2 A. hacia arriba
    B. hacia abajo
    C. hacia la derecha
    D. hacia la izquierda

3.3 A. 5 N hacia la izquierda
    B. 10 N hacia la derecha
    C. 25 N hacia la izquierda
    D. 20 N hacia la derecha

INSTRUCCIONES: Estudia el diagrama y la información, lee la pregunta y elige la **mejor** respuesta.

MAGNETISMO: FUERZA A LA DISTANCIA

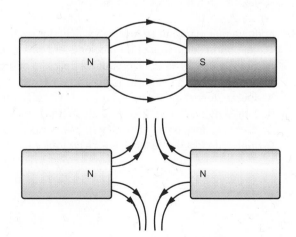

El magnetismo es un ejemplo de una fuerza que puede actuar a la distancia. Los imanes tienen dos polos, donde se concentran las líneas de fuerza. Estos polos se llaman "norte" y "sur". Las flechas del diagrama vectorial muestran los sentidos y las magnitudes de las fuerzas magnéticas que interaccionan cuando los polos de dos imanes se juntan.

4. ¿Qué demuestra el diagrama vectorial?

A. Los polos magnéticos iguales se atraen.
B. Los polos magnéticos iguales se repelen.
C. Los imanes siempre se repelen.
D. Los imanes siempre se atraen.

INSTRUCCIONES: Estudia la información y el diagrama, lee cada pregunta y elige la **mejor** respuesta.

LA FRICCIÓN Y LOS VECTORES

La fricción es la resistencia que se produce cuando se frotan dos trozos de materia entre sí. La fuerza de fricción entre un objeto y una superficie se puede calcular mediante la ecuación $F = \mu m$, donde F es la fuerza que causa la fricción (expresada en newtons), μ es una constante que varía según la sustancia y m es la masa del objeto.

Antes de que un objeto se mueva, la fuerza que se ejerce sobre el objeto debe ser mayor que la fuerza de fricción entre el objeto y la superficie sobre la que este se apoya. El siguiente diagrama muestra una caja de madera apoyada sobre un piso de hormigón. La masa de la caja es 50 kg y μ es 0.62. La fuerza de fricción se muestra mediante la flecha vectorial a la izquierda.

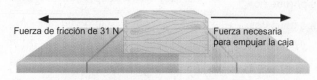

Fuerza de fricción de 31 N   Fuerza necesaria para empujar la caja

5. ¿Cuál de las siguientes ecuaciones explica por qué la fuerza de fricción que se muestra en el diagrama es 31 N?

   A. $F = \dfrac{50}{0.62}$

   B. $F = 31$

   C. $F = 0.62 \cdot 50$

   D. $50 = F \cdot 0.62$

6. ¿Cuál es la fuerza mínima que permitiría que la caja comenzara a moverse sobre el piso, hacia la derecha?

   A. 0 N
   B. 10 N
   C. 30 N
   D. 32 N

7. Si el piso se humedeciera e hiciera que el valor de μ se redujera a 0.2, ¿cuál sería el resultado?

   A. Se necesitaría más fuerza para mover la caja.
   B. Se necesitaría menos fuerza para mover la caja.
   C. La masa de la caja aumentaría.
   D. La masa de la caja disminuiría.

INSTRUCCIONES: Estudia la información y el diagrama, lee cada pregunta y elige la **mejor** respuesta.

LAS FUERZAS Y LOS VECTORES

Una fuerza es un empuje o una tracción aplicada a un objeto que se produce como resultado de la interacción de ese objeto con otro. Una fuerza se puede medir en newtons (N) y se puede describir por su magnitud y su sentido.

La fuerza neta que actúa sobre un objeto es la suma de todas las fuerzas que actúan sobre él. Las fuerzas equilibradas se cancelan mutuamente porque son iguales y tienen sentidos opuestos. Las fuerzas desequilibradas también actúan en sentidos opuestos pero no son iguales. Las flechas del diagrama vectorial muestran las fuerzas que actúan sobre un carrito.

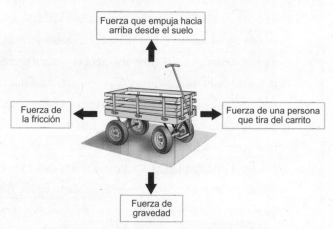

Fuerza que empuja hacia arriba desde el suelo

Fuerza de la fricción

Fuerza de una persona que tira del carrito

Fuerza de gravedad

8. ¿Cuál de los siguientes enunciados describe la fuerza que empuja al carrito desde el suelo y la fuerza de gravedad?

   A. Son fuerzas equilibradas.
   B. Son fuerzas desequilibradas.
   C. La fuerza hacia arriba es más fuerte.
   D. La fuerza hacia abajo es más fuerte.

9. Imagina que el carrito se mueve hacia la derecha. ¿Cuál podría ser la fuerza de fricción ejercida sobre el carrito y la fuerza de tracción que se aplica al carrito?

   A. fuerza de fricción de 10 N, fuerza de tracción de 5 N
   B. fuerza de fricción de 25 N, fuerza de tracción de 15 N
   C. fuerza de fricción de 25 N, fuerza de tracción de 20 N
   D. fuerza de fricción de 15 N, fuerza de tracción de 20 N

INSTRUCCIONES: Estudia la información y el diagrama, lee cada pregunta y elige la **mejor** respuesta.

LA FUERZA DE LA GRAVEDAD

La segunda ley del movimiento de Newton establece que la fuerza que actúa sobre un objeto es igual a la masa del objeto por su aceleración, es decir $F = ma$. Esta ecuación se puede usar para calcular la aceleración de un objeto cuando una fuerza actúa sobre él: $a = \frac{F}{m}$. Newton también calculó la aceleración de un objeto debida a la gravedad de la Tierra en 9.8 metros por segundo elevado al cuadrado (m/s^2).

El siguiente diagrama muestra dos meteoros que caen hacia la superficie de la Luna. Ambos tienen el mismo tamaño, quedaron bajo la influencia de la gravedad de la Luna al mismo tiempo y están cayendo en rutas paralelas, pero el meteoro A tiene una masa de 25 kilogramos (kg) y el meteoro B tiene una masa de 50 kg. La Luna tiene un sexto de la masa de la Tierra; por lo tanto, la aceleración producida por la gravedad en la Luna es 1.6 m/s^2.

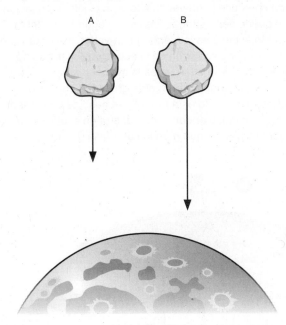

10. ¿Qué representan las flechas del diagrama vectorial?

    A. la velocidad
    B. la fuerza
    C. la aceleración
    D. la masa

11. ¿Qué sucederá cuando los meteoros impacten en la superficie de la Luna?

    A. El meteoro B impactará primero y con la misma fuerza que el meteoro A.
    B. El meteoro B impactará primero y con más fuerza que el meteoro A.
    C. Ambos impactarán al mismo tiempo, pero el meteoro B impactará con más fuerza.
    D. Ambos impactarán al mismo tiempo y con la misma fuerza.

INSTRUCCIONES: Estudia la información y el diagrama, lee cada pregunta y elige la **mejor** respuesta.

FUERZAS IGUALES Y OPUESTAS

Según la tercera ley del movimiento de Newton, para cada fuerza de acción hay una fuerza de reacción igual y opuesta. Esto significa que si un objeto aplica una fuerza sobre un segundo objeto, el segundo objeto aplica una fuerza igual y opuesta sobre el primer objeto. Esto también significa que las fuerzas siempre se dan en pares; cada una actúa sobre un objeto diferente.

El diagrama que aparece a continuación muestra a una persona que empuja una caja grande. Las flechas A y B representan los vectores de fuerzas que son iguales y opuestas, como las flechas C y D, donde los pies de la persona aplican una fuerza hacia atrás sobre el piso a medida que la persona empuja la caja y el piso aplica un empuje a los pies de la persona con una fuerza hacia adelante que es igual en magnitud a la fuerza hacia atrás.

12. ¿Qué tiene que suceder para que la caja se mueva?

    A. Las fuerzas deben permanecer equilibradas.
    B. La suma de las fuerzas C y D debe ser igual a la suma de las fuerzas A y B.
    C. La fuerza B tiene que ser mayor que la fuerza A.
    D. La fuerza D tiene que ser mayor que la fuerza A.

Aplicar leyes científicas

Usar con el *Libro del estudiante,* págs. 56–57.

TEMAS DE CIENCIAS: P.b.1, P.b.2
PRÁCTICA DE CIENCIAS: SP.1.a, SP.1.b, SP.1.c, SP.3.a, SP.3.c, SP.7.a, SP.7.b, SP.8.b

1 Repasa la destreza

Las **leyes científicas** son enunciados que describen fenómenos naturales. Se basan en observaciones y experimentos repetidos y, con frecuencia, brindan fórmulas matemáticas. Al **aplicar leyes científicas**, puedes usar estos enunciados o fórmulas matemáticas para predecir o analizar los fenómenos que describen.

Una ley científica implica y supone una relación universal de causa y efecto. Es decir, las leyes siempre deben aplicarse bajo el mismo conjunto de condiciones, sin importar si esas condiciones ocurren aquí en la Tierra o en algún otro sitio del universo.

2 Perfecciona la destreza

Al perfeccionar la destreza de aplicar leyes científicas, mejorarás tus capacidades de estudio y evaluación, especialmente en relación con la Prueba de Ciencias GED®. Estudia la información y el diagrama que aparecen a continuación. Luego responde las preguntas.

APLICAR LA SEGUNDA LEY DE NEWTON

a El pasaje brinda información sobre cómo aplicar la segunda ley del movimiento de Newton para hacer determinaciones sobre peso y masa.

La masa mide la cantidad de materia que hay en un objeto, mientras que el peso mide la tracción que produce la gravedad sobre un objeto. La relación entre la masa y el peso se puede demostrar aplicando la segunda ley del movimiento de Newton. Como el peso es la fuerza de gravedad que actúa sobre un objeto, se puede expresar en una variación de la ecuación $F = ma$ como $w = mg$, donde w es el peso en newtons (N), m es la masa en kilogramos (kg) y g es la aceleración provocada por la fuerza de gravedad en metros por segundo al cuadrado (m/s^2). Usando esta fórmula, el peso de una masa de 1 kg sobre la Tierra se puede calcular como se muestra en el diagrama que aparece a continuación. Recuerda que g en la superficie de la Tierra es siempre aproximadamente 9.8 m/s^2.

b Razona críticamente sobre las leyes científicas. La masa es la cantidad de materia que hay en un objeto. La masa de un objeto es la misma, aunque haya cambios en la temperatura, en la forma o en la posición en el espacio que tiene un objeto.

Superficie de la Tierra

b 1 kg

g = aceleración producida por la gravedad

peso = masa × aceleración producida por la gravedad (g)
= 1 kg × 9.8 m/s^2
= 9.8 N

TECNOLOGÍA PARA LA PRUEBA

Mientras realizas la prueba de GED®, usa la función de la calculadora para hacer cálculos antes de mirar las opciones de respuesta. Luego busca el mismo resultado en las opciones de respuesta.

1. ¿Cuál es la masa de una persona que pesa 637 N?

   A. 65 kg
   B. 6.5 kg
   C. 637 kg
   D. 63.7 kg

2. En el planeta Mercurio, la aceleración producida por la gravedad es 3.7 m/s^2. ¿Cuál sería la masa de una persona que pesa 637 N en Mercurio?

   A. 65 kg
   B. 6.5 kg
   C. 637 kg
   D. 63.7 kg

UNIDAD 2

INSTRUCCIONES: Estudia la información y el diagrama, lee cada pregunta y elige la **mejor** respuesta.

APLICAR LA LEY DE CONSERVACIÓN DEL MOMENTO LINEAL

El momento lineal se define como la masa de un objeto multiplicada por la velocidad del objeto, es decir $p = mv$, donde p es el momento lineal, m es la masa y v es la velocidad en metros por segundo (m/s). La ley de conservación del momento lineal establece que dentro de un sistema, el momento lineal se mantiene constante.

Aunque el momento lineal total de un sistema se mantiene constante, el momento lineal de las partes individuales de un sistema puede cambiar. La fórmula del cambio en el momento lineal es $Ft = mv$. Esto significa que el momento lineal que imparte una fuerza sobre un objeto es proporcional a la fuerza (F) multiplicada por el lapso de tiempo que se aplica la fuerza (t).

El diagrama muestra una fuerza que se aplica a un objeto que no está en movimiento.

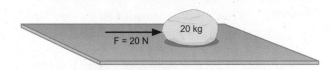

3. ¿Qué cantidad no está directamente relacionada con la determinación del momento lineal o del cambio del momento lineal del objeto?

   A. la distancia que se mueve el objeto, en metros
   B. la magnitud de la fuerza aplicada al objeto, en newtons
   C. la cantidad de tiempo durante la cual se aplica la fuerza al objeto, en segundos
   D. la masa del objeto, en kilogramos

4. ¿Cuál es la velocidad del objeto después de aplicar una fuerza de 20 N durante 5 segundos?

   A. 2 m/s hacia la derecha
   B. 5 m/s hacia la derecha
   C. 10 m/s hacia la derecha
   D. 100 m/s hacia la derecha

5. ¿Cuál será el momento lineal del objeto después de aplicar una fuerza durante 5 segundos?

   A. 4 kg • m/s hacia la derecha
   B. 20 kg • m/s hacia la derecha
   C. 100 kg • m/s hacia la derecha
   D. 100 kg • m/s hacia la izquierda

INSTRUCCIONES: Estudia la información y la gráfica, lee cada pregunta y elige la **mejor** respuesta.

CAMBIO EN EL MOMENTO LINEAL

La primera ley de Newton se puede enunciar en función del momento lineal: un objeto en reposo tiene un momento lineal igual a cero y conservará ese momento lineal, a menos que una fuerza actúe sobre él. Un objeto en movimiento tiene un momento lineal dado por $p = mv$ y conservará ese momento lineal, a menos que una fuerza actúe sobre él. El efecto de una fuerza depende de otros factores además de la magnitud de la fuerza. También depende de la cantidad de tiempo que se aplica la fuerza. La multiplicación del tiempo por la magnitud promedio de la fuerza aplicada da como resultado el cambio en el momento lineal en el tiempo, o impulso.

La gráfica muestra cómo cambia el momento lineal de un objeto de 2.5 kg en el tiempo a medida que se aplica una fuerza constante.

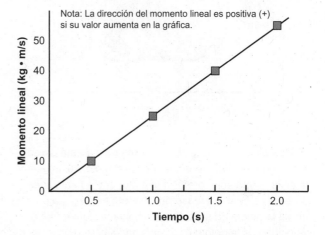

6. ¿Cuál es el momento lineal del objeto a 1 segundo?

   A. +2.5 kg • m/s
   B. +25 kg • m/s
   C. −2.5 kg • m/s
   D. −25 kg • m/s

7. ¿Cuál es la velocidad del objeto a 0.5 segundos?

   A. +12.5 m/s
   B. +10.0 m/s
   C. +6.0 m/s
   D. +4.0 m/s

8. ¿Qué representa la línea en la gráfica?

   A. el impulso
   B. la fuerza
   C. el momento lineal
   D. el tiempo

INSTRUCCIONES: Estudia la información y el diagrama, lee cada pregunta y elige la **mejor** respuesta.

EL MOMENTO LINEAL Y LA TERCERA LEY DEL MOVIMIENTO

Aunque la conservación del momento lineal es coherente con las tres leyes del movimiento, es probable que esté implícita en la tercera: siempre que dos objetos ejercen una fuerza uno sobre el otro, las fuerzas son iguales en magnitud y opuestas en sentido. ¿Eso significa que nada sucede? Observa el ejemplo que aparece a continuación.

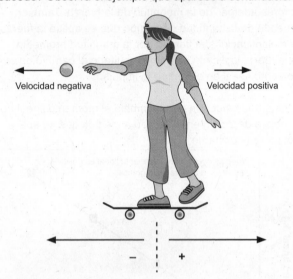

Una patinadora que sostiene una pelota está parada sobre una patineta detenida. En este punto, su velocidad y la de la pelota son cero. Por lo tanto, el momento lineal del sistema es cero. La masa de la pelota es 1 kg. La patinadora arroja la pelota en sentido recto hacia la izquierda. La velocidad de la pelota es 20 m/s hacia la izquierda, es decir, −20 m/s. Después de arrojar la pelota, la masa combinada de la patinadora y la patineta es 40 kg. Si usas la ecuación del momento lineal, $p = mv$, e ignoras el efecto de la fricción, puedes hacer determinaciones sobre el sistema.

9. ¿Cuál es el momento lineal total de este sistema después de que la patinadora arrojó la pelota?

   A. +20 kg • m/s
   B. −20 kg • m/s
   C. 0
   D. −25 kg • m/s

10. ¿Cuál es el momento lineal de la patinadora y de la patineta mientras se mueve la pelota?

   A. 0 kg • m/s
   B. −5 kg • m/s
   C. −10 kg • m/s
   D. +20 kg • m/s

11. ¿Cuál es la velocidad de la patinadora y de la patineta mientras se mueve la pelota?

   A. +0.5 m/s
   B. −0.5 m/s
   C. +20 m/s
   D. −20 m/s

INSTRUCCIONES: Estudia la información y el diagrama, lee cada pregunta y elige la **mejor** respuesta.

LAS LEYES DEL MOVIMIENTO EN LA PRÁCTICA

El diagrama muestra una cinta transportadora que se usa en una planta de envíos. La cinta prácticamente no produce fricción, lo que hace que sea más fácil mover paquetes pesados de un lugar a otro. El paquete A estaba colocado sobre la cinta transportadora sin movimiento cuando alguien colocó el paquete B sobre la cinta y le dio un fuerte empujón. El paquete B rápidamente colisionó con el paquete A. Después de la colisión, los paquetes tenían una masa combinada total de 10 kg. Recuerda que la ecuación que determina el momento lineal es $p = mv$, donde p es el momento lineal, m es la masa y v es la velocidad.

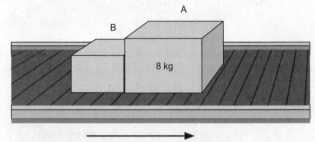

Velocidad después de la colisión: +2.5 m/s

12. ¿Cuál es la masa del paquete B?

   A. 10 kg
   B. 2 kg
   C. 16 kg
   D. 30 kg

13. ¿Cuál era la velocidad del paquete B a medida que se movía hacia el paquete A?

   A. 2.5 m/s
   B. 0 m/s
   C. 25 m/s
   D. 12.5 m/s

INSTRUCCIONES: Estudia la información y el diagrama, lee cada pregunta y elige la **mejor** respuesta.

LA FÍSICA DE LA MOTOCICLETA

La fuerza promedio se puede calcular multiplicando la masa de un objeto por su cambio de velocidad y dividiendo ese resultado entre el intervalo de tiempo durante el cual se produjo la fuerza. En el caso de las colisiones, el cambio de velocidad es la diferencia entre la velocidad de un objeto cuando está en movimiento y su velocidad cuando se detiene debido a la colisión ($v - 0$) y el intervalo de tiempo es la cantidad de tiempo que tardó el objeto en detenerse por completo después de la colisión. Por lo tanto, se puede usar la siguiente ecuación para hallar la fuerza promedio que actúa sobre un objeto en una colisión:

$$F_{promedio} = \frac{mv}{t}$$

En el diagrama de una prueba de choque de una motocicleta que aparece a continuación, una motocicleta de 247 kg se desplaza a una velocidad de 21 m/s.

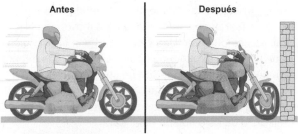

Antes | **Después**

v = 21 m/s; m = 247 kg

14. ¿Cuál es el momento lineal de una motocicleta en movimiento?

    A. +21 kg • m/s
    B. +210 kg • m/s
    C. +51,870 kg • m/s
    D. +5,187 kg • m/s

15. Si la motocicleta choca contra una pared y se detiene en un intervalo de tiempo de 0.05 segundos, ¿cuál es la fuerza promedio que actúa sobre la motocicleta?

    A. 5,187 N
    B. 10,374 N
    C. 103,740 N
    D. 51,870 N

16. Mientras la motocicleta de 247 kg está en movimiento, una motocicleta con una masa de 105 kg la sigue, a una velocidad de 50 m/s. ¿Cuál es la diferencia entre su momento lineal y el de la motocicleta más grande?

    A. Es apenas mayor.
    B. Es casi dos veces mayor.
    C. Es el mismo.
    D. Es apenas menor.

INSTRUCCIONES: Lee el pasaje. Luego lee cada pregunta y elige la **mejor** respuesta.

LOS CINTURONES DE SEGURIDAD EN ACCIÓN

El efecto de usar un cinturón de seguridad se puede calcular a partir de la segunda ley de Newton: **F = ma**. Cuando un carro que viaja a 90 kilómetros por hora (km/h), o 25 m/s, se detiene repentinamente, aunque el carro ha dejado de moverse hacia adelante, el conductor continúa moviéndose hacia adelante a 90 km/h. A menos que esté contenido por un cinturón de seguridad, una bolsa de aire, o ambos, es probable que el conductor muera o resulte gravemente herido al colisionar con el interior del carro, principalmente con el parabrisas.

Supongamos que un carro colisiona con una barrera y se frena de repente. La velocidad del carro justo antes del impacto era 25 m/s. La masa del conductor es 60 kg. La bolsa de aire se despliega y el cinturón de seguridad y la bolsa de aire detienen el momento lineal hacia adelante del conductor a los 0.5 segundos. El cambio en el momento lineal del carro se puede expresar como la fuerza promedio del carro. Recuerda que la fuerza promedio de un objeto se determina con esta fórmula:

$$F_{promedio} = \frac{mv}{t}$$

17. ¿Cuál es la fuerza promedio que el cinturón de seguridad y la bolsa de aire aplican al conductor?

    A. 3,000 N
    B. 4,500 N
    C. 5,400 N
    D. 10,800 N

18. Si el conductor no hubiera estado usando el cinturón de seguridad y si no hubiera habido una bolsa de aire, el parabrisas habría detenido el momento lineal hacia adelante del conductor en 0.002 segundos. ¿Qué fuerza promedio habría ejercido el parabrisas sobre el conductor?

    A. 75,000 N
    B. 108,000 N
    C. 750,000 N
    D. 2,700,000 N

19. ¿Por qué la fuerza de la colisión habría sido tanto mayor sin el cinturón de seguridad y la bolsa de aire?

    A. La fuerza se habría aplicado durante un período más largo.
    B. La fuerza se habría aplicado durante un período más corto.
    C. El conductor habría recorrido una distancia menor antes de detenerse.
    D. El conductor habría colisionado con una superficie más pequeña.

Acceder a los conocimientos previos

Usar con el *Libro del estudiante,* págs. 58–59.

1 *Repasa la destreza*

TEMAS DE CIENCIAS: P.b.3
PRÁCTICA DE CIENCIAS: SP.1.a, SP.1.b, SP.1.c, SP.3.b, SP.7.b, SP.8.b

Piensa en todos los temas sobre los que sabes algo. Por ejemplo, podrías saber sobre razas de perros o sobre el mantenimiento de rutina de los carros. Adquieres conocimiento a través de las experiencias de aprendizaje formal y de los sucesos diarios. Todo lo que ya sabes sobre un tema se llama **conocimientos previos**.

Los conocimientos previos son muy útiles cuando estás aprendiendo algo nuevo. Al **acceder a los conocimientos previos**, se hace más fácil aprender porque simplemente estás sumando información a lo que ya sabes.

2 *Perfecciona la destreza*

Al perfeccionar la destreza de acceder a los conocimientos previos, mejorarás tus capacidades de estudio y evaluación, especialmente en relación con la Prueba de Ciencias GED®. Estudia la información y el diagrama que aparecen a continuación. Luego responde las preguntas.

EL TRABAJO Y LAS PALANCAS

Se realiza un trabajo cuando una fuerza mueve un objeto. La cantidad de trabajo que se realiza es un producto del tamaño (magnitud) de la fuerza multiplicado por la distancia a través de la cual se aplica la fuerza. Las máquinas simples realizan el trabajo más fácilmente reduciendo el tamaño o cambiando la dirección de la fuerza que se necesita para mover un objeto. Un tipo de máquina simple es una palanca. Una palanca es una barra rígida que se mueve alrededor de un fulcro, o punto de apoyo. El objeto que deberá mover la palanca se llama carga o resistencia. Con un tipo de palanca, la fuerza se aplica a un extremo, la carga está en el otro extremo y el fulcro está entre la fuerza y la carga. En la ilustración, se muestra cómo se puede usar un martillo de orejas como ejemplo de este tipo de palanca.

a Para acceder a los conocimientos previos, piensa más allá de las respuestas convencionales. Si no tienes experiencia con los martillos, ten en cuenta otros dispositivos que se muevan alrededor de un fulcro para hacer un trabajo. Algunos ejemplos son: el balancín, la palanca y los abrebotellas.

b Accede a los conocimientos previos para comprender los términos. Piensa en usar palancas con las cuales estés familiarizado. Visualiza dónde se aplica la fuerza y dónde se ubican la carga y el fulcro para cada palanca.

Fuerza de entrada

Fuerza de salida

1. Cuando se usa un martillo de orejas para extraer un clavo de una tabla, la carga es

   A. la mano.
   B. el mango del martillo.
   C. las orejas del martillo.
   D. el clavo.

2. Tomar el extremo del mango del martillo facilita el trabajo. ¿Por qué?

   A. El martillo se mueve más rápidamente alrededor del fulcro.
   B. La distancia desde el fulcro hasta la carga se alarga.
   C. Se necesita menos fuerza porque la distancia de la fuerza es mayor.
   D. La dirección de la fuerza no cambia.

USAR LA LÓGICA

Piensa en lo que sabes a medida que lees las opciones de respuesta para una pregunta de la prueba. Si los conocimientos previos te indican que una opción de respuesta no tiene sentido, puedes eliminarla como posible respuesta correcta.

③ *Domina la destreza*

INSTRUCCIONES: Lee el pasaje y la pregunta y elige la **mejor** respuesta.

TRABAJO Y POTENCIA

El trabajo y la potencia son valores relacionados con las fuerzas que se necesitan para mover objetos. Se realiza un trabajo cuando una fuerza mueve un objeto. Expresado en julios, la cantidad de trabajo que se realiza se calcula multiplicando la magnitud de la fuerza por la distancia a lo largo de la cual se aplica la fuerza. La potencia es la tasa a la que se realiza el trabajo. La potencia se expresa en vatios y se calcula dividiendo la cantidad de trabajo entre el tiempo que se empleó para realizar el trabajo.

3. La máquina A realiza 8,000 julios de trabajo en 10 segundos y la máquina B realiza 16,000 julios de trabajo en 5 segundos. ¿Cuál de los siguientes enunciados describe la potencia que ejercen las máquinas?

   A. Cada máquina ejerce una potencia menor que 800 vatios.
   B. La máquina A ejerce menos potencia que la máquina B.
   C. La máquina A ejerce más potencia que la máquina B.
   D. Ambas máquinas ejercen la misma potencia.

INSTRUCCIONES: Estudia la información y la tabla, lee la pregunta y elige la **mejor** respuesta.

VENTAJA MECÁNICA

Las máquinas facilitan el trabajo. La ventaja mecánica es la cantidad de trabajo que facilita una máquina. Cuanto mayor es la ventaja mecánica, más fácil es hacer el trabajo. La ventaja mecánica es una razón entre la magnitud de la fuerza de salida y la magnitud de la fuerza de entrada. En la tabla se muestran los valores correspondientes a la fuerza de entrada y a la fuerza de salida en newtons (N) para cada una de las cuatro máquinas.

Máquina	Fuerza de entrada (N)	Fuerza de salida (N)
A	300	900
B	15	150
C	5	10
D	800	1,000

4. ¿Cuál de las máquinas proporciona la mayor ventaja mecánica?

   A. A
   B. B
   C. C
   D. D

INSTRUCCIONES: Estudia la información y el diagrama, lee cada pregunta y elige la **mejor** respuesta.

PLANOS INCLINADOS

Un plano inclinado es un tipo de máquina simple. Es una superficie plana y en pendiente. Una rampa es un ejemplo de plano inclinado. Empujar un objeto pesado hacia arriba por una rampa es más fácil que levantar el objeto porque se necesita menos fuerza. Sin embargo, la fuerza se debe aplicar a lo largo de una distancia mayor.

Altura = 3 pies

Longitud = 9 pies

5. ¿Cuál de las siguientes oraciones es un enunciado exacto sobre el uso de rampas para mover objetos?

   A. Empujar objetos hacia arriba en rampas más cortas es más fácil que empujar objetos hacia arriba en rampas más largas.
   B. Las rampas se deberían usar para levantar objetos livianos.
   C. Las rampas se pueden usar para elevar objetos que son demasiado pesados y no se pueden levantar.
   D. Para empujar un objeto hacia arriba en una rampa se necesita menos trabajo que para levantar el objeto verticalmente.

6. ¿Qué sucederá si se acorta en dos pies la longitud de la rampa que se muestra en el diagrama?

   A. Se necesitará más fuerza para mover la caja hacia arriba en la rampa.
   B. Se necesitará menos fuerza para mover la caja hacia arriba en la rampa.
   C. Se hará más trabajo cuando se mueva la caja.
   D. Se hará menos trabajo cuando se mueva la caja.

7. ¿Cuál de los siguientes objetos del hogar es **más probable** que se use como plano inclinado?

   A. un martillo de orejas
   B. una pala de jardín
   C. una escalera
   D. un palo de amasar

UNIDAD 2

Unidad 2 | Ciencias físicas

95

INSTRUCCIONES: Estudia la información, la tabla y la ilustración. Luego lee cada pregunta y elige la **mejor** respuesta.

VENTAJAS DE USAR POLEAS

Una polea es una máquina simple que generalmente se usa para levantar objetos. Una polea tiene dos partes principales: una cuerda y una rueda con ranura. La cuerda encaja en la ranura de la rueda. Usar una polea puede cambiar la dirección o la cantidad de fuerza que se aplica para mover un objeto. En la tabla que aparece a continuación, se muestran las ventajas de los tres tipos principales de poleas. Un aparejo de poleas contiene al menos una polea fija y una polea móvil, como muestra la ilustración.

Tipo de polea	Cambio en la dirección de la fuerza	Cambio en la magnitud de la fuerza
Simple, fija	Sí	No
Móvil	No	Sí
Aparejo de poleas	Sí	Sí

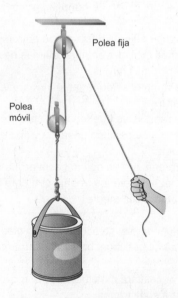

Polea fija

Polea móvil

8. Las poleas no cambian la cantidad de trabajo que se realiza. ¿Cuál de los siguientes enunciados explica por qué?

A. La magnitud de la fuerza que se necesita para mover un objeto es menor, pero la distancia es mayor.

B. Las poleas no producen un cambio en la magnitud ni en el sentido de la fuerza que se usa para mover el objeto.

C. La magnitud de la fuerza que se necesita para mover un objeto es siempre mayor cuando se usa una polea.

D. Cuando se usa una polea para mover un objeto, se necesita más tiempo para realizar el trabajo.

9. ¿Cuál de los siguientes enunciados describe un beneficio de usar poleas?

A. Siempre reducen la magnitud de la fuerza aplicada.

B. Los aparejos de poleas se pueden combinar para hacer poleas móviles.

C. Nunca cambian la dirección de la fuerza aplicada.

D. Algunas poleas te permiten usar tu propio peso para levantar un objeto hacia arriba.

INSTRUCCIONES: Estudia la información y el diagrama, lee la pregunta y elige la **mejor** respuesta.

DESTORNILLADORES

Los destornilladores facilitan la colocación de tornillos. Un destornillador es un tipo de máquina simple que se conoce como rueda y eje. El eje es una barra que atraviesa el centro de la rueda. Como la rueda tiene un radio más grande que el eje, se mueve una distancia mayor que el eje. Una pequeña fuerza que se aplica a la rueda se convierte en una gran fuerza aplicada al eje.

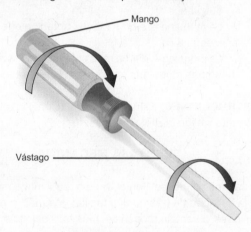

Mango

Vástago

10. ¿Cuál de los siguientes enunciados describe de qué manera funcionan las ruedas y los ejes como máquinas simples?

A. Aumentan la magnitud de la fuerza que se necesita para rotar un objeto.

B. Cambian la dirección de la fuerza que se necesita para realizar un trabajo.

C. Reducen la distancia que se necesita para hacer el trabajo.

D. Son útiles cuando se necesita una fuerza para rotar un objeto.

REALIZAR TRABAJO

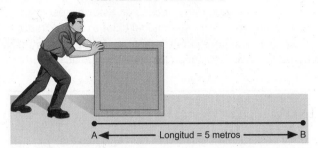

A ←———— Longitud = 5 metros ————→ B

11. Imagina que la persona que se muestra en el diagrama usa 5 newtons de fuerza para mover la caja desde el punto A hasta el punto B. ¿Cuánto trabajo se realiza?

    A. 25 julios
    B. 25 metros
    C. 5 newtons
    D. 5 julios

INSTRUCCIONES: Estudia la tabla, lee cada pregunta y elige la **mejor** respuesta.

VENTAJA MECÁNICA DE DISTINTAS MÁQUINAS

Máquina	Ventaja mecánica
Cuña A	1.5
Cuña B	5.0
Polea	3.0
Rampa	2.5

12. ¿Qué sugiere la información de la tabla?

    A. Todas las máquinas simples tienen una ventaja mecánica de al menos 1.5.
    B. Todas las máquinas que aparecen en la tabla facilitan el trabajo.
    C. Las poleas siempre facilitan el trabajo más que las cuñas.
    D. Las máquinas que no aparecen en la tabla no tienen una ventaja mecánica.

13. Si se usó una fuerza de entrada de 5 y una fuerza de salida de 12.5 para mover un objeto, ¿qué máquina se usó para realizar el trabajo?

    A. la cuña A
    B. la cuña B
    C. la polea
    D. la rampa

INSTRUCCIONES: Estudia la información y la ilustración, lee cada pregunta y elige la **mejor** respuesta.

MÁQUINAS COMPUESTAS

Los seis tipos de máquinas simples son: palanca, cuña, plano inclinado, polea, tornillo y rueda y eje. Sin embargo, la mayoría de las máquinas no son máquinas simples. La mayoría de las máquinas son máquinas compuestas. Una máquina compuesta contiene dos o más máquinas simples. Una bicicleta es una máquina compuesta. La ilustración muestra algunas de las máquinas simples que forman una bicicleta.

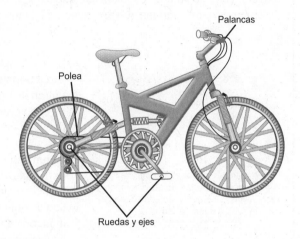

Palancas

Polea

Ruedas y ejes

14. ¿Cuáles son los tipos de máquinas simples que hacen que una bicicleta se mueva hacia adelante?

    A. poleas y ruedas y ejes
    B. ruedas y ejes y palancas
    C. palancas y poleas
    D. poleas, palancas y ruedas y ejes

15. El objetivo de las palancas que aparecen en la ilustración es hacer que la bicicleta

    A. comience a moverse.
    B. se mueva más rápidamente.
    C. se mueva más fácilmente en subida.
    D. se detenga.

16. A partir de la información, ¿qué objeto es una máquina compuesta?

    A. una mecha de taladro
    B. una rampa para botes
    C. unas tijeras
    D. la rueda de un carrito

UNIDAD 2

Relacionar sucesos microscópicos y sucesos observables

Usar con el *Libro del estudiante,* págs. 60–61.

TEMAS DE CIENCIAS: P.a.1, P.a.3, P.a.5
PRÁCTICA DE CIENCIAS: SP.1.a, SP.1.b, SP.1.c, SP.3.b, SP.3.c, SP.4.a, SP.7.a

1 Repasa la destreza

Usamos nuestros sentidos para percibir lo que sucede a nuestro alrededor, pero muchos de estos sucesos se producen a causa de otros sucesos que no podemos observar directamente. Por ejemplo, el calor es el resultado observable, o macroscópico, del movimiento de partículas microscópicas que forman la materia. **Relacionar sucesos microscópicos y sucesos observables** te permite comprender cómo se relacionan los sucesos que no se pueden percibir directamente con los que sí pueden observarse.

2 Perfecciona la destreza

Al perfeccionar la destreza de relacionar sucesos microscópicos y sucesos observables, mejorarás tus capacidades de estudio y evaluación, especialmente en relación con la Prueba de Ciencias GED®. Estudia la información y el diagrama que aparecen a continuación. Luego responde las preguntas.

CÓMO FUNCIONA UN TERMÓMETRO

a La temperatura es la energía cinética promedio de todas las partículas que forman una sustancia.

b Cuanto mayor es la energía cinética promedio en el líquido, más se eleva el líquido en el tubo del termómetro.

La transferencia de calor por medio de la conducción se produce cuando entran en contacto sustancias de temperaturas distintas. Tal como se muestra en el diagrama, un termómetro usa este principio. Cuando un termómetro de vidrio entra en contacto con una sustancia caliente, las partículas de la sustancia se mueven rápidamente y hacen que las partículas en el vidrio vibren con más rapidez. Las partículas vibrantes del vidrio hacen que las partículas en el líquido del termómetro se muevan más rápidamente. El vidrio y el líquido se expanden a medida que aumenta la distancia entre sus partículas para permitir más movimiento. El líquido que se expande se mueve hacia arriba por el tubo de vidrio hasta que la sustancia y el termómetro alcanzan la misma temperatura, o establecen un equilibrio térmico.

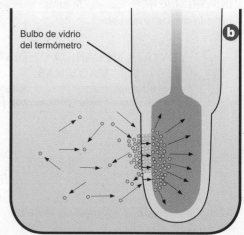

Bulbo de vidrio del termómetro

b

USAR LA LÓGICA

Lee atentamente el proceso que se explica en el pasaje. Entenderlo te permitirá hacer predicciones basadas en las condiciones que se presentan en las preguntas. Luego compara tus predicciones con las opciones de respuesta.

1. Cuando se coloca un termómetro en una sustancia más fría que él, la energía cinética promedio de la sustancia

   A. disminuye hasta alcanzar el equilibrio.
   B. disminuye y luego aumenta.
   C. aumenta hasta alcanzar el equilibrio.
   D. aumenta y luego disminuye.

2. Cuando se coloca un termómetro en una sustancia más fría que él, la energía cinética promedio del termómetro

   A. disminuye hasta alcanzar el equilibrio.
   B. disminuye y luego aumenta.
   C. aumenta hasta alcanzar el equilibrio.
   D. aumenta y luego disminuye.

UNIDAD 2

INSTRUCCIONES: Estudia la información y el diagrama. Lee la pregunta y elige la **mejor** respuesta.

LA ENERGÍA CINÉTICA EN ACCIÓN

Un aumento en la energía térmica hace que la materia se expanda. Esa expansión es un efecto macroscópico de un suceso microscópico. Es decir, las partículas de la materia que se mueven más rápidamente y se separan cada vez más a medida que la materia se expande conforman un suceso microscópico. El efecto de este suceso microscópico (la expansión de la materia) es macroscópico porque se puede observar.

Esta expansión se nota más en un gas que en un sólido porque las partículas no están tan libres para moverse en un sólido. La expansión térmica es una manera en la cual se puede usar la energía cinética para realizar un trabajo. El diagrama ilustra este proceso.

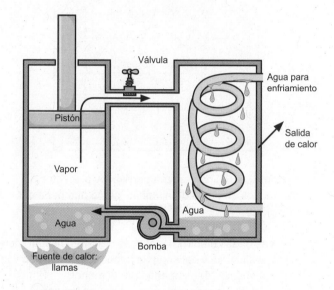

3. ¿Cuál de las siguientes acciones es el suceso microscópico que permite que el motor térmico del diagrama produzca trabajo?

   A. el movimiento ascendente y descendente del pistón
   B. la expansión del agua a medida que sus partículas ganan energía cinética
   C. la transferencia de energía térmica desde las llamas hacia el agua
   D. el cambio del vapor que se vuelve agua nuevamente mediante el serpentín de enfriamiento

INSTRUCCIONES: Estudia la información y la ilustración, lee la pregunta y elige la **mejor** respuesta.

LA ENERGÍA TÉRMICA EN UN GAS

Si se agrega calor a un gas encerrado en un cilindro, el gas se expandirá a medida que las partículas de gas se muevan más rápidamente y se empujen entre sí separándose cada vez más. Este principio se puede usar para realizar un trabajo, como cuando un gas en expansión se usa para aplicar fuerza al pistón que se muestra en la siguiente ilustración. Cuando el gas empuja contra el pistón y lo mueve hacia arriba, el gas pierde energía y su temperatura disminuye.

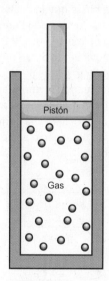

4. ¿Qué sucedería con el gas de la ilustración si se forzara el pistón repentinamente hacia abajo?

   A. La fuerza del pistón desaceleraría los movimientos de las partículas de gas. Como resultado, la energía térmica del gas disminuiría y el gas se enfriaría.
   B. Las partículas del gas que se mueven rápidamente resistirían el movimiento descendente del pistón. Como resultado, el volumen del gas sería menor, pero su energía térmica se mantendría igual.
   C. A medida que el pistón se moviera hacia abajo, cada vez más partículas de gas colisionarían con él, enfriando así el pistón. Finalmente, la energía térmica del pistón y la del gas disminuirían.
   D. A medida que el pistón forzara las partículas de gas a moverse hacia un espacio más pequeño, estas colisionarían entre sí con más frecuencia, lo que las haría moverse aun más rápidamente. Esto causaría un rápido aumento en la temperatura del gas.

INSTRUCCIONES: Estudia la información y el diagrama, lee la pregunta y elige la **mejor** respuesta.

INSTRUCCIONES: Estudia la información y el diagrama, lee la pregunta y elige la **mejor** respuesta.

COMPARAR TRANSFERENCIAS DE ENERGÍA

Las partículas que componen la materia siempre están en movimiento. Aunque ese movimiento se produce a un nivel microscópico, su efecto se puede observar en el nivel macroscópico como calor, o energía térmica. El calor fluye naturalmente desde las áreas, objetos y sistemas más calientes hacia los más fríos por tres medios. La convección se produce en gases y líquidos cuando las corrientes de partículas menos densas y más calientes intercambian lugares con corrientes de partículas más densas y más frías hasta que la sustancia alcanza el equilibrio térmico. La conducción tiene lugar cuando entran en contacto objetos de distintas temperaturas y las partículas en movimiento de un objeto provocan el aumento del movimiento de las partículas en otro objeto. La radiación ocurre cuando la energía pasa de una fuente a otro objeto o sistema mediante ondas electromagnéticas. A diferencia de la conducción y la convección, la radiación puede tener lugar en un espacio vacío, sin tener que viajar a través de la materia.

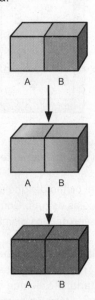

5. ¿Cómo se transfiere el calor entre los dos objetos sólidos del diagrama?

A. La conducción transfiere energía térmica desde el objeto caliente hacia el objeto frío.
B. La radiación entre los dos objetos traslada el calor desde el objeto caliente hacia el objeto frío.
C. Las corrientes de convección trasladan el calor desde las áreas más calientes hacia las áreas más frías dentro de cada objeto.
D. Las partículas que se mueven más rápidamente se trasladan desde un objeto hacia el otro.

COCINAR EN UNA PARRILLA

La mayoría de las personas que usan una parrilla nunca piensan cómo se cocinan sus alimentos. En una parrilla, el calor se transfiere entre los sólidos mediante la conducción y dentro de un gas (aire) por convección. La radiación, o transferencia de energía térmica mediante ondas electromagnéticas, también desempeña un rol. Cuando las ondas electromagnéticas golpean un objeto, hacen que las partículas del objeto vibren rápidamente. Esto aumenta la energía cinética y, por lo tanto, la temperatura del objeto. Las superficies oscuras, opacas o rugosas absorben más energía radiante que las superficies claras, lisas o pulidas, que tienden a reflejar la radiación en vez de absorberla.

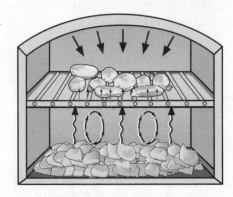

6. ¿Cómo se cocinan en una parrilla los alimentos envueltos en papel de aluminio, como una papa del diagrama?

A. Las ondas electromagnéticas penetran la superficie del aluminio y calientan la papa. La conducción y la convección desempeñan un rol menor.
B. El aluminio refleja la mayor parte de las ondas electromagnéticas. La papa se cocina por conducción, donde el aluminio toca la parrilla y la papa, y por convección de las corrientes que se desarrollan a su alrededor.
C. Las ondas electromagnéticas calientan el aluminio. Luego, el aluminio calienta y cocina la papa por conducción. La convección desempeña un rol menor.
D. El aluminio refleja la mayor parte de las ondas electromagnéticas. El calor se transfiere por convección de la papa al aluminio y del aluminio a sus alrededores.

UNIDAD 2

INSTRUCCIONES: Estudia la información y la ilustración, lee la pregunta y elige la **mejor** respuesta.

LA TRANSFERENCIA DE CALOR EN UNA TAZA

El calor se transfiere desde las áreas más calientes hacia las áreas más frías de tres maneras distintas: conducción, convección y radiación. La transferencia de calor por conducción se produce en la materia sólida cuando las partículas más calientes que vibran rápidamente agitan las partículas adyacentes. Esto hace que esas partículas vibren con más rapidez también. La convección es la transferencia de calor a través de un gas o de un líquido por medio de corrientes que transportan las partículas más calientes hacia las áreas más frías. La radiación transfiere energía a través del aire o del espacio por medio de ondas electromagnéticas. La ilustración brinda información para relacionar la transferencia de calor con una taza de café.

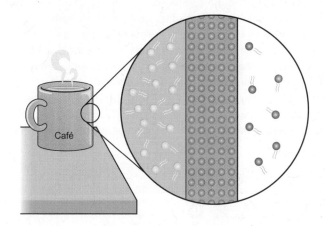

7. ¿Cuál de las siguientes descripciones explica cómo se transfiere la energía térmica por conducción, convección y radiación?

A. por conducción a través de corrientes en el café; por convección a través del material sólido en la taza; por radiación desde la superficie interior de la taza

B. por conducción a través de corrientes en el café; por convección desde la superficie interior de la taza; por radiación desde la superficie exterior de la taza

C. por conducción a través del material sólido de la taza; por convección a través de las corrientes en el café; por radiación desde la superficie interior de la taza

D. por conducción a través del material sólido de la taza; por convección a través de las corrientes en el café; por radiación desde la superficie exterior de la taza

INSTRUCCIONES: Estudia la información y el diagrama, lee la pregunta y elige la **mejor** respuesta.

LA TRANSFERENCIA DE CALOR EN LA TIERRA

El calor fluye desde los objetos y sistemas más calientes hacia los más fríos por conducción, convección o radiación. El diagrama ayuda a explicar cómo funcionan los tres medios de transferencia de energía térmica en la atmósfera de la Tierra.

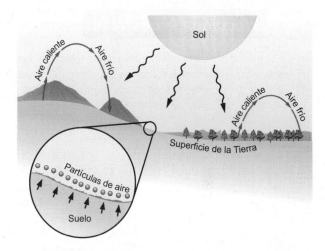

8. Cuatro personas explicaron cómo se transfiere la energía térmica en la atmósfera de la Tierra. Evalúa las explicaciones y elige la correcta.

A. Explicación 1: La radiación del Sol calienta las moléculas de aire que, a su vez, calientan la superficie de la Tierra por conducción. La energía de la superficie de la Tierra produce las corrientes de convección.

B. Explicación 2: Las moléculas de aire conducen calor desde el Sol hacia la superficie de la Tierra. La superficie de la Tierra transfiere la energía a la atmósfera por medio de la radiación. Esta energía produce corrientes de convección.

C. Explicación 3: El Sol transfiere energía térmica por conducción a las moléculas de aire y por radiación a las moléculas que se encuentran cerca de la superficie de la Tierra. Este calor produce las corrientes de convección.

D. Explicación 4: La radiación del Sol calienta la superficie de la Tierra que, a su vez, calienta las moléculas de aire en la superficie por conducción. El aire que se calentó sube y produce corrientes de convección.

Interpretar observaciones

Usar con el *Libro del estudiante,* págs. 62–63.

① Repasa la destreza

TEMAS DE CIENCIAS: P.a.2, P.a.3
PRÁCTICA DE CIENCIAS: SP.1.a, SP.1.b, SP.1.c, SP.3.a, SP.3.b, SP.7.a

Una **observación** es algo que se percibe directamente con los sentidos. La ciencia se basa en observaciones minuciosas. Una observación científica es una percepción más disciplinada que una observación informal. Una observación científica puede involucrar tomar mediciones y seguramente registrar y documentar lo que se observa.

Interpretar una observación es un medio para explicar lo que se observa. Cuando aprendes sobre ciencias, tienes oportunidades de interpretar las observaciones que haces o que lees en presentaciones de información científica.

② Perfecciona la destreza

Al perfeccionar la destreza de interpretar observaciones, mejorarás tus capacidades de estudio y evaluación, especialmente en relación con la Prueba de Ciencias GED®. Estudia la información y la gráfica que aparecen a continuación. Luego responde las preguntas.

LEY DE CONSERVACIÓN DE LA ENERGÍA

La ley de conservación de la energía establece que la energía no se puede crear ni destruir. Solamente puede transformarse. La energía se transforma de energía potencial a cinética y viceversa. La energía potencial es energía almacenada. Una pelota que está apoyada en el borde de un escritorio tiene energía potencial. La energía cinética es la energía del movimiento. A medida que la pelota cae del escritorio, su energía potencial se transforma en energía cinética. <u>La cantidad total de energía siempre es igual a la suma de la energía potencial y la energía cinética</u>. La gráfica que aparece a continuación muestra cómo se transforma la energía, medida en julios (J), en un cohete de juguete que se va a lanzar.

a Lee el pasaje antes de intentar interpretar la gráfica. El texto puede brindar información sobre datos que contiene la gráfica. Este texto te dice cómo se relacionan los dos conjuntos de datos.

b Las gráficas, que pueden ayudar a interpretar observaciones, no siempre contienen leyendas o referencias. Esta gráfica identifica los conjuntos de datos junto a las líneas. Las gráficas de barras pueden identificar los conjuntos de datos en las barras.

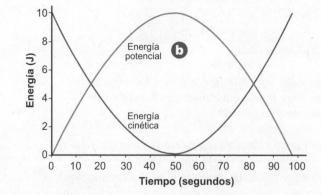

USAR LA LÓGICA

Con frecuencia, para responder las preguntas que se basan en los datos de las gráficas es necesario que interpretes las tendencias que se muestran en las gráficas. En las gráficas lineales múltiples, es útil observar la tendencia de cada conjunto de datos individualmente antes de compararlos.

1. ¿Cuál de los siguientes enunciados describe la energía total del cohete?

   A. Siempre es igual al doble de la energía cinética.
   B. Disminuye y luego aumenta otra vez.
   C. Es igual a 10 J.
   D. Es igual a 0 J.

2. ¿Qué sucede con la energía cinética del cohete a los 50 segundos?

   A. Está al máximo.
   B. Es mayor que la cantidad total de energía.
   C. Es igual a la cantidad de energía potencial.
   D. Se transforma completamente en energía potencial.

③ Domina la destreza

INSTRUCCIONES: Estudia la información y la gráfica, lee cada pregunta y elige la **mejor** respuesta.

INVESTIGACIÓN SOBRE UN CARRO DE JUGUETE

Un grupo de estudiantes pone a prueba la ley de conservación de la energía midiendo la energía potencial y la energía cinética de un carro de juguete que hacen descender por una rampa. La gráfica muestra los resultados de su investigación. En la parte superior de la rampa, el carro tiene solamente energía potencial. La energía potencial se transforma en energía cinética a medida que el carro desciende por la rampa. En la base de la rampa, toda la energía potencial debería haberse transformado en energía cinética. Sin embargo, las fuerzas como la fricción transforman parte de la energía en energía térmica.

ENERGÍA POTENCIAL Y ENERGÍA CINÉTICA DE UN CARRO DE JUGUETE

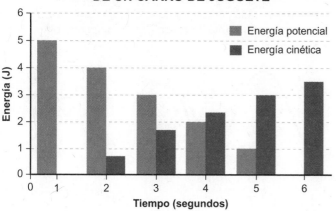

3. ¿Qué interpretación se puede hacer sobre la energía potencial y la energía cinética de un carro de juguete?

   A. La energía potencial del carro de juguete en la parte superior de la rampa es igual a su energía cinética en la base de la rampa.

   B. A medida que disminuye la energía potencial del carro de juguete, aumenta su energía cinética.

   C. Los estudiantes demostraron que, en ciertas ocasiones, la energía de un sistema no se conserva.

   D. El carro tenía más energía al final de la rampa que cuando estaba en la parte superior de la rampa.

4. ¿Qué conclusión se puede sacar sobre la investigación?

   A. Aproximadamente 1.5 J de energía se transformaron en energía térmica durante la investigación.

   B. Aproximadamente 1.5 J de energía se destruyeron durante la investigación.

   C. Los estudiantes no midieron correctamente la energía cinética.

   D. El carro tenía una energía total de aproximadamente 8.5 J.

INSTRUCCIONES: Estudia la información y la gráfica, lee cada pregunta y elige la **mejor** respuesta.

LAS BATERÍAS RECARGABLES FRENTE A LAS BATERÍAS NO RECARGABLES

Las baterías contienen energía química almacenada. La energía química de las baterías se transforma en energía eléctrica cuando se enciende un dispositivo que funciona a batería. Cuando se recargan las baterías recargables, la energía eléctrica se transforma nuevamente en energía química. El voltaje de una batería es una medida de la energía potencial almacenada en la batería.

CAMBIO DE VOLTAJE DURANTE LA VIDA ÚTIL DE DOS BATERÍAS

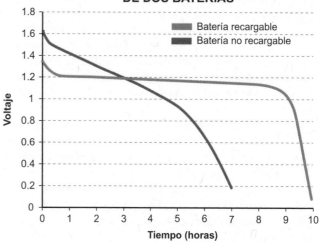

5. La gráfica respalda la interpretación de que la batería no recargable tiene más energía potencial cuando las baterías son nuevas al mostrar que su voltaje

   A. disminuye más rápidamente.

   B. alcanza 0.2 primero.

   C. es mayor a la hora cero.

   D. es mayor después de dos horas.

6. ¿Qué interpretación se puede hacer sobre la batería recargable?

   A. Su voltaje después de cinco horas es prácticamente el mismo que su voltaje después de una hora.

   B. Siempre tiene más voltaje que la batería no recargable.

   C. La variación del voltaje es relativamente constante durante el período de 10 horas.

   D. No dura lo mismo que la batería no recargable.

UNIDAD 2

Ítem en foco: **PUNTO CLAVE**

INSTRUCCIONES: Lee el pasaje. Luego lee cada pregunta y marca el lugar o los lugares adecuados del diagrama para responder.

LA FÍSICA DE LAS MONTAÑAS RUSAS

La energía mecánica es la energía que tiene un sistema o una máquina mecánica debido a su movimiento o a su posición. La energía mecánica es la suma de las energías potencial y cinética del sistema. Toda máquina con energía mecánica puede realizar un trabajo. Es decir, la energía mecánica hace posible que el sistema aplique una fuerza a un objeto o a otro sistema y los mueva. En la mayoría de los sistemas mecánicos, la energía potencial y la energía cinética están continuamente cambiando de una a otra. En una máquina "ideal", este proceso se conservaría por siempre, pero en la realidad no es así porque el sistema pierde energía debido a la fricción.

Un ejemplo que ilustra la energía mecánica es la montaña rusa. Se puede observar que un mecanismo de cadenas tira los carros hacia la cima de la primera colina y luego la única fuerza que actúa sobre los carros es la gravedad. A medida que la montaña rusa se mueve sobre la vía, su energía constantemente cambia de energía potencial a energía cinética y de nuevo a energía potencial.

7. En el siguiente diagrama marca una *X* con el punto o los puntos donde la energía potencial es máxima en la montaña rusa.

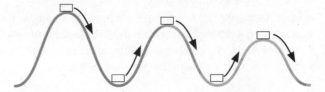

8. En el siguiente diagrama marca una *X* con el punto o los puntos donde la energía comienza a transformarse de energía cinética en energía potencial.

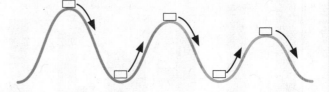

INSTRUCCIONES: Lee el pasaje. Luego lee cada pregunta y elige la **mejor** respuesta.

ENLACES QUÍMICOS

La energía química es energía almacenada en los enlaces que se forman entre átomos y moléculas. Para que se formen los enlaces, se necesita energía, pero también se necesita energía para separarlos; de lo contrario, no existirían moléculas estables.

Todas las reacciones químicas necesitan energía para lograr que los átomos pasen de una configuración molecular a otra. En algunas reacciones, los productos contienen más energía que los reactantes. Este tipo de reacción es endotérmica. La reacción, en efecto, absorbe energía del ambiente para formar el producto. Algunas veces, sin embargo, una reacción química da como resultado un producto que tiene menos energía que los reactantes, lo que indica que se liberó energía a los alrededores durante la reacción. Este tipo de reacción es exotérmica. La combustión es un tipo de reacción exotérmica que produce luz y calor.

Las compresas calientes o frías que se usan para reducir la hinchazón son un ejemplo de reacción endotérmica y exotérmica. La bolsa de las compresas calientes o frías contiene un compuesto químico seco y una bolsa interna de agua. Se inicia una reacción cuando se rompe el sello de la bolsa de agua y se mezcla el agua con el compuesto químico.

9. ¿Qué clase de reacción hace que una compresa fría se sienta fría?

   A. energética
   B. endotérmica
   C. combustión
   D. exotérmica

10. ¿Qué clase de reacción hace que una compresa caliente se sienta caliente?

   A. energética
   B. endotérmica
   C. combustión
   D. exotérmica

INSTRUCCIONES: Estudia la información y la gráfica, lee cada pregunta y elige la **mejor** respuesta.

REACCIONES QUÍMICAS

Algunas reacciones químicas producen energía y otras, la absorben. Una reacción química exotérmica produce calor, o energía térmica. Por ejemplo, cuando se enciende un cerillo, el cerillo libera calor. La energía química se transforma en energía térmica. Una reacción química endotérmica absorbe calor, o energía térmica. Con frecuencia, este calor proviene de los alrededores. Por ejemplo, cuando reaccionan el ácido cítrico y el bicarbonato de sodio, se absorbe energía de los alrededores para iniciar la reacción. La energía térmica se transforma en energía química.

LA ENERGÍA DURANTE UNA REACCIÓN QUÍMICA

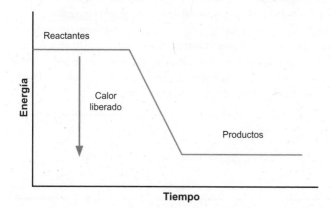

11. La gráfica muestra cómo se transformó la energía de un sistema de reacción con el transcurso del tiempo. ¿Cuál de las siguientes interpretaciones de los datos explica por qué esta es una reacción exotérmica?

    A. Los reactantes tenían más energía que la que tienen los productos.
    B. Los productos tienen más energía que la que tenían los reactantes.
    C. Los reactantes y los productos ganaron energía durante la reacción.
    D. Los reactantes y los productos perdieron energía durante la reacción.

12. Si un estudiante coloca su mano alrededor de un vaso de precipitados que contiene ácido cítrico y bicarbonato de sodio, sentirá que la solución está fría. ¿Por qué?

    A. La energía pasa a la mano del estudiante.
    B. La solución genera una carga eléctrica.
    C. Los líquidos siempre son más fríos que sus alrededores.
    D. La energía sale de la mano del estudiante.

INSTRUCCIONES: Lee el pasaje. Luego lee cada pregunta y elige la **mejor** respuesta.

LA FOTOSÍNTESIS

Las plantas producen su propio alimento a través de un proceso que se llama fotosíntesis. Este proceso transforma un tipo de energía, la luminosa, en otra forma de energía, la energía química. Las hojas de las plantas usan la energía de la luz solar para combinar el dióxido de carbono y el agua y producir azúcar y oxígeno. La planta almacena el azúcar en sus tejidos y libera oxígeno al aire como producto de desecho. La reacción puede escribirse así:

$$6CO_2 + 6H_2O \text{ (+ energía luminosa)} \rightarrow C_6H_{12}O_6 + 6O_2$$

Cuando otro organismo come la planta, las células del organismo convierten la energía química almacenada en el azúcar de la planta en energía mecánica (que se usa para el movimiento) y energía térmica (que se usa para otros procesos vitales). La conversión de la energía química en otras formas utilizables de energía en las células de un organismo se llama respiración. La reacción se puede escribir así:

$$C_6H_{12}O_6 + 6O_2 \rightarrow 6CO_2 + 6H_2O + \text{energía mecánica y térmica}$$

13. ¿Qué interpretación se puede hacer sobre la fotosíntesis y la respiración?

    A. La fotosíntesis es exotérmica y la respiración es endotérmica.
    B. La fotosíntesis es endotérmica y la respiración es exotérmica.
    C. La fotosíntesis y la respiración son endotérmicas.
    D. La fotosíntesis y la respiración son exotérmicas.

14. Al transformar la energía de una forma a otra, las reacciones de fotosíntesis y respiración dan como resultado productos de desecho. Un producto de desecho es algo que una célula libera en vez de usarlo. ¿Cuáles son los productos de desecho de la respiración?

    A. dióxido de carbono y agua
    B. dióxido de carbono, agua y energía
    C. dióxido de carbono, oxígeno y energía
    D. dióxido de carbono y oxígeno

UNIDAD 2

Relacionar contenidos con distintos formatos

Usar con el *Libro del estudiante,* págs. 64–65.

TEMAS DE CIENCIAS: P.a.5
PRÁCTICA DE CIENCIAS: SP.1.a, SP.1.b, SP.1.c, SP.3.b, SP.7.a

1 Repasa la destreza

Saber cómo **relacionar contenidos con distintos formatos** te ayudará a lograr un completo entendimiento de la información que se presenta. Cuando elementos como un texto, ilustraciones, gráficas o diagramas se presentan juntos, pueden contener distintos tipos de información, pero relacionada.

2 Perfecciona la destreza

Al perfeccionar la destreza de relacionar contenidos con distintos formatos, mejorarás tus capacidades de estudio y evaluación, especialmente en relación con la Prueba de Ciencias GED®. Estudia la información y el diagrama que aparecen a continuación. Luego responde las preguntas.

EL ESPECTRO ELECTROMAGNÉTICO

a El texto te puede brindar información que no está en una gráfica. En este caso, el texto te indica lo que incluye el diagrama.

Las ondas electromagnéticas son distintas de otros tipos de ondas porque pueden viajar a través del espacio vacío. El diagrama muestra el espectro electromagnético, que está formado por todos los tipos de ondas electromagnéticas. Estos tipos de ondas tienen distintas propiedades porque tienen distintas cantidades de energía. La cantidad de energía depende de la longitud de onda. Las ondas con longitudes de onda más largas tienen menos energía que las ondas con longitudes de onda más cortas.

b El diagrama tiene información que no figura en el texto: los distintos tipos de ondas en el espectro electromagnético y sus longitudes de onda.

| Ondas de radio | Microondas | Infrarroja | Luz visible | Ultravioleta | Rayos X | Rayos gamma |

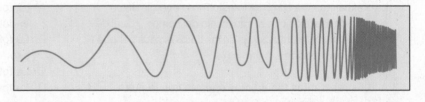

Longitud de onda decreciente

1. ¿Qué ondas electromagnéticas tienen más energía?

A. rayos gamma
B. ondas de radio
C. microondas
D. ondas visibles

2. ¿Qué conclusión está respaldada por la información que se presenta?

A. Las ondas de radio no pueden viajar a través del espacio vacío.
B. La luz visible no es parte del espectro electromagnético.
C. Las ondas sonoras son ondas electromagnéticas.
D. Las microondas tienen menos energía que las ondas infrarrojas.

Domina la destreza

INSTRUCCIONES: Estudia la información y el diagrama, lee cada pregunta y elige la **mejor** respuesta.

LAS ONDAS DE LUZ Y LAS ONDAS SONORAS

Cuando las ondas pasan a través de una sustancia, hacen que las partículas de la sustancia vibren. Las ondas se clasifican según el sentido en el cual hacen que vibren las partículas. El diagrama muestra los dos tipos principales de ondas.

Una onda longitudinal hace que las partículas vibren en la dirección en la que se desplaza la onda. Una onda transversal hace que las partículas vibren de manera perpendicular a la dirección de la onda. Una onda longitudinal es similar a un resorte que vibra hacia adelante y hacia atrás. Sacudir una cuerda hacia arriba y hacia abajo puede producir una onda transversal en la cuerda.

Las ondas sonoras son longitudinales y las ondas de luz son transversales. Las ondas longitudinales están formadas por un patrón de áreas que se repite, donde las partículas se juntan, y áreas donde están esparcidas. Las ondas transversales están formadas por un patrón que se repite de puntos altos y bajos.

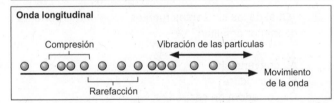

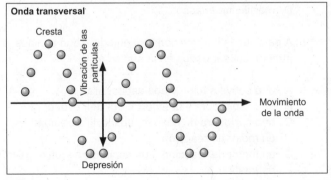

3. ¿Cuál de los siguientes enunciados está respaldado por la información que se presenta?

   A. Las rarefacciones están solamente en las ondas transversales.
   B. Las compresiones son las áreas en las ondas longitudinales donde las partículas están más separadas.
   C. Las partículas que vibran en las ondas de luz forman compresiones y rarefacciones.
   D. Las ondas de luz se pueden caracterizar por sus crestas y depresiones.

4. Cuando un orador produce una onda sonora, ¿qué sucede con las partículas del aire a medida que la onda sonora atraviesa ese aire?

   A. Se forman en el aire crestas y compresiones.
   B. En los sitios en que las partículas del aire se juntan al ser presionadas, forman depresiones.
   C. Las partículas se mueven hacia adelante y hacia atrás de manera perpendicular a la dirección de la onda.
   D. Las partículas se mueven hacia adelante y hacia atrás en la misma dirección en que se desplaza la onda.

5. El temblor que se siente durante un terremoto es el resultado de movimientos en el interior de la corteza de la Tierra. Estos movimientos producen ondas conocidas como ondas S y P. Las ondas P sacuden el suelo hacia adelante y hacia atrás en dirección paralela a la dirección de la onda. ¿Qué tipo de ondas son las ondas P?

   A. ondas longitudinales, porque forman compresiones y rarefacciones
   B. ondas transversales, porque forman compresiones y rarefacciones
   C. ondas longitudinales, porque forman crestas y depresiones
   D. ondas transversales, porque forman crestas y depresiones

UNIDAD 2

UNIDAD 2

INSTRUCCIONES: Estudia la información y el diagrama, lee cada pregunta y elige la **mejor** respuesta.

LAS ONDAS SUPERFICIALES

Las ondas superficiales se desplazan a lo largo de la frontera entre dos sustancias distintas. Las ondas del agua son ondas superficiales que se mueven en la frontera entre el agua y el aire. Los terremotos también producen ondas superficiales, conocidas como ondas de Rayleigh, que se desplazan a lo largo de la frontera entre la superficie de la Tierra y el aire. Las ondas superficiales tienen características transversales y longitudinales. El diagrama muestra cómo una onda de Rayleigh produce el movimiento de la corteza, o la capa más externa, de la Tierra.

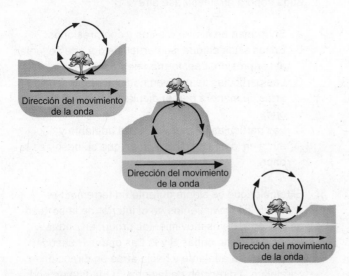

Dirección del movimiento de la onda

Dirección del movimiento de la onda

Dirección del movimiento de la onda

6. Las ondas de agua afectan los objetos que flotan en el agua de manera parecida a cómo las ondas de Rayleigh afectan los objetos sobre la superficie de la Tierra. ¿Qué sucedería **más probablemente** con una hoja que flota en un lago si una cadena de ondas de agua pasara por el lugar?

   A. Se alejaría de la costa.
   B. Se movería hacia arriba y hacia abajo en trayectoria circular.
   C. Se movería paralelamente a la costa.
   D. Se movería de un lado a otro en líneas rectas.

7. ¿Por qué la onda de Rayleigh que muestra el diagrama afecta los árboles?

   A. Se desplaza a lo largo de la frontera entre la corteza de la Tierra y el aire.
   B. Se mueve en dos direcciones a la vez.
   C. Se desplaza en profundidad, debajo de la superficie de la Tierra.
   D. Se mueve a lo largo de la frontera entre el agua y el aire.

INSTRUCCIONES: Estudia la información y la tabla, lee cada pregunta y elige la **mejor** respuesta.

EL VOLUMEN DEL SONIDO

El volumen del sonido está relacionado con la amplitud de onda. Cuanto más grande es la amplitud, mayor es el volumen. El volumen se mide en decibeles (dB). Un nivel más elevado de decibeles significa un sonido más alto. Los sonidos que superan un nivel de aproximadamente 85 dB pueden causar daños en la audición. La tabla muestra los niveles de decibeles de algunos sonidos.

Sonido	Nivel de decibeles (dB)
Conversación	50–65
Aspiradora	70
Cortadora de césped	85–90
Martillo neumático	110
Motor de reacción	140

8. ¿Cuál de las siguientes acciones hace más ruido?

   A. tener una conversación
   B. pasar una aspiradora
   C. cortar el césped
   D. usar un martillo neumático

9. ¿Cuál de las siguientes fuentes tiene ondas sonoras de menor amplitud?

   A. conversación
   B. aspiradora
   C. cortadora de césped
   D. martillo neumático

10. A partir de la información presentada, ¿qué sonidos pueden causar daños en la audición?

   A. una conversación y una aspiradora
   B. una aspiradora y una cortadora de césped
   C. una cortadora de césped, un martillo neumático y un motor de reacción
   D. un motor de reacción, una aspiradora y un martillo neumático

INSTRUCCIONES: Estudia la información y el diagrama, lee cada pregunta y elige la **mejor** respuesta.

LA LUZ VISIBLE

Las ondas del espectro electromagnético tienen un rango amplio de frecuencias y longitudes de onda, pero los seres humanos podemos ver solamente una pequeña porción del espectro. La parte del espectro que los seres humanos podemos ver es la luz visible. El diagrama muestra la porción de luz visible del espectro electromagnético. Los colores principales en el espectro de luz visible son: rojo, anaranjado, amarillo, verde, azul y violeta.

En el vacío, todas las ondas electromagnéticas viajan a la velocidad de la luz. Sin embargo, las ondas en la porción de luz visible del espectro electromagnético tienen frecuencias y longitudes de onda distintas. La frecuencia, que se mide en Hertz (Hz o s^{-1}), y la longitud de onda, que se mide en nanómetros (nm), están relacionadas con la rapidez. Como la rapidez de todas las ondas de luz es la misma, las ondas con frecuencias más elevadas tienen longitudes de onda más cortas. La longitud de onda y la frecuencia también están relacionadas con la energía. Las ondas con frecuencias más altas y longitudes de onda más cortas tienen más energía que las ondas con frecuencias más bajas y longitudes de onda más largas.

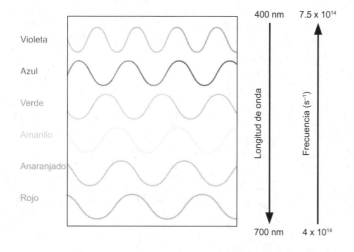

11. Un científico detectó una onda de luz visible con una longitud de onda de aproximadamente 500 nm. ¿Qué color podría tener esta onda?

   A. violeta
   B. verde
   C. anaranjado
   D. rojo

12. ¿Cuál de los siguientes enunciados describe la luz azul y la anaranjada?

   A. La luz azul tiene una longitud de onda más corta y más energía que la luz anaranjada.
   B. La luz azul tiene una longitud de onda más corta y menos energía que la luz anaranjada.
   C. La luz azul tiene una longitud de onda más corta y una frecuencia más baja que la luz anaranjada.
   D. La luz azul tiene una longitud de onda más larga y más energía que la luz anaranjada.

13. La luz blanca, como la luz del Sol, está compuesta por ondas de todos los colores de la luz. ¿Qué conclusión sobre la luz blanca está respaldada por la información que se presenta?

   A. La luz blanca viaja seis veces más rápido que cualquier color de la luz.
   B. Las longitudes de onda de las ondas que componen la luz blanca tienen un rango de 400 nm a 700 nm.
   C. Todas las ondas que componen la luz blanca tienen la misma frecuencia.
   D. La luz blanca tiene longitud de onda corta y alta frecuencia.

INSTRUCCIONES: Estudia la información y la tabla, lee la pregunta y elige la **mejor** respuesta.

COMPARACIÓN DE LA RAPIDEZ DE LOS SONIDOS

La rapidez de una onda es igual a su frecuencia multiplicada por su longitud de onda. La tabla muestra la rapidez de las ondas sonoras en metros por segundo (m/s) en varias sustancias.

Sustancia	Rapidez de las ondas sonoras m/s
Aire	330
Agua	1,490
Plomo	1,320
Hule	1,600

14. Imagina que las ondas sonoras que viajan en cada una de las sustancias que se mencionan en la tabla tienen la misma longitud de onda. ¿En qué sustancia las ondas sonoras tienen la frecuencia más alta?

   A. en el aire
   B. en el agua
   C. en el plomo
   D. en el hule

Sacar conclusiones de fuentes mixtas

Usar con el *Libro del estudiante,* págs. 66–67.

① Repasa la destreza

TEMAS DE CIENCIAS: P.a.4
PRÁCTICA DE CIENCIAS: SP.1.a, SP.1.b, SP.1.c, SP.3.a, SP.3.b, SP.5.a, SP.6.c, SP.7.a

Al **sacar conclusiones de fuentes mixtas**, interpretas la información que encuentras en las gráficas, tablas, diagramas y distintos tipos de textos. Puedes usar la información para hacer inferencias y sacar conclusiones que expliquen los hechos que se hallan en todas las fuentes y tus interpretaciones de esos hechos.

② Perfecciona la destreza

Al perfeccionar la destreza de sacar conclusiones de fuentes mixtas, mejorarás tus capacidades de estudio y evaluación, especialmente en relación con la Prueba de Ciencias GED®. Estudia la información y la gráfica que aparecen a continuación. Luego responde las preguntas.

a Usa los detalles de cada fuente de información para sacar conclusiones. Realiza una comprobación para asegurarte de que ningún dato de cualquier fuente se contradiga con las inferencias que haces para formar tu conclusión.

TIPOS DE FUENTES DE ENERGÍA

Hay distintos tipos de fuentes de energía. Algunas fuentes de energía, como los combustibles fósiles, no son renovables (estas fuentes de energía tardan millones de años en formarse y su producción es limitada). También hay fuentes de energía renovable. Una fuente de energía renovable tarda poco tiempo en recuperarse o su producción es ilimitada. Las fuentes de biomasa, como los árboles, se pueden renovar en pocos años. Otras fuentes de energía renovable son inagotables; es decir, su producción no tiene límite. Por ejemplo, el agua en movimiento que brinda energía a las centrales hidroeléctricas es una fuente de energía inagotable porque el ciclo del agua de la Tierra está constantemente reciclándola. Otras fuentes de energía inagotables son el Sol y el viento porque su producción es ilimitada.

USO DE LA ENERGÍA EN LOS EE. UU., 2011

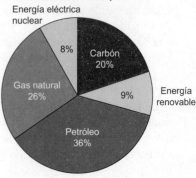

Nota: Es posible que la suma de los componentes no sea igual al 100 por ciento debido al redondeo independiente.

PRÁCTICAS DE CONTENIDOS

Razonar para sacar conclusiones es una práctica científica importante que se lleva a cabo en la prueba de GED®. Dominar esta destreza te ayudará a mejorar tu calificación.

1. En los Estados Unidos, ¿cuánta energía proviene de las centrales hidroeléctricas?

    A. aproximadamente el 5 por ciento
    B. menos del 9 por ciento
    C. al menos el 8 por ciento
    D. más del 10 por ciento

2. Se puede sacar la conclusión de que los Estados Unidos

    A. pronto se quedarán sin fuentes de energía.
    B. usan más petróleo y gas natural que cualquier otro país.
    C. obtienen la mitad de su energía de los recursos renovables.
    D. dependen principalmente de las fuentes de energía no renovable.

INSTRUCCIONES: Estudia los diagramas, lee la pregunta y elige la **mejor** respuesta.

CENTRAL DE ENERGÍA HIDROELÉCTRICA

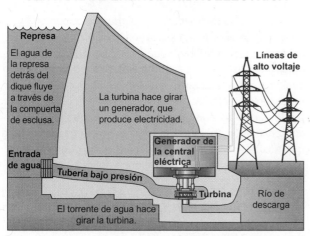

CENTRAL DE ENERGÍA ELÉCTRICA ALIMENTADA A CARBÓN

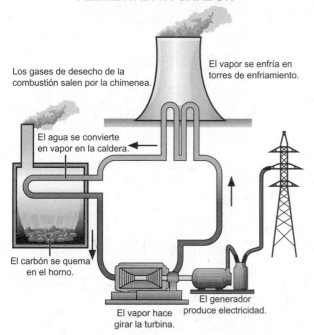

3. ¿Cuál es una de las ventajas de una central de energía hidroeléctrica comparada con una central de energía eléctrica alimentada a carbón?

   A. La central de energía hidroeléctrica no usa un generador.
   B. Es más barato mantener una central de energía hidroeléctrica.
   C. La central de energía hidroeléctrica también funciona con la energía del viento.
   D. La central de energía hidroeléctrica no produce contaminación del aire.

INSTRUCCIONES: Lee el pasaje y estudia el diagrama. Luego lee cada pregunta y elige la **mejor** respuesta.

LA ENERGÍA PRODUCIDA POR LA FISIÓN NUCLEAR

La energía nuclear se produce separando los enlaces que mantienen unidos a los núcleos de los átomos. Esto libera enormes cantidades de energía en un proceso que se llama fisión nuclear. Las centrales de energía nuclear usan uranio-235 (U-235) no renovable como combustible para la fisión. El proceso comienza cuando un neutrón separa un átomo de U-235. Como resultado, se produce una reacción en cadena cuando un número cada vez mayor de neutrones bombardean otros átomos de U-235. Las centrales nucleares no producen los contaminantes del aire que producen las centrales que funcionan con combustibles fósiles. Sin embargo, sí producen residuos radioactivos. A comienzos de 2013, había 65 centrales de energía nuclear en los Estados Unidos, con 104 reactores nucleares. Desde 1996, no se han construido nuevas centrales nucleares. Sin embargo, la inauguración de la primera nueva central en muchos años está programada para 2017.

FISIÓN NUCLEAR

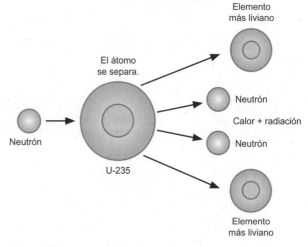

4. ¿Qué forma toma la energía liberada por la fisión?

   A. calor
   B. neutrones
   C. calor y radiación
   D. neutrones y calor

5. ¿Qué podría evitar que la energía nuclear se transforme en la fuente de energía más importante?

   A. Los Estados Unidos pronto se quedarán sin U-235.
   B. La fisión nuclear produce neutrones que finalmente detienen las reacciones de fisión.
   C. El U-235 es una fuente de energía no renovable.
   D. Se detuvo la construcción de centrales nucleares en los Estados Unidos.

UNIDAD 2

3 *Domina la destreza*

INSTRUCCIONES: Lee el pasaje y estudia los mapas. Luego lee la pregunta y elige la **mejor** respuesta.

LA ENERGÍA SOLAR

Los sistemas de energía solar convierten la energía del Sol en formas que podemos usar. Los sistemas de energía solar por concentración aprovechan la energía del Sol para producir electricidad. Los sistemas fotovoltaicos usan paneles de células solares para convertir la luz solar directamente en electricidad.

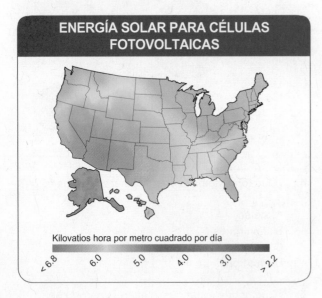

CONCENTRACIÓN DE ENERGÍA SOLAR PARA LAS CENTRALES DE ENERGÍA ELÉCTRICA

Kilovatios hora por metro cuadrado por día

< 8.3   7.0   6.0   5.0   4.0   3.0   2.0   > 1.3

ENERGÍA SOLAR PARA CÉLULAS FOTOVOLTAICAS

Kilovatios hora por metro cuadrado por día

< 6.8   6.0   5.0   4.0   3.0   > 2.2

6. ¿Qué parte del país es **mejor** para usar la energía solar?

   A. el noreste
   B. el sureste
   C. el noroeste
   D. el suroeste

INSTRUCCIONES: Lee el pasaje y estudia la pictografía. Luego lee la pregunta y elige la **mejor** respuesta.

EL CONSUMO DE ENERGÍA

Las facturas de la energía eléctrica se basan en el consumo de energía en kilovatios hora. Como resultado, las facturas dependen de cuánto se use un aparato electrodoméstico o un sistema eléctrico y de cuán eficiente sea ese aparato o sistema eléctrico. La mayor parte de la electricidad en los Estados Unidos se produce por la quema de combustibles fósiles, lo que produce contaminación del aire. Por lo tanto, la cantidad de energía que se usa afecta la calidad del aire. Una pequeña oficina u hogar promedio contiene muchos aparatos eléctricos.

CONSUMO DE ELECTRICIDAD DE LOS APARATOS ELÉCTRICOS DE LOS ESTADOS UNIDOS, 2010

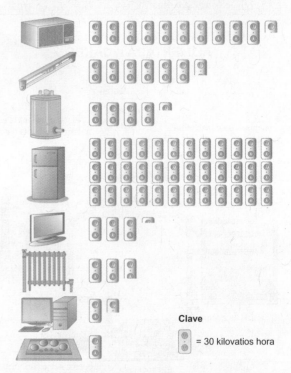

Clave

= 30 kilovatios hora

7. La dueña de una tienda está preocupada por el medio ambiente y quiere que sus decisiones de negocios reflejen esa preocupación. A partir de la información, ¿cuál es la **mejor** decisión que puede tomar para ayudar a reducir la contaminación del aire?

   A. apagar la computadora a la noche y cuando no la usa
   B. comprar un refrigerador más pequeño para la sala de descanso
   C. reciclar el plástico, el vidrio y el papel en la tienda
   D. configurar el termostato del acondicionador de aire de la tienda más bajo en el verano para que las ventanas puedan permanecer cerradas

Ítem en foco: **RESPUESTA BREVE**

INSTRUCCIONES: Lee el pasaje y estudia la gráfica. Luego lee la pregunta y escribe tu respuesta en las líneas. Completar esta tarea puede llevarte 10 minutos aproximadamente.

EL DIÓXIDO DE CARBONO

La gráfica muestra emisiones de dióxido de carbono. El dióxido de carbono se genera cuando los combustibles fósiles se queman y transforman su energía química almacenada en energía que las personas pueden usar. El dióxido de carbono es también un gas invernadero, o uno de los gases de la atmósfera de la Tierra que atrapan el calor y calientan el planeta. Desde 1895, se ha hecho un seguimiento de los datos sobre la temperatura promedio. Los períodos contiguos de 12 meses más calurosos que se registraron en los Estados Unidos ocurrieron entre junio de 1999 y julio de 2012.

EMISIONES GLOBALES DE DIÓXIDO DE CARBONO GENERADAS POR COMBUSTIBLES FÓSILES, 1900–2008

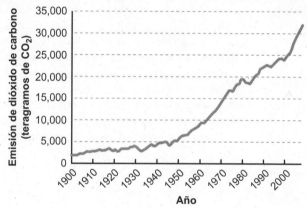

8. ¿Qué conclusiones se pueden sacar sobre la posible relación entre las emisiones de dióxido de carbono y los datos sobre el clima?

_____

_____

_____

_____

_____

_____

_____

_____

_____

_____

Comprender las técnicas de investigación

Usar con el *Libro del estudiante,* págs. 68–69.

1 Repasa la destreza

TEMAS DE CIENCIAS: P.a.1, P.a.4, P.b.1, P.c.1, P.c.2, P.c.3, P.c.4
PRÁCTICA DE CIENCIAS: SP.2.b, SP.2.c, SP.2.d, SP.2.e, SP.3.b, SP.3.c, SP.3.d, SP.5.a, SP.6.c, SP.7.a, SP.8.a, SP.8.b

Una vez que los científicos se plantean una pregunta y formulan una hipótesis, deben diseñar y realizar una investigación. Los científicos usan **técnicas de investigación** para reunir datos y resultados exactos. Al analizar e interpretar los resultados de una investigación, validan o invalidan la hipótesis. **Comprender las técnicas de investigación** profundiza tu conocimiento de las ciencias.

2 Perfecciona la destreza

Al perfeccionar la destreza de comprender las técnicas de investigación, mejorarás tus capacidades de estudio y evaluación, especialmente en relación con la Prueba de Ciencias GED®. Estudia la información y el diagrama que aparecen a continuación. Luego responde las preguntas.

EL MÉTODO CIENTÍFICO

a Una pregunta que lleva a una hipótesis generalmente surge de una observación. Por lo tanto, el primer paso en algunas definiciones del método científico es la destreza científica más básica: la observación.

Antes de que se usara el método científico, la ciencia era principalmente una cuestión de conjeturas y debates. Como resultado, el conocimiento científico a menudo no se podía distinguir de la opinión. El método científico permitió a los científicos mostrar que sus ideas están claramente respaldadas por observaciones y datos. Seguir el método científico también permitió a los científicos identificar las ideas incorrectas y demostrar por qué son incorrectas. Por ejemplo, en el siglo XVIII, el químico Antoine Lavoisier usó el método científico para invalidar la hipótesis de que el agua es un elemento. El siguiente diagrama muestra los pasos del método científico.

b Alguien que realiza una investigación toma en cuenta todos los resultados. Si no respaldan la hipótesis, el investigador busca errores en el análisis y en el diseño de la investigación. Si no hay errores, puede llegar a la conclusión de que la hipótesis es incorrecta.

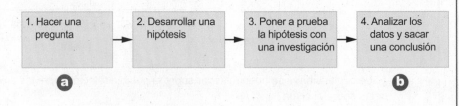

1. Hacer una pregunta → 2. Desarrollar una hipótesis → 3. Poner a prueba la hipótesis con una investigación → 4. Analizar los datos y sacar una conclusión

a   **b**

USAR LA LÓGICA

Una hipótesis válida es una respuesta a una pregunta científica que se puede poner a prueba. Una pregunta que se puede responder con una opinión o sensación no es una pregunta científica. Una respuesta a una pregunta como esa no puede ser una hipótesis.

1. ¿Qué aspecto de la investigación de Lavoisier respalda **mejor** la hipótesis de que el agua es un compuesto de hidrógeno y oxígeno?

   A. Miembros de la Academia Real de Ciencias de Inglaterra presenciaron la investigación, en la cual una reacción de combustión produjo agua.
   B. Se controlaron las cantidades de hidrógeno y oxígeno que se usaron.
   C. Lavoisier usó una herramienta especial para contener el hidrógeno y el oxígeno.
   D. El peso del agua que se generó en una reacción química casi igualó el peso de los reactantes hidrógeno y oxígeno.

2. El análisis de los datos en una investigación indica propiedades improbables de una sustancia. ¿Qué debería hacer el investigador?

   A. cambiar la tabla periódica
   B. analizar el diseño de la investigación
   C. modificar los resultados para mostrar distintas propiedades
   D. consultar a expertos en química

UNIDAD 2

INSTRUCCIONES: Estudia la información y la tabla, lee cada pregunta y elige la **mejor** respuesta.

ESTADÍSTICA

Los métodos estadísticos se pueden usar para analizar e interpretar datos. Por ejemplo, conocer la media y la mediana de un conjunto de datos podría ser importante. La media es lo mismo que el promedio. La mediana es el punto medio del conjunto de datos.

Un valor extremo es un punto de datos que está numéricamente distante de los otros en el conjunto. Generalmente, los valores extremos son simplemente puntos de datos erróneos. Sin embargo, antes de eliminar un valor extremo, un investigador debe intentar comprender por qué existe.

Examinar una investigación del mundo real puede aclarar cómo usan los investigadores las estadísticas. Los científicos ambientalistas compilaron datos para determinar los niveles de radiación en arroyos y estanques ubicados dentro de un kilómetro de distancia de un sitio donde se almacenaban materiales nucleares. Primero, reunieron muestras de agua y las llevaron al laboratorio. Luego pusieron a prueba las muestras usando equipos para contar el número de partículas radioactivas que emitía cada muestra. Registraron sus datos en una tabla similar a la que se muestra.

NIVELES DE RADIACIÓN

Número de muestra	Microroentgens por hora (µR/h)
1	390.0
2	500.0
3	530.0
4	5.0
5	350.0
6	420.0
7	475.0
8	400.0

3. ¿Cuál es el valor medio de este conjunto de datos, redondeado al número entero más cercano?

   A. 475 µR/h
   B. 440 µR/h
   C. 3,070 µR/h
   D. 384 µR/h

4. ¿Cuál es la importancia probable del valor para la muestra 4?

   A. El estanque del que se sacó la muestra no está contaminado.
   B. Es estadísticamente importante y se debe incluir en los resultados.
   C. Representa un error al tomar las muestras o al ponerlas a prueba y no se debe tener en cuenta.
   D. Origina dudas sobre el proceso que se usó para la toma de muestras al azar.

INSTRUCCIONES: Lee el pasaje. Luego lee cada pregunta y elige la **mejor** respuesta.

LAS VARIABLES EN UNA INVESTIGACIÓN

Mick nota que la sopa parece enfriarse más rápidamente cuando está en un tazón que cuando está en una taza. Él usa esta observación para formular una hipótesis: el líquido se enfría más rápidamente en recipientes amplios y poco profundos que en recipientes altos y estrechos. Para poner a prueba su hipótesis, diseña una investigación que examina si la forma del recipiente afecta la tasa a la cual se enfría el agua desde la temperatura de ebullición, 100 grados Celsius (°C), a la temperatura ambiente, 25 °C. Identifica una variable independiente que modificará y una variable dependiente que observará.

5. ¿Cuál es la variable dependiente en esta investigación?

   A. la tasa de enfriamiento
   B. la forma del recipiente
   C. el volumen de agua
   D. la temperatura del ambiente

6. ¿Cuál es la variable independiente en esta investigación?

   A. la tasa de enfriamiento
   B. la forma del recipiente
   C. el volumen de agua
   D. la temperatura del ambiente

7. En el diseño de esta investigación, ¿qué factor se debe mantener constante?

   A. el volumen de agua de cada recipiente
   B. la hora del día en que se realiza la prueba
   C. la tasa de enfriamiento del agua
   D. la temperatura de ebullición del agua

INSTRUCCIONES: Lee el pasaje. Luego lee la pregunta y elige la **mejor** respuesta.

LA ORGANIZACIÓN EN UNA INVESTIGACIÓN

Al prepararse para realizar una investigación, un investigador debe ser organizado. Debe planear todos los procedimientos de prueba y reunir todos los equipos y el material necesarios antes de comenzar la investigación. Además, el investigador debe tener en cuenta con anticipación las medidas de seguridad para estar preparado.

Durante la investigación, el investigador debe registrar datos en un lugar determinado, como un cuaderno. Todas las mediciones se deben hacer cuidadosamente y con exactitud. El investigador debe registrar todos los resultados, así como toda percepción o suceso inesperado, en cuanto ocurren. Esta información será importante cuando sea el momento de analizar e interpretar los datos reunidos durante la investigación.

8. Un investigador planea poner a prueba la hipótesis de que las propiedades físicas particulares de una sustancia cambian bajo determinadas condiciones. ¿Qué debe hacer para crear un registro de pruebas y resultados?

   A. Durante la prueba, debe prestar mucha atención a los cambios en las propiedades físicas y anotar las observaciones al finalizar la prueba.
   B. Antes de la prueba, debe leer una descripción de las propiedades físicas de la sustancia y escribir un informe, al día siguiente, sobre el cambio de la sustancia después de la prueba.
   C. Debe registrar la prueba con una cámara de video mientras narra las descripciones y percepciones sobre las propiedades físicas antes, durante y después de la prueba.
   D. No debe tomar notas sobre las propiedades físicas observadas antes, durante y después de la prueba, pero debe repetir los mismos procedimientos al día siguiente.

9. Un investigador realiza una investigación del efecto de un nuevo diseño de bolsas de aire sobre las fuerzas que se producen durante las colisiones. ¿Qué paso del proceso científico debe seguir la investigación?

   A. formular la hipótesis de que el nuevo diseño de bolsas de aire dará como resultado menos lesiones
   B. desarrollar una teoría de que las bolsas de aire siempre reducen las fuerzas en las colisiones
   C. hacer una predicción de que una mejora adicional del diseño de las bolsas de aire reducirá más la probabilidad de lesiones en una colisión
   D. analizar e interpretar las mediciones tomadas durante la investigación, como las velocidades y magnitudes de las fuerzas

INSTRUCCIONES: Estudia la información y la gráfica, lee la pregunta y elige la **mejor** respuesta.

INVESTIGACIÓN SOBRE EL DIÓXIDO DE CARBONO

Algunos investigadores están realizando una investigación sobre la solubilidad del dióxido de carbono (CO_2) en agua destilada. Ya saben que el CO_2 se introduce en una solución más fácilmente bajo mayor presión de aire. Sin embargo, quieren descubrir cómo la temperatura del agua destilada afecta la solubilidad del gas. Generalmente, el agua más caliente disuelve los solutos más rápidamente que el agua más fría. Pero después de varias pruebas, cuando analizan los resultados, los investigadores descubren que la solubilidad del CO_2 disminuye a medida que la temperatura del agua aumenta. La repetición de las pruebas, aunque las realicen otros investigadores, produce los mismos resultados. Los equipos de investigadores trazan los puntos de datos en gráficas como la que se muestra a continuación.

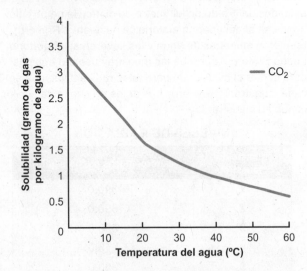

10. Una investigadora sabe que los océanos de la Tierra son un importante "fregadero" de CO_2 y que disuelven grandes cantidades de CO_2 todos los días. ¿Qué predicción sería probable que hiciera después de analizar los resultados de la investigación sobre la solubilidad?

   A. Si se agregara sal al agua destilada y se realizara nuevamente la investigación, se disolvería más CO_2.
   B. Como el cambio climático hace que los océanos se calienten, los océanos disolverán menos CO_2.
   C. Si los investigadores usaran agua de mar en vez de agua destilada, los resultados muy probablemente serían distintos.
   D. Si se bombeara agua destilada a los océanos, se disolvería en ellos más CO_2.

INSTRUCCIONES: Lee el pasaje y la pregunta. Luego escribe tu respuesta en las líneas. Completar esta tarea puede llevarte 10 minutos aproximadamente.

LA SOLUBILIDAD DE LA SAL EN AGUA

Una investigadora lee un informe sobre los resultados de investigaciones que demuestran que el CO_2 es menos soluble en agua caliente que en agua fría. Se pregunta si la sal también podría ser menos soluble en agua caliente. Si es así, con el paso del tiempo, los océanos cada vez más calientes a causa del cambio climático se tornarían menos salados al precipitarse la sal de la solución y caer al fondo del océano. Ella formula una hipótesis. La solubilidad de la sal en agua disminuye a medida que aumenta la temperatura del agua.

11. Diseña un experimento controlado que podría usar la investigadora para poner a prueba su hipótesis. Identifica las variables dependiente e independiente. Incluye una descripción de cómo se deben reunir y analizar los datos y de cómo determinará la investigadora si su hipótesis es correcta.

_____

_____

_____

_____

_____

_____

_____

_____

_____

_____

UNIDAD 2

INSTRUCCIONES: Lee el pasaje y la pregunta y elige la **mejor** respuesta.

LA TEORÍA ATÓMICA

La investigación científica implica ampliar lo que se sabe sobre suposiciones o teorías existentes. Por ejemplo, en 1807, el químico John Dalton propuso una teoría de la materia que formó la base para la teoría atómica moderna. Sin embargo, una suposición incorrecta de la teoría de Dalton fue que los átomos son esferas sólidas que no se pueden descomponer en partículas más pequeñas. En los años posteriores a la teoría que propuso Dalton, otros científicos realizaron descubrimientos que permitieron avanzar en la comprensión de la estructura y las características de los átomos.

12. ¿Qué descubrimiento **más probablemente** hizo que los científicos rechazaran la suposición de Dalton de que el átomo es una sola partícula sólida?

A. Los átomos tienen cargas eléctricas.
B. Los átomos contienen electrones.
C. Los átomos se unen en proporciones fijas y forman varios compuestos.
D. Los electrones que están dentro de los átomos están ordenados en niveles de energía.

Evaluar la información científica

1 Repasa la destreza

TEMAS DE CIENCIAS: P.a.1, P.a.3, P.a.5, P.b.1, P.b.2, P.c.2, P.c.3
PRÁCTICA DE CIENCIAS: SP.1.a, SP.1.b, SP.1.c, SP.2.a, SP.2.b, SP.2.c, SP.2.e, SP.3.b, SP.4.a, SP.5.a, SP.7.a

En la actualidad, con tanta información impresa y en Internet disponible, es importante desarrollar la destreza de **evaluar la información científica**. Esta destreza te permite evaluar investigaciones científicas y distinguir entre la información confiable y la no confiable. La información científica se puede evaluar examinando la fuente de la información. Si la información es el resultado de una investigación científica sólida, es confiable. De lo contrario, no lo es.

2 Perfecciona la destreza

Al perfeccionar la destreza de evaluar la información científica, mejorarás tus capacidades de estudio y evaluación, especialmente en relación con la Prueba de Ciencias GED®. Lee el pasaje que aparece a continuación. Luego responde las preguntas.

a La pseudociencia (o ciencia falsa) generalmente comienza con una conclusión y luego intenta forzar que la evidencia coincida con la conclusión. La pseudociencia raramente se puede poner a prueba usando el método científico.

b Las investigaciones deben ser cuidadosamente documentadas para que otros investigadores puedan repetirlas. Cuanto más se valida una hipótesis mediante pruebas repetidas, más probable es que sea verdadera.

EVALUAR UNA INVESTIGACIÓN

La información científica se puede evaluar observando cómo se generó. ¿Se identificaron claramente las variables dependientes e independientes? ¿La evidencia que da a conocer la investigación respalda la conclusión? ¿Se puede repetir la investigación? ¿Y los resultados incompatibles? ¿Se pueden recomponer? ¿O indican que el diseño de la investigación no fue el adecuado o que la hipótesis estaba mal?

La solidez de una investigación depende, en parte, de lo bien que se enuncie la hipótesis. Por ejemplo, se observa fácilmente que algunos materiales conducen el calor mejor que otros. En particular, los metales parecen ser más conductores que los no metales. Usando esa información, un investigador desarrolla una hipótesis: todos los metales conducen el calor más rápidamente que los no metales.

Para poner a prueba esta hipótesis, el investigador diseña y realiza una investigación. Coloca una varilla de cobre y una varilla de vidrio en la llama de una vela. Usa un cronómetro para medir con qué velocidad cambian las temperaturas de las varillas. Los datos indican que la varilla de cobre conduce más rápidamente el calor que la de vidrio.

1. ¿Qué hipótesis está respaldada por los resultados de esta investigación?

    A. Todos los metales conducen el calor más rápidamente que los no metales.
    B. El cobre es el mejor conductor de calor.
    C. El cobre es mejor conductor de calor que el vidrio.
    D. El vidrio es el que menos calor conduce.

2. ¿Qué falla tuvo esta investigación?

    A. La hipótesis es demasiado confusa y no puede investigarse con legitimidad.
    B. No mostró que los metales son buenos conductores de calor.
    C. No incluyó las variables dependiente e independiente.
    D. No se registraron el procedimiento y los resultados.

PRÁCTICAS DE CONTENIDOS

Varias prácticas científicas que se usan en la prueba de GED® se relacionan con la evaluación de la información científica. Dominar esta destreza te ayudará a mejorar tu calificación.

INSTRUCCIONES: Estudia la información y el diagrama, lee cada pregunta y elige la **mejor** respuesta.

INVESTIGACIÓN SOBRE LA SUBLIMACIÓN

Jackson sabe que el hielo seco es dióxido de carbono congelado (CO_2). También sabe que en vez de derretirse, el hielo seco generalmente se transforma en gas. Esta clase de cambio de estado se llama sublimación. Él realiza una investigación y descubre en su libro de química el diagrama de fases para el CO_2 que aparece a continuación. Allí se muestra cómo cambia de estado el CO_2 a medida que aumenta la presión, que se mide en atmósferas (atm), y la temperatura, indicada en grados Celsius (°C).

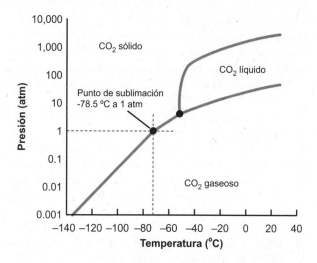

Al estudiar el diagrama, Jackson se da cuenta de que si el hielo seco se sometiera a una presión considerablemente más alta que la presión atmosférica estándar de 1 atm, se derretiría en lugar de sublimarse a medida que aumenta la temperatura. Entonces se pregunta si el mismo principio se podría aplicar al agua. Formula una hipótesis: bajo una presión menor, a medida que la temperatura aumenta, el agua en su estado sólido (hielo) se sublimará en lugar de derretirse.

3. ¿Se puede poner a prueba la hipótesis de Jackson? ¿Por qué?

   A. No; el agua es una sustancia distinta y probablemente no cambiaría de estado.
   B. No; el diagrama de fases en el que se basa no es confiable porque proviene de una fuente que no es creíble.
   C. Sí; el vapor de agua se podría someter a una presión más baja para ver si cambia de estado y se convierte directamente en hielo.
   D. Sí; se podría colocar el hielo en una cámara de vacío, donde se pueda controlar la presión, y observar a medida que aumenta la temperatura en la cámara.

4. Después de realizar una prueba, Jackson descubre que su hipótesis no ha sido validada. ¿Qué debe hacer?

   A. corregir su hipótesis para que coincida con los resultados de la investigación
   B. realizar más pruebas para obtener un promedio estadístico de los resultados
   C. asumir que se equivocó y rediseñar la investigación para demostrar que estaba equivocado
   D. pedir a otros investigadores que repitan la investigación para ver qué resultados obtienen

INSTRUCCIONES: Lee el pasaje y la pregunta y elige la **mejor** respuesta.

PONER A PRUEBA LOS EFECTOS DE DISPARAR UN ARMA DE FUEGO

Un físico quiere demostrar que una bala disparada hacia arriba, en sentido vertical, es tan peligrosa como una bala disparada hacia una multitud. Él explica que a medida que la bala se eleva en el aire y se frena hasta detenerse debido a la fuerza de gravedad, transforma toda su energía cinética en energía potencial. A medida que desciende, recobra su energía cinética. El resultado es que su velocidad es la misma cuando alcanza el suelo que cuando fue disparada por el arma de fuego.

El físico planea una investigación en la que usa un dispositivo para detectar la rapidez y así medir la velocidad de la bala a aproximadamente cinco pies del suelo, tanto al disparar la bala como cuando esta regresa al suelo. Registra los resultados que, repetidamente, muestran que la velocidad final de la bala es de 50 a 200 metros por segundo (m/s), en sentido descendente. Esto es un valor menor que la velocidad inicial de 300 a 1,000 m/s, en sentido ascendente. Aunque sus resultados no son lo que esperaba, su argumento es válido. La velocidad final de la bala es lo suficientemente alta como para causar lesiones importantes o la muerte.

5. El físico no tomó en cuenta una variable importante al formular la hipótesis inicial. Esta omisión explica por qué los resultados no respaldaron la hipótesis. ¿Cuál es esta variable?

   A. la masa de la bala
   B. la fuerza de la resistencia del aire
   C. el ángulo de la trayectoria de la bala
   D. el tipo de bala

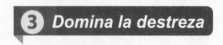
③ *Domina la destreza*

INSTRUCCIONES: Lee el pasaje. Luego lee cada pregunta y elige la **mejor** respuesta.

INVESTIGAR LA SEGUNDA LEY DEL MOVIMIENTO

Inés quiere investigar cómo afecta la fuerza de gravedad a distintas masas. Ella sabe que la aceleración que genera la gravedad en la superficie de la Tierra es 9.8 metros por segundo cuadrado (m/s^2). Al aplicar la segunda ley del movimiento, que establece que la fuerza es igual a la masa multiplicada por la aceleración, sabe que la aceleración es una constante (9.8 m/s^2) y que solamente pueden cambiar la fuerza y la masa.

Sabiendo eso, Inés escribe una hipótesis en su cuaderno. Los objetos con más masa impactan el suelo con más fuerza. Para poner a prueba su hipótesis, diseña una investigación. Consigue una regla de una yarda y la usa como medida de la altura. Selecciona ocho esferas de acero que tienen distintas masas. Inés mide y registra la masa de cada esfera de acero. Deja caer cada una de ellas en una barra de plastilina ubicada en la base de la regla de una yarda y se asegura de usar la misma clase de plastilina y controlar su grosor. Planea medir la profundidad del hoyo que deja cada esfera de acero al golpear la plastilina y llega a la conclusión de que las esferas de acero con más masa impactarán con más fuerza y harán hoyos más profundos. Espera descubrir una relación directa entre la profundidad del hoyo y la masa de las esferas de acero.

6. ¿Cuál es la variable dependiente en esta investigación?

   A. la altura inicial de la esfera de acero
   B. la masa de la esfera de acero
   C. el tamaño de la esfera de acero
   D. la profundidad del hoyo en la plastilina

7. ¿Cuál es la variable independiente en esta investigación?

   A. la altura inicial de la esfera de acero
   B. la masa de la esfera de acero
   C. el tamaño de la esfera de acero
   D. la profundidad del hoyo en la plastilina

8. Inés no controló un factor importante en su investigación. Como resultado, los datos que obtuvo no respaldaron su hipótesis. ¿Qué factor podría no haber tenido en cuenta?

   A. la altura inicial de la esfera de acero
   B. la masa de la esfera de acero
   C. el tamaño de la esfera de acero
   D. la profundidad del hoyo en la plastilina

INSTRUCCIONES: Lee el pasaje. Luego lee cada pregunta y elige la **mejor** respuesta.

HIPÓTESIS Y TEORÍAS

Una hipótesis es una predicción provisional que se basa en una pregunta. Brinda al investigador un punto de partida desde el cual comenzar a realizar las pruebas y los análisis. Cuando el análisis de los resultados de una prueba no produce hechos que confirmen una hipótesis, la hipótesis se puede modificar o incluso abandonar. En otras palabras, una hipótesis es una explicación posible de una observación específica. Por ejemplo, la hipótesis "si una herramienta de metal se deja sumergida en agua, se oxidará más rápidamente que si queda a la intemperie" puede ayudar a explicar una observación específica. En contraste, una teoría científica es una explicación de un gran número de observaciones relacionadas. Una teoría científica válida está respaldada por todos los datos disponibles, explica todas las observaciones disponibles y se puede usar para hacer predicciones sobre futuras investigaciones. Por ejemplo, la teoría de la conservación de la masa, que establece que la masa no se crea ni se destruye, explica todas las observaciones importantes disponibles. Una teoría sigue siendo válida siempre que no se encuentre evidencia que la refute. Esto significa que las teorías científicas no son dogmas; siempre están sujetas a cambios o refutaciones.

9. ¿Qué situación podría poner en duda la validez de la teoría de la conservación de la masa?

   A. Investigaciones controladas y repetidas indican que la cantidad de materia en ciertos reactantes no es igual a la cantidad de materia en sus productos.
   B. Un destacado científico cree que la materia se destruye en ciertas reacciones químicas.
   C. Quienes no son científicos no entienden que la materia no se puede crear ni destruir.
   D. Es posible que en algún momento en el futuro los científicos descubran evidencia que sugiera que la materia se puede crear o destruir.

10. Teniendo en cuenta la hipótesis y la teoría identificadas en el pasaje, ¿cuál de los siguientes enunciados describe la diferencia entre una hipótesis y una teoría?

    A. Una hipótesis explica observaciones, pero una teoría no.
    B. Una teoría siempre es verdadera y no se puede cuestionar, pero una hipótesis no siempre es verdadera.
    C. Una teoría explica una gama más amplia de observaciones que una hipótesis.
    D. Una hipótesis depende de datos más exactos que una teoría.

Lección 15 | Evaluar la información científica

UNIDAD 2

EVALUAR UNA HIPÓTESIS

Un investigador se pregunta si los colores de la luz que componen el espectro de luz visible tienen distintas temperaturas. Así que coloca un termómetro en cada color. Las temperaturas aumentan desde la luz violeta hasta la luz roja. Curioso, decide medir la temperatura más allá de la luz roja en un área ubicada fuera del espectro. Descubre que esta área tiene una temperatura aun más alta que la luz roja.

11. ¿Qué hipótesis es **más probable** que se formule a partir de esta observación?

   A. Las áreas más oscuras siempre son más calientes que las áreas más claras.
   B. Es muy probable que se necesite un equipo especial para medir la temperatura de la luz.
   C. Todas las partes del espectro de luz visible tienen una temperatura que se puede medir.
   D. Hay un área de energía invisible y más caliente al lado del área roja.

INSTRUCCIONES: Lee el pasaje y la pregunta y elige la **mejor** respuesta.

HIPÓTESIS NULA

Una hipótesis nula es aquella que se acepta comúnmente pero que no ha sido validada mediante pruebas controladas repetidas. Por ejemplo, antiguamente, una gran cantidad de personas pensaban que el Sol giraba alrededor de la Tierra. La hipótesis nula en esa época era: "La Tierra es el centro del universo". Generalmente, una hipótesis nula es de naturaleza dudosa; por lo tanto, los investigadores trabajan para anularla. Con mucha frecuencia, lo hacen validando una hipótesis alternativa. Una hipótesis alternativa que se puede demostrar a través de medios científicos es la mejor evidencia para refutar una hipótesis nula.

12. ¿Qué hipótesis alternativa se habría usado para anular la hipótesis nula identificada en el pasaje?

   A. La Tierra es un planeta que gira alrededor del Sol.
   B. La gravedad atrae los objetos hacia el centro de la Tierra.
   C. La Tierra es una esfera.
   D. La Tierra rota sobre un eje.

INSTRUCCIONES: Lee el pasaje y la pregunta y elige la **mejor** respuesta.

LA TEORÍA DEL FLOGISTO

En el siglo XVIII, los científicos desarrollaron la teoría del flogisto para explicar el fuego. Tuvo respaldo popular entre los científicos porque parecía explicar todas las observaciones relacionadas. La teoría establecía que las sustancias que son inflamables contienen un elemento llamado flogisto. Los científicos incluso desarrollaron lo que parecieron ser ecuaciones químicas equilibradas que incluían al flogisto. Una de esas ecuaciones sugería que el hierro se descompone y produce cal (una sustancia como polvo que se forma en las reacciones químicas) y flogisto.

Durante un tiempo, cuando se identificó un defecto en la teoría, la teoría se modificó para cubrir ese defecto. Al final, el científico Antoine Lavoisier diseñó y realizó una investigación que refutó la teoría del flogisto.

Lavoisier calentó mercurio y aire en un recipiente cerrado. Se formó una sustancia llamada óxido de mercurio rojo y el volumen de aire disminuyó 8 pulgadas cúbicas, de 50 pulgadas cúbicas a 42 pulgadas cúbicas. Se consideró que el aire estaba "flogisticado", lo que significa que contenía flogisto. Lavoisier luego calentó la cal y produjo 8 pulgadas cúbicas de aire "deflogisticado" (oxígeno). Lavoisier había demostrado el principio de conservación de la masa en una reacción química. Las reacciones de combustión, o reacciones en las cuales un reactante se quema en presencia de oxígeno, generaron la formación de cal, un proceso que previamente se había explicado como la liberación de flogisto. Por lo tanto, Lavoisier demostró que la teoría del flogisto era errónea y propuso una nueva teoría, la teoría de la conservación de la masa, que la reemplazó.

13. ¿Por qué fue rechazada la teoría del flogisto?

   A. No tenía respaldo popular porque no explicaba todas las reacciones de combustión.
   B. No se pudo representar usando ecuaciones químicas.
   C. Mediante investigaciones científicas controladas y repetibles se descubrió evidencia incompatible.
   D. Los científicos que se opusieron a la teoría tuvieron más influencia que los que la respaldaron.

Comprender las teorías científicas

1 Repasa la destreza

TEMAS DE CIENCIAS: ES.b.4, ES.c.1
PRÁCTICA DE CIENCIAS: SP.1.a, SP.1.b, SP.1.c, SP.3.a, SP.3.b, SP.4.a, SP.5.a, SP.7.a

Los científicos constantemente hacen observaciones sobre la naturaleza. A partir de estas observaciones, hacen preguntas e investigaciones para explicar lo que observaron. Cada una de sus preguntas puede transformarse en una hipótesis, que es una posible respuesta a la pregunta planteada. Una **teoría científica** resume una o más hipótesis que están respaldadas por pruebas. Cuando **comprendes las teorías científicas**, no solo comprendes un enunciado sobre el mundo natural, sino también por qué o cómo sucede.

Una teoría científica no es lo mismo que una ley científica. Una ley científica describe una observación sobre algo que sucede en el mundo natural, pero no explica el suceso.

2 Perfecciona la destreza

Al perfeccionar la destreza de comprender las teorías científicas, mejorarás tus capacidades de estudio y evaluación, especialmente en relación con la Prueba de Ciencias GED®. Lee el pasaje que aparece a continuación. Luego responde las preguntas.

LA TEORÍA DE LA DERIVA CONTINENTAL

a Las teorías científicas comienzan con una pregunta. Aquí, Wegener pensó que los continentes parecían haber estado unidos en el pasado. Se preguntó: si fuera así, ¿cómo llegaron los continentes a los lugares donde se encuentran ahora?

Hace aproximadamente un siglo, el científico Alfred Wegener se preguntó por qué los continentes parecían encajar unos con otros como si en algún momento hubieran estado unidos. Luego desarrolló la hipótesis de que hace 250 millones de años, los continentes actuales formaban una única masa de tierra. La llamó Pangea. Wegener fromuló la hipótesis de que Pangea se separó hace mucho tiempo. A través de millones de años, los nuevos continentes se desplazaron hasta los lugares donde se encuentran actualmente.

b La experimentación ayuda al científico a respaldar o refutar una hipótesis. Una hipótesis correcta puede convertirse en parte de una teoría científica.

Muchos científicos no estaban de acuerdo con Wegener. Sin embargo, él se mantuvo firme. Reunió evidencia para respaldar su hipótesis de que los continentes se mueven lentamente con el paso del tiempo. Esa evidencia se convirtió en parte de su teoría de la deriva continental.

CONSEJOS PARA REALIZAR LA PRUEBA

Cuando hagas ejercicios de opción múltiple, lee la pregunta y haz una pausa antes de leer las opciones de respuesta. Predice la respuesta correcta y luego busca la respuesta más cercana a tu predicción.

1. ¿Cuál era la hipótesis de Wegener?

A. Los continentes tienen muchas formas diferentes.
B. Los continentes se separaron y se desplazaron hasta sus posiciones actuales.
C. Algún día, los continentes actuales formarán una nueva Pangea.
D. Los continentes actuales son más grandes que los del pasado.

2. ¿Qué tuvo que agregar Wegener a su hipótesis para que se convirtiera en una teoría?

A. una explicación sobre cómo se desplazan los continentes
B. evidencia que respaldara su hipótesis
C. el respaldo de muchos otros científicos
D. una teoría antigua sobre la cual elaborar su nueva teoría

Ítem en foco: **MENÚ DESPLEGABLE**

INSTRUCCIONES: Estudia el diagrama. Luego, lee el pasaje incompleto que aparece a continuación. Usa información del diagrama para completar el pasaje. En cada ejercicio con menú desplegable, elige la opción que **mejor** complete la oración.

CONTINENTES QUE SE DESPLAZAN

En la actualidad

Hace aproximadamente 250 millones de años

Opciones de respuesta del menú desplegable

3.1 A. tenían la misma forma
   B. tenían la misma composición
   C. parecían encajar una con otra
   D. tenían climas similares

3.2 A. no existieran
   B. estuvieran unidas
   C. estuvieran a la misma distancia
   D. fueran más pequeñas

3.3 A. haber cambiado de forma
   B. haber surgido en diferentes momentos
   C. haber sido la única masa de tierra en el planeta
   D. haberse desplazado de un lado a otro

3.4 A. desarrollar y poner a prueba una hipótesis científica
   B. refutar otras leyes científicas
   C. probar que este movimiento había continuado
   D. lograr la aceptación de todos los otros científicos

3. Un día, Alfred Wegener observaba un atlas cuando reparó en las costas de América del Sur y África. Están en lados opuestos del océano Atlántico. Sin embargo, notó que [3. Menú desplegable 1]. Wegener llegó a la conclusión de que era probable que hace millones de años, las dos masas de tierra [3. Menú desplegable 2]. La idea parecía increíble ya que, en la actualidad, los continentes están muy separados. Los continentes tendrían que [3. Menú desplegable 3]. Para establecer una teoría científica sobre su idea, Wegener primero tenía que [3. Menú desplegable 4].

UNIDAD 3

INSTRUCCIONES: Lee el pasaje y la pregunta y elige la **mejor** respuesta.

LA RADIACIÓN CÓSMICA DE FONDO

La teoría del Big Bang, que propone una explicación sobre el origen del universo, está respaldada por evidencias muy variadas, entre ellas la presencia de radiación cósmica de fondo. En la década de 1940, un científico observó que el Big Bang debería haber dejado una alta radiación caliente de alta energía en todo el universo. A medida que el universo envejecía, esta radiación debía haberse enfriado. Los científicos predijeron que, para la actualidad, esta radiación de fondo existiría en forma de microondas. En la década de 1960, otros dos científicos detectaron esta radiación. Más adelante, los satélites confirmaron que la cantidad de radiación cósmica de fondo es bastante uniforme en todo el universo: un remanente del Big Bang.

4. ¿Por qué la radiación cósmica de fondo es evidencia que respalda la teoría del Big Bang?

A. La radiación que quedó después del Big Bang solo podría detectarse desde la Tierra.
B. El Big Bang habría esparcido este tipo de radiación por todo el universo.
C. La existencia de radiación cósmica de fondo confirma la edad del universo.
D. La radiación de microondas es el único tipo de radiación que podría haber originado el Big Bang.

INSTRUCCIONES: Estudia la información y el diagrama, lee cada pregunta y elige la **mejor** respuesta.

ZONAS DONDE SE ENCONTRARON FÓSILES DE MESOSAURIOS

Los geólogos han descubierto fósiles de un reptil antiguo llamado mesosaurio en solo dos lugares del planeta: en el este de América del Sur y el sudoeste de África. La evidencia que se obtuvo mediante técnicas de datación de fósiles indica que el mesosaurio vivió durante el período Pérmico, hace entre 270 y 300 millones de años. Medía aproximadamente 1 metro y vivía en hábitats de agua dulce. Una hipótesis válida es que solo se encontraron fósiles en estas zonas porque en algún momento estos lugares estuvieron unidos. Los científicos usan los fósiles como evidencia para respaldar la teoría de la deriva continental.

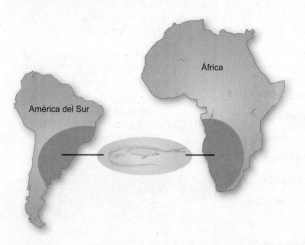

5. Los científicos siguen buscando pruebas que respalden teorías existentes. ¿Qué descubrimiento fortalecería aún más el respaldo que brinda la evidencia de los fósiles a la teoría de la deriva continental?

   A. Los fósiles de mesosaurios se encuentran en todas partes del mundo.
   B. Los mesosaurios no podían nadar grandes distancias.
   C. Existe en la actualidad una especie que desciende del mesosaurio.
   D. Los fósiles de mesosaurios encontrados en ambos continentes pertenecen a distintas especies.

6. También se han presentado fósiles de un helecho antiguo como evidencia de la teoría de la deriva continental. A partir de la ubicación de los continentes de la Tierra, ¿dónde es **más probable** que se hayan encontrado estos fósiles?

   A. en el sur de África y la Antártida
   B. en América del Sur y América del Norte
   C. en Asia y Europa
   D. en Canadá y México

7. Algunos científicos no aceptaron los fósiles de mesosaurios como evidencia de que América del Sur y África estuvieron unidos. Formularon la hipótesis de que los animales podrían haber migrado entre los continentes a través de un istmo. ¿Qué evidencia podría haber respaldado la teoría del istmo y ayudado a refutar la teoría de la deriva continental?

   A. mapas que mostraran cómo podría haber sido el istmo
   B. declaraciones firmadas por otros científicos que expresaran la misma idea
   C. restos del istmo hallados en el suelo oceánico en la actualidad
   D. la presencia de istmos entre los continentes en la actualidad

INSTRUCCIONES: Estudia la tabla, lee la pregunta y elige la **mejor** respuesta.

PRINCIPALES EVIDENCIAS QUE RESPALDAN LA TEORÍA DE LAS PLACAS TECTÓNICAS

Evidencia general	Ejemplos
A. Forma de las costas	La manera en que "encajan" la costa sudoeste de África y la costa este de América del Sur
B. Evidencia fósil	Restos fósiles de un animal hallados solo en el este de América del Sur y el sudoeste de África
C. Semejanzas en las capas rocosas en distintos continentes	Mismas capas rocosas en los montes Apalaches de América del Norte y las montañas de Europa
D. Procesos geológicos (terremotos, erupciones volcánicas)	Más comunes en el océano Pacífico

8. La teoría de que las placas tectónicas (enormes bloques de roca que cubren la superficie terrestre) dan origen a accidentes geográficos al unirse y separarse se desarrolló a partir de diferentes líneas de evidencia. ¿Cuáles de las evidencias de la teoría de las placas tectónicas se relacionan también con la teoría de la deriva continental?

   A. A y B
   B. A y C
   C. A, B y C
   D. B, C y D

LA EXPANSIÓN DEL SUELO OCEÁNICO

En las décadas de 1950 y 1960, algunos científicos desarrollaron la hipótesis de la expansión del suelo oceánico. Nuevos descubrimientos demostraron que el suelo oceánico se forma a partir del magma que se filtra a través de fisuras en la corteza terrestre en las dorsales centro-oceánicas. El magma se enfría y se endurece, y se convierte en nuevo suelo oceánico. A medida que este proceso continúa con el paso del tiempo, el suelo oceánico se expande desde de las dorsales.

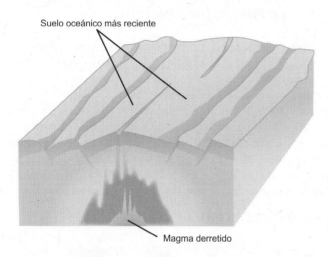

Suelo oceánico más reciente

Magma derretido

9. ¿Qué evidencia respaldaría la hipótesis de que el suelo oceánico se expande?

   A. Los continentes que se encuentran a ambos lados de la dorsal centro-oceánica se están acercando.
   B. Las rocas de un lado de la dorsal centro-oceánica son más antiguas que las del otro lado.
   C. Las rocas del suelo oceánico que están más alejadas de la dorsal son más antiguas que las que están más cerca.
   D. No hay fósiles cerca de la dorsal centro-oceánica.

10. ¿De qué manera la evidencia de que el suelo oceánico se expande respalda, a su vez, la teoría de la deriva continental de Wegener?

   A. Demuestra que los continentes pueden alejarse.
   B. Demuestra que los continentes flotan en los océanos.
   C. Demuestra que existió una masa de tierra llamada Pangea.
   D. Demuestra que los océanos se mueven pero los continentes no.

LA TEORÍA DE LAS PLACAS TECTÓNICAS Y LOS TERREMOTOS

La teoría de las placas tectónicas no solo explica cómo se formaron muchas de las características geográficas de la Tierra, sino que también ayuda a comprender muchos procesos geológicos, como las erupciones volcánicas y los terremotos. En el mapa que aparece a continuación se muestra la ubicación de terremotos en todo el mundo.

UBICACIÓN DE TERREMOTOS EN EL MUNDO

OCÉANO ÁRTICO
OCÉANO ATLÁNTICO
OCÉANO PACÍFICO
OCÉANO PACÍFICO
OCÉANO ÍNDICO

🦎 Lugares donde se produjeron terremotos
— Límites de las placas tectónicas
— Límites continentales

11. ¿Qué hipótesis está **mejor** respaldada por la información que se presenta en el mapa?

   A. Los terremotos solo ocurren en las zonas costeras, nunca en el medio de los continentes.
   B. Los límites continentales representan los límites de las placas tectónicas.
   C. Los terremotos son más peligrosos en el océano Pacífico.
   D. Los terremotos son más comunes en los límites de las placas tectónicas.

12. ¿Qué parte de la teoría de las placas tectónicas está respaldada **más claramente** por la ubicación de los terremotos?

   A. Los efectos del movimiento de las placas son significativos en los límites de las placas tectónicas.
   B. La superficie terrestre está formada por placas.
   C. Las placas contienen a los continentes pero no a los océanos.
   D. Las placas están compuestas por roca sólida.

UNIDAD 3

Resumir material complejo

Usar con el *Libro del estudiante,* págs. 84–85.

TEMAS DE CIENCIAS: ES.c.1
PRÁCTICA DE CIENCIAS: SP.1.a, SP.1.b, SP.1.c, SP.6.c, SP.7.a

① Repasa la destreza

Resumir material complejo puede ayudarte a comprender las ideas importantes de un texto y de elementos visuales como ilustraciones, tablas, gráficas, mapas y diagramas. En muchos casos, un elemento visual agrega información clave a un pasaje escrito. Cuando esto ocurre, debes incluir la información del texto y la del elemento visual en tu resumen.

② Perfecciona la destreza

Al perfeccionar la destreza de resumir material complejo, mejorarás tus capacidades de estudio y evaluación, especialmente en relación con la Prueba de Ciencias GED®. Estudia la información y el modelo que aparecen a continuación. Luego responde las preguntas.

LA FUSIÓN NUCLEAR

a Al resumir, primero identifica la idea principal del pasaje. Luego identifica los detalles más importantes. Generalmente son detalles amplios, no específicos.

La fusión nuclear es la combinación, o unión, de núcleos atómicos más livianos para producir núcleos más pesados y energía. La fusión se produce en el núcleo del Sol. Aproximadamente el 75 por ciento de la masa del Sol es hidrógeno, el combustible necesario para la fusión solar. El 25 por ciento restante es helio, el producto de la fusión solar. Dentro del núcleo del Sol, el calor y la presión extremos hacen que los núcleos atómicos (principalmente protones) choquen entre sí con tanta fuerza que se fusionan en un proceso de varios pasos. La fusión nuclear es lo opuesto a la fisión nuclear, que produce energía mediante la división de los átomos. Sin embargo, la energía que se libera mediante la fusión es mayor que la que se libera durante la fisión.

LA FUSIÓN NUCLEAR DENTRO DEL SOL

b El título, los rótulos y la leyenda de un elemento visual pueden ayudarte a resumir. Mientras estudias el modelo, busca las relaciones entre la información dada en el elemento visual y la idea principal del pasaje.

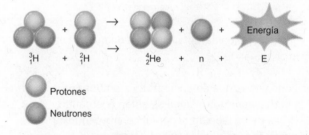

Dos formas de hidrógeno (H) se fusionan y forman un átomo de helio (He). La reacción libera un neutrón y energía.

CONSEJOS PARA REALIZAR LA PRUEBA

Resumir no es lo mismo que identificar la idea principal. La idea principal de un párrafo estará incluida en el resumen. Sin embargo, un buen resumen debe incluir la idea principal y los detalles más importantes.

1. Un resumen del pasaje podría expresar que la fusión nuclear se produce

   A. en todas las partes del Sol.
   B. principalmente en los neutrones de los átomos de hidrógeno.
   C. dentro de los átomos de la mayoría de los gases.
   D. en el núcleo del Sol.

2. ¿Qué enunciado identifica la idea principal que debería incluirse en un resumen del pasaje y el modelo?

   A. El Sol está compuesto casi en su totalidad por hidrógeno y helio.
   B. En la fusión, los núcleos de los átomos se fusionan para producir energía.
   C. La fusión nuclear produce elementos más pesados.
   D. La fusión produce más energía que la fisión.

UNIDAD 3

3 *Domina la destreza*

INSTRUCCIONES: Estudia el diagrama y la información, lee cada pregunta y elige la **mejor** respuesta.

CÓMO MUEREN LAS ESTRELLAS

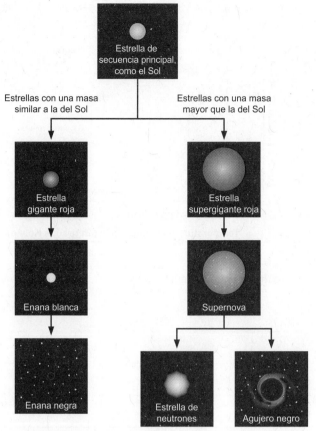

Nota: los tamaños de las estrellas no están a escala.

Todas las estrellas nacen casi de la misma manera. Sin embargo, como se indica en el diagrama, la manera en la que muere una estrella depende de su masa. Las estrellas de secuencia principal, como el Sol, convierten el hidrógeno en helio mediante el proceso de fusión. Una estrella con un tamaño promedio, como el Sol, sufre el proceso de fusión durante miles de millones de años antes de que se agote su provisión de combustible de hidrógeno. Algunas de las estrellas más calientes y masivas se mantienen como estrellas de secuencia principal solo durante varios millones de años hasta que se agota su provisión de hidrógeno. Pero sin importar la temperatura o la masa de una estrella, en algún momento se agotará su combustible de hidrógeno. En ese momento, comienza la fusión de elementos más pesados como el helio y el carbono. Las estrellas con masas similares a la del Sol se expanden y se contraen antes de extinguirse. Se convierten en pequeñas, aunque muy calientes, enanas blancas antes de transformarse en frías enanas negras. Las estrellas mucho más masivas que el Sol explotan antes de convertirse en cuerpos pequeños, oscuros y extremadamente densos.

3. ¿Qué detalle sería **mejor** incluir en un resumen de la información?

    A. Las estrellas pueden fusionar átomos de carbono.
    B. Las enanas negras son frías.
    C. Las estrellas más masivas que el Sol explotan.
    D. El Sol es una estrella de tamaño promedio.

4. ¿Qué enunciado resume **mejor** el diagrama y el pasaje?

    A. Con el tiempo, las estrellas que tienen la misma masa que el Sol se contraen y se transforman en enanas negras, mientras que las estrellas más masivas explotan y se transforman en pequeños cuerpos densos y oscuros.
    B. Cuando comienza la fusión nuclear en el núcleo de una estrella, esta se convierte en una estrella de secuencia principal.
    C. La última etapa de la existencia de una estrella masiva es un cuerpo muy denso.
    D. Todas las estrellas, más allá de su masa, nacen de la misma manera.

INSTRUCCIONES: Lee el pasaje y la pregunta y elige la **mejor** respuesta.

LOS ELEMENTOS QUE PRODUCEN LAS ESTRELLAS

La Vía Láctea es una galaxia enorme de 120,000 años luz de ancho. Nuestro Sol es solo una de las miles de millones de estrellas que hay en ella. Las estrellas de la galaxia producen helio en las cámaras de fusión de sus núcleos. Sin embargo, también producen otros elementos, especialmente hacia el fin de sus ciclos de vida. Algunos de estos elementos son el hierro, el magnesio, el silicio y el oxígeno. Cuando una estrella masiva explota, los elementos producidos dentro de ella son lanzados hacia el espacio, donde se transforman en los materiales que forman nuevas estrellas y planetas. Estos elementos eran parte de una nube de gas y polvo que dio origen a nuestro sistema solar hace miles de millones de años. Estos elementos aún se encuentran en abundancia en la corteza terrestre y en los demás planetas rocosos de nuestro sistema solar, y son importantes para los seres vivos.

5. Un estudiante escribió el siguiente resumen del pasaje: "La Vía Láctea es una galaxia enorme de 120,000 años luz de ancho. Nuestro Sol es solo una de las miles de millones de estrellas que hay en la Vía Láctea. Las estrellas de la galaxia producen helio en las cámaras de fusión de sus núcleos. Pero también producen otros elementos, especialmente hacia el fin de sus ciclos de vida". ¿Cuál es el principal problema de este resumen?

    A. No da detalles sobre la Vía Láctea.
    B. Es más corto que el pasaje.
    C. En él se usan las mismas palabras que en el pasaje.
    D. No da una definición de *galaxia*.

UNIDAD 3

★ Ítem en foco: **RESPUESTA BREVE**

INSTRUCCIONES: Lee el pasaje y estudia el diagrama. Luego lee la pregunta y escribe tu respuesta en las líneas. Completar esta tarea puede llevarte 10 minutos aproximadamente.

LAS CARACTERÍSTICAS DE LAS ESTRELLAS

El universo está compuesto por estrellas de diferentes colores, temperaturas y magnitudes (luminosidad). La gráfica que se muestra aquí se conoce con el nombre de diagrama de Hertzsprung-Russell (H-R). En él, se muestran las relaciones entre los colores, la temperatura y la luminosidad de las estrellas.

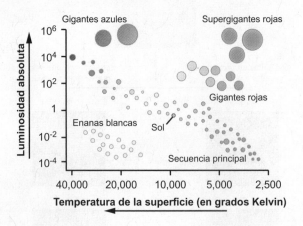

6. Examina el diagrama H-R. Luego úsalo para resumir la manera en que se relacionan el color, la temperatura y la luminosidad de una estrella.

_____

_____

_____

_____

_____

_____

_____

_____

_____

_____

_____

_____

_____

_____

UNIDAD 3

LA MUERTE DE LAS ESTRELLAS GRANDES

El Sol es una estrella mediana. Cuando una estrella mucho más masiva que el Sol llega al final de su ciclo de vida, explota y se transforma en una supernova. La explosión lanza la mayor parte de la masa de la estrella hacia el espacio, pero la parte central de la estrella queda atrás. Sin la presión hacia afuera que ejercía la fusión en el núcleo de la estrella, la presión hacia dentro que ejerce la gravedad hace que la estrella colapse y que su masa, que se vuelve extremadamente densa, se convierta en una estrella de neutrones o en un agujero negro, según el tamaño de la estrella.

Cuando muchas estrellas grandes mueren y se convierten en supernovas, se forma una estrella de neutrones. Las estrellas de neutrones están formadas principalmente por neutrones. Son cuerpos muy pequeños y extremadamente densos: miden solo aproximadamente 20 kilómetros de diámetro, pero tienen una masa de casi 1.5 veces la masa del Sol. Tan solo una cucharadita de material de una estrella de neutrones pesaría mil millones de toneladas.

Cuando las estrellas más grandes (más masivas) colapsan después de una supernova, dejan atrás un objeto que tiene tres veces la masa del Sol. Cuando este objeto colapsa hacia adentro, se convierte en un agujero negro, que es un objeto tan pequeño y con una densidad tan inmensa que su gravedad absorbe todo a su alrededor, incluso su propia luz. Los astrónomos pueden localizar los agujeros negros al detectar la energía emitida por los objetos cercanos que son atraídos por el agujero negro. Cuando la materia es atraída hacia el agujero, forma un disco caliente que emite rayos X y rayos gamma que los astrónomos pueden detectar.

7. A partir del pasaje, ¿qué enunciado resume **mejor** las semejanzas entre las estrellas de neutrones y los agujeros negros?

   A. Las estrellas de neutrones y los agujeros negros solo pueden formarse antes de una supernova.
   B Las estrellas de neutrones y los agujeros negros son tan densos que la luz no puede escapar de ellos.
   C. Las estrellas de neutrones y los agujeros negros están compuestos solamente por neutrones.
   D. Las estrellas de neutrones y los agujeros negros se forman al final del ciclo de vida de las estrellas grandes.

CICLO DE VIDA DEL SOL

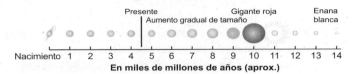

En miles de millones de años (aprox.)

LA MUERTE DEL SOL

El Sol tiene casi 5 mil millones de años y se espera que continúe existiendo por varios miles de millones de años más. Cuando el Sol haya consumido todo su combustible de hidrógeno, dejará de producirse fusión en su núcleo y el núcleo colapsará debido a la gravedad. La presión que producirá el colapso del núcleo hará que el Sol se caliente a medida que sus capas externas se expandan hasta formar una bola roja gigante llamada gigante roja. En este punto, el diámetro del Sol llegará hasta aproximadamente la órbita de Venus. La Tierra estará tan cerca del Sol que la vida tal como la conocemos no existirá. Algunos científicos piensan que el Sol crecerá tanto que envolverá a la Tierra. Las capas externas del Sol se separarán de manera gradual y el núcleo candente se transformará en una enana blanca. Al final de la vida del Sol, la enana blanca se enfriará hasta formar una estructura sólida y densa llamada enana negra.

8. ¿Qué enunciado resume **mejor** la información de la línea cronológica y el pasaje?

   A. Dentro de unos 5 mil millones de años, cuando el Sol haya consumido todo su combustible de hidrógeno, se convertirá en una gigante roja y, varios miles de millones de años después, se extinguirá como una enana negra.
   B. El Sol se formó hace aproximadamente 5 mil millones de años y se expandirá gradualmente durante los próximos 5 mil a 6 mil millones de años.
   C. Dentro de varios miles de millones de años, la vida en la Tierra tal como la conocemos no existirá.
   D. Cuando se haya consumido todo el hidrógeno del Sol, cesará la fusión nuclear en su núcleo.

UNIDAD 3

Comprender los patrones en las ciencias

Usar con el *Libro del estudiante,* págs. 86–87.

TEMAS DE CIENCIAS: ES.c.1, ES.c.2
PRÁCTICA DE CIENCIAS: SP.1.a, SP.1.b, SP.1.c, SP.3.b, SP.3.c, SP.6.c, SP.7.a

1 Repasa la destreza

Algunos **patrones en las ciencias**, como el paso del día a la noche o los cambios de estación, se pueden observar fácilmente. Otros son más difíciles de identificar. De hecho, algunos patrones solo pueden estudiarse y explicarse por medio de fórmulas matemáticas. Por ejemplo, los científicos desarrollaron fórmulas para determinar la forma de las órbitas de los planetas y la rapidez con la que los planetas giran alrededor del Sol. Para entender bien los temas de ciencias, tienes que **comprender los patrones en las ciencias**, tanto los que son fácilmente observables como los más complejos.

2 Perfecciona la destreza

Al perfeccionar la destreza de comprender los patrones en las ciencias, mejorarás tus capacidades de estudio y evaluación, especialmente en relación con la Prueba de Ciencias GED®. Estudia la información y el diagrama que aparecen a continuación. Luego responde las preguntas.

LAS ESTACIONES

Las estaciones forman un patrón que se repite año tras año. Las estaciones son el resultado de la inclinación de la Tierra y su órbita alrededor del Sol. Aunque la inclinación de la Tierra sobre su eje no varía, su inclinación, u orientación, que se acerca al Sol o se aleja de él va cambiando a lo largo del año. Durante el invierno del hemisferio norte, por ejemplo, la inclinación de la Tierra está en su punto más alejado del Sol. La energía que recibe del Sol es menos directa y las temperaturas son más bajas. En el diagrama, se muestra el efecto de la inclinación de la Tierra en las estaciones en el hemisferio norte.

a En un diagrama, se puede describir un patrón mostrando el mismo objeto en diferentes momentos. Aquí se muestra la Tierra en cuatro puntos diferentes de su órbita alrededor del Sol.

23.5°

Septiembre 22–23
Primer día de otoño

Diciembre 21–22
Primer día de invierno

Junio 20–22
Primer día de verano

Marzo 20–21
Primer día de primavera

b Considera las maneras en que cambiar una variable podría afectar el patrón.

USAR LA LÓGICA

Piensa en el efecto que tiene la inclinación de la Tierra en el patrón de las estaciones. Luego predice cómo cambiaría el patrón si este factor no existiera.

1. El hemisferio norte recibe la mayor cantidad de energía solar durante

   A. el otoño.
   B. el invierno.
   C. la primavera.
   D. el verano.

2. ¿Qué enunciado describiría el patrón de las estaciones si la Tierra no estuviera inclinada sobre su eje?

   A. Las estaciones serían iguales debido a la órbita de la Tierra.
   B. Las estaciones serían mucho más cortas de lo que son actualmente.
   C. Sería verano o invierno durante todo el año.
   D. Sin la inclinación de la Tierra, no existirían las estaciones.

UNIDAD 3

INSTRUCCIONES: Estudia la ilustración y la información, lee la pregunta y elige la **mejor** respuesta.

LAS CONSTELACIONES

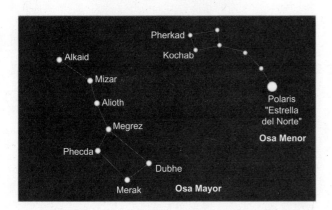

Las constelaciones, como la Osa Mayor y la Osa Menor, son patrones que los seres humanos vieron en las estrellas del cielo nocturno en la antigüedad. Algunas recibieron nombres de animales u objetos comunes; otras, el de criaturas o personajes mitológicos. Aunque las estrellas que forman las constelaciones parecen inmóviles, en realidad se desplazan por la galaxia de la misma manera que nuestro Sol. Simplemente están demasiado lejos para que podamos detectar su movimiento. Aun así, a lo largo de decenas de miles de años, las constelaciones cambian de posición. Los patrones de las constelaciones que podemos ver también cambian a lo largo del año, a medida que la Tierra gira alrededor del Sol.

3. A partir de la información, ¿por qué parece que las constelaciones están en diferentes partes del cielo en distintos momentos del año?

    A. Las constelaciones cambian de forma a lo largo del año.
    B. Las constelaciones solo duran un período corto y luego se forman constelaciones totalmente nuevas.
    C. A medida que la Tierra gira alrededor del Sol, vemos distintas partes del cielo.
    D. Resulta difícil ver constelaciones durante el verano, cuando la Tierra está inclinada hacia el Sol.

4. ¿Cómo es **más probable que** se vea la Osa Mayor dentro de 100,000 años?

    A. Ya no podremos reconocerla como la Osa Mayor.
    B. Tendrá un aspecto muy similar al actual.
    C. Tendrá la misma forma pero será mucho más grande.
    D. Será mucho menos brillante que en la actualidad pero mantendrá su forma.

INSTRUCCIONES: Estudia el diagrama y la información, lee la pregunta y elige la **mejor** respuesta.

EL EFECTO CORIOLIS

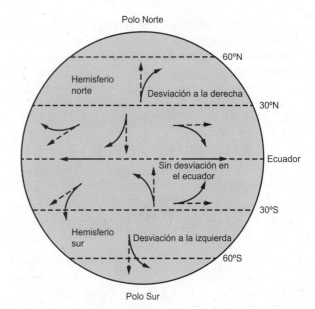

El efecto Coriolis es la desviación de los fluidos (aire y agua) hacia la izquierda o la derecha debido a la rotación de la Tierra. Considera su efecto sobre el viento. Si la Tierra no rotara, los vientos soplarían directamente desde las zonas de alta presión hacia las de baja presión. Debido al efecto Coriolis, el aire se desvía hacia la derecha en el hemisferio norte y hacia la izquierda en el hemisferio sur, como se muestra en el diagrama.

5. ¿Qué representan las flechas punteadas del diagrama?

    A. la dirección del viento con el efecto Coriolis
    B. la rotación de la Tierra
    C. la dirección del viento sin el efecto Coriolis
    D. los vientos en el ecuador y en los polos

6. ¿Qué enunciado describe el patrón que produce el efecto Coriolis?

    A. Provoca vientos en línea recta.
    B. Genera alta presión del aire en los polos de la Tierra.
    C. Desvía los vientos y las corrientes oceánicas.
    D. Hace que la Tierra rote.

UNIDAD 3

⭐ Ítem en foco: **COMPLETAR LOS ESPACIOS**

INSTRUCCIONES: Estudia el diagrama y la información. Luego rellena el recuadro o los recuadros para completar cada enunciado.

LAS FASES DE LA LUNA

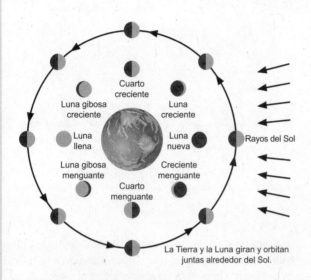

La Tierra y la Luna giran y orbitan juntas alrededor del Sol.

La Luna no se ve igual todas las noches. Algunas veces, es un disco redondo y brillante. Otras veces, es un semicírculo o una "media luna". Estas son las fases de la Luna, las diferentes formas en las que se ve la Luna a lo largo de los 29.5 días que dura el mes lunar. La Luna no produce su propia luz, sino que refleja la luz del Sol. A medida que gira alrededor de la Tierra, la mitad de la Luna siempre está iluminada. Pero como se está moviendo constantemente alrededor de la Tierra, vemos partes distintas de su cara iluminada en diferentes momentos del mes. Durante la luna llena, vemos el disco completo y durante el cuarto creciente, solo vemos una mitad del disco.

7. En la Tierra, las personas ven las fases de la Luna debido a su [   ] alrededor de la Tierra.

8. La [   ] es la fase de la Luna que ocurre cuando la Luna está entre la Tierra y el Sol.

9. Durante la mitad del mes lunar, las fases son "crecientes". Durante la otra mitad, las fases son "menguantes".

    Cuando las fases son crecientes, la Luna parece [   ]. Durante las menguantes parece

    [   ].

INSTRUCCIONES: Lee el pasaje y la pregunta y elige la **mejor** respuesta.

LOS COMETAS

Los cometas son bolas de gases y polvo congelados que se desplazan alrededor del Sol en órbitas elípticas alargadas. La órbita que describe un cometa se aproxima al Sol en un extremo y se balancea hacia el exterior del sistema solar en el otro. Cuando un cometa se acerca al Sol, se calienta y forma una atmósfera brillante que sale de él formando una especie de "cola". El famoso cometa Halley tiene un período orbital de 76 años y la última vez que pasó cerca de la Tierra fue en 1986.

10. ¿Qué enunciado describe un patrón que sigue el cometa Halley?

A. Describe una órbita elíptica alrededor de la Tierra.
B. Forma una cola cuando está muy lejos del Sol.
C. Completa una órbita cada 76 años.
D. Sigue el mismo camino que todos los demás cometas del sistema solar.

LOS ECLIPSES SOLARES Y LUNARES

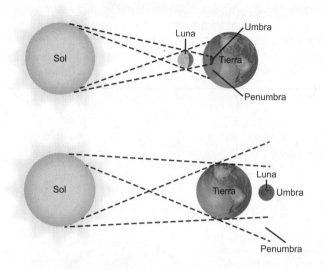

LAS LEYES DEL MOVIMIENTO PLANETARIO DE KEPLER

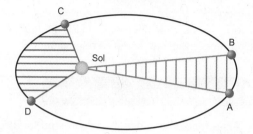

Un eclipse se produce cuando un cuerpo del espacio bloquea la luz de otro al pasar por delante de él. La sombra que se proyecta sobre la superficie de un objeto durante un eclipse tiene diferentes partes. La parte central de la sombra es la umbra y la parte exterior es la penumbra. Hay eclipses solares y eclipses lunares. Cuando se produce un eclipse solar, la Luna se interpone entre la Tierra y el Sol. La Luna parece una gran bola oscura, rodeada por el halo de la corona del Sol. Solo las personas que están en la parte de la Tierra que está en la umbra pueden ver un eclipse total. Los que están en la zona de penumbra, que es más grande, ven un eclipse parcial, en el que la Luna cubre solo una parte del Sol. Durante un eclipse lunar, la Tierra está entre el Sol y la Luna, y las personas de la Tierra ven la Luna con una luz pálida y rojiza. Es posible que todas las personas que están en un hemisferio de la Tierra vean un eclipse lunar total porque se encuentran, al igual que la totalidad del disco lunar, dentro de la umbra de la Tierra.

11. ¿Qué patrón de movimiento es el responsable de los eclipses solares?

    A. la rotación de la Tierra sobre su eje
    B. el giro de la Luna alrededor de la Tierra
    C. la rotación de la Luna sobre su eje
    D. la producción de energía en el núcleo del Sol

Johannes Kepler era un matemático alemán que vivió en los siglos XVI y XVII. Usó la observación y las matemáticas para identificar las leyes que gobiernan el movimiento de los objetos en nuestro sistema solar. Estas leyes se conocen como leyes del movimiento planetario de Kepler, y en el diagrama se muestra su segunda ley. Ahora sabemos que los objetos de todo el universo siguen estos patrones. La siguiente lista explica las leyes de Kepler:

1) Los planetas se mueven alrededor del Sol siguiendo órbitas elípticas, con el Sol en el foco.
   Explicación: Todos los planetas de nuestro sistema solar describen una órbita con forma elíptica u oval.
2) La línea que une el Sol con cada planeta barre áreas iguales en tiempos iguales.
   Explicación: Los planetas se mueven más rápido en sus órbitas cuando están más cerca del Sol.
3) El cuadrado del período orbital de un planeta es proporcional al cubo de su distancia media al Sol.
   Explicación: Cuanto más lejos está un planeta del Sol, más lento es su movimiento en su órbita alrededor del Sol.

12. Kepler descubrió patrones universales relacionados con

    A. las distancias entre los planetas y las estrellas.
    B. la manera en la que se forman los planetas.
    C. el movimiento de los cuerpos que orbitan.
    D. la relación entre la masa y el movimiento.

UNIDAD 3

Interpretar diagramas tridimensionales

Usar con el *Libro del estudiante,* págs. 88–89.

TEMAS DE CIENCIAS: ES.b.4, ES.c.3
PRÁCTICA DE CIENCIAS: SP.1.a, SP.1.b, SP.1.c, SP.3.b, SP.3.d, SP.7.a

UNIDAD 3

1 Repasa la destreza

Un **diagrama tridimensional** muestra la estructura de algo. Estos diagramas pueden tener partes o secciones cortadas para que pueda verse el interior del objeto. Al **interpretar diagramas tridimensionales**, puedes obtener información sobre las capas y partes ocultas del objeto para comprenderlo mejor. Es posible que las estructuras conocidas se vean diferentes en los diagramas tridimensionales. Los rótulos y las leyendas identifican las partes del diagrama y explican cómo se relacionan.

2 Perfecciona la destreza

Al perfeccionar la destreza de interpretar diagramas tridimensionales, mejorarás tus capacidades de estudio y evaluación, especialmente en relación con la Prueba de Ciencias GED®. Estudia el diagrama tridimensional que aparece a continuación. Luego responde las preguntas.

a Los rótulos identifican y describen las partes de un objeto en un diagrama. En general son textos cortos y proporcionan el nombre o una breve descripción de la estructura.

b Las leyendas son bloques de texto que describen parte de una ilustración en detalle. Pueden describir el funcionamiento de ciertas partes de un objeto. Las líneas guía unen los rótulos o leyendas con las partes del diagrama que identifican o describen.

LAS CAPAS DE LA TIERRA

Corteza
La corteza es la capa exterior de la Tierra. Todos los seres vivos viven sobre la corteza o dentro de ella.

Manto
El manto es una capa gruesa formada por roca sólida y caliente. La roca de esta capa fluye constantemente a pesar de ser sólida.

Núcleo
El núcleo es la capa central de la Tierra. Está formado por hierro y níquel. Una parte del núcleo es líquida y otra parte es sólida.

HACER SUPOSICIONES

Un diagrama a escala es aquel en el que los tamaños relativos de las partes del diagrama son iguales que en la vida real. A menos que diga específicamente que el diagrama está hecho a escala, debes suponer que no lo está.

1. ¿Qué interpretación se puede hacer a partir del diagrama?

   A. El manto puede verse desde la superficie de la Tierra.
   B. El núcleo es menos denso que el manto.
   C. La temperatura dentro de la Tierra disminuye a mayor profundidad.
   D. La corteza representa solo una ínfima parte de la Tierra.

2. Se puede sacar la conclusión de que los accidentes geográficos de la Tierra

   A. solo se encuentran en el manto de la Tierra.
   B. se encuentran en la parte líquida del núcleo terrestre.
   C. son parte de la corteza terrestre.
   D. se encuentran en la parte sólida del núcleo terrestre.

INSTRUCCIONES: Estudia la información y el diagrama, lee cada pregunta y elige la **mejor** respuesta.

LOS TERREMOTOS

Un terremoto se produce cuando la roca que está debajo de la superficie de la Tierra se rompe de repente. Este movimiento produce ondas de energía que se alejan de la ruptura. El temblor en el que pensamos cuando hablamos de terremotos se produce cuando las ondas alcanzan la superficie de la Tierra. En el diagrama que aparece a continuación, se muestra cómo se produce un terremoto a lo largo de una falla.

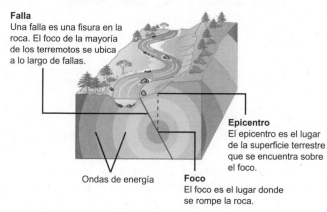

Falla
Una falla es una fisura en la roca. El foco de la mayoría de los terremotos se ubica a lo largo de fallas.

Epicentro
El epicentro es el lugar de la superficie terrestre que se encuentra sobre el foco.

Ondas de energía

Foco
El foco es el lugar donde se rompe la roca.

3. ¿Qué enunciado describe la ubicación del epicentro y el foco de un terremoto?

    A. Ambos tienen lugar en la superficie terrestre.
    B. El epicentro está ubicado debajo de la falla y el foco está arriba de ella.
    C. Ambos están justo por encima de la falla.
    D. El foco está justo debajo del epicentro.

4. A partir del pasaje y el diagrama, ¿cómo se desplazan las ondas producidas por el quiebre de la roca?

    A. Se desplazan hacia afuera desde del foco.
    B. Se desplazan a lo largo de la falla hasta que llegan a la superficie.
    C. Se desplazan desde el epicentro hasta la falla.
    D. Se desplazan hacia el interior desde la superficie.

INSTRUCCIONES: Estudia la información y el diagrama, lee cada pregunta y elige la **mejor** respuesta.

LOS VOLCANES

Un volcán es una fumarola en la superficie terrestre que permite que salga la roca derretida, o magma, que hay debajo de la superficie. La mayoría de los volcanes también liberan gases y cenizas y lanzan fragmentos de roca, o piroclásticas.

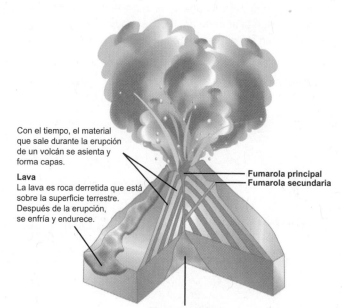

Con el tiempo, el material que sale durante la erupción de un volcán se asienta y forma capas.

Lava
La lava es roca derretida que está sobre la superficie terrestre. Después de la erupción, se enfría y endurece.

Fumarola principal
Fumarola secundaria

Cámara magmática
El magma es roca derretida que está debajo de la superficie terrestre. Está almacenada en una cámara debajo del volcán. Cuando la cámara se llena, el volcán entra en erupción.

5. A partir del pasaje y el diagrama, ¿de qué materiales se componen las capas de un volcán?

    A. ceniza, fragmentos de roca y lava que se enfrió
    B. gases varios
    C. fragmentos de roca
    D. magma y gas que se enfrió

6. ¿Qué descripción de un volcán está respaldada por el pasaje y el diagrama?

    A. La lava siempre sale por el centro del volcán.
    B. La mayoría de los volcanes están constantemente en erupción.
    C. Cuando se forman, la mayoría de los volcanes son pequeños.
    D. Los volcanes no pueden arrojar lava y ceniza al mismo tiempo.

INSTRUCCIONES: Estudia la información y el diagrama, lee cada pregunta y elige la **mejor** respuesta.

INSTRUCCIONES: Estudia la información y el diagrama, lee cada pregunta y elige la **mejor** respuesta.

EL MONTE SANTA HELENA

El monte Santa Helena es un volcán de gran tamaño del estado de Washington. Este volcán se mantuvo inactivo durante muchos años. Luego, en 1980, entró en erupción. En el diagrama, se muestra la estructura del monte Santa Helena antes y después de la erupción. Aunque no se han registrado otras erupciones importantes de este monte desde la década de 1980, sí ha habido períodos de actividad en los que el volcán despidió humo y cenizas.

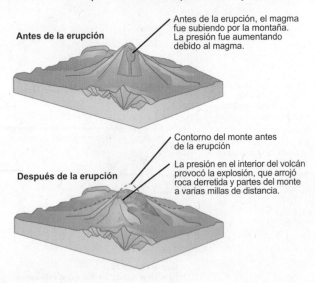

Antes de la erupción

Antes de la erupción, el magma fue subiendo por la montaña. La presión fue aumentando debido al magma.

Después de la erupción

Contorno del monte antes de la erupción

La presión en el interior del volcán provocó la explosión, que arrojó roca derretida y partes del monte a varias millas de distancia.

7. A partir del diagrama, ¿de qué manera cambió el monte Santa Helena tras la erupción de 1980?

   A. El volcán quedó más angosto.
   B. El volcán quedó más bajo.
   C. El volcán quedó totalmente destruido.
   D. El volcán aumentó su tamaño.

8. ¿Qué lanzó el monte Santa Helena cuando entró en erupción?

   A. solamente roca que estaba debajo de la superficie
   B. una mezcla de roca que estaba debajo de la superficie y roca del monte
   C. solamente gas que se encontraba cerca de la superficie
   D. principalmente roca rota proveniente de la cámara magmática

EL MOVIMIENTO DE LAS PLACAS TECTÓNICAS

La corteza terrestre se divide en varios bloques grandes llamados placas tectónicas. Hay aproximadamente 12 placas grandes y varias más pequeñas. Las placas tectónicas se desplazan constantemente en diferentes direcciones, como se muestra en el diagrama.

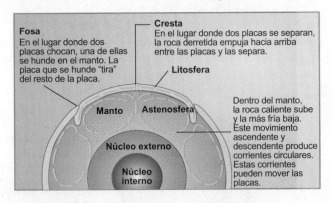

Fosa
En el lugar donde dos placas chocan, una de ellas se hunde en el manto. La placa que se hunde "tira" del resto de la placa.

Cresta
En el lugar donde dos placas se separan, la roca derretida empuja hacia arriba entre las placas y las separa.

Litosfera

Manto   **Astenosfera**

Núcleo externo

Núcleo interno

Dentro del manto, la roca caliente sube y la más fría baja. Este movimiento ascendente y descendente produce corrientes circulares. Estas corrientes pueden mover las placas.

9. A partir del diagrama, ¿qué es lo que causa el movimiento de las placas tectónicas?

   A. los terremotos que se producen en el lugar donde chocan las placas
   B. la fricción entre las placas
   C. la roca derretida que sube desde el núcleo
   D. los movimientos de la roca en el manto

10. A partir del pasaje y el diagrama, ¿en qué capa de la Tierra se encuentran las placas tectónicas?

    A. en la litosfera
    B. en el manto inferior
    C. en la astenosfera
    D. en el núcleo externo

11. ¿Qué es una fosa?

    A. Es el borde de una placa tectónica.
    B. Es la superficie de una placa tectónica.
    C. Es la zona donde una placa se mueve por debajo de otra.
    D. Es la zona donde se separan dos placas.

INSTRUCCIONES: Lee el pasaje y la pregunta. Luego marca el lugar o los lugares adecuados del diagrama para responder.

USAR LAS CAPAS DE ROCA PARA DETERMINAR LA EDAD RELATIVA

Antes de que la datación radiométrica permitiera a los científicos determinar la edad exacta de las rocas, la única herramienta de la que disponían era la datación relativa. Para calcular la edad relativa de las rocas, los científicos se basaban en los siguientes principios:

- En una secuencia de capas de roca que no se han movido, cada capa es más antigua que la que tiene por encima.

- Las capas de roca se depositan en forma horizontal.

- Las rocas se depositan en capas continuas. Si una capa está cortada por un cañón o una falla, dicho cañón o falla es más moderno que la roca que atraviesa.

- Cuando una característica de la roca está atravesada por otra, la característica atravesada es la más antigua.

12. En el diagrama se muestra una representación simple de las capas de roca de un accidente geográfico. Aplica los principios que sirven para determinar la edad relativa de la roca para hacer una interpretación sobre las capas de roca representadas. Marca con una *X* la letra de cualquier característica de la roca que sea más moderna que la característica D.

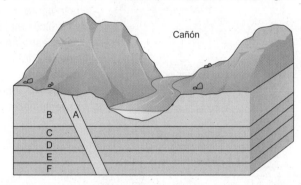

INSTRUCCIONES: Estudia el diagrama, lee cada pregunta y elige la **mejor** respuesta.

LA FORMACIÓN DE LA CORTEZA EN UNA DORSAL CENTRO-OCEÁNICA

Las placas tectónicas que están debajo del océano se separan y forman una dorsal centro-oceánica.

La roca derretida asciende hasta la superficie y entra en erupción. Cuando se enfría, se convierte en corteza nueva.

Corteza

Dorsal centro-oceánica

La roca del manto asciende hacia la superficie. A medida que sube, la presión en ella disminuye y la roca se derrite.

13. A partir del diagrama, ¿dónde se origina la roca que se convierte en corteza nueva?

A. en las profundidades del núcleo
B. en la corteza
C. en sedimento que está lejos de la dorsal
D. en el manto

14. ¿De qué manera la convección, es decir, la transferencia de calor que se produce en los líquidos cuando las partículas de zonas más cálidas se desplazan a zonas más frías, forma parte del proceso de formación de la corteza que se representa en el diagrama?

A. El calor se transfiere de las partículas de la corteza a las partículas del manto.
B. La roca derretida del manto caliente de la Tierra sube hacia la superficie terrestre, que está más fría.
C. El calor de una placa tectónica más caliente se transfiere a una placa tectónica más fría.
D. Las partículas del aire que está sobre la superficie del océano se calientan por acción de las partículas más calientes en las aguas del océano.

UNIDAD 3

Aplicar conceptos científicos

Usar con el *Libro del estudiante,* págs. 90–91.

TEMAS DE CIENCIAS: ES.a.1, ES.b.1, ES.b.2
PRÁCTICA DE CIENCIAS: SP.1.a, SP.1.b, SP.1.c, SP.3.a, SP.3.b, SP.3.c, SP.7.a

1 Repasa la destreza

Un **concepto** es una unidad de información sobre un tema en particular. Puede expresarse como un tema, como "fuentes de energía" o "la transferencia de calor en la materia". Un concepto puede ser también un enunciado acerca de un aspecto de un tema. Al **aplicar conceptos científicos**, interpretas nuevos contenidos relacionándolos con ideas que ya comprendías.

2 Perfecciona la destreza

Al perfeccionar la destreza de aplicar conceptos científicos, mejorarás tus capacidades de estudio y evaluación, especialmente en relación con la Prueba de Ciencias GED®. Estudia la información y el mapa que aparecen a continuación. Luego responde las preguntas.

LOS EFECTOS DE LA CORRIENTE DEL GOLFO

a Considera lo que sabes acerca del concepto de fuentes de energía para determinar cómo se calientan las aguas de la corriente del Golfo.

b Sabes que cuando una sustancia más caliente entra en contacto con una más fría, se produce una transferencia de calor. Aplica el concepto de transferencia de calor para profundizar tu comprensión sobre este enunciado.

Irlanda y la Isla de Terranova se encuentran aproximadamente a los 50 grados de latitud norte. Sin embargo, sus climas no se parecen. La temperatura promedio en invierno de Irlanda es aproximadamente 20 grados Celsius más cálida que la temperatura promedio en invierno de la Isla de Terranova. La mayoría de los científicos atribuyen esta diferencia principalmente a la Corriente del Golfo, que se muestra en el mapa. La Corriente del Golfo es una corriente oceánica cálida que se origina en el golfo de México y luego cruza el Atlántico Norte hasta la costa norte de Europa occidental, donde está Irlanda. La corriente calienta la atmósfera sobre ella. Luego los vientos preponderantes del oeste llevan el aire caliente hacia Europa occidental, lo que hace que el clima sea más templado.

CORRIENTE DEL GOLFO

OCÉANO ATLÁNTICO

Europa

GOLFO DE MÉXICO

CORRIENTE DEL GOLFO

USAR LA LÓGICA

Al aplicar conceptos, busca relaciones lógicas entre los datos nuevos y lo que ya sabes. Recuerda que muchos conceptos de las ciencias de la Tierra y del espacio están relacionados con conceptos de las ciencias físicas.

1. ¿Cuál es la fuente de energía que calienta la Corriente del Golfo?

   A. la atmósfera
   B. las costas cercanas
   C. el Sol
   D. las precipitaciones

2. ¿Por qué la Corriente del Golfo calienta el aire de la atmósfera sobre ella?

   A. Sus aguas son más cálidas que el aire con el que entran en contacto.
   B. Sus partículas producen energía en reacciones químicas.
   C. Cuando las partículas del aire entran en contacto con sus aguas, su movimiento se hace más lento.
   D. Tiene energía cinética interna y la atmósfera no.

Domina la destreza

★ Ítem en foco: **MENÚ DESPLEGABLE**

INSTRUCCIONES: Estudia el diagrama. Luego lee el pasaje incompleto que aparece a continuación. Usa información del diagrama y tu comprensión de conceptos relacionados para completar el pasaje. En cada ejercicio con menú desplegable, elige la opción que **mejor** complete la oración.

EL CICLO DEL AGUA

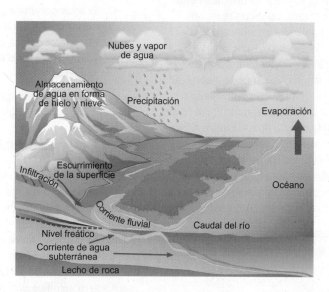

3. Las aguas de la Tierra cambian de estado constantemente durante el ciclo del agua. La energía que pone en movimiento el ciclo del agua se origina en la energía [3. Menú desplegable 1] , que llega a la superficie terrestre, incluso a los océanos. Debido a esta acción, el agua líquida se convierte en un gas llamado vapor de agua a través del proceso de [3. Menú desplegable 2] . El vapor de agua, en estado gaseoso, se enfría en el aire a medida que se eleva. Mediante la condensación, el vapor de agua de la atmósfera se transforma de gas a [3. Menú desplegable 3] y forma gotitas de agua que se convierten en nubes. Cuando estas gotitas se hacen lo suficientemente grandes y pesadas, caen sobre la Tierra en forma de precipitación. Cuando la precipitación que está en las nubes se enfría lo suficiente, se [3. Menú desplegable 4] y cae de las nubes en forma de nieve o hielo. Con el tiempo, la nieve y el hielo de la superficie de la Tierra se calientan, cambian de estado [3. Menú desplegable 5] a estado líquido y fluyen como parte de los ríos hasta los océanos para volver a comenzar con el ciclo.

Opciones de respuesta del menú desplegable

3.1 A. de las nubes
B. del viento
C. del ozono
D. del Sol

3.2 A. condensación
B. deposición
C. sublimación
D. evaporación

3.3 A. sólido
B. gas
C. líquido
D. plasma

3.4 A. congela
B. condensa
C. derrite
D. evapora

3.5 A. de plasma
B. sólido
C. gaseoso
D. semiderretido

UNIDAD 3

3 Domina la destreza

INSTRUCCIONES: Estudia la información y el mapa, lee cada pregunta y elige la **mejor** respuesta.

LOS EFECTOS DE LA CIRCULACIÓN TERMOHALINA

En el mapa se muestra la circulación termohalina, una corriente subacuática que atraviesa el mundo entero. Es impulsada por las diferencias en la densidad y la temperatura del agua. Cerca de los polos, las temperaturas extremadamente frías hacen que el agua del océano se congele. El hielo oceánico que se forma está prácticamente libre de sal porque, cuando las moléculas de agua de una solución de agua salada se congelan, la sal queda allí. En consecuencia, el agua que está cerca de los hielos oceánicos tiene una mayor salinidad, o concentración de sal, lo que hace que sea más densa que el agua de mar común. Esta agua más densa se hunde, formando una corriente de agua densa y fría que fluye por el suelo oceánico. Fluye hacia el Sur en dirección a la Antártida, desde donde vuelve a fluir hacia el Norte y allí se divide. Cuando las dos corrientes se aproximan al ecuador, se calientan y suben a la superficie y continúan fluyendo por los océanos hasta que regresan al océano Atlántico en forma de corriente cálida superficial que se enfría, se hunde y comienza el ciclo una y otra vez.

CIRCULACIÓN TERMOHALINA

Corriente fría profunda
Corriente cálida superficial

4. A partir de la información y los conceptos relacionados con las soluciones, ¿por qué la sal queda allí cuando el agua del océano que está cerca de los polos se congela?

   A. La sal no está distribuida de manera uniforme en el agua antes de que esta se congele.
   B. A medida que disminuye la temperatura del agua del océano, aumenta su solubilidad.
   C. A medida que disminuye la temperatura del agua del océano, disminuye su solubilidad.
   D. El agua del océano se satura a una temperatura más alta que la de su punto de congelamiento.

5. A partir de los conceptos relacionados con las propiedades de la materia, ¿por qué el agua oceánica con mayor salinidad es más densa que el agua oceánica con menor salinidad?

   A. El agua oceánica con mayor salinidad tiene una razón de la masa al volumen mayor que el agua oceánica con menor salinidad.
   B. El agua oceánica con mayor salinidad tiene una razón del volumen a la masa mayor que el agua oceánica con menor salinidad.
   C. El agua oceánica con mayor salinidad tiene una masa mayor que el agua oceánica con menor salinidad.
   D. El agua oceánica con mayor salinidad tiene un volumen mayor que el agua oceánica con menor salinidad.

INSTRUCCIONES: Lee el pasaje. Luego lee cada pregunta y elige la **mejor** respuesta.

LA ACIDIFICACIÓN DEL OCÉANO

El dióxido de carbono liberado por la quema de los combustibles fósiles llega a la atmósfera y al océano. En la atmósfera, se ha relacionado al dióxido de carbono con el cambio climático. En el océano, los niveles elevados de dióxido de carbono reaccionan con el agua de los mares y producen ácido carbónico. Esta reacción está causando un cambio gradual en el pH del agua de mar que tiene como resultado la acidificación de los océanos. Los científicos descubrieron un aumento del 30 por ciento en la acidez total del océano desde el comienzo de la Revolución industrial.

El pH natural del océano es ligeramente básico. Las aguas oceánicas contienen carbonato de calcio, que muchos organismos marinos usan para producir sus conchas y esqueletos. El aumento de la acidez del agua de los océanos destruye el carbonato de calcio. Esta destrucción del carbonato podría provocarles problemas a muchos animales marinos, como las ostras, las almejas y los corales, para formar las conchas y esqueletos que necesitan para sobrevivir.

6. A partir de la información y del concepto de pH, ¿qué cambio coincidiría con la tendencia general del pH en los océanos?

   A. de 7.0 a 9.0
   B. de 8.0 a 6.0
   C. de 10.0 a 12.0
   D. de 12.0 a 10.0

7. A partir de la información, ¿qué frase podría describir el pH que tendrán los océanos dentro de 100 años?

   A. más ácido
   B. neutro o ligeramente básico
   C. sumamente básico
   D. estrictamente neutro

INSTRUCCIONES: Estudia la información y el diagrama, lee cada pregunta y elige la **mejor** respuesta.

CÓMO SE FORMA UN HURACÁN

Los huracanes se forman sobre las cálidas aguas tropicales de los océanos donde la temperatura en la superficie es de al menos 82 grados Fahrenheit. El calor del océano se transfiere a la atmósfera y proporciona la energía necesaria para la formación de enormes bancos de nubes alrededor de una zona de baja presión, o borrasca. A medida que la borrasca se intensifica y el sistema comienza a girar, puede desarrollarse un huracán. Los huracanes pueden mantener su intensidad e incluso crecer mientras se mantengan sobre las aguas cálidas del océano. Pero a medida que se alejan de los trópicos, se desplazan sobre aguas más frías y, a menudo, sobre la tierra. Cuando lo hacen, pierden su fuente de energía y desaparecen.

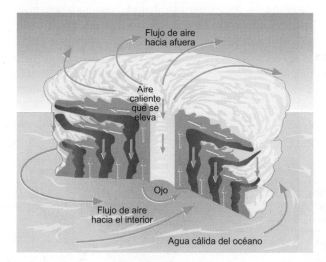

8. A partir del concepto de transferencia de calor y la información, ¿cómo se transfiere la energía entre la superficie del océano y el aire que está sobre ella?

    A. por radiación
    B. por convección
    C. por saturación
    D. por conducción

9. En los huracanes, el aire caliente sube y luego se hunde para volver a calentarse. ¿Cómo se llama este tipo de transferencia de calor?

    A. convección
    B. condensación
    C. radiación
    D. conducción

10. ¿Qué concepto queda demostrado por la formación de huracanes?

    A. En el hemisferio norte, los vientos preponderantes en las latitudes medias soplan desde el Oeste.
    B. La densidad del agua del océano aumenta con la salinidad.
    C. A medida que el aire se calienta, se torna menos denso que el aire más frío que lo rodea y se eleva.
    D. La energía no se puede crear ni destruir.

INSTRUCCIONES: Estudia la información y el mapa, lee la pregunta y elige la **mejor** respuesta.

CORRIENTES OCEÁNICAS SUPERFICIALES

Una corriente oceánica es una franja de agua que se mueve dentro de un océano. Hay dos tipos principales de corrientes. Las corrientes oceánicas profundas se mueven sobre el lecho oceánico. Las corrientes superficiales se desplazan a través de una capa fina de agua de la superficie. El flujo de las corrientes oceánicas es causado por una combinación de factores. Entre estos factores se encuentran los vientos superficiales, la forma de los accidentes geográficos cercanos y el efecto Coriolis. En el siguiente mapa se muestran las corrientes oceánicas superficiales de la Tierra.

11. ¿Qué concepto es **más probable** que explique cómo el efecto Coriolis determina el recorrido de las corrientes oceánicas?

    A. El giro de la Tierra hace que los fluidos se muevan en círculos.
    B. La atracción gravitacional del Sol hace que las corrientes de la Tierra se curven.
    C. La rotación de la Tierra hace que las corrientes se desvíen y no sigan un recorrido recto.
    D. Las corrientes oceánicas cambian su dirección cuando cambian las condiciones meteorológicas.

Expresar información científica

Usar con el *Libro del estudiante,* págs. 92–93.

TEMAS DE CIENCIAS: ES.b.1, ES.b.3
PRÁCTICA DE CIENCIAS: SP.1.a, SP.1.b, SP.1.c, SP.5.a, SP.6.a, SP.6.c

1 Repasa la destreza

La **información científica** puede comunicarse de muchas maneras. Cierta clase de información puede expresarse mejor de una determinada manera. Por ejemplo, los datos científicos con frecuencia se expresan mejor con números. La capacidad de **expresar información científica** de varias maneras te ayudará a elegir la manera más efectiva de transmitir tu conocimiento y comprensión de los conceptos científicos.

2 Perfecciona la destreza

Al perfeccionar la destreza de expresar información científica, mejorarás tus capacidades de estudio y evaluación, especialmente en relación con la Prueba de Ciencias GED®. Estudia la información y las gráficas que aparecen a continuación. Luego responde las preguntas.

LAS EMISIONES DE GASES INVERNADERO

Los gases invernadero de la atmósfera retienen el calor y calientan el planeta. Una parte de los gases invernadero se liberan de manera natural en la atmósfera. Por ejemplo, los incendios forestales ocasionados por la caída de rayos liberan dióxido de carbono. Sin embargo, desde el comienzo de la Revolución industrial, las actividades humanas han hecho que se liberaran otras enormes cantidades de gases invernadero debido a la quema de combustibles fósiles. La mayoría de los científicos creen que este aumento ha contribuido al calentamiento gradual de la Tierra.

a Después de interpretar la primera gráfica, puedes expresar información científica acerca de la relación entre cada gas en particular y las emisiones totales de gases invernadero en los EE. UU.

b La segunda gráfica parece simple, pero al interpretarla se puede obtener una gran cantidad de información científica.

EMISIONES DE GASES INVERNADERO DE LOS EE.UU., 2010   EMISIONES DE DIÓXIDO DE CARBONO POR FUENTE EN LOS EE.UU., 2010

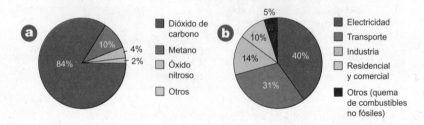

1. Según los datos de 2010, ¿qué proporción de los gases invernadero, expresada en números, representa el dióxido de carbono?

   A. 10 por ciento
   B. 16 por ciento
   C. 84 por ciento
   D. 100 por ciento

2. ¿Qué proporción de las emisiones de dióxido de carbono de 2010, expresada en números, fue causada por la producción de electricidad, el transporte o la industria?

   A. 14 por ciento
   B. 31 por ciento
   C. 40 por ciento
   D. 85 por ciento

INSTRUCCIONES: Estudia la información y el diagrama, lee cada pregunta y elige la **mejor** respuesta.

LAS CAPAS DE LA ATMÓSFERA

Puede que la atmósfera parezca una única sustancia uniforme, pero no lo es. Cambia según la distancia hasta la superficie terrestre. En general, las partículas de aire están bastante próximas entre sí cerca de la superficie terrestre, pero pueden estar a kilómetros de distancia en el extremo superior de la atmósfera. Además, la atmósfera es más cálida cerca de la superficie terrestre que en su extremo superior, donde se une con el espacio exterior. Los científicos usan estos cambios causados por la altitud para dividir la atmósfera en capas, como se muestra en el diagrama que aparece a continuación.

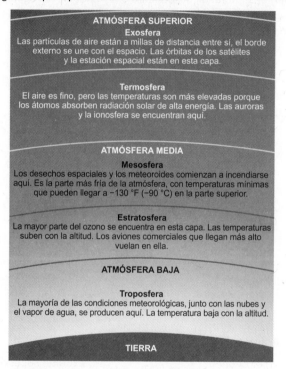

ATMÓSFERA SUPERIOR

Exosfera
Las partículas de aire están a millas de distancia entre sí, el borde externo se une con el espacio. Las órbitas de los satélites y la estación espacial están en esta capa.

Termosfera
El aire es fino, pero las temperaturas son más elevadas porque los átomos absorben radiación solar de alta energía. Las auroras y la ionosfera se encuentran aquí.

ATMÓSFERA MEDIA

Mesosfera
Los desechos espaciales y los meteoroides comienzan a incendiarse aquí. Es la parte más fría de la atmósfera, con temperaturas mínimas que pueden llegar a −130 °F (−90 °C) en la parte superior.

Estratosfera
La mayor parte del ozono se encuentra en esta capa. Las temperaturas suben con la altitud. Los aviones comerciales que llegan más alto vuelan en ella.

ATMÓSFERA BAJA

Troposfera
La mayoría de las condiciones meteorológicas, junto con las nubes y el vapor de agua, se producen aquí. La temperatura baja con la altitud.

TIERRA

3. Para expresar información acerca de las capas de la atmósfera en la que es **más probable** que se encuentren las personas, hablarías sobre

   A. la exosfera y la termosfera.
   B. la termosfera y la mesosfera.
   C. la mesosfera y la estratosfera.
   D. la estratosfera y la troposfera.

4. ¿Qué enunciado expresa una diferencia entre la troposfera y las otras capas?

   A. Es la parte más fría de la atmósfera.
   B. En ella se encuentran la mayoría de las nubes, la lluvia y el viento.
   C. Es la única capa en la que vuelan los aviones.
   D. Contiene partículas que están a millas de distancia entre sí.

INSTRUCCIONES: Estudia la información y el diagrama, lee cada pregunta y elige la **mejor** respuesta.

LA IONOSFERA

La ionosfera es una capa formada por partículas con carga eléctrica ubicada en la parte inferior de la termosfera. A medida que absorben radiación de alta energía del Sol, las moléculas de nitrógeno y los átomos de oxígeno se despojan de los electrones y se convierten en iones u otras partículas con carga. Los electrones liberados forman corrientes eléctricas en la atmósfera superior. La ionosfera tiene tres capas. Desde la más cercana a la Tierra hacia el exterior, son las capas identificadas como D, E y F. Durante el día, la capa D absorbe las señales de radio, por lo tanto, las señales de radio AM se mantienen a un número limitado de kilómetros de distancia del transmisor de radio. Sin energía solar que ionice las partículas, las capas D y E desaparecen por la noche y dejan solamente a la capa F, la más alta. En el diagrama se muestra por qué tarde por la noche se pueden recibir señales de radio de lugares muy distantes.

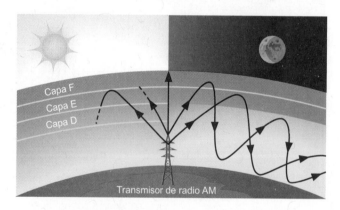

Capa F
Capa E
Capa D

Transmisor de radio AM

5. ¿Qué representan las flechas negras del diagrama?

   A. las partículas cargadas
   B. las señales de radio
   C. las moléculas de nitrógeno y los átomos de oxígeno
   D. la radiación solar

6. ¿Qué enunciado expresa la razón por la cual solo por la noche es posible escuchar señales de radio AM de estaciones muy distantes?

   A. Por la noche, los transmisores envían señales más fuertes.
   B. Por la noche, la ionosfera les proporciona más energía a las señales de radio.
   C. Las ondas de radio que rebotan en la ionosfera viajan distancias más grandes por la noche.
   D. Durante el día, la luz solar bloquea las señales de radio.

UNIDAD 3

Domina la destreza

⭐ Ítem en foco: **ARRASTRAR Y SOLTAR**

INSTRUCCIONES: Lee el pasaje y la pregunta. Luego usa las opciones de arrastrar y soltar para completar el diagrama.

PRECIPITACIÓN ÁCIDA

Cuando las fábricas, las plantas de energía y los vehículos queman combustibles fósiles, se liberan millones de toneladas de contaminantes en la atmósfera. Algunas de estas sustancias, como el dióxido de azufre y el óxido de nitrógeno, pueden combinarse con el agua del aire y formar ácidos. El agua ácida luego cae del cielo en forma de lluvia o nieve ácida. La lluvia es ligeramente ácida por naturaleza, con un pH de alrededor de 5.6. Pero la lluvia ácida es más ácida aún. La mayor parte de la lluvia ácida tiene un pH de entre 5.0 y 5.5. Se han registrado niveles de hasta 3.0. La precipitación ácida mata árboles. También puede provocar la muerte de toda vida acuática en los lagos que se vuelven demasiado ácidos. Los hábitats de agua dulce tienen en general un pH de entre 6.5 y 9. El pH del agua del océano es, por lo general, alrededor de 8.0. En la actualidad, las normas obligan a las plantas de energía y otras empresas que queman combustibles fósiles a reducir la emisión de contaminantes como el dióxido de azufre que contribuyen a la existencia de precipitación ácida.

7. Expresa información científica de manera visual. Determina en qué parte de la escala de pH van las opciones de arrastrar y soltar. Luego anota el nombre de cada sustancia en el recuadro adecuado del diagrama.

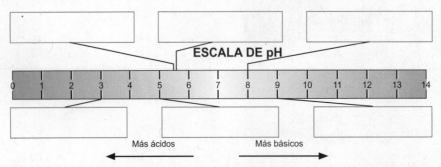

En la escala de pH, 7 es neutro, ni ácido ni básico.
Los valores por debajo de 7 son cada vez más ácidos.
Los valores por arriba de 7 son cada vez más básicos, o alcalinos.

Opciones de arrastrar y soltar

| agua de lluvia | agua del océano | extremo inferior del rango de la mayoría de la lluvia ácida | extremo superior del rango de la mayoría de la lluvia ácida | precipitación ácida muy fuerte | extremo superior del rango del agua dulce |

INSTRUCCIONES: Lee el pasaje y la pregunta y elige la **mejor** respuesta.

ENERGÍA EÓLICA

En 2011, el viento produjo solo alrededor del 3 por ciento de la energía de los Estados Unidos. Aun así, era la segunda fuente de energía renovable, después de la energía hidroeléctrica. La desventaja de la energía eólica es que solo genera energía cuando sopla el viento. Las principales ventajas son que es gratis y no genera contaminación. La cantidad de energía eólica producida en los Estados Unidos aumentó de 20 teravatios hora en 2006 a 120 teravatios hora en 2011.

8. ¿Qué enunciado expresa **mejor** la situación de la energía eólica en los Estados Unidos?

A. Cada vez se usa menos energía eólica en el país.
B. El uso de la energía eólica es demasiado controvertido para ser efectivo.
C. El uso de energía eólica está aumentando.
D. El viento no constituye una fuente importante de energía renovable.

PRESIÓN ATMOSFÉRICA

La presión del aire es la fuerza con la que la atmósfera presiona sobre la superficie terrestre. La fuerza hacia abajo que ejerce la gravedad comprime las moléculas de aire con más fuerza al nivel del mar. En consecuencia, la densidad del aire y, por lo tanto, la presión del aire, son mayores a medida que nos acercamos al nivel del mar. A medida que aumenta la altitud, como en una montaña alta, la fuerza de gravedad disminuye y la presión disminuye también. La presión del aire no suele sentirse porque se ejerce en todas direcciones al mismo tiempo. En la gráfica que aparece a continuación, se muestra la relación entre la presión del aire y la altitud.

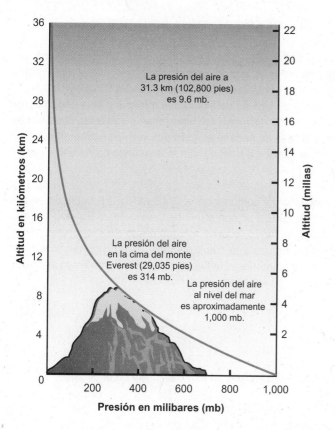

9. ¿Qué enunciado expresa la relación entre la presión del aire y la altitud?

A. La presión del aire es más baja al nivel del mar.
B. La presión del aire disminuye a medida que aumenta la distancia desde las montañas.
C. La presión del aire aumenta a medida que aumenta la altitud.
D. La presión del aire aumenta a medida que disminuye la altitud.

LA CAPA DE OZONO

La atmósfera contiene moléculas de oxígeno (O_2), átomos de oxígeno (O) y moléculas de ozono (O_3). El ozono es una forma de oxígeno que se produce cuando se unen moléculas de oxígeno y átomos de oxígeno. La producción de ozono en la atmósfera es un proceso continuo.

El ozono de la atmósfera es importante porque bloquea la mayor parte de la radiación ultravioleta dañina del Sol. Es por eso que los científicos se alarmaron al descubrir, a mediados de la década de 1970, que la capa de ozono de la Tierra estaba disminuyendo en algunas zonas. La fuente del problema eran los átomos de cloro (CI) de los compuestos químicos llamados clorofluorocarbonos (CFC). Para proteger el ozono de la atmósfera, a fines de la década de 1980, más de 180 países acordaron suprimir progresivamente la producción de productos que contienen o usan sustancias como los CFC.

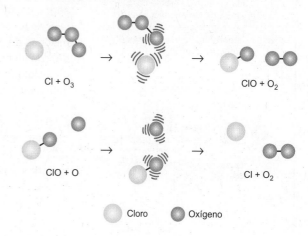

10. ¿Qué información acerca del ozono se muestra en el modelo?

A. El ozono se forma cuando se unen moléculas de oxígeno y átomos de oxígeno.
B. El cloro se combina con el ozono en la atmósfera y descompone el ozono.
C. La producción de ozono en la atmósfera es un proceso continuo.
D. El ozono es una forma de oxígeno que se encuentra en la atmósfera.

UNIDAD 3

Identificar problemas y soluciones

Usar con el *Libro del estudiante,* págs. 94–95.

TEMAS DE CIENCIAS: ES.a.1, ES.a.2, ES.a.3, ES.b.1
PRÁCTICA DE CIENCIAS: SP.1.a, SP.1.b, SP.1.c, SP.3.a, SP.3.b

1 Repasa la destreza

Muchos textos científicos presentan **problemas** y exploran posibles **soluciones**. Aprender a **identificar el problema y la solución** en textos puede ayudarte a evaluar los argumentos y las ideas del autor y a pensar en soluciones alternativas que el autor quizá no expuso.

2 Perfecciona la destreza

Al perfeccionar la destreza de identificar problemas y soluciones, mejorarás tus capacidades de estudio y evaluación, especialmente en relación con la Prueba de Ciencias GED®. Lee el pasaje que aparece a continuación. Luego responde las preguntas.

EL ACCESO AL AGUA POTABLE

a En las primeras dos oraciones del pasaje se identifica claramente un problema. Sin embargo, se mencionan otros problemas en el párrafo. Es importante definir cuál es el problema principal.

El agua potable es esencial para todas las personas. En la actualidad, en el mundo, más de 780 millones de personas no tienen acceso al agua potable, según un informe de la Organización Mundial de la Salud (OMS) y UNICEF, la agencia de las Naciones Unidas dedicada a la infancia. Cada año, mueren millones de personas en las naciones en desarrollo debido a las condiciones de vida insalubres y la falta de acceso al agua potable. Este problema es especialmente serio en ciertas partes del sur y el sudeste de Asia y el África subsahariana.

b Generalmente, el autor presenta soluciones después de mencionar el problema. Busca soluciones en este párrafo.

Sin embargo, este informe conjunto de la OMS y UNICEF habla de Asia oriental, especialmente de China, como una historia exitosa. En esta zona, las personas ahora tienen mayor acceso al agua potable transportada por cañerías. En el África subsahariana, los proyectos no han sido tan exitosos. En algunas zonas, especialmente aquellas donde existen conflictos armados, muy pocas personas tienen acceso al agua potable.

CONSEJOS PARA REALIZAR LA PRUEBA

Si identificas un problema, escríbelo. Sigue leyendo para descubrir si se presenta una solución. Puedes encontrar varias soluciones o ninguna. Analiza las soluciones de manera crítica para determinar si podrían causar otros problemas mayores.

1. ¿Cuál es el problema **principal** que se menciona en el pasaje?

   A. los conflictos armados en África
   B. la falta de agua potable
   C. los informes de la OMS y UNICEF
   D. los proyectos fallidos en el África subsahariana

2. ¿Qué solución a este problema generalizado se puede identificar en el pasaje?

   A. conservar las reservas de agua
   B. mejorar los proyectos de la OMS y UNICEF
   C. reducir los conflictos armados
   D. ampliar el acceso al suministro de agua potable transportada en cañerías

INSTRUCCIONES: Estudia la información y las imágenes, lee cada pregunta y elige la **mejor** respuesta.

EL HURACÁN SANDY

Cuando el huracán Sandy llegó a la costa atlántica en octubre de 2012, era una tormenta de categoría 1, la menor de las intensidades posibles. Pero como alcanzó un área densamente poblada causó daños devastadores, tal como muestran las imágenes aéreas de barrido y detección por luz que aparecen a continuación. Sandy inundó comunidades enteras y destruyó miles de casas y negocios, algunos de los cuales fueron arrastrados hacia el mar. Tras el paso de Sandy, muchas personas comenzaron a reconstruir sus casas y negocios. Pero algunas personas cuestionan esta táctica. Con el cambio climático, se espera que las tormentas como Sandy sean más frecuentes. Es probable que algunas de estas casas reconstruidas en zonas bajas y vulnerables vuelvan a ser destruidas.

Antes de Sandy   **Después de Sandy**

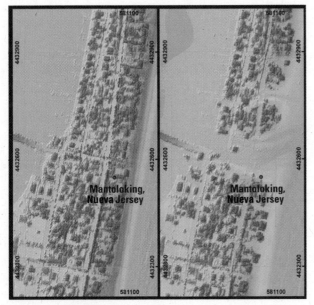

Fuente: Servicio Geológico de los EE. UU.

3. ¿Qué solución podría ayudar a que las casas, las oficinas y las fábricas de las costas soportaran las tormentas en el futuro?

   A. Construir paredones de contención y elevar las estructuras por sobre los niveles de inundación.
   B. Construir edificios mucho más grandes que los vientos no puedan derribar.
   C. Construir más puentes para que las personas puedan escapar a tiempo y evitar el peligro.
   D. Construir las estructuras dejando más distancia entre ellas para que el área esté menos densamente poblada.

4. Algunas personas piensan que se debería abandonar las zonas costeras bajas. A partir de la información presentada, ¿por qué creen que la solución consiste en no volver a construir en esas zonas?

   A. Las casas en zonas costeras son muy caras.
   B. En el futuro, la mayoría de los huracanes azotarán la costa atlántica de los Estados Unidos.
   C. Es probable que otras tormentas azoten las zonas que devastó Sandy y vuelvan a destruir las casas.
   D. Ninguna casa puede soportar un huracán en la costa.

INSTRUCCIONES: Estudia la información y la lista, lee cada pregunta y elige la **mejor** respuesta.

EQUIPOS PARA EMERGENCIAS

Un equipo para emergencias especial para huracanes resuelve un gran problema. Les proporciona a las víctimas de huracanes provisiones que necesitarán si se quedan sin agua ni suministro eléctrico después de una tormenta. La Agencia Federal para el Manejo de Emergencias sugiere que todas las personas que vivan en zonas de huracanes tengan un equipo para emergencias. Dicho equipo debe incluir lo siguiente:

EQUIPO DE EMERGENCIA PARA HURACANES

✓ Alimentos imperecederos y medicamentos:
   • Barras de proteínas, nueces, cereales secos, fruta deshidratada, mantequilla de maní
   • Vitaminas y medicamentos que usen los miembros de la familia
✓ Agua embotellada
   • Un galón de agua por día por persona para un período de tres días
✓ Radio a batería y baterías
✓ Equipo de primeros auxilios
✓ Vasos y platos de papel
✓ Bolsas de residuos y toallitas húmedas
✓ Fósforos
✓ Comida para mascotas
✓ Teléfono celular con cargador

---

5. ¿Cuál es el propósito de un equipo de emergencias para huracanes?

   A. ayudar a las personas a abandonar una zona cuando llega un huracán
   B. dar información sobre cómo actuar ante la llegada de un huracán
   C. abastecer de provisiones que pueden ser necesarias tras el paso de un huracán
   D. asegurar que las personas tengan agua y comida ante la llegada de un huracán

6. ¿Qué objeto que no está en la lista podría ser **más** útil?

   A. leche fresca
   B. sartenes y cacerolas
   C. mantas eléctricas
   D. una linterna

Domina la destreza

INSTRUCCIONES: Estudia la información y el diagrama, lee cada pregunta y elige la **mejor** respuesta.

EL CICLO DEL NITRÓGENO

Todas las plantas y los animales necesitan nitrógeno. Las proteínas esenciales de las células vivas no pueden formarse sin él. Como la mayor parte de la atmósfera terrestre está compuesta por nitrógeno, podríamos suponer que los seres vivos no tienen problemas para conseguirlo. Pero las plantas y los animales no pueden usar el nitrógeno del aire en su forma elemental. En el diagrama de flujo que aparece a continuación se muestra de qué manera el ciclo del nitrógeno resuelve este problema al hacer rotar el nitrógeno a través de los ambientes vivos y no vivos de la Tierra.

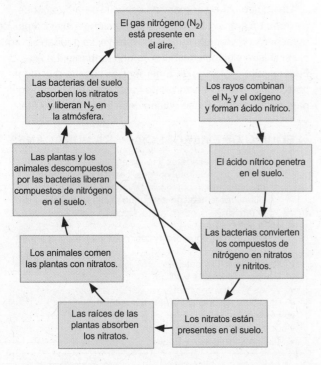

7. ¿Cuál es el problema fundamental respecto del uso del nitrógeno por parte de plantas y animales?

   A. No pueden usar el nitrógeno en ninguna de sus formas.
   B. La atmósfera contiene cantidades limitadas de nitrógeno.
   C. No pueden usar nitrógeno en su forma elemental, tal como se encuentra en la atmósfera.
   D. El uso de nitrógeno descompone proteínas necesarias en plantas y animales.

8. ¿Qué problema les causaría la falta de nitrógeno a las plantas y los animales?

   A. Sus sistemas tendrían demasiadas proteínas.
   B. Los infectarían bacterias dañinas.
   C. No habría bacterias beneficiosas en el suelo.
   D. Sus sistemas no tendrían proteínas.

9. A partir del diagrama, ¿de qué manera el ciclo del nitrógeno abastece de nitrógeno a las plantas?

   A. Las raíces de las plantas absorben el nitrógeno del aire.
   B. Las bacterias se convierten en nitrógeno dentro de las plantas.
   C. Las bacterias descomponen un compuesto de nitrógeno en formas de nitrógeno que las plantas pueden usar.
   D. Los animales herbívoros descomponen los compuestos de nitrógeno en formas de nitrógeno que las plantas pueden usar.

INSTRUCCIONES: Lee el pasaje y la pregunta y elige la **mejor** respuesta.

EL CONTROL DE LOS VOLCANES

Los volcanes pueden entrar en erupción de manera violenta, con grandes ríos de lava hirviente, nubes de un vapor abrasador, lluvias de cenizas y rocas y grandes cantidades de escombros que pueden barrer con todo a su paso. Las erupciones volcánicas también pueden matar a muchas personas.

Para salvar vidas, los vulcanólogos han desarrollado herramientas para identificar la actividad volcánica que podría indicar la inminencia de una erupción. Se colocan instrumentos en los volcanes para detectar los cambios en su pendiente, ya que el magma que se desplaza dentro del volcán puede provocar que éste aumente su tamaño antes de una erupción. Además, los sismógrafos registran una mayor actividad sísmica cuando el magma que está dentro del volcán se mueve. Los científicos también controlan los gases que expulsan los volcanes para detectar aquellos que puedan indicar la probabilidad de una erupción.

10. ¿Cuál es el problema **principal** que ayuda a resolver el control de los volcanes?

   A. la necesidad de evitar que los volcanes entren en erupción
   B. la necesidad de anticipar las erupciones
   C. la necesidad de reducir el número de erupciones volcánicas
   D. la necesidad de comprender cómo se originan las erupciones volcánicas

UNIDAD 3

INSTRUCCIONES: Estudia la información y la ilustración, lee la pregunta y elige la **mejor** respuesta.

EDIFICIOS QUE RESISTEN TERREMOTOS

Muchas muertes y daños causados por los terremotos se deben al derrumbe de edificios y otras estructuras. Es por esto que los ingenieros han intentado diseñar estructuras que puedan resistir las fuerzas que causan el derrumbe de las estructuras. Las ondas que más daño causan son las que viajan desde el foco del terremoto y hacen que los edificios se muevan de un lado a otro. Este movimiento genera tensión en las conexiones que unen las paredes, los pisos y las vigas. Los diseños antisísmicos tienen conexiones más resistentes. Los pisos y los techos están conectados a diafragmas para lograr resistencia horizontal. Los muros a cortante y los soportes cruzados refuerzan los elementos verticales. Algunas características del diseño permiten que las estructuras se doblen y balanceen en vez de romperse. Los marcos resistentes a los movimientos tienen conexiones entre las vigas que permiten que estas se doblen pero no se quiebren. El aislamiento de base posiciona a los edificios sobre materiales que desvían la energía del terremoto en lugar de transmitirla a través de su estructura.

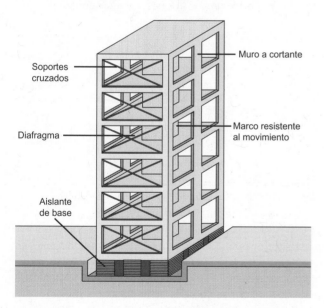

Soportes cruzados · Diafragma · Aislante de base · Muro a cortante · Marco resistente al movimiento

11. ¿De qué manera el diseño resistente a los terremotos resuelve un problema?

   A. Impide que se produzcan terremotos en un área.
   B. Baja los costos de construcción.
   C. Reduce las posibilidades de destrucción de edificios.
   D. Asegura que los edificios construidos después de un terremoto serán más atractivos.

INSTRUCCIONES: Estudia la información y la tabla, lee cada pregunta y elige la **mejor** respuesta.

ALERTAS DE TORNADO

Un tornado es una columna de aire que rota y se extiende desde las nubes de una tormenta fuerte hasta el suelo. Los tornados tienen algunos de los vientos más violentos que puede tener una tormenta: pueden llegar hasta las 300 millas por hora. Los poderosos vientos de un tornado pueden destruir un área de varias millas. Además, los tornados son responsables de docenas de muertes en los Estados Unidos cada año. Por estas razones, es importante saber en qué lugar y momento está por formarse un tornado.

El Servicio Meteorológico Nacional ha diseñado un sistema de alertas y alarmas para alertar a las personas cuando se acercan o se producen diferentes tipos de condiciones meteorológicas severas. En la siguiente tabla se muestra la información sobre los tornados.

Alerta de tornado	Alarma de tornado
Las condiciones son propicias para la formación de tornados en su zona. Manténgase alerta ante la proximidad de una tormenta.	Hay un tornado en su zona. Se ha detectado en un radar meteorológico. Busque refugio donde pueda.

12. ¿Qué problema hizo que el Servicio Meteorológico Nacional creara las alertas y alarmas de tornado?

   A. Los científicos necesitaban comprender mejor cómo se forman los tornados.
   B. Las personas querían ayuda para tener servicios después de los tornados.
   C. Las personas necesitaban saber cuándo se aproximaba un tornado.
   D. Los científicos querían ayudar a los meteorólogos a rastrear a los tornados con mayor facilidad.

13. ¿Qué debe hacer el dueño de un negocio para prepararse para la temporada de tornados?

   A. Comprar un libro sobre tornados para prestarles a sus empleados.
   B. Asegurarse de que los empleados sepan adónde ir si hay alarma de tornado.
   C. Tener planeado cerrar el negocio siempre que haya una tormenta severa.
   D. Buscar el número del Servicio Meteorológico Nacional para llamar y conocer los detalles cuando exista alerta o alarma de tornado.

UNIDAD 3

Analizar y presentar argumentos

Usar con el *Libro del estudiante,* págs. 96–97.

TEMAS DE CIENCIAS: ES.a.1, ES.a.3
PRÁCTICA DE CIENCIAS: SP.1.a, SP.1.c, SP.3.a, SP.3.b, SP.4.a

① Repasa la destreza

Un **argumento**, o punto de vista sobre un tema, depende absolutamente de los datos que lo respaldan. Al **analizar un argumento**, determinas si está respaldado por hechos provenientes de una fuente confiable. Al **presentar un argumento**, expresas y defiendes un determinado punto de vista. Para ello, es necesario que conozcas tanto tu punto de vista como el punto de vista que refutarás. Por lo tanto, al presentar argumentos debes comprender el tema en cuestión en profundidad.

② Perfecciona la destreza

Al perfeccionar la destreza de analizar y presentar argumentos, mejorarás tus capacidades de estudio y evaluación, especialmente en relación con la Prueba de Ciencias GED®. Estudia la información y la gráfica que aparecen a continuación. Luego responde las preguntas.

LA PRODUCCIÓN Y EL CONSUMO ENERGÉTICO

Durante la mayor parte de las últimas décadas, el consumo energético en los EE. UU. ha ido aumentando, <u>tal como se muestra en la gráfica que aparece a continuación</u>. La producción de energía también ha aumentado, aunque no al mismo ritmo que el consumo. Por el momento, los Estados Unidos tienen provisiones adecuadas de carbón y gas natural, pero deben importar grandes cantidades de petróleo, el combustible fósil que más se usa. La enorme mayoría del petróleo se usa para el transporte: carros, aviones, trenes y camiones.

a Las referencias sobre otros materiales que aparecen en un pasaje suelen indicarte que observes un elemento visual que agrega información más detallada. Toda la información es importante al analizar o presentar un argumento.

b Las gráficas suelen mostrar tendencias que respaldan los argumentos. En esta gráfica se muestra no solo el contraste entre la energía producida y la consumida, sino también esa comparación como una tendencia a lo largo de varias décadas.

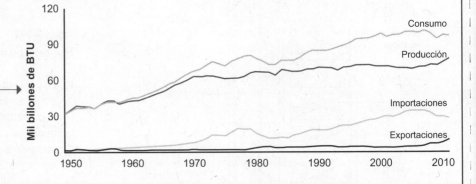

USAR LA LÓGICA

En ocasiones verás que todas las opciones de respuesta son enunciados verdaderos. Busca la que resulte más útil para respaldar el argumento en cuestión y elimina todas las demás.

1. ¿Qué argumento está **mejor** respaldado por los datos presentados?

   A. el aumento de las importaciones de petróleo en los Estados Unidos
   B. el fortalecimiento de las normas sobre la contaminación del aire
   C. la disminución del precio del petróleo importado
   D. el diseño de vehículos con mejor rendimiento por milla

2. ¿Qué enunciado respalda **mejor** un argumento a favor del uso de las fuentes de energía renovables?

   A. Los Estados Unidos tienen provisiones adecuadas de carbón y gas natural.
   B. La mayoría del petróleo se usa para el transporte.
   C. El consumo de energía sigue aumentando.
   D. La producción de energía sigue aumentando.

INSTRUCCIONES: Lee el pasaje. Luego lee cada pregunta y elige la **mejor** respuesta.

EL TRANSPORTE DE ARENAS DE ALQUITRÁN

En los Estados Unidos se usan aproximadamente 20 millones de barriles de petróleo por día. Una gran cantidad de este petróleo proviene de otros países. Sin embargo, en un país cercano, Canadá, existen grandes reservas de petróleo en forma de arenas de alquitrán. Las arenas de alquitrán son una combinación de petróleo y sedimento arenoso.

Existen planes para construir un oleoducto de 1,700 millas de largo para transportar estas arenas desde Alberta, Canadá, hasta Texas. Algunas personas consideran que la presencia de esta enorme provisión de petróleo en un país vecino y amigo son excelentes noticias. Otras están preocupadas por la ruta propuesta para el paso del oleoducto a través del acuífero de Ogallala, una fuente de aguas subterráneas que provee agua potable a millones de personas para consumo y riego. Les preocupa que cualquier pérdida en el oleoducto pueda contaminar el acuífero. Sin embargo, las personas que están a favor del oleoducto argumentan que se tomaron muchas precauciones que hacen que sea poco probable que se produzca una pérdida.

3. ¿Cuál sería una fuente apropiada para obtener información imparcial para preparar un argumento sobre el oleoducto de las arenas de alquitrán?

   A. la Asociación Estadounidense de Arenas de Alquitrán
   B. Ciudadanos Contra el Oleoducto Keystone
   C. Estudiantes para la conservación del acuífero de Ogallala
   D. el Departamento de Energía de los Estados Unidos

4. ¿Qué detalle del pasaje respaldaría **mejor** un argumento a favor de la construcción de este oleoducto en particular?

   A. Se puede obtener petróleo de las arenas.
   B. Es probable que las precauciones que se tomaron eviten que haya pérdidas.
   C. El suministro de petróleo se encuentra en un país vecino y amigo.
   D. En los Estados Unidos se usan aproximadamente 20 millones de barriles de petróleo por día.

5. ¿Qué detalle del pasaje respaldaría **mejor** un argumento en contra de la construcción del oleoducto?

   A. Una pérdida en el oleoducto podría contaminar el acuífero.
   B. Las arenas de alquitrán están compuestas por petróleo y sedimentos arenosos.
   C. El acuífero provee de agua a muchas personas.
   D. Los Estados Unidos importan una gran cantidad de petróleo.

INSTRUCCIONES: Estudia la información y las fotografías, lee cada pregunta y elige la **mejor** respuesta.

EL CAMBIO CLIMÁTICO

Durante las últimas décadas, los climatólogos han recopilado información que respalda la idea de que la Tierra se está calentando, en gran medida, debido a las actividades humanas como la quema de combustibles fósiles. Hacia fines de 2012, los científicos de la Administración Nacional Oceánica y Atmosférica informaron que las temperaturas de ese año en los Estados Unidos habían sido las más altas registradas. También se registraron temperaturas más altas que las usuales durante un período de 16 meses entre junio de 2011 y septiembre de 2012, lo que significó otro récord. Además, los científicos dijeron que nueve de los diez años más calurosos registrados fueron entre 2000 y 2010.

En el medio ambiente también se pueden ver señales claras de cambio climático. Los visitantes del Parque Nacional de los Glaciares en Montana pueden observar un ejemplo de estas señales, que se muestra en las fotografías. La foto de la izquierda fue tomada en 1913; la de la derecha es del año 2005.

Fotografía de W. C. Alden (izquierda), cortesía de la Biblioteca Fotográfica del Servicio Geológico de los Estados Unidos (USGS, por sus siglas en inglés), y de Blase Reardon (derecha), cortesía del USGS

6. ¿Qué muestran las fotografías que puede ser evidencia útil para respaldar el argumento de que la Tierra se está calentando?

   A. En 1913, el glaciar era muy pequeño.
   B. El glaciar ha disminuido su tamaño con los años.
   C. El glaciar es una zona rocosa.
   D. El glaciar se desplaza cuesta abajo.

7. ¿Qué situación proporcionaría más evidencia para respaldar el argumento de que el clima está cambiando?

   A. el desmoronamiento de las montañas alrededor del glaciar
   B. la presencia de dunas de arena frente a la montaña
   C. la ausencia del glaciar en 2020
   D. que el glaciar no habrá cambiado de tamaño para el año 2015

UNIDAD 3

INSTRUCCIONES: Estudia la información y la tabla, lee cada pregunta y elige la **mejor** respuesta.

INSTRUCCIONES: Lee el pasaje. Luego lee cada pregunta y elige la **mejor** respuesta.

PERFORAR O NO

Los Estados Unidos usan una enorme cantidad de petróleo importado. Es por eso que las compañías están siempre en la búsqueda de nuevos suministros locales. Existe una reserva de petróleo no explotada en la costa ártica de Alaska, debajo del Refugio Nacional para la Vida Silvestre del Ártico (ANWR, por sus siglas en inglés). Muchas personas creen que debería usarse esta reserva de petróleo para satisfacer la creciente demanda energética de los Estados Unidos. Otras personas creen que hacer perforaciones en el ANWR constituye un riesgo ambiental. En la tabla se presentan algunos de los principales argumentos a favor y en contra.

A favor
• Disminuiría la dependencia del petróleo extranjero.
• Crearía nuevas fuentes de trabajo.
• Solo se vería afectada una parte pequeña del refugio.
• Sería una fuente de ingresos para el gobierno federal y el estatal.
• Proporcionaría el petróleo necesario para abastecer la creciente demanda energética de los Estados Unidos.

En contra
• Afectaría a un medioambiente muy sensible.
• No produciría suficiente petróleo para que el riesgo valiera la pena.
• Es poco probable que se reduzca el precio del petróleo.
• No soluciona el problema real: los niveles de consumo excesivamente altos.
• La mayoría de los estadounidenses se oponen.

8. A partir de la información, ¿cuál es, según algunas personas, el problema subyacente fundamental en relación con el uso de la energía en los Estados Unidos?

   A. Se usa demasiado petróleo en los Estados Unidos.
   B. En la actualidad, el petróleo tiene pocos usos en los Estados Unidos.
   C. Los Estados Unidos dependen del petróleo extranjero.
   D. La extracción de combustibles fósiles altera el medio ambiente.

9. A partir de la información, ¿qué grupo es **más probable** que apoye la perforación en el ANWR?

   A. los productores extranjeros
   B. las personas que priorizan la creación de fuentes de trabajo por sobre la protección del medio ambiente
   C. los ambientalistas
   D. las personas que se preocupan por el precio del petróleo

ENERGÍA HIDROELÉCTRICA

Las represas hidroeléctricas proveen la mayor parte de la energía renovable que se usa en los Estados Unidos en la actualidad. Tal como sucede con cualquier otra fuente de energía, existe un debate sobre el uso de la energía hidroeléctrica.

Una ventaja de la energía hidroeléctrica es que usa una fuente de energía gratuita (el agua que fluye) para producir electricidad. Además, esta energía no emite sustancias contaminantes hacia el agua ni el aire.

Sin embargo, la energía hidroeléctrica requiere de la construcción de grandes represas que crean grandes reservorios. Estos reservorios pueden dejar bajo el agua grandes zonas que alguna vez fueron tierras de cultivo, bosques, cañones o incluso pequeños pueblos. Las represas también afectan a la vida silvestre. En algunos ríos pueden bloquear el paso de los salmones. También cambian las condiciones ambientales de los ríos corriente abajo, lo que genera una situación que puede influir de manera negativa en los ecosistemas acuáticos que dependen de esos ríos.

10. ¿Qué enunciado es un argumento válido contra la construcción de una represa hidroeléctrica?

    A. La represa podría poner en riesgo la supervivencia de algunas especies de peces.
    B. La represa podría producir mucha contaminación tanto en el aire como en el agua.
    C. El combustible necesario para el funcionamiento de una represa hidroeléctrica es demasiado costoso.
    D. Las represas hidroeléctricas solo pueden construirse en lugares donde no hay ríos ni lagos cerca.

11. ¿Qué enunciado es un argumento válido a favor de la construcción de una represa hidroeléctrica?

    A. Las represas hidroeléctricas pueden construirse en cualquier sitio.
    B. El mantenimiento de las represas hidroeléctricas es muy costoso.
    C. Las represas hidroeléctricas no producen contaminación.
    D. El uso de represas hidroeléctricas tiene poco impacto en la vida silvestre.

INSTRUCCIONES: Estudia la información y la gráfica, lee cada pregunta y elige la **mejor** respuesta.

LA DISMINUCIÓN DE LOS RECURSOS ENERGÉTICOS

Aunque algunos expertos piden a los Estados Unidos que pasen a usar fuentes de energía renovables, como la energía eólica y la solar, este país sigue siendo uno de los cinco mayores consumidores de carbón a nivel mundial. Los Estados Unidos tienen enormes reservas de carbón, pero la desventaja de depender de una fuente no renovable es que el suministro es limitado y en algún momento se agotará. Según algunas estimaciones, si se mantienen las tasas de consumo actual, las reservas de carbón de los Estados Unidos pueden durar otros 112 años. Esto representa mucho tiempo si lo comparamos con las expectativas de duración de las reservas mundiales de petróleo, que podrían agotarse en menos de 50 años. Por supuesto, estas son solo estimaciones. A medida que los países muy poblados, como China e India, sigan desarrollándose y requieran más energía, las reservas de combustibles fósiles podrían agotarse aún más rápido.

RESERVAS DE COMBUSTIBLES FÓSILES

Gráfica de barras: Gas, Petróleo, Carbón. Eje vertical de 0 a 200 (intervalos de 40). Categorías en el eje horizontal: U. E., India, América del Sur, África, Asia y Oceanía, China, América del Norte, Medio Oriente, Ex Unión Soviética.

12. ¿Qué argumento está respaldado por el tamaño de las reservas de combustibles fósiles de los Estados Unidos?

A. Los Estados Unidos deben seguir dependiendo del carbón como una de las fuentes de energía principales.

B. Si se aumenta el consumo de petróleo, los Estados Unidos serán más independientes en materia energética.

C. El uso continuo del carbón hará que los Estados Unidos sean cada vez más dependientes de China.

D. Resulta más sustentable para los Estados Unidos aumentar el consumo de gas natural por sobre el consumo de carbón.

13. ¿En qué zona del mundo los datos sobre las reservas actuales de combustibles fósiles respaldarían **mejor** un argumento a favor del cambio hacia las fuentes de energía renovables?

A. América del Norte
B. la Unión Europea (U. E.)
C. el Medio Oriente
D. China

14. ¿Qué idea respalda **mejor** el argumento de que las reservas de combustibles fósiles disminuirán con mayor rapidez en el futuro?

A. Es probable que las estimaciones actuales sean erróneas.

B. Los combustibles fósiles serán las únicas fuentes de energía en el futuro.

C. Los países desarrollados disminuirán el uso de combustibles fósiles.

D. Los países en desarrollo con poblaciones en aumento usarán cada vez más combustibles fósiles.

INSTRUCCIONES: Estudia la información y las gráficas, lee la pregunta y elige la **mejor** respuesta.

LOS RECURSOS HÍDRICOS

En las gráficas que aparecen a continuación, se muestran los porcentajes de agua dulce y agua salada en la Tierra, y los usos del agua dulce. Las personas usan el agua potable para algunas actividades hogareñas (domésticas) como beber, cocinar y lavar. Sin embargo, casi toda el agua dulce se usa para riego. El riego es la práctica de llevar agua hacia un campo usando medios artificiales para cultivar tierras que, de otra forma, serían demasiado secas para la agricultura. Una gran cantidad de la comida del mundo se cultiva en tierras que se riegan. Es posible quitar la sal del agua del océano mediante un proceso llamado desalinización para producir más agua dulce. Sin embargo, este proceso es muy costoso.

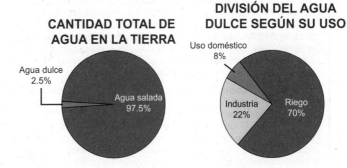

CANTIDAD TOTAL DE AGUA EN LA TIERRA
Agua dulce 2.5% — Agua salada 97.5%

DIVISIÓN DEL AGUA DULCE SEGÚN SU USO
Uso doméstico 8% — Industria 22% — Riego 70%

15. ¿Qué argumento está **mejor** respaldado por la información presentada?

A. Si se siembran los cultivos solamente en las zonas donde pueden crecer con agua de lluvia, se ahorrará agua de manera significativa.

B. El uso del proceso de desalinización para producir agua potable generará el mayor impacto en relación con la conservación del agua.

C. Para ahorrar agua, deben implementarse restricciones en el uso de agua en la industria.

D. Si se expanden las tierras que se riegan, las personas y la industria se verán obligadas a conservar el agua.

UNIDAD 1 CIENCIAS DE LA VIDA

LECCIÓN 1, *págs. 2–5*

1. B; **Nivel de conocimiento:** 1; **Tema:** L.d.1; **Práctica:** SP.1.b, SP.1.c, SP.7.a
El rótulo de la ilustración para un lisosoma indica que los lisosomas contienen enzimas digestivas. La ilustración muestra que la membrana celular y las vacuolas son partes de la célula, no sustancias contenidas en los lisosomas. La ilustración muestra que las partículas de alimento entran en la célula, no que los lisosomas contengan partículas de alimento.

2. C; **Nivel de conocimiento:** 2; **Tema:** L.d.1; **Práctica:** SP.1.b, SP.1.c, SP.7.a
A partir de la ilustración, la vacuola digestiva se forma cuando el alimento penetra en la célula, se desplaza por la célula y se fusiona con el lisosoma, de modo que su propósito es transportar alimento a los lisosomas. Su propósito no es digerir partículas de alimento porque esa es la tarea del lisosoma. Tampoco elabora enzimas digestivas; la ilustración muestra que los lisosomas contienen enzimas digestivas pero no explica cómo se elaboran las enzimas digestivas. La vacuola digestiva transporta el alimento que pasa a través de la membrana celular, pero la propia vacuola no atraviesa la membrana celular.

3. A; **Nivel de conocimiento:** 2; **Tema:** L.d.2, L.d.3; **Práctica:** SP.1.a, SP.1.b, SP.1.c, SP.7.a
La ilustración muestra que, en la meiosis, los gametos tienen la mitad del número de cromosomas que la célula progenitora original. La célula progenitora de la ilustración tiene cuatro cromosomas. Cada gameto tiene dos cromosomas. Un gameto que provenga de una célula con cuatro cromosomas no puede tener cuatro, seis ni ocho cromosomas.

4. C; **Nivel de conocimiento:** 2; **Tema:** L.d.2, L.d.3; **Práctica:** SP.1.a, SP.1.b, SP.1.c, SP.7.a
La ilustración muestra que, de los sucesos que se detallan, el último que tiene lugar durante la meiosis es que las dos células hijas se dividen para formar gametos. La célula progenitora se divide en dos células hijas idénticas antes de que las dos células hijas se dividan. Los cromosomas intercambian secciones de material genético justo antes de que la célula progenitora se divida para formar dos células hijas. Los cromosomas se replican al principio de la cadena de sucesos.

5. D; **Nivel de conocimiento:** 2; **Tema:** L.d.2, L.d.3; **Práctica:** SP.1.a, SP.1.b, SP.1.c, SP.7.a
Los cromosomas en los gametos de la ilustración son todos distintos, lo cual indica que el intercambio de secciones de material genético hace que todos los gametos tengan distinto material genético. La ilustración no indica que el intercambio de material genético haga que los gametos no se puedan dañar. La ilustración muestra que todos los gametos tienen el mismo número de cromosomas. La ilustración muestra que la producción de gametos está al final del proceso; los gametos no se dividen para formar nuevas células.

6. D; **Nivel de conocimiento:** 2; **Tema:** L.d.1; **Práctica:** SP.1.a, SP.1.b, SP.1.c, SP.7.a
El título y los rótulos de la ilustración indican que la ilustración muestra las estructuras de una membrana celular, no la forma en que las células se reproducen, ni el núcleo de una célula, ni todo lo que contiene una célula típica.

7. B; **Nivel de conocimiento:** 2; **Tema:** L.b.1, L.d.1; **Práctica:** SP.1.a, SP.1.b, SP.1.c. SP.7.a
La ilustración muestra que la epidermis superior, el mesófilo y la epidermis inferior son partes de la hoja que están apiladas, lo que indica que son capas de la estructura de la hoja. El rótulo para los cloroplastos indica que la fotosíntesis tiene lugar en las estructuras situadas en el mesófilo, no en las otras capas, y que las otras tres capas están compuestas por células individuales. La ilustración muestra que los gases (dióxido de carbono y oxígeno) se intercambian en la epidermis inferior, no en ninguna de las otras tres capas.

8. D; **Nivel de conocimiento:** 2; **Tema:** L.b.1, L.d.1; **Práctica:** SP.1.a, SP.1.b, SP.1.c, SP.7.a
El rótulo para los cloroplastos indica que la fotosíntesis ocurre en los cloroplastos y la ilustración muestra que los cloroplastos están ubicados en el mesófilo, de modo que la fotosíntesis tiene lugar en el mesófilo. No hay cloroplastos en el xilema, el estoma o la cutícula, así que la fotosíntesis no ocurre en ninguno de estos lugares.

9. A; **Nivel de conocimiento:** 3; **Tema:** L.b.1, L.d.1; **Práctica:** SP.1.a, SP.1.b, SP.1.c, SP.7.a
La ilustración muestra la estructura de una hoja e identifica las partes relacionadas con la fotosíntesis, de modo que "Estructura de la hoja y fotosíntesis" sería el mejor título para la ilustración. "Cómo funciona la fotosíntesis" no es el mejor título porque la ilustración no explica la fotosíntesis, solo muestra dónde tiene lugar. "Composición de la clorofila" no es el mejor título porque la ilustración no menciona a la clorofila; solo lo hace el pasaje. "Entender los cloroplastos" no es el mejor título porque la ilustración solo proporciona información limitada acerca de ellos.

10. B; **Nivel de conocimiento:** 2; **Tema:** L.d.1, L.d.2; **Práctica:** SP.1.b, SP.1.c
La ilustración muestra que una célula animal tiene la mayoría de las partes que también tiene la célula bacteriana y, además, cuatro tipos más de orgánulos que una bacteria, de modo que la estructura de una célula animal es más compleja que la estructura de una célula bacteriana. Una bacteria no tiene núcleo, mientras que una célula animal sí lo tiene. La ilustración no indica si una célula bacteriana tiene más citoplasma que una célula animal. Una célula animal no puede moverse con más facilidad que una bacteria; sucede lo contrario, porque una bacteria tiene un flagelo y una célula animal, no.

11. A; **Nivel de conocimiento:** 2; **Tema:** L.d.1, L.d.2; **Práctica:** SP.1.b, SP.1.c, SP.7.a
La ilustración muestra y explica que un poro es una apertura en la envoltura nuclear, así que su función más probable es permitir que los materiales entren y salgan del núcleo. El poro es una apertura, así que no encierra ni sella nada. Además, no elabora proteínas; esa es la labor de los nucléolos.

12. C; **Nivel de conocimiento:** 2; **Tema:** L.b.1, L.d.1; **Práctica:** SP.1.a, SP.1.b, SP.1.c, SP.7.a
De acuerdo con la ilustración, el ciclo del ácido cítrico y la glicólisis producen ATP. Sin embargo, la ilustración muestra tres flechas para el ATP desde el ciclo del ácido cítrico y solo una flecha para el ATP desde la glicólisis. Eso indica que el ciclo del ácido cítrico produce más ATP que la glicólisis. El reabastecimiento es un proceso que tiene lugar entre la fermentación y la glicólisis y no produce ATP. La fermentación produce lactato, no ATP.

13. A; **Nivel de conocimiento:** 2; **Tema:** L.b.1, L.d.1; **Práctica:** SP.1.b, SP.1.c, SP.7.a

La ilustración muestra que los productos de la fermentación incluyen lactato (así como NAD^+). El agua y el dióxido de carbono son productos del ciclo del ácido cítrico. El piruvato es producto de la glicólisis.

14. D; **Nivel de conocimiento:** 3; **Tema:** L.b.1, L.d.1; **Práctica:** SP.1.a, SP.1.b, SP.1.c, SP.7.a

De acuerdo con la ilustración, la fermentación produce NAD^+ a partir del NADH. El NAD^+ se usa durante la glicólisis para elaborar ATP. La fermentación emplea NADH; no proporciona NADH para su uso en el ciclo del ácido cítrico. La fermentación no influye en la entrada de la glucosa en la célula. La fermentación no proporciona piruvato, sino que lo usa.

15. B; **Nivel de conocimiento:** 2; **Tema:** L.b.1, L.d.1; **Práctica:** SP.1.b, SP.1.c, SP.7.a

La ilustración muestra un corte transversal de una mitocondria y revela cómo es por dentro. Por tanto, el propósito de la ilustración es mostrar las partes de una mitocondria completa. La ilustración muestra una mitocondria en un momento en el tiempo, de modo que su propósito no es mostrar cómo cambiaría a lo largo del tiempo. La ilustración muestra solo un orgánulo de una célula, una mitocondria, así que su propósito no es mostrar cómo los materiales se mueven a través de las células. Las mitocondrias elaboran energía, pero la ilustración no muestra este proceso.

16. B; **Nivel de conocimiento:** 2; **Tema:** L.b.1, L.d.1; **Práctica:** SP.1.b, SP.1.c, SP.7.a

La ilustración y los rótulos indican que una mitocondria tiene una membrana externa y una membrana interna. La ilustración solo muestra una mitocondria, de modo que su tamaño no puede compararse con los tamaños de otras estructuras de una célula. La mitocondria y el nucléolo son dos estructuras distintas dentro de una célula. La ilustración no muestra el movimiento de una mitocondria.

17. D; **Nivel de conocimiento:** 2; **Tema:** L.b.1, L.d.1; **Práctica:** SP.1.b, SP.1.c, SP.7.a

En la leyenda se indica que la función de una mitocondria es liberar energía. La ilustración, no la leyenda, muestra la localización de la matriz. La leyenda no menciona las partes específicas de una mitocondria.

LECCIÓN 2, *págs. 6–9*

1. A; **Nivel de conocimiento:** 2; **Tema:** L.d.2; **Práctica:** SP.1.b, SP.1.c

La gráfica usa descripciones de funciones para identificar los niveles en que las células se organizan en un organismo pluricelular, de modo que la idea principal es que en un organismo pluricelular las células se organizan dependiendo de su función. La gráfica no indica nada acerca del tamaño de la célula. Aunque los organismos pluricelulares tienen muchos órganos con distintas funciones, la gráfica muestra todos los niveles de organización, no solamente los órganos. Las agrupaciones de la gráfica no muestran que un organismo pluricelular tenga más sistemas que órganos. De hecho, lo contrario.

2. C; **Nivel de conocimiento:** 2; **Tema:** L.d.2; **Práctica:** SP.1.b, SP.1.c

La oración que dice que los grupos de células similares forman tejidos expresa un detalle de la sección "Tejido" de la gráfica. La idea de que la piel está compuesta por tres capas, la idea de que las células tienen distintas formas y tamaños y la idea de que los músculos pueden ser lisos, cardíacos y esqueléticos son hechos, pero no expresan la información provista en la gráfica.

3. A; **Nivel de conocimiento:** 2; **Tema:** L.a.1; **Práctica:** SP.1.a, SP.1.b, SP.7.a

El pasaje explica la labor del corazón, los pulmones y los vasos sanguíneos en el transporte del oxígeno por el cuerpo, de modo que la idea principal del pasaje es que el sistema circulatorio y el sistema respiratorio trabajan en conjunto para llevar oxígeno a las células del cuerpo. La idea de que la sangre se mueve de las células al corazón con muy poco oxígeno, la idea de que el corazón aporta la energía para bombear la sangre a través del cuerpo y la idea de que el oxígeno entra a través de los pulmones y pasa a la sangre son detalles que respaldan la idea principal.

4. D; **Nivel de conocimiento:** 2; **Tema:** L.a.1; **Práctica:** SP.1.a, SP.1.b, SP.7.a

La idea principal del pasaje es que algunos sistemas del cuerpo trabajan en conjunto. El ejemplo de que el intestino grueso forma parte del tracto digestivo pero también elimina los desechos respalda esta idea principal. La idea de que el agua se absorbe en el intestino grueso, la idea de que los materiales de desecho compactados se llaman heces y la idea de que los nutrientes se absorben a través de las paredes del intestino delgado son detalles que ayudan a explicar el ejemplo de que el intestino grueso forma parte de dos sistemas del cuerpo al mismo tiempo. No son detalles que respalden directamente la afirmación de que algunos sistemas del cuerpo trabajan en conjunto.

5. C; **Nivel de conocimiento:** 2; **Tema:** L.a.1; **Práctica:** SP.1.a, SP.1.b

La oración que dice que los tres tipos de músculos desempeñan papeles distintos en el sistema muscular expresa la idea principal porque alude a toda la información proporcionada en el pasaje. Cada una de las otras opciones de respuesta hace referencia a un tipo de músculo concreto, lo cual es demasiado específico para poder ser la idea principal del pasaje.

6. D; **Nivel de conocimiento:** 2; **Tema:** L.a.1; **Práctica:** SP.1.a, SP.1.b

Los detalles del pasaje respaldan la idea principal de que los tres tipos de músculos desempeñan distintos papeles en el sistema muscular describiendo cada tipo de músculo y su función. Aunque los detalles secundarios pueden identificar datos de una investigación, los detalles de este pasaje no lo hacen. Los detalles del pasaje describen cómo los músculos esqueléticos mueven el cuerpo, pero no mencionan todas las formas que tienen para moverlo. El dato de que los músculos lisos empujan la comida a través del tracto digestivo es un detalle del pasaje, pero en este ejercicio se pregunta por la forma en que los detalles del pasaje respaldan la idea principal, no pide que se identifique ningún detalle específico.

Clave de respuestas

UNIDAD 1 *(continuación)*

7. A; **Nivel de conocimiento:** 3; **Tema:** L.a.1, L.d.2; **Práctica:** SP.1.a, SP.1.b, SP.1.c, SP.7.a
La idea principal de la ilustración y el pasaje es que los impulsos nerviosos siguen un camino específico a través de las distintas neuronas para determinar significados y hacer que el cuerpo reaccione. La ilustración muestra esta secuencia y el pasaje la explica. La oración que dice que las neuronas efectoras llevan a cabo instrucciones del cerebro, la oración que dice que el cerebro y la médula espinal son responsables de hallar el sentido de las señales y la oración que dice que las neuronas motoras y las neuronas sensitivas envían mensajes son detalles que respaldan la idea principal.

8. C; **Nivel de conocimiento:** 3; **Tema:** L.a.1, L.d.2; **Práctica:** SP.1.a, SP.1.b, SP.1.c, SP.7.a
La ilustración describe las funciones específicas de los tres tipos de neuronas (receptoras, asociativas y efectoras) para respaldar la idea principal de que los impulsos nerviosos siguen un camino específico a través de las distintas neuronas que determinan el significado y hacen que el cuerpo reaccione. Las formas de los distintos tipos de neuronas muestran que son distintas, pero no dicen nada acerca de sus funciones. La ubicación de las neuronas en el cerebro y la médula espinal se describe, pero no se explica del todo la función del cerebro y la médula espinal. El pasaje, no la ilustración, da un ejemplo de algo que siente el cuerpo.

9. B; **Nivel de conocimiento:** 2; **Tema:** L.a.1, L.d.2; **Práctica:** SP.1.a, SP.1.b, SP.1.c, SP.7.a
La idea principal del pasaje y la ilustración es que los impulsos nerviosos siguen un camino específico a través de las distintas neuronas que determinan el significado y hacen que el cuerpo reaccione. El detalle de que hay tres clases de neuronas, cada una de las cuales cuenta con cientos de tipos distintos de neuronas, respalda aún más esta idea principal porque proporciona más información acerca de las neuronas a través de las cuales fluyen los impulsos nerviosos. El pasaje y la ilustración no mencionan la estructura celular de las neuronas, de modo que el detalle sobre el núcleo y el material genético no respalda la idea principal. El detalle de que las neuronas son las células más largas del cuerpo humano no respalda la idea principal de que hay varios tipos de neuronas. La ilustración y el pasaje no hablan acerca de la muerte de las neuronas, de modo que el detalle de que algunas enfermedades cerebrales están causadas por la muerte de neuronas por causas no naturales no respalda la idea principal.

10. B; **Nivel de conocimiento:** 2; **Tema:** L.a.1; **Práctica:** SP.1.a, SP.1.b
El pasaje explica que las glándulas que segregan hormonas componen el sistema endocrino y proporciona ejemplos de las funciones de regulación de las hormonas. De modo que la idea principal del pasaje es que el sistema endocrino está compuesto por glándulas que elaboran hormonas para regular los sistemas del cuerpo. La localización del sistema endocrino no se menciona en el pasaje y la oración que dice que el sistema endocrino tiene una localización central en el cuerpo es falsa. El sistema endocrino mantiene el cuerpo en un estado de equilibrio, pero eso no puede deducirse de este pasaje. El sistema endocrino controla la maduración sexual, pero el pasaje no solo habla acerca de las partes del sistema endocrino que participan en la maduración sexual.

11. A; **Nivel de conocimiento:** 2; **Tema:** L.a.1; **Práctica:** SP.1.a, SP.1.b
El pasaje explica que el sistema endocrino está compuesto por glándulas que segregan hormonas, de modo que la oración que explica el motivo por el cual la glándula pituitaria es la principal del sistema endocrino sería el detalle más importante. Las oraciones acerca de la estructura, la ubicación o el tamaño de la glándula pituitaria son demasiado específicas para respaldar la idea principal de que el sistema endocrino está compuesto por toda una variedad de glándulas que regulan el cuerpo.

12. D; **Nivel de conocimiento:** 2; **Tema:** L.a.1; **Práctica:** SP.1.a, SP.1.b, SP.1.c
La ilustración muestra las glándulas endocrinas y sus ubicaciones, de modo que la oración que dice que hay glándulas repartidas por todo el cuerpo que forman parte del sistema endocrino es la que mejor expresa la idea principal de la ilustración. La oración que dice que el páncreas es la glándula endocrina de mayor tamaño, la información acerca de la ubicación de la glándula tiroides y la descripción de las glándulas que participan en el desarrollo sexual son detalles secundarios.

13. C; **Nivel de conocimiento:** 3; **Tema:** L.a.1; **Práctica:** SP.1.a, SP.1.b, SP.1.c, SP.7.a
La ilustración muestra los mecanismos de retroalimentación que participan en la estimulación y la inhibición de la liberación de la hormona de crecimiento, de modo que "Regulación de la hormona del crecimiento en el cuerpo" sería el título que mejor describe la idea principal y, por tanto, sería el mejor. La ilustración muestra que la liberación de la hormona del crecimiento se estimula y se frena para mantener el equilibrio del cuerpo, no solo que la hormona del crecimiento se frena, de modo que el título "Cómo se inhibe la hormona del crecimiento" sería demasiado específico. El título "Ciclo de retroalimentación endocrino" no es lo bastante específico porque la ilustración trata específicamente sobre la hormona del crecimiento. El título "Control del crecimiento en el cuerpo humano" no es exacto porque la ilustración trata sobre la hormona del crecimiento, no sobre el crecimiento del cuerpo.

LECCIÓN 3, *págs. 10–13*

1. A; **Nivel de conocimiento:** 2; **Tema:** L.a.3; **Práctica:** SP.1.a, SP.1.b, SP.1.c
El título, los encabezados de las columnas y la leyenda proporcionan información que indica que la tabla muestra el número de calorías que necesitan hombres y mujeres de distintas edades según sus niveles de actividad. El título indica que la tabla muestra el número de calorías que deberían ingerirse diariamente, no después de períodos de actividad ligera o intensa. Aunque la tabla muestra edades, niveles de actividad e ingesta de calorías, la ingesta de calorías se basa en la edad y el nivel de actividad; las edades no están basadas en la ingesta de calorías. La descripción "diferencias en las necesidades calóricas de hombres y mujeres a distintas edades" no es una descripción lo suficientemente detallada de la información de la tabla.

2. C; **Nivel de conocimiento:** 2; **Tema:** L.a.3; **Práctica:** SP.1.a, SP.1.b, SP.1.c
La información de la columna para hombres activos indica que el número de calorías recomendado se incrementa y después se estabiliza en la juventud. La tabla muestra que el número de calorías recomendada a la edad de 30 es de 3,000 y que el número de calorías recomendado a los 40 años es de 2,800. De modo que el número de calorías que se necesitan comienza a descender a los 40 años, no a los 20, 30 ni 50.

3. **B**; **Nivel de conocimiento:** 2; **Tema:** L.a.3; **Práctica:** SP.1.a, SP.1.b, SP.1.c, SP.3.b

Una persona que tenga una deficiencia de calcio debería ingerir más comidas ricas en calcio. Según la tabla, la leche, el queso y el yogur son ricos en calcio. Estos alimentos son productos lácteos. La carne y los frijoles son útiles para una deficiencia de hierro, los frutos secos son buenos para una deficiencia de ácido fólico y la sal serviría en caso de deficiencia de sodio.

4. **A**; **Nivel de conocimiento:** 3; **Tema:** L.a.3; **Práctica:** SP.1.a, SP.1.b, SP.1.c, SP.3.b

Alguien que se siente débil y cansado no tiene energía, y por eso es muy probable que le falte la cantidad adecuada de hierro, porque el hierro transporta el oxígeno por la sangre a las células y los órganos para mantener la energía. Las deficiencias de calcio, sodio y ácido fólico no hacen que nos sintamos cansados y débiles, pero sí la deficiencia de hierro.

5. **B**; **Nivel de conocimiento:** 2; **Tema:** L.a.3; **Práctica:** SP.1.a, SP.1.b, SP.1.c

Según la tabla, los valores diarios recomendados de estos nutrientes son 300 g de carbohidratos, 80 µg de vitamina K y 1,000 mg de fósforo. Así, la persona que está ingiriendo 300 g de carbohidratos, 100 µg de vitamina K y 1,200 mg de fósforo está obteniendo al menos los valores diarios recomendados. Todos los demás están ingiriendo una cantidad demasiado pequeña de al menos uno de los nutrientes.

6. **B**; **Nivel de conocimiento:** 1; **Tema:** L.a.3; **Práctica:** SP.1.a, SP.1.b, SP.1.c

La tabla muestra que el número de calorías de una rebanada de queso colby es 112. La tabla muestra también que una taza de brócoli tiene 30 calorías, una galleta de avena tiene 60 calorías y 1 taza de leche descremada tiene 102 calorías.

7. **C**; **Nivel de conocimiento:** 2; **Tema:** L.a.3; **Práctica:** SP.1.a, SP.1.b, SP.1.c, SP.8.b

Los dos alimentos que tienen un total de más de 200 calorías si se combinan son la rebanada de queso colby y la mazorca de maíz. Dado que una rebanada de queso colby tiene 112 calorías y una mazorca de maíz tiene 96 calorías, hacen un total de 208 calorías. El resto de las combinaciones de alimentos no llegan al total de 200 calorías.

8. **D**; **Nivel de conocimiento:** 2; **Tema:** L.a.3; **Práctica:** SP.1.a, SP.1.b, SP.1.c, SP.3.b

Los encabezados de las columnas indican que el propósito de la tabla es identificar el número de calorías de las porciones de ciertos alimentos. La tabla no intenta animar a la gente a elegir alimentos con menos calorías; simplemente da información. Aunque esta tabla puede proporcionar información útil para preparar un menú semanal, no hay suficientes opciones en la tabla para poder planear un menú completo. No se indican diferentes tamaños de porción de un mismo alimento, así que el propósito de esta tabla no es compararlos.

9. **B**; **Nivel de conocimiento:** 2; **Tema:** L.a.3; **Práctica:** SP.1.a, SP.1.b, SP.1.c, SP.8.b

Según la tabla, esta persona debería ingerir 3 tazas de verduras y 2 tazas de frutas cada día. Dado que 3 menos 2 es igual a 1, la persona debería ingerir 1 taza más de verduras que de frutas. Las opciones de respuesta incorrectas pueden obtenerse mediante cálculos incorrectos o la mala interpretación de conceptos.

10. **C**; **Nivel de conocimiento:** 2; **Tema:** L.a.3; **Práctica:** SP.1.a, SP.1.b, SP.1.c, SP.3.b

La tabla proporciona información sobre qué cantidad de ciertos alimentos debe ingerir una persona cada día, así que la utilidad más probable de esta información sería planear una dieta basada en ingerir las cantidades especificadas cada día. Una persona podría usar la información para planear lo que va a comer para desayunar. Sin embargo, la información es más adecuada para un uso más general. La tabla no proporciona información apropiada para calcular la ingesta calórica o para averiguar qué cantidad de proteínas tiene un alimento.

11. **A**; **Nivel de conocimiento:** 2; **Tema:** L.a.3; **Práctica:** SP.1.a, SP.1.b, SP.1.c

El pasaje indica que el sodio puede ser beneficioso en pequeñas cantidades y la tabla muestra que el sodio es un macronutriente que ayuda en el funcionamiento de los músculos. De este modo, la información conjunta del pasaje y la tabla indica que, en su justa medida, el sodio ayuda al buen funcionamiento de los músculos. Según el pasaje, una ingesta de sodio ilimitada puede ser perjudicial, no beneficiosa. Ni el pasaje ni la tabla indican que el sodio tenga más funciones que el yodo en el cuerpo. Ni el pasaje ni la tabla dan prioridad a ninguno de los macronutrientes que el cuerpo necesita.

12. **D**; **Nivel de conocimiento:** 2; **Tema:** L.a.3; **Práctica:** SP.1.a, SP.1.b, SP.1.c

La información de la tabla muestra que tanto el calcio como el sodio participan en las funciones musculares. El sodio no está entre las opciones de respuesta, así que el calcio sería la respuesta correcta. El cinc, el yodo y el potasio no participan directamente en las funciones musculares.

13. **B**; **Nivel de conocimiento:** 2; **Tema:** L.a.3; **Práctica:** SP.1.a, SP.1.b, SP.1.c, SP.3.b

La tabla muestra que los elementos afectan a varios sistemas del cuerpo, respaldando la idea de que las deficiencias de macronutrientes o micronutrientes pueden afectar a muchos sistemas distintos del cuerpo. No todos los macronutrientes y los micronutrientes participan en las funciones del sistema inmunológico; de los que se enumeran en la tabla, solo el cinc lo hace. El sistema nervioso depende del cobre, que es un micronutriente. La tabla no menciona si el cuerpo necesita cantidades mayores de macronutrientes o de micronutrientes. Sin embargo, según el pasaje, el cuerpo necesita los macronutrientes en cantidades mayores, no menores, que los micronutrientes.

14. **D**; **Nivel de conocimiento:** 2; **Tema:** L.a.3; **Práctica:** SP.1.a, SP.1.b, SP.1.c

Hay solo dos elementos que proporcionen proteínas; el pan con semillas y plátano y el sándwich de ensalada de atún. El sándwich de ensalada de atún proporciona más proteínas y tiene menos calorías que el pan con semillas y plátano. La lasaña de verdura y la sopa de tomate no proporcionan proteínas.

Clave de respuestas

UNIDAD 1 *(continuación)*

LECCIÓN 4, *págs. 14–17*

1. B; **Nivel de conocimiento:** 1; **Tema:** L.a.2; **Práctica:** SP.1.a, SP.1.b, SP.7.a
El pasaje indica que las señales de los receptores de temperatura hacen que el hipotálamo regule la temperatura corporal. Las glándulas sudoríparas segregan transpiración cuando el cuerpo está muy caliente. El círculo de retroalimentación no comienza a funcionar en un momento determinado, sino que siempre está en funcionamiento. Aunque el pasaje no menciona la evaporación del sudor, la transpiración se evapora de la piel, pero esta evaporación tiene lugar como resultado de los esfuerzos de regulación de temperatura del hipotálamo.

2. A; **Nivel de conocimiento:** 2; **Tema:** L.a.2; **Práctica:** SP.1.a, SP.1.b, SP.3.b, SP.7.a
El pasaje hace la afirmación general de que el cuerpo mantiene el equilibrio reaccionando constantemente ante la retroalimentación, indicando que hay muchos ciclos de retroalimentación en el cuerpo y que su principal propósito es mantener el equilibrio. En el ciclo de retroalimentación de la temperatura participa el hipotálamo, pero los ciclos de retroalimentación no controlan al hipotálamo. Los ciclos de retroalimentación envían y reciben señales, no reciben señales solamente. El ciclo de retroalimentación de la temperatura regula la temperatura, pero es solamente un ejemplo de los ciclos de retroalimentación del cuerpo.

3.1 B; **3.2 A**; **3.3 D**; **3.4 C**; **Nivel de conocimiento:** 2; **Tema:** L.a.2; **Práctica:** SP.1.a, SP.1.b, SP.1.c, SP.7.a
3.1 La ilustración indica que un cambio externo que provoca una fluctuación en la presión sanguínea puede ser un incremento de la temperatura. Los latidos irregulares son una condición interna, no externa, y no tienen relación con este proceso. La disminución de la presión sanguínea, un cambio interno, es el resultado del proceso que se ilustra. Un desequilibrio de actividades no tendría relación con este proceso.
3.2 Según la ilustración, un resultado del cambio en la temperatura es que los receptores envían señales al integrador. Estas señales provocan una respuesta del efector después de haber sido interpretadas por el integrador. Las señales acuden desde los receptores cuando sienten el estímulo. El efector debe recibir las señales del integrador para actuar.
3.3 La labor de un integrador es hacer que el efector actúe de alguna manera. En este caso, el integrador es el cerebro y este estimula al corazón, que sería el efector. El cerebro no desactiva el corazón; si lo hiciese el cuerpo dejaría de funcionar. Tampoco lo evita o lo inhibe porque necesita que el efector produzca una respuesta.
3.4 La ilustración indica que la respuesta del efector en este ejemplo es una disminución de la presión sanguínea. Ni sigue igual, ni baja totalmente, ni se incrementa.

4.1 B; **4.2 A**; **4.3 B**; **4.4 D**; **Nivel de conocimiento:** 2; **Tema:** L.a.2; **Práctica:** SP.1.a, SP.1.b, SP.1.c, SP.7.a
4.1 Un invasor externo es un antígeno. El pasaje indica que cuando un antígeno entra en el cuerpo, el sistema inmunológico manda anticuerpos hacia él. El sistema inmunológico no se une con el antígeno; eso lo hacen los anticuerpos. El sistema inmunológico no envía antígenos; estos son los invasores externos. Los anticuerpos no se agrupan en este punto de la secuencia de sucesos.
4.2 El pasaje explica que los anticuerpos se unen con los antígenos. Ni los recolectan, ni los atacan, ni los rodean.
4.3 La ilustración muestra que cada anticuerpo tiene puntos de unión en los dos extremos de su forma de Y que ayudan a obtener los resultados de su unión con los antígenos.
4.4 El pasaje y la ilustración indican que, dado que los anticuerpos tienen dos puntos de unión y pueden, por tanto, unirse a dos antígenos cada uno, los anticuerpos y los antígenos forman grandes racimos. No se aceleran en la sangre. Tampoco incrementan su tamaño; simplemente se agrupan. Se conectan para formar racimos, no largas cadenas.

5.1 A; **5.2 C**; **5.3 A**; **5.4 D**; **Nivel de conocimiento:** 2; **Tema:** L.a.2; **Práctica:** SP.1.a, SP.1.b, SP.1.c
5.1 Según el pasaje, una causa típica para un ataque de asma puede ser el polvo o el polen. Pueden producirse contracciones musculares durante un ataque de asma, pero no son las causantes. Los estornudos y la nariz congestionada se asocian al resfriado, no al asma. Los anticuerpos de la sangre combaten los antígenos; no provocan ataques de asma.
5.2 La exposición a ciertas sustancias puede hacer que los conductos de aire se estrechen al contraerse los músculos, como se muestra en la ilustración. Entra menos aire, no más aire, por los conductos de aire porque estos se estrechan. Los conductos se contraen, pero no se cierran impidiendo la entrada de todo el aire. Los conductos de aire no se llenan completamente de fluido durante un ataque de asma.
5.3 Según la ilustración, otro resultado de la exposición a ciertas sustancias es un incremento de la mucosidad. Esto hace que los conductos de aire se reduzcan, no que se expandan. Los calambres musculares no están asociados con esta respuesta alérgica. Una persona cuyos conductos de aire sean más pequeños de lo normal no tendrá una respiración relajada.
5.4 El pasaje y la ilustración proporcionan información que respalda la idea de que el principal síntoma de un ataque de asma es la falta de aliento, que resulta del estrechamiento de los conductos de aire. El dolor de cabeza, el dolor articular y el malestar de estómago no están asociados con los ataques de asma.

LECCIÓN 5, *págs. 18–21*

1. C; **Nivel de conocimiento:** 1; **Tema:** L.a.4; **Práctica:** SP.1.a, SP.1.b, SP.1.c
El punto de la gráfica que corresponde a los niños en 2010–2011 está cerca de la marca de "50%" del eje de la *y*, de modo que alrededor de un 50% de los niños fueron vacunados durante la temporada de gripe. Los datos *30 por ciento* y *40 por ciento* son demasiado bajos como para ser buenas aproximaciones al punto correspondiente de los niños. El dato *60 por ciento* es demasiado alto para ser una buena aproximación.

2. **A**; **Nivel de conocimiento:** 2; **Tema:** L.a.4; **Práctica:** SP.1.a, SP.1.b, SP.1.c

La línea de la gráfica correspondiente a los adultos es prácticamente recta, lo que indica que alrededor del mismo porcentaje de adultos se vacunaron durante cada año representado en la gráfica. La línea para los niños asciende, lo cual indica que se vacunaron más niños en 2010–2011 y en 2011–2012 que en 2009–2010. La línea para los adultos siempre es más baja que la de los niños, lo cual indica que para todos los años que se representan en la gráfica, el porcentaje de adultos que se vacunaron contra la gripe fue siempre más bajo que el porcentaje de niños. El porcentaje de niños vacunados en 2011–2012 estuvo por debajo del 60 por ciento porque el punto está por debajo de la marca del "60%" del eje de la *y*.

3. **B**; **Nivel de conocimiento:** 1; **Tema:** L.a.4; **Práctica:** SP.1.a, SP.1.b, SP.1.c

Las barras azules representan a los hombres, y la barra azul para el grupo de edad de "26–35 años" es la barra más alta de la gráfica, de modo que la mayor parte de los adultos que murieron fueron hombres entre 26 y 35 años de edad, no hombres entre 18 y 25 años de edad. El número de hombres que murieron fue mayor que el número de mujeres en todos los grupos de edad.

4. **A**; **Nivel de conocimiento:** 1; **Tema:** L.a.4; **Práctica:** SP.1.a, SP.1.b, SP.1.c

La última barra verde de la gráfica representa a las mujeres de más de 46 años de edad y el punto más alto de la barra está por debajo del número 20 en el eje de la *y*, de modo que la gráfica muestra que en la comunidad representada, menos de 20 mujeres de más de 46 años murieron a causa de la peste negra. La barra sería más alta si el número de mujeres de más de 46 años que murieron a causa de la peste negra hubiese estado entre 20 y 40, 40 y 60, o 60 y 80.

5. **D**; **Nivel de conocimiento:** 2; **Tema:** L.a.4; **Práctica:** SP.1.a, SP.1.b, SP.1.c

Los datos indican que el África Subsahariana necesita un incremento del 33 por ciento entre 2008 y 2015 en el porcentaje de la población que tiene acceso a los servicios sanitarios (64 por ciento menos 31 por ciento) para alcanzar su objetivo de 2015. Esta es la zona que necesita un mayor incremento para alcanzar los objetivos de 2015. La gráfica muestra que a muchas zonas les queda poco para cumplir sus objetivos de 2015, lo cual indica que se están logrando progresos en muchas áreas. Según la gráfica, el Norte de África superó su objetivo para 2015 en el 2008 y Asia Occidental estaba muy cerca de lograrlo en aquel año.

6. **C**; **Nivel de conocimiento:** 3; **Tema:** L.a.4; **Práctica:** SP.1.a, SP.1.b, SP.1.c, SP.3.c

Según la gráfica, el Norte de África alcanzó su objetivo del 2015 y a otras tres áreas (el Sureste de Asia, Latinoamérica y Caribe, y Asia Occidental) les falta hasta un 5 por ciento de la población para cumplir sus objetivos de 2015. Las otras áreas están a más del 15 por ciento de sus objetivos, de modo que es mucho menos probable que los alcancen.

7. **B**; **Nivel de conocimiento:** 2; **Tema:** L.a.4; **Práctica:** SP.1.a, SP.1.b, SP.1.c

El punto más alto de la gráfica corresponde a 1916, y eso indica que la incidencia de la polio alcanzó su punto máximo en 1916. El año 1912 es el primero que aparece en la gráfica, no el año en que se disparó la incidencia. El punto que corresponde a 1952 es alto, pero no tan alto como el de 1916, lo cual indica que la incidencia de la polio era elevada alrededor de 1952, pero no fue la más alta. Los datos más bajos de la tabla corresponden a 1963 e indican que la incidencia de la polio era muy cercana a cero o de cero alrededor de ese año.

8. **D**; **Nivel de conocimiento:** 2; **Tema:** L.a.4; **Práctica:** SP.1.a, SP.1.b, SP.1.c, SP.3.a

La gráfica respalda la afirmación del pasaje mostrando menos nuevos casos después de la aprobación de la vacuna, lo cual indica que se vacunaron más niños. Los niños vacunados no contraían la polio, de modo que no hubo un incremento en el número de casos de polio entre los niños vacunados. A principios de la década de 1950 hubo un aumento, no una disminución, en el número de casos de polio. La gráfica no proporciona datos sobre el número de niños pequeños en los Estados Unidos en esa época.

9. **A**; **Nivel de conocimiento:** 2; **Tema:** L.a.4; **Práctica:** SP.1.a, SP.1.b, SP.1.c

La hemodiálisis como fuente de infección de hepatitis C entra dentro de la categoría "Otras" de la gráfica, que reúne solo al 5 por ciento del total de los casos de hepatitis C. Según la gráfica, el 15 por ciento de los casos de hepatitis C están relacionados con la transmisión sexual, mientras que solo el 10 por ciento de los casos son resultado de una transfusión realizada antes de que la sangre se analizara de forma rutinaria. La gráfica muestra que las causas de la enfermedad son desconocidas solo para el 10 por ciento de los casos de hepatitis C y que la mayoría, no la minoría, de los casos de hepatitis C están provocados por el uso de drogas inyectables.

10. **C**; **Nivel de conocimiento:** 3; **Tema:** L.a.4; **Práctica:** SP.1.a, SP.1.b, SP.1.c

Según la gráfica, la mayor parte de las personas que contrajeron hepatitis C lo hicieron a través del uso de drogas inyectables, lo cual se realiza con agujas. De este modo, el grupo con riesgo más alto es la gente que comparte agujas cuando consume drogas. Aquellos que trabajan en la industria sanitaria no son los que corren mayor riesgo porque forman parte del pequeño grupo "Otras". Las personas que mantienen relaciones sexuales sin protección pueden contraerla a través del contacto sexual, pero esta causa solo reúne a un 15 por ciento de las personas que padecen hepatitis C. Quienes donan sangre no están incluidos en los datos; quienes recibieron transfusiones de sangre antes de que la sangre se analizara de forma rutinaria tuvieron una pequeña posibilidad de contraer la hepatitis C.

11.1 **D**; 11.2 **C**; 11.3 **A**; 11.4 **B**; **Nivel de conocimiento:** 3; **Tema:** L.a.4; **Práctica:** SP.1.a, SP.1.b, SP.1.c, SP.3.b

11.1 Según la leyenda del mapa, los estados coloreados en verde más claro tuvieron los números más altos de diagnósticos en 2010. La zona sur, de Florida a Texas, tiene el mayor número de estados de este color. El resto de las zonas no tienen tantos estados de este color y, por tanto, no tienen tantos diagnósticos.

11.2 Según la leyenda, el rango menor de diagnósticos que se muestra en el mapa es de 0.0 a 5.7. Es decir, los estados que tienen índices de diagnóstico de 5.7 son los estados con el índice de diagnóstico más bajo. Se dan datos, de modo que los índices están disponibles. El índice más alto es entre 23.4 y 50.4. La gráfica no menciona el cambio en los índices de diagnósticos.

11.3 Según el mapa, el índice de diagnósticos en Texas para 2010 fue entre 23.4 y 50.4. Es un índice más alto que el de 2007, que fue entre 17.7 y 22.6. Esto implica que el índice de diagnósticos se incrementó entre 2007 y 2010 en Texas. No disminuyó ni siguió igual, y la información proporcionada no es lo bastante específica para determinar si se duplicó.

11.4 El mapa muestra un rango de cuántas personas fueron diagnosticadas con VIH en los distintos estados en 2010. Para no contraer el VIH y, por tanto, evitar recibir un diagnóstico de VIH, hay que saber cómo se transmite. Una mayor educación acerca de su transmisión debería ayudar a que bajen los índices de diagnóstico. La gráfica muestra solo información sobre los índices de diagnóstico, no información relevante para acceder a medicamentos, sobre disponibilidad de asistencia médica ni sobre la cobertura de seguros médicos.

Clave de respuestas

UNIDAD 1 *(continuación)*

LECCIÓN 6, *págs. 22–25*

1. C; Nivel de conocimiento: 2; **Tema:** L.c.2; **Práctica:** SP.1.a, SP.1.b, SP.1.c, SP.7.a

Hay flechas que salen de las cajas correspondientes al "Saltamontes", a la "Oruga", al "Escarabajo" y a la "Araña" que llegan hasta la caja del "Gorrión". Por tanto, el diagrama indica que los gorriones comen saltamontes, orugas, escarabajos y arañas. No hay ninguna flecha desde la caja de la "Hierba" hasta la caja del "Gorrión", de modo que el diagrama no dice que los gorriones coman hierba. Hay una flecha desde la caja del "Saltamontes" hasta la caja del "Gorrión", pero no hay ninguna flecha desde la caja del "Diente de león" hasta la caja del "Gorrión", de modo que el diagrama muestra que los gorriones comen saltamontes, no dientes de león. Las flechas desde la caja del "Gorrión" a la caja del "Halcón" y la caja de la "Serpiente" indican que los halcones y las serpientes comen gorriones, no lo contrario.

2. A; Nivel de conocimiento: 2; **Tema:** L.c.2; **Práctica:** SP.1.a, SP.1.b, SP.1.c, SP.7.a

Las dos flechas hacia la caja de la "Serpiente" y las tres flechas hacia la caja de la "Araña" indican que las serpientes tienen dos fuentes de alimento y que las arañas tienen tres fuentes de alimento. Las múltiples flechas que llevan a cada animal de la red alimenticia indican que cada animal tiene más de un tipo de fuente de comida. Solo las flechas que salen del "Sapo", del "Gorrión" y de la caja de la "Serpiente" llevan a la caja del "Halcón". Los sapos, los gorriones y las serpientes son todos animales; por tanto, el diagrama indica que los halcones solamente comen animales. De todos los seres vivos que se nombran en el diagrama, solo tres (los sapos, los gorriones y las arañas) comen insectos.

3. A; Nivel de conocimiento: 2; **Tema:** L.c.1, L.c.2; **Práctica:** SP.1.a, SP.1.b, SP.1.c

Los lagartos y las serpientes están incluidos en la caja "Consumidores secundarios" del diagrama. Las hormigas y los escarabajos están incluidos en la sección "Segundo nivel trófico" del diagrama. Los halcones y los zorros están incluidos en la sección "Cuarto nivel trófico" del diagrama. Las flores y los arbustos están incluidos en la caja de "Productores" del diagrama.

4. B; Nivel de conocimiento: 2; **Tema:** L.c.2; **Práctica:** SP.1.a, SP.1.b, SP.1.c

El diagrama indica que los escorpiones están en el tercer nivel trófico. La flecha entre el "Segundo nivel trófico" y el "Tercer nivel trófico" muestra que los escorpiones obtienen energía comiendo organismos del segundo nivel trófico, grupo que incluye ratones, hormigas y escarabajos. El diagrama muestra que las plantas son productoras, es decir, elaboran su propia comida. El diagrama muestra que las hormigas están en el segundo nivel trófico. La flecha entre el "Primer nivel trófico" y el "Segundo nivel trófico" muestra que las hormigas obtienen energía comiendo organismos del primer nivel trófico, grupo que solo incluye plantas. El diagrama muestra que las serpientes son consumidores secundarios, la flecha de la caja "Consumidores secundarios" a la caja "Consumidores terciarios" muestra que los consumidores terciarios se comen a los consumidores secundarios, no al revés.

5. D; Nivel de conocimiento: 2; **Tema:** L.c.1; **Práctica:** SP.1.a, SP.1.b, SP.1.c, SP.7.a

Para responder la pregunta, debes restar la cantidad de energía contenida por los consumidores secundarios a la cantidad de energía contenida por los consumidores primarios. El diagrama indica que los consumidores primarios contienen 100,000 unidades de energía y que los consumidores secundarios contienen 10,000 unidades de energía. Por tanto, la cantidad de energía que se pierde durante la transferencia energética de los consumidores primarios a los consumidores secundarios es de 90,000 unidades, o 100,000 unidades menos 10,000 unidades. Aunque el diagrama indica que los consumidores primarios contienen 100,000 unidades de energía y que los consumidores secundarios contienen 10,000 unidades de energía, el ejercicio pregunta por la cantidad de energía que se pierde durante la transferencia energética de los consumidores primarios a los consumidores secundarios, no por la cantidad de energía que contienen los consumidores primarios o los consumidores secundarios. La cantidad de energía que se pierde durante la transferencia energética de los consumidores primarios a los consumidores secundarios es de 100,000 unidades menos 10,000 unidades, o sea, 90,000 unidades, no 900,000 unidades.

6. C; Nivel de conocimiento: 3; **Tema:** L.c.1; **Práctica:** SP.1.a, SP.1.b, SP.1.c, SP.3.b, SP.7.a

El diagrama muestra que hay menos energía disponible para mantener a los seres vivos del cuarto nivel trófico que para los del primer nivel trófico. Dado que los organismos necesitan energía para poder vivir, esta información respalda la idea de que un ecosistema tiene menos seres vivos en el cuarto nivel trófico que en el primer nivel trófico. Aunque el diagrama muestra que los consumidores terciarios están en el cuarto nivel trófico y que los productores están en el primer nivel trófico, esta información no respalda la idea de que un ecosistema tiene menos organismos en el cuarto nivel trófico que en el primer nivel trófico. El tamaño de las cajas del diagrama es el mismo en todos los niveles; por tanto, el tamaño de las cajas no respalda la idea de que un ecosistema tenga menos organismos en el cuarto nivel trófico que en el primer nivel trófico. Un diagrama que se estrecha en su parte alta, como una pirámide, puede indicar que en el cuarto nivel trófico viven menos organismos que en el primer nivel trófico. Sin embargo, este diagrama no es más estrecho en la parte alta que en la parte de abajo. Por tanto, su forma no respalda la idea de que un ecosistema tenga menos organismos en el cuarto nivel trófico que en el primer nivel trófico.

7.1 **B**; 7.2 **B**; 7.3 **D**; 7.4 **A**; **Nivel de conocimiento:** 2; **Tema:** L.c.1, L.c.2; **Práctica:** SP.1.a, SP.1.b, SP.1.c, SP.7.a
7.1 El nivel más bajo de una pirámide energética muestra a los productores; el diagrama indica que los dientes de león y la hierba son productores. Las orugas y los escarabajos están en el nivel de consumidores primarios de la pirámide. Los sapos y las arañas están en el nivel de consumidores secundarios de la pirámide. Los gorriones y las serpientes están en el nivel de consumidores terciarios de la pirámide.
7.2 La ubicación de los escarabajos, las orugas y los saltamontes justo por debajo de las arañas y los sapos en la pirámide indica que estos pasan energía a las arañas y los sapos. La ubicación de los escarabajos, las orugas y los saltamontes justo por encima de los dientes de león y la hierba en la pirámide energética indica que estos obtienen energía comiendo dientes de león y hierba. Los escarabajos, las orugas y los saltamontes no están justo por debajo de las serpientes y los gorriones o los halcones en la pirámide; por tanto, no pasan energía a estos animales.
7.3 La posición de los halcones justo por encima de los gorriones y las serpientes en la pirámide indica que su alimento consiste en gorriones y serpientes. Los halcones no están directamente encima de los escarabajos y los saltamontes, los dientes de león o la hierba, o de las arañas y los sapos, en la pirámide; por tanto, no se alimentan de estos organismos.
7.4 La oración tiene que proporcionar un ejemplo de la idea de que los organismos de los niveles tróficos más altos tienen menos energía disponible que los organismos de los niveles tróficos más bajos. La pirámide muestra que las arañas están en el tercer nivel trófico y que los escarabajos están en el segundo nivel trófico; por tanto, hay más energía disponible para los escarabajos que para las arañas. La pirámide muestra que las arañas están en el tercer nivel trófico del ecosistema mientras que los halcones están en el nivel más alto y las serpientes están en el cuarto nivel trófico; por tanto, hay menos energía disponible para los halcones o las serpientes que para las arañas. La pirámide muestra que las arañas y los sapos están en el mismo nivel trófico del ecosistema; los organismos que están en el mismo nivel trófico de un ecosistema tienen la misma cantidad de energía disponible.

8. **C**; **Nivel de conocimiento:** 2; **Tema:** L.c.2; **Práctica:** SP.1.a, SP.1.b, SP.1.c
La sección del diagrama en que los óvalos del "Ciervo de cola blanca" y la "Ardilla gris" se superponen muestra que el ciervo de cola blanca y las ardillas grises comen nueces y maíz. El diagrama compara y contrasta las dietas de tres animales; no alude a los niveles tróficos. Los zorros rojos comen todos los organismos que aparecen en el óvalo que corresponde al "Zorro rojo" en el diagrama; el diagrama indica que los zorros rojos comen hierba, frutas, insectos, huevos y ranas, así como ratones, conejos y pájaros. Los únicos alimentos por los que compiten las ardillas grises y los zorros rojos aparecen en la sección del diagrama en la que los óvalos de la "Ardilla gris" y del "Zorro rojo" se superponen. Se trata de las frutas, los insectos, los huevos y las ranas. Las ardillas grises también se alimentan de semillas, piñas de pino y hongos. Los zorros rojos también se alimentan de hierba, ratones, conejos y pájaros.

9. **C**; **Nivel de conocimiento:** 2; **Tema:** L.c.1, L.c.2; **Práctica:** SP.1.a, SP.1.b, SP.1.c, SP.7.a
El diagrama es un tipo de red alimenticia en la que la parte baja del diagrama muestra la fuente de energía del ecosistema. Las sustancias químicas del interior de la Tierra aparecen en la parte baja del diagrama; por tanto, son la fuente de energía principal de ecosistema. Los pulpos están en la parte de arriba de la red alimenticia; son consumidores, no son la fuente de energía del ecosistema. Las bacterias están cerca de la parte baja del diagrama, pero no abajo de todo; son productoras que usan la energía de las sustancias químicas del interior de la Tierra para elaborar su comida. Aunque la luz del sol es la fuente de energía principal en los ecosistemas terrestres, este diagrama no corresponde a un ecosistema terrestre. Esta red alimenticia muestra un ecosistema de fondo oceánico para el cual las sustancias químicas del interior de la Tierra son la principal fuente de energía.

10. **D**; **Nivel de conocimiento:** 2; **Tema:** L.c.1, L.c.2; **Práctica:** SP.1.a, SP.1.b, SP.1.c, SP.3.b, SP.3.d, SP.7.a
El diagrama muestra que, al igual que los peces, los pulpos comen almejas, mejillones, gusanos tubulares y cangrejos. Este pez ocuparía una posición similar a la del pulpo. El pez come cangrejos, mejillones y gusanos tubulares, así que no ocuparía la posición de ninguno de estos animales en la red alimenticia.

11. **B**; **Nivel de conocimiento:** 2; **Tema:** L.c.1, L.c.2; **Práctica:** SP.1.a, SP.1.b, SP.1.c, SP.7.a
Los descomponedores y los detritófagos proporcionan nutrientes al suelo. Los productores obtienen nutrientes del suelo, del aire y del agua. Los consumidores obtienen nutrientes de los productores. Entonces, tanto los productores como los consumidores dependen indirectamente de los descomponedores y los detritófagos en el ciclo de los nutrientes. Las flechas del diagrama indican el flujo de nutrientes a través del ecosistema. Los nutrientes fluyen de los descomponedores y los detritófagos al suelo, no a las plantas. Por tanto, las plantas no usan a los descomponedores y a los detritófagos como alimento. Cuando los animales mueren, se crea materia animal muerta. El diagrama no indica que los descomponedores y los detritófagos hacen que los animales mueran o que produzcan materia animal muerta. Las flechas del diagrama indican que los animales que comen plantas obtienen nutrientes solo mediante la ingesta de plantas, no comiendo descomponedores ni detritófagos.

LECCIÓN 7, *págs. 26–29*
1. **C**; **Nivel de conocimiento:** 2; **Tema:** L.c.4; **Práctica:** SP.1.a, SP.1.b, SP.1.c
En una relación mutualista, según la tabla, ambos organismos se benefician. Una abeja se beneficia obteniendo néctar de una flor, y la flor se beneficia porque la abeja transporta su polen, permitiendo a la flor reproducirse. Una pulga que vive sobre un perro y un mosquito que pica a un ser humano son ejemplos de parasitismo. La pulga y el mosquito se benefician, pero tienen efectos negativos sobre el perro y el humano. Un murciélago que captura una polilla en su vuelo es un ejemplo de una relación depredador-presa. El murciélago es el depredador y la polilla es la presa.

Clave de respuestas

UNIDAD 1 *(continuación)*

2. **A**; **Nivel de conocimiento:** 2; **Tema:** L.c.4; **Práctica:** SP.1.a, SP.1.b, SP.1.c
Un animal que transfiere semillas de bardana es un ejemplo de comensalismo, dado que la bardana se beneficia porque sus semillas se dispersan, pero el animal no resulta afectado. El animal no se beneficia, así que no es mutualismo. El animal no se come la bardana, así que no es una relación depredador-presa. La bardana no daña al animal, así que no se trata de parasitismo.

3. **Nivel de conocimiento:** 2; **Tema:** L.c.4; **Práctica:** SP.1.a, SP.1.b, SP.1.c, SP.6.c
La tabla muestra ejemplos de relaciones depredador-presa. La nutria marina, la salamandra, el búho cornudo y el guepardo aparecen primero en los ejemplos que se dan y son capaces de matar y comerse a los otros organismos que se indican, lo cual implica que todos ellos pueden clasificarse como **depredadores**.

4. **Nivel de conocimiento:** 2; **Tema:** L.c.4; **Práctica:** SP.1.a, SP.1.b, SP.1.c, SP.6.c
Los gusanos y los piojos son parásitos, de modo que los huéspedes del ejemplo de relaciones parasitarias de la tabla serían los **seres humanos**, las **ovejas**, los **peces** y las **palomas**.

5. **Nivel de conocimiento:** 2; **Tema:** L.c.4; **Práctica:** SP.1.a, SP.1.b, SP.1.c, SP.6.c
En las tres relaciones, cada organismo se beneficia. El mutualismo es un tipo de relación simbiótica en la cual ambos organismos se benefician. Es decir, los científicos colocarían las tres relaciones en la categoría de **mutualismo**.

6. **Nivel de conocimiento:** 2; **Tema:** L.c.4; **Práctica:** SP.1.a, SP.1.b, SP.1.c, SP.6.c
El mutualismo es un tipo de relación simbiótica en la que ambos organismos se benefician. El científico escribió los efectos de las tres relaciones. En la primera relación, la paloma de alas blancas obtiene alimento y el cactus saguaro consigue que sus semillas se depositen. En la segunda relación, los cangrejos araña obtienen protección de los depredadores en forma de camuflaje y las algas consiguen un lugar para vivir. En la tercera relación, las bacterias consiguen un lugar para vivir y obtener alimento, mientras que los seres humanos reciben ayuda para digerir la comida. Estos ejemplos entrarían todos en la categoría de mutualismo porque **ambos organismos se benefician de cada relación**.

7. **Nivel de conocimiento:** 2; **Tema:** L.c.4; **Práctica:** SP.1.a, SP.1.b, SP.1.c, SP.6.c
Si los picabueyes dañasen a los rinocerontes, la relación se clasificaría como **parasitismo**. En una relación de parasitismo, un organismo se beneficia, mientras que el otro resulta dañado.

8. **Nivel de conocimiento:** 2; **Tema:** L.c.4; **Práctica:** SP.1.a, SP.1.b, SP.1.c, SP.6.c
La relación entre los picabueyes y los insectos entra dentro de la categoría **depredador-presa**. Los pájaros se comen a los insectos. Son depredadores y los insectos son la presa.

9. **Nivel de conocimiento:** 2; **Tema:** L.c.4; **Práctica:** SP.1.a, SP.1.b, SP.1.c, SP.6.c
La relación entre la barracuda y los peces limpiadores es **mutualista**. Tanto la barracuda como los peces limpiadores se benefician. La barracuda se deshace de los parásitos y los peces limpiadores obtienen alimento.

10. **Nivel de conocimiento:** 3; **Tema:** L.c.4; **Práctica:** SP.1.a, SP.1.b, SP.1.c, SP.6.c
La relación entre los organismos que viven sobre la barracuda y la propia barracuda es de **parasitismo**. Los diminutos organismos son parásitos y la barracuda es el huésped. Puedes observar que los organismos diminutos son parásitos porque la barracuda necesita deshacerse de ellos.

11. **Nivel de conocimiento:** 3; **Tema:** L.c.4; **Práctica:** SP.1.a, SP.1.b, SP.1.c, SP.6.c
Cuando la barracuda no adopta la posición con la cabeza hacia arriba, la relación entre la barracuda y los peces limpiadores es de **depredador-presa**, o de **depredación**. La barracuda es un depredador que normalmente come otros peces como presas.

12. **Nivel de conocimiento:** 2; **Tema:** L.c.4; **Práctica:** SP.1.a, SP.1.b, SP.1.c, SP.6.c
Según los criterios para la clasificación de las relaciones simbióticas en categorías, la característica que debe tener una relación para ser clasificada como comensalismo es que **una de las especies se beneficie y la otra no resulte afectada**.

13. **Nivel de conocimiento:** 2; **Tema:** L.c.4; **Práctica:** SP.1.a, SP.1.b, SP.1.c, SP.6.c
La categoría en la que entrarían los percebes que viven sobre la piel de una ballena y dañan a la ballena al provocarle una infección sería el **parasitismo**. En una relación de parasitismo, un organismo se beneficia y el otro resulta dañado.

14. **Nivel de conocimiento:** 2; **Tema:** L.c.4; **Práctica:** SP.1.a, SP.1.b, SP.1.c, SP.6.c
La categoría que serviría para clasificar la relación entre el águila y el pez es la de **depredador-presa** o **depredación**. Las águilas son depredadores y los peces son sus presas.

15. **Nivel de conocimiento:** 2; **Tema:** L.c.4; **Práctica:** SP.1.a, SP.1.b, SP.6.c
La relación entre los animales que acuden al pozo de los caimanes en busca de comida y aquellos que acuden en busca de agua es la de **depredador-presa** o **depredación**. Aquellos que acuden al pozo en busca de agua son las presas de los que acuden en busca de comida.

16. **Nivel de conocimiento:** 3; **Tema:** L.c.4; **Práctica:** SP.1.a, SP.1.b, SP.3.a, SP.3.b, SP.6.c
Posibles respuestas:
Los científicos podrían clasificar la relación entre los caimanes y los animales que usan sus pozos como comensalismo. Los animales que acuden a los pozos se benefician, pero no benefician al caimán porque este se ha ido.
Los científicos podrían clasificar la relación entre los caimanes y los animales que acuden a sus pozos como depredación porque los caimanes podrían regresar al pozo en busca de comida y comerse a los animales que acuden al pozo para beber.

LECCIÓN 8, *págs. 30–33*

1. B; Nivel de conocimiento: 2; **Tema:** L.c.3; **Práctica:** SP.1.a, SP.1.b, SP.1.c, SP.3.b, SP.3.d

Una generalización válida acerca de las poblaciones de un ecosistema respaldada por los datos de la gráfica sería que el tamaño de la población puede variar notablemente en un período de tiempo relativamente corto. El pasaje y la gráfica no proporcionan bastante información para poder afirmar que los cambios en el tamaño de una población se deban principalmente a la depredación. La población de renos permaneció estable durante un tiempo, pero los datos de la gráfica rebaten la afirmación de que todas las poblaciones siguieron estables durante al menos cien años. El pasaje y la gráfica no proporcionan suficiente información para afirmar que el tamaño de la población siga incrementándose si los recursos son abundantes. De hecho, si los recursos son abundantes, el tamaño de la población solo seguirá creciendo si los recursos son el único factor y también pueden seguir incrementándose.

2. D; Nivel de conocimiento: 2; **Tema:** L.c.3; **Práctica:** SP.1.a, SP.1.b, SP.1.c, SP.3.b

Ni el pasaje ni la gráfica respaldan la generalización inválida de que la población de renos disminuyó como consecuencia de la aparición de un nuevo depredador. Las afirmaciones que dicen que la población de renos aumentó y después disminuyó y que la población de renos nunca superó los 6,000 individuos son hechos respaldados por los datos de la gráfica; no son generalizaciones. La generalización que dice que la población siguió estable hasta 1958 es válida porque está respaldada por los datos de la gráfica.

3. C; Nivel de conocimiento: 3; **Tema:** L.c.3; **Práctica:** SP.1.a, SP.1.b, SP.1.c, SP.3.b

Una generalización inválida basada en la información sería que el número de ratas almizcleras que una zona puede sustentar depende principalmente de las enfermedades. Según la ilustración, hay muchos factores que influyen en la capacidad de carga, no solamente las enfermedades. Las otras tres generalizaciones son válidas porque están respaldadas con datos del pasaje y de la ilustración.

4. B; Nivel de conocimiento: 3; **Tema:** L.c.4; **Práctica:** SP.1.a, SP.1.b, SP.3.a

La generalización que dice que la actividad humana puede afectar negativamente a una población de organismos está respaldada por la idea de que la matanza de lobos grises por parte de los colonos redujo su número drásticamente. El resto de las afirmaciones son datos del pasaje, pero no son ideas que puedan usarse para respaldar la generalización.

5. A; Nivel de conocimiento: 3; **Tema:** L.c.4; **Práctica:** SP.1.a, SP.1.b, SP.3.b, SP.3.d

El pasaje proporciona un ejemplo sobre el descenso y la recuperación de las poblaciones de lobos grises que respalda la generalización de que las poblaciones de especies amenazadas pueden recuperarse si se actúa debidamente. El pasaje no trata sobre la capacidad de carga o la relación entre depredadores y presas. El pasaje no proporciona bastante respaldo como para justificar la afirmación de que la competencia por los recursos siempre conduce a un brusco descenso de una población.

6. A; Nivel de conocimiento: 2; **Tema:** L.c.4; **Práctica:** SP.1.a, SP.1.b, SP.1.c, SP.3.b, SP.3.d

La gráfica muestra que los cambios en la población se dieron tanto en la población de liebres como en la población de linces la mayor parte del tiempo, de modo que una generalización válida podría ser que las poblaciones de depredadores y de presas generalmente siguen las mismas tendencias. Cuando la población de la presa aumenta, la población de depredadores aumenta también, no disminuye. Un gran número de depredadores normalmente conduce a un descenso, no a un incremento, del número de presas porque hay más depredadores que se coman las presas. La gráfica indica que el número de presas suele ser mayor que el número de depredadores, pero no siempre.

7. C; Nivel de conocimiento: 2; **Tema:** L.c.4; **Práctica:** SP.1.a, SP.1.b, SP.1.c, SP.3.b

La gráfica no proporciona suficiente información para poder hacer la generalización de que los cambios en la población de presas se deben únicamente a los cambios en la población de su depredador. El resto de las afirmaciones son generalizaciones que están respaldadas por la gráfica.

8. D; Nivel de conocimiento: 2; **Tema:** L.c.3; **Práctica:** SP.1.a, SP.1.b, SP.3.b

La oración que dice que la mayoría de los organismos necesitan condiciones ambientales específicas para sobrevivir es la generalización. La frase "la mayoría" es una clave. La oración que dice que los seres vivos dependen de las características no biológicas para sobrevivir es un hecho que está implícito en el pasaje. La afirmación que dice que los organismos pueden vivir en todo tipo de condiciones no es acertada, dado que, en general, ciertos organismos pueden vivir solo en ciertos tipos de condiciones. La oración que dice que la cantidad de sol afecta a los organismos es un hecho que está implícito en el pasaje.

9. D; Nivel de conocimiento: 3; **Tema:** L.c.3; **Práctica:** SP.1.a, SP.1.b, SP.3.b

Una generalización válida es que las características no biológicas tienen un impacto importante en un ecosistema. El pasaje explica que las características no biológicas como el agua, la cantidad de sol y la temperatura limitan el número de organismos que pueden vivir en un ecosistema. Por tanto, afectan significativamente la capacidad de carga del ecosistema. El resto de las afirmaciones son hechos que respaldan esta generalización.

10. B; Nivel de conocimiento: 2; **Tema:** L.c.3; **Práctica:** SP.1.a, SP.1.b, SP.3.b

Aunque el pasaje habla de los efectos de la lluvia y de la luz del sol en un ecosistema, sería demasiado generalizar que estas son las dos únicas características no biológicas de un ecosistema. Los ejemplos que se dan en el pasaje respaldan las otras opciones de respuesta, lo cual indica que son hechos o generalizaciones válidas.

11. A; Nivel de conocimiento: 2; **Tema:** L.c.4; **Práctica:** SP.1.a, SP.1.b, SP.1.c, SP.3.b, SP.3.d

Una generalización válida sería que, con el tiempo, las personas se han hecho cada vez más conscientes de su efecto sobre otras poblaciones. La generalización está respaldada por varios sucesos de conservación que se muestran en las líneas de tiempo. Los datos de estas líneas muestran que el tamaño de una población puede cambiar como consecuencia de la interacción humana. Los sucesos de conservación que se muestran en las líneas de tiempo refutan la afirmación de que las personas perciben cualquier relación con otras poblaciones como una competencia por los recursos. A partir de la información proporcionada, no se puede hacer ninguna generalización para comparar la importancia de los cambios físicos de un ecosistema con el impacto humano.

Clave de respuestas

UNIDAD 1 *(continuación)*

12. D; **Nivel de conocimiento**: 3; **Tema**: L.c.3; **Práctica**: SP.1.a, SP.1.b, SP.1.c, SP.3.b
Una generalización válida sobre el crecimiento exponencial que puede extraerse de la gráfica es que en las poblaciones que crecen exponencialmente, la reproducción normalmente tiene lugar de forma constante porque la reproducción es necesaria para el crecimiento de la población. El crecimiento exponencial no continuará más allá del límite de la capacidad de carga porque la capacidad de carga es un número máximo. No hay bastante información como para respaldar la generalización de que un crecimiento exponencial rápido de las poblaciones siempre se debe a un descenso de la depredación. En algún momento, el crecimiento de la población es obstaculizado por otros factores, pero durante el crecimiento exponencial, no se ve obstaculizado.

13. A; **Nivel de conocimiento**: 3; **Tema**: L.c.3; **Práctica**: SP.1.a, SP.1.b, SP.1.c, SP.3.b
El pasaje y la gráfica presentan un escenario hipotético que no podría continuar indefinidamente porque los ecosistemas tienen recursos limitados que deben compartirse entre todas las poblaciones. El crecimiento exponencial de una población no puede proseguir indefinidamente porque la propia población o sus competidores terminarán mermando los recursos. Las otras razones que se mencionan son generalizaciones inválidas porque no se basan en hechos.

LECCIÓN 9, *págs. 34–37*

1. A; **Nivel de conocimiento**: 1; **Tema**: L.c.5; **Práctica**: SP.1.a, SP.1.b, SP.1.c
El pasaje afirma que las poblaciones de ciertas especies de guepardos, leopardos, leones y linces han alcanzado niveles alarmantemente bajos, lo que indica que sus poblaciones han ido decreciendo con el tiempo. El guepardo se usa como un ejemplo, y las características de tener una población de 12,000 ejemplares o menos, haber alcanzado su máximo en el año 1900 y tener origen africano son datos y detalles relacionados con el guepardo, y no necesariamente con el resto de los animales que se mencionan.

2. C; **Nivel de conocimiento**: 2; **Tema**: L.c.5; **Práctica**: SP.1.a, SP.1.b, SP.1.c
La barra más alta de la gráfica indica que el mayor número de guepardos vivía en el año 1900. La población de guepardos no se incrementó entre 1900 y 1980; al contrario, descendió. Había menos, no más, guepardos en 2007 que en 1980 y más, no menos, guepardos en 1900 que en 2007.

3. Nivel de conocimiento: 2; **Tema**: L.c.5; **Práctica**: SP.1.a, SP.1.b, SP.3.a, SP.6.a, SP.6.c
Las características de una zona antes de la desertificación incluyen que **tiene bosques, tiene una biodiversidad mayor** y **tiene un número menor de animales de pastoreo**. Estas características respaldan un equilibrio saludable de las actividades y la vegetación para que una zona siga siendo productiva. Entre las características de una zona después de la desertificación se incluyen que **se usa para cultivar, tiene un riesgo mayor de erosión del suelo** y **tiene una biodiversidad menor**. La tala de bosques para obtener tierras cultivables es una causa de desertificación. Esta acción conduce a un mayor riesgo de erosión del suelo y una reducción de la cubierta vegetal. Estos factores conducen a una menor biodiversidad porque hay menos hábitat para los animales y las plantas que viven en el ecosistema.

4. Nivel de conocimiento: 2; **Tema**: L.c.2, L.c.5; **Práctica**: SP.1.a, SP.1.b, SP.1.c, SP.3.a, SP.6.a
Si la población de nutrias marinas bajara drásticamente, las poblaciones de erizos de mar, mejillones y almejas **aumentarían** porque habría menos nutrias que se los comieran. Si la población de erizos de mar se incrementara, la población de algas pardas **disminuiría** porque habría más erizos que se las comerían. Si las poblaciones de mejillones y almejas aumentaran, la población de algas **disminuiría** porque habría más mejillones y almejas que se las comerían. La población de leones marinos probablemente **se mantendría igual** porque forma parte de la red alimenticia que incluye a la nutria marina pero no forma parte de la cadena alimenticia de la nutria marina. Además, el pasaje explica que la población de leones marinos ya ha descendido. Como resultado, las orcas consumen más nutrias marinas, lo que indica que la población de leones marinos ya es demasiado baja para poder mantener a la población actual de orcas.

5. Nivel de conocimiento: 2; **Tema**: L.c.5; **Práctica**: SP.1.a, SP.1.b, SP.3.a, SP.6.a, SP.6.c
Las características que se aplican únicamente a las plantas nativas incluyen que **son nativas del ecosistema** y que **contribuyen positivamente al hábitat**. Las plantas nativas surgen de forma natural en el ecosistema en el que crecen y proporcionan un hábitat, cobijo y alimento a otros seres vivos del ecosistema. Las características que se aplican únicamente a las especies invasivas son que **crecen sin control**, que **se extienden rápidamente** y que **sofocan a otras plantas**. La enredadera kudzu es un ejemplo de planta invasiva. Crece fuera de control porque no hay otros organismos que se alimenten de ella y la contengan. Por ese motivo también se extiende muy rápidamente. Dado que crece fuera de control y rápidamente, puede sofocar a las plantas nativas creciendo sobre ellas. La característica que se aplica tanto a las plantas nativas como a las plantas invasivas es que ambas **previenen la erosión**. Cualquier planta que tenga raíces en el suelo ayuda a prevenir la erosión porque mantiene el suelo en su lugar, de modo que es menos probable que sea arrastrado por el viento o el agua.

LECCIÓN 10, *págs. 38–41*

1. C; **Nivel de conocimiento**: 2; **Tema**: L.d.3, L.e.1; **Práctica**: SP.1.a, SP.1.b, SP.1.c, SP.7.a
El texto explica que los cromosomas se replican justo antes de que la célula inicie la mitosis. La ilustración muestra una célula con cromosomas que se han replicado, de modo que la célula está comenzando la mitosis. No hay suficiente información para concluir que se trate de una célula humana. Un cromosoma contiene ADN, así que el ADN ya ha sido empaquetado. Si la célula estuviese completando la división celular, estaría representada como dos células prácticamente independientes.

2. A; **Nivel de conocimiento**: 2; **Tema**: L.d.3, L.e.1; **Práctica**: SP.1.a, SP.1.b, SP.1.c, SP.7.a
El texto explica que la replicación de un cromosoma crea dos unidades idénticas denominadas cromátidas, y la ilustración muestra las dos cromátidas unidas por un centrómero. Los telómeros son los brazos de las cromátidas; no unen a las cromátidas. Un cromosoma son dos cromátidas unidas, no el punto por donde se unen. Las histonas son las proteínas que, junto al ADN, forman la cromatina.

CLAVE DE RESPUESTAS

3. **A**; **Nivel de conocimiento:** 2; **Tema:** L.d.3, L.e.1; **Práctica:** SP.1.a, SP.1.b, SP.1.c, SP.7.a

El texto describe que los genes pueden estar expresados (activados) y reprimidos (inactivos) para indicar a las células en qué tipo de célula deben convertirse. Este concepto se muestra también en el diagrama con la expresión de genes neuronales específicos y de genes epiteliales específicos, de modo que deben activarse los genes correctos para que una célula se convierta en neurona. No tiene importancia qué genes estén presentes en las neuronas existentes; deben activarse los genes correctos en la célula que se convertirá en neurona. Los genes deben codificarse para las proteínas que participan en la construcción del tejido del sistema nervioso, no óseo. Los genes neuronales específicos de las células deben expresarse en lugar de reprimirse.

4. **B**; **Nivel de conocimiento:** 2; **Tema:** L.d.3, L.e.1; **Práctica:** SP.1.a, SP.1.b, SP.1.c, SP.7.a

El texto explica que las células embrionarias tempranas son similares pero que la diferenciación comienza al desarrollarse el ser humano, de modo que una célula embrionaria puede diferenciarse, como se muestra en el diagrama, para formar otros tipos de células, como células hepáticas. Ninguno de los otros tipos de células (como las del estómago, las de los músculos o los glóbulos blancos) pueden diferenciarse; únicamente pueden dividirse para formar nuevas células del mismo tipo.

5. **D**; **Nivel de conocimiento:** 2; **Tema:** L.d.3, L.e.1; **Práctica:** SP.1.a, SP.1.b, SP.1.c, SP.7.a

El texto explica que el material genético (ADN) está contenido principalmente en el núcleo de las células en los eucariotas y que las células de los procariotas no tienen núcleo. La tabla muestra que las bacterias son procariotas, de modo que sus células no tienen núcleo en el cual contengan el ADN. El resto de los organismos son eucariotas, de modo que el ADN está contenido en el núcleo de sus células.

6. **Nivel de conocimiento:** 3; **Tema:** L.d.3, L.e.1; **Práctica:** SP.1.a, SP.1.b, SP.1.c, SP.6.a, SP.6.c, SP.7.a

El pasaje y las partes completas del diagrama proporcionan información para rotular el diagrama correctamente. El pasaje explica que la interfase es el período antes de la mitosis y que los cromosomas se replican antes de la mitosis, de modo que **el ADN se replica** durante la interfase. El pasaje afirma que los cromosomas replicados son visibles durante la primera fase de la mitosis, conocida como profase, de modo que **los cromosomas son visibles** durante la profase. Las partes ilustradas del diagrama indican que **las cromátidas se separan** durante la anafase. El pasaje explica que el proceso de división celular se completa durante la citocinesis, de modo que **se forman dos células hijas individuales** cuando se completa la citocinesis.

7. **B**; **Nivel de conocimiento:** 2; **Tema:** L.d.3, L.e.1; **Práctica:** SP.1.a, SP.1.b, SP.1.c, SP.7.a, SP.8.b

Según el pasaje, cada célula hija recibe solo un cromosoma de cada par de cromosomas de la célula progenitora. El diagrama muestra que las células progenitoras del padre y de la madre tienen cada una 46 cromosomas, de modo que cada célula hija recibirá la mitad de los cromosomas de la célula progenitora, o sea, 23 cromosomas, no 46, 92 ni 12.

8. **C**; **Nivel de conocimiento:** 2; **Tema:** L.d.3, L.e.1; **Práctica:** SP.1.a, SP.1.b, SP.1.c, SP.7.a

Según el pasaje, las cromátidas participan en el intercambio del material genético y el diagrama muestra que las dos cromátidas que hacen el intercambio no son cromátidas hermanas. El texto afirma que los dos cromosomas que participan en el intercambio son homólogos. El diagrama muestra que el intercambio tiene lugar antes de que la célula progenitora se haya dividido para formar gametos, no después, y que después del intercambio, los cuatro cromosomas resultantes son distintos unos de otros.

1. **D**; **Nivel de conocimiento:** 2; **Tema:** L.e.2; **Práctica:** SP.1.a, SP.1.b, SP.1.c

El cuadro de Punnett muestra dos alelos (*Y* y *y*) para el gen que determina el color de la semilla, indicando que el carácter del color de la semilla está controlado por un gen con alelos que pueden diferir. El color de la semilla es amarillo o verde para todas las plantas, no verde amarillento. El cuadro de Punnett indica que el color de la semilla está controlado por dos formas de un gen, no por múltiples genes. El color de la semilla es un carácter que se transfiere a los descendientes, tal y como indica el cuadro de Punnett.

2. **C**; **Nivel de conocimiento:** 3; **Tema:** L.e.2; **Práctica:** SP.1.a, SP.1.b, SP.1.c, SP.3.d, SP.8.b, SP.8.c

La presencia del alelo dominante, representado con *Y*, provoca que una planta de chícharos produzca semillas amarillas. Según los genotipos que se muestran, el alelo dominante estará presente en tres de cada cuatro descendientes, de modo que el carácter de tener semillas amarillas se producirá en tres de cada cuatro, o en el 75%, de los descendientes. Un cuarto, o el 25%, de los descendientes tendrá semillas verdes. El resto de los porcentajes mencionados en las opciones de respuesta no son válidos.

3. **Nivel de conocimiento:** 2; **Tema:** L.e.2; **Práctica:** SP.1.a, SP.1.b, SP.1.c, SP.8.b, SP.8.c

Si el cuadro de Punnett estuviera completo, los recuadros de la columna izquierda mostrarían los descendientes con el genotipo *FF*, y los recuadros de la columna derecha mostrarían los descendientes con el genotipo *Ff*. Un gen homocigoto tiene dos alelos idénticos, por lo cual los **descendientes de la columna izquierda** tienen genes homocigotos para las pecas.

4. **Nivel de conocimiento:** 2; **Tema:** L.e.2; **Práctica:** SP.1.a, SP.1.b, SP.1.c

En la Investigación 2, se combinaron dos plantas con genotipo *rr*. Los genotipos de las plantas madre forman los encabezados de la fila y los encabezados de la columna del cuadro de Punnett, de modo que el **cuadro verde de Punnett** representa la Investigación 2.

5. **Nivel de conocimiento:** 3; **Tema:** L.e.2; **Práctica:** SP.1.a, SP.1.b, SP.1.c, SP.8.b

Alguien que tiene un genotipo homocigoto para un carácter tiene alelos idénticos para el carácter. Dado que el carácter mostrado en la tabla de razas está controlado por un alelo dominante, todos los individuos que muestran el carácter tienen uno o dos alelos dominantes. La tabla muestra todos los individuos que demuestran el carácter pero no si tienen genotipos heterocigotos u homocigotos para el carácter. Por otra parte, cualquier individuo que no demuestra el carácter tiene dos alelos recesivos idénticos. Por lo tanto, **todos los individuos representados por las formas blancas** tienen un genotipo homocigoto para el carácter.

6. **Nivel de conocimiento:** 2; **Tema:** L.e.2; **Práctica:** SP.1.a, SP.1.b, SP.1.c, SP.8.b

Para que un individuo tenga el carácter provocado por un gen recesivo, el individuo debe ser homocigoto para el carácter. Es decir, su genotipo para el carácter debe contener dos genes recesivos. En la tabla, **todos los individuos con el genotipo *rr*** tienen la enfermedad.

7. **Nivel de conocimiento:** 3; **Tema:** L.e.2; **Práctica:** SP.1.a, SP.1.b, SP.1.c, SP.8.b, SP.8.c

El **cuadro azul de Punnett** representa la razón genotípica 0:4:0. Si el cuadro de Punnett estuviera completo, mostraría cero genotipos *TT*, cuatro genotipos *Tt* y cero genotipos *tt*.

Clave de respuestas

UNIDAD 1 *(continuación)*

8. Nivel de conocimiento: 3; **Tema:** L.e.2; **Práctica:** SP.1.a, SP.1.b, SP.1.c, SP.8.b, SP.8.c

El **cuadro verde de Punnett** representa la razón fenotípica 3:1. Si el cuadro de Punnett estuviera completo, mostraría que los resultados de la combinación son *NN*, *Nn*, *Nn* y *nn*. Tres de estos genotipos (*NN*, *Nn* y *Nn*) incluyen los alelos dominantes y, por lo tanto, producen el fenotipo de mostrar el carácter. Un genotipo, *nn*, incluye solo alelos recesivos y, por lo tanto, produce el fenotipo de no mostrar el carácter.

LECCIÓN 12, *págs. 46–49*

1. A; Nivel de conocimiento: 2; **Tema:** L.e.3; **Práctica:** SP.1.a, SP.1.b, SP.1.c, SP.3.b, SP.7.a

El pasaje explica que la meiosis consiste en dos divisiones celulares e indica que la Profase I es parte de la meiosis; por lo tanto, es lógico asumir que la Profase I es una etapa relacionada con la primera división celular. Dado que la Profase I es una acción que ocurre durante la meiosis, es lógico asumir que el *I* se relaciona con un suceso que ocurre durante la meiosis, no con una cosa, tal como un cromosoma o una célula, y tampoco con un suceso que ocurre antes de la meiosis.

2. C; Nivel de conocimiento: 2; **Tema:** L.e.3; **Práctica:** SP.1.a, SP.1.b, SP.1.c, SP.3.b, SP.7.a

Los detalles "romper" y "volver a unirse para formar nuevas combinaciones" explican cómo ocurren las recombinaciones genéticas. Las otras frases se relacionan con el tema de la recombinación genética pero no explican qué es.

3. D; Nivel de conocimiento: 2; **Tema:** L.e.3; **Práctica:** SP.1.a, SP.1.b, SP.1.c, SP.3.b, SP.7.a

El pasaje explica que las mutaciones son a veces a genes, de modo que una mutación genética sería una mutación, o cambio, en un gen. Los cambios al ADN son mutaciones, pero pueden ser mutaciones que no afectan los genes y, por lo tanto, no son necesariamente mutaciones genéticas. Una mutación genética puede tener un efecto negativo o pasar desapercibida, pero estas descripciones no explican qué es una mutación genética.

4. B; Nivel de conocimiento: 2; **Tema:** L.e.3; **Práctica:** SP.1.a, SP.1.b, SP.1.c, SP.3.b, SP.7.a

El pasaje afirma que un cambio en un gen puede alterar la capacidad del gen de dar instrucciones correctas para la síntesis de proteínas y luego proporciona detalles para explicar más profundamente esa afirmación. En esos detalles, se replantea la "síntesis de proteínas" como "producción de proteínas", de modo que la síntesis de proteínas es la producción, o fabricación, de proteínas. A veces la palabra *síntesis* se usa para referirse a la combinación de información para formar conocimiento; en este contexto, sin embargo, esa definición de *síntesis* no es válida. Una instrucción de un gen provoca la síntesis de proteínas; no es lo mismo que síntesis de proteínas. La mutación afecta los genes, no a las proteínas directamente.

5. A; Nivel de conocimiento: 2; **Tema:** L.e.3; **Práctica:** SP.1.a, SP.1.b, SP.1.c, SP.3.b, SP.7.a

El ejemplo en la fila de "Inserción" de la tabla muestra que el ADN resultante tiene más bases nucleotídicas que el original. Esta prueba revela que una inserción es la incorporación de bases nucleotídicas adicionales. La sustracción de bases nucleotídicas describe una deleción. La reestructuración de las bases nucleotídicas describe un desplazamiento del marco de lectura y el intercambio de una base nucleotídica por otra describe una sustitución.

6. B; Nivel de conocimiento: 3; **Tema:** L.e.3; **Práctica:** SP.1.a, SP.1.b, SP.3.b, SP.7.a

La estadística que el autor proporciona tiene relación con los gemelos, los cuales tienen un carácter similar, la esquizofrenia, y la mayor parte del tiempo indica que el carácter de la esquizofrenia debe estar relacionado con la genética. A partir de esta clave, se puede deducir que un componente genético es un factor que involucra los genes de un organismo. La información trata los factores tanto genéticos como ambientales, que son los elementos en el medio ambiente, no algo que involucra los genes de un organismo. Los estudios sobre gemelos ayudan a precisar los mecanismos moleculares, pero el objetivo de este estudio es ver los factores ambientales, que afectan a todos, no solo a los gemelos. Entonces el autor no tratará la evidencia que prueba algo solo acerca de los gemelos. Aunque un gen es un componente (parte) del ADN, un componente genético en este contexto es un factor relacionado con los genes.

7. A; Nivel de conocimiento: 3; **Tema:** L.e.3; **Práctica:** SP.1.a, SP.1.b, SP.3.b, SP.7.a

El pasaje manifiesta que una mutación de un interruptor genético puede provocar cambios en cuanto a dónde, cuándo y cuánta proteína se produce. A partir de esta clave, se puede determinar que un interruptor genético regula la ubicación, el tiempo y el alcance de la producción de proteínas. Un gen, no un interruptor genético, da instrucciones de cómo se produce una proteína. Un interruptor genético no afecta a la proteína mientras es producida. Un interruptor genético afecta la producción de proteínas, al regular la ubicación, el tiempo y el alcance de producción de proteínas.

8. C; Nivel de conocimiento: 2; **Tema:** L.e.3; **Práctica:** SP.1.a, SP.1.b, SP.3.b, SP.7.a

El pasaje manifiesta que una mutación que ocurre en una célula de línea germinal puede pasarse a los descendientes, lo cual indica que las células de línea germinal están involucradas en la reproducción sexual. Aunque los gérmenes estén asociados con las enfermedades, las células de línea germinal no se relacionan en absoluto con las enfermedades; en este contexto, la palabra *germen* tiene un significado diferente. Las células cerebrales son células somáticas, o del organismo, no células involucradas en la reproducción sexual. Las células del organismo usadas en el crecimiento son una descripción de las células somáticas.

9. B; Nivel de conocimiento: 3; **Tema:** L.e.3; **Práctica:** SP.1.a, SP.1.b, SP.3.b, SP.7.a

El pasaje contrasta el ADN que forma los genes y el ADN no codificante. Conoces el código de genes para la producción de proteínas, de modo que puedes determinar que el ADN no codificante es ADN que no tiene instrucciones para producir proteínas. Todo ADN, no solo el ADN no codificante, está involucrado en la replicación, las mutaciones y la corrección de errores.

10. D; **Nivel de conocimiento:** 2; **Tema:** L.e.3; **Práctica:** SP.1.a, SP.1.b, SP.3.b, SP.7.a
La afirmación que establece que las mutaciones pueden tener un impacto que va más allá de un individuo es la oración principal del segundo párrafo. El resto del párrafo brinda claves de contexto que explican que esta afirmación significa que las futuras generaciones también se verán afectadas. Una mutación que ocurre en un individuo no afecta a los ancestros o hermanos o hermanas de los individuos o a otros miembros de la población de los individuos.

11. B; **Nivel de conocimiento:** 2; **Tema:** L.e.3; **Práctica:** SP.1.a, SP.1.b, SP.3.b, SP.7.a
Las oraciones finales del pasaje explican cómo una mutación puede dar lugar a la formación de un nuevo alelo, de modo que en este contexto la palabra *desarrollo* significa "formación". Las otras palabras son sinónimos de *desarrollo* pero no como se usa en este contexto.

12. A; **Nivel de conocimiento:** 2; **Tema:** L.e.3; **Práctica:** SP.1.a, SP.1.b, SP.1.c, SP.3.b, SP.7.a
El pasaje explica que un gen de los pigmentos sensible a la temperatura provoca que el gato tenga un color más oscuro en las partes más frías de su cuerpo. A partir de esta clave, puedes determinar que el pigmento es una sustancia que le da color a un animal o una planta. El pigmento no es un gen ni un alelo; es una sustancia cuya producción es controlada por genes y alelos. El pigmento es controlado por un factor ambiental en este caso, pero el pigmento es parte de un organismo, no un factor ambiental.

13. D; **Nivel de conocimiento:** 3; **Tema:** L.e.3; **Práctica:** SP.1.a, SP.1.b, SP.3.b, SP.7.a
El pasaje relaciona la manipulación de los científicos de los marcadores epigenéticos en los laboratorios con el desarrollo de drogas y luego nos brinda un ejemplo de drogas que estimulan los genes supresores de tumores. Una conducta es un ejemplo de modos en los que las acciones y el medio ambiente pueden afectar el genoma de alguna persona. Los genes que tienen un papel en la enfermedad o los marcadores epigenéticos que pueden ser heredados son temas relacionados al estudio del epigenoma pero no son ejemplos que ayuden a explicar la manipulación de los científicos de los marcadores epigenéticos en los laboratorios.

14. C; **Nivel de conocimiento:** 3; **Tema:** L.e.3; **Práctica:** SP.1.a, SP.1.b, SP.3.b, SP.7.a
El pasaje utiliza la frase *permanecer inactivo* cuando describe cómo los científicos esperan controlar los genes causantes de enfermedades. Puedes deducir que los científicos querrían que esos genes estén inactivos, de modo que puedes determinar que *permanecer inactivo* significa "permanecer pasivo y no expresado". Un gen inactivo es incapaz de hacer algo, de modo que no se atacaría a sí mismo, no utilizaría mayores cantidades de energía ni activaría genes supresores de tumores.

LECCIÓN 13, *págs. 50–53*

1. D; **Nivel de conocimiento:** 1; **Tema:** L.f.1; **Práctica:** SP.1.a, SP.1.b, SP.1.c, SP.7.a
El carácter del final del cladograma es el carácter original, el cual tienen todos los organismos. Entonces, el cladograma muestra que todos los animales tienen una columna vertebral. Al subir en un cladograma, cada organismo tiene una nueva característica derivada que los organismos anteriores no tienen. Entonces el cladograma indica que solo algunos animales tienen huevos amnióticos, cuatros patas para caminar y mandíbulas.

2. A; **Nivel de conocimiento:** 2; **Tema:** L.f.1; **Práctica:** SP.1.a, SP.1.b, SP.1.c, SP.3.b, SP.7.a
Al subir en un cladograma, cada organismo tiene un número mayor de características derivadas que el organismo anterior. Entonces el organismo de la parte superior, el leopardo en este caso, tiene el mayor número de características derivadas. Todos los otros animales están más abajo en el cladograma, de modo que tienen menos características derivadas que el leopardo.

3. C; **Nivel de conocimiento:** 1; **Tema:** L.f.1; **Práctica:** SP.1.a, SP.1.b, SP.1.c, SP.4.a, SP.7.a
El pasaje manifiesta que el animal terrestre extinguido *Pakicetus* es de la familia de las ballenas de hoy. Un animal perteneciente a la familia de las ballenas, no las mismas ballenas, una vez vivió en tierra. Las ballenas no descienden de los lobos; en cambio, las ballenas están relacionadas con un animal que es similar a los lobos. Los cráneos de los animales prehistóricos, no los cráneos de las ballenas, tienen características de transición.

4. B; **Nivel de conocimiento:** 1; **Tema:** L.f.1; **Práctica:** SP.1.a, SP.1.b, SP.7.a
El pasaje manifiesta que una estructura vestigial es menos funcional o ya no es funcional (y de este modo es menos importante) en el organismo que existe hoy. Según la definición de la estructura vestigial, un organismo que vive en la actualidad no puede tener las mismas estructuras vestigiales que su ancestro. El pasaje da un ejemplo de estructuras vestigiales que se relacionan con la visión y a vivir en algún hábitat, pero las estructuras vestigiales no se limitan a dichas funciones.

5. B; **Nivel de conocimiento:** 3; **Tema:** L.f.1; **Práctica:** SP.1.a, SP.1.b, SP.3.b, SP.4.a, SP.7.a
Las estructuras homólogas son indicios de ascendencia común. Aunque la estructura de una especie no esté funcionando y la estructura de la otra especie esté en pleno funcionamiento, las estructuras son aún homólogas y, por lo tanto, indicios de un ancestro común. No hay indicios que relacionen el tener una estructura vestigial con la extinción. Aunque los embriones de dos especies puedan tener desarrollo similar, la presencia de estructuras homólogas no indica que los embriones se desarrollan exactamente del mismo modo. Aunque las especies tengan estructuras homólogas, los organismos pueden ser muy diferentes. En consecuencia, sus fósiles serían diferentes.

6. Nivel de conocimiento: 2; **Tema:** L.f.1; **Práctica:** SP.1.a, SP.1.b, SP.1.c, SP.3.b, SP.6.a, SP.6.c, SP.7.a
Los seres humanos, los gorilas y los tigres tienen pelo, pero los seres humanos y los gorilas no tienen cola, y los gorilas no se mueven usando solo dos patas. Entonces el orden de los animales en las ramas del cladograma, desde la parte más baja hasta la parte más alta, es **tigre**, **gorila**, **ser humano**.

7. C; **Nivel de conocimiento:** 2; **Tema:** L.f.1; **Práctica:** SP.1.a, SP.1.b, SP.3.a, SP.4.a, SP.7.a
Darwin dedujo que los organismos evolucionan lentamente en su forma a partir de los organismos del pasado, de modo que las pruebas fósiles de los organismos de los diferentes períodos con características que se vuelven más semejantes a aquellas de los animales vivos respalda su razonamiento. Las características de los animales vivos o los fósiles de los animales del mismo período no proporcionan pruebas que respalden su razonamiento porque la evidencia debe mostrar el cambio a través del tiempo.

Clave de respuestas

UNIDAD 1 *(continuación)*

8. C; **Nivel de conocimiento:** 2; **Tema:** L.f.1; **Práctica:** SP.1.a, SP.1.b, SP.1.c, SP.7.a, SP.8.b
Las 12 zonas de color azul del diagrama muestran conjuntos semejantes de secuencias de ADN. Los números *2*, *11* y *23* se relacionan con otros aspectos del diagrama. Se muestran 2 genes, 11 zonas en las que las secuencias de ADN no son idénticas y 23 zonas en total.

9. D; **Nivel de conocimiento:** 3; **Tema:** L.f.1; **Práctica:** SP.1.a, SP.1.b, SP.1.c, SP.3.a, SP.4.a, SP.7.a
El pasaje manifiesta que cuanto más similares son las secuencias de ADN en los genomas de dos especies, más íntimamente relacionadas están las especies. El diagrama proporciona pruebas de un mismo ancestro común porque muestra un alto porcentaje de codificación idéntica en el gen de una mosca y el gen de un ratón aunque los insectos y los mamíferos han evolucionado por separado durante millones de años. El diagrama muestra que los científicos compararon el ADN de las dos especies, pero ese hecho aislado no prueba ascendencia común. El diagrama muestra que dos animales tienen algunas secuencias de ADN similares, no que el ADN de todos los organismos es el mismo ni que los dos animales tienen ojos de estructura similar.

10. A; **Nivel de conocimiento:** 3; **Tema:** L.f.1; **Práctica:** SP.1.a, SP.1.b, SP.1.c, SP.3.b, SP.7.a
El pasaje, respaldado por el diagrama, identifica pruebas que los científicos encontraron al mostrar que las secuencias de ADN de un gen para el desarrollo del ojo del ratón y un gen para el desarrollo del ojo de la mosca son muy similares. Las pruebas que los científicos encontraron respaldan la idea de que los ratones y las moscas tienen un ancestro común, pero la razón por la cual a la mosca le salieron ojos es por el ADN en las formas actuales de los animales. El pasaje y el diagrama brindan información acerca de las pruebas de las secuencias de ADN similares en un único gen en particular de cada animal. El pasaje y el diagrama no respaldan la idea de que los genes de la mosca son más fáciles de manipular que los de cualquier otro animal.

LECCIÓN 14, *págs. 54–57*

1. C; **Nivel de conocimiento:** 1; **Tema:** L.f.2; **Práctica:** SP.1.a, SP.1.b, SP.7.a
Darwin deduce que los ojos pequeños son beneficiosos para animales que excavan porque cuanto más pequeños son los ojos de los animales, menos posibilidades hay de que se les inflamen. El pasaje indica que los animales que excavan a menudo son ciegos y definitivamente no tienen buena vista y que sus ojos son pequeños, no grandes. El pasaje no brinda información acerca de si los topos tienen ojos más pequeños que algunos roedores que excavan.

2. B; **Nivel de conocimiento:** 1; **Tema:** L.f.2; **Práctica:** SP.1.a, SP.1.b, SP.7.a
Darwin establece que *es posible que* una reducción en el tamaño del ojo sea una ventaja. Esta expresión te ayuda a entender que está haciendo una deducción acerca de la relación de un carácter con un medio ambiente sin establecer un hecho. Las palabras clave *si…entonces*, *podría* y *probablemente* no se usan.

3. C; **Nivel de conocimiento:** 2; **Tema:** L.f.2; **Práctica:** SP.1.a, SP.1.b, SP.1.c, SP.3.b, SP.7.a
Los conejos representados por el lado izquierdo de la gráfica corren más lentamente, de modo que son más fáciles de atrapar. Según la gráfica, muy pocos conejos corren más rápido que el depredador, de modo que es probable que el depredador pueda capturar muchos conejos. Aunque la información de la gráfica representa un tipo de depredador, no es acertado deducir que solo un tipo de depredador se alimenta de conejos. Los conejos representados por el lado izquierdo de la gráfica corren más lentamente, de modo que es más probable que los atrapen y, por lo tanto, menos probable que se reproduzcan.

4. D; **Nivel de conocimiento:** 2; **Tema:** L.f.2; **Práctica:** SP.1.a, SP.1.b, SP.1.c, SP.3.b, SP.7.a
Debido a la selección natural, el carácter de correr más rápido será más común entre la población de conejos. La rapidez de marcha es un carácter que varía entre la misma especie; por lo tanto, todos los conejos nunca correrán a la misma rapidez de marcha. Aunque la mayor rapidez a la que corren pasará a ser un carácter más común entre los conejos, la curva muestra que la rapidez de marcha tendría que cambiar drásticamente en toda la población para que la mayoría de los conejos fueran más veloces que su depredador. No es probable que una menor rapidez pase a ser un carácter común en la población del depredador, porque ese carácter no ayudará al depredador a sobrevivir en su medio ambiente.

5. A; **Nivel de conocimiento:** 2; **Tema:** L.f.2; **Práctica:** SP.1.a, SP.1.b, SP.1.c, SP.3.b, SP.7.a.
La información para el período durante el cual la científica hizo sus observaciones y la información previamente acumulada indican que había más polillas claras antes de que las fábricas se construyeran, y menos después, luego de que las fábricas se construyeran, y que lo contrario pasaba con las polillas oscuras. Entonces la deducción que se puede hacer es que la población de polillas claras disminuyó a través del tiempo y la población de las polillas oscuras aumentó. No es correcto deducir que las poblaciones permanecieron estables o que ambas crecieron.

6. B; **Nivel de conocimiento:** 2; **Tema:** L.f.2; **Práctica:** SP.1.a, SP.1.b, SP.1.c, SP.3.b, SP.7.a
El hecho de que las polillas claras se escondieran en los troncos de los árboles claros, el humo de la fábrica manchara los troncos de los árboles y la población de las polillas claras disminuyera respalda la inferencia de que el color claro era una ventaja cuando los troncos de los árboles eran claros, ya que les daba la capacidad de esconderse más fácilmente. Por otra parte, el color oscuro se convirtió en una ventaja cuando los troncos de los árboles se oscurecieron. No hay pruebas que demuestren que el color oscuro afecta la capacidad para vivir en medio ambientes contaminados o la posibilidad de supervivencia en general. La información del pasaje y la información en la tabla indican que el color puede afectar a la supervivencia.

7. D; **Nivel de conocimiento:** 2; **Tema:** L.f.2; **Práctica:** SP.1.a, SP.1.b, SP.1.c, SP.7.a
Si una especie fue modificada para diferentes propósitos, las generaciones futuras diferirían de sus ancestros. Entonces, Darwin deduce que los pinzones de picos variados tienen un ancestro común. El pasaje no indica que los pinzones con diferentes formas de picos vinieron de islas diferentes. Darwin no trata una comparación de pájaros provenientes de las Islas Galápagos con pájaros de Londres. La relación entre el clima y la forma del pico no está relacionada con la deducción de Darwin.

8. **A**; **Nivel de conocimiento:** 2; **Tema:** L.f.2; **Práctica:** SP.1.a, SP.1.b, SP.1.c, SP.3.b, SP.7.a

Debido a que los picos son de diferentes tamaños y formas y se utilizan para recolectar la comida, los pájaros probablemente coman distintos tipos de comida. Las muestras se tomaron en el mismo momento, de modo que un pájaro no es ancestro del otro. De la información obtenida no es posible inferir si un pájaro tiene más posibilidades de reproducirse que otro. El hecho de que un pico sea más pequeño que otro es una observación y no una deducción.

9. **A**; **Nivel de conocimiento:** 2; **Tema:** L.f.2; **Práctica:** SP.1.a, SP.1.b, SP.3.a, SP.7.a

Sumado al hecho de que el sol es una fuente de vitamina D, la explicación de que las pieles claras, que producen vitamina D más eficientemente, se tornaron más comunes en las poblaciones que viven en medio ambientes menos soleados respalda la inferencia. Las otras afirmaciones son verdaderas, pero no son ideas que respaldan la conclusión particular afirmada en la pregunta.

10. **D**; **Nivel de conocimiento:** 3; **Tema:** L.f.2; **Práctica:** SP.1.a, SP.1.b, SP.3.b, SP.7.a

La comprensión de la genética y la información del texto pueden ser usadas para concluir que, para obtener descendencia con ciertos caracteres, se cultivan o se crían organismos progenitores con esos caracteres. Ninguna de las otras afirmaciones es una explicación precisa de cómo los caracteres se transmiten de una generación a la otra para reproducir individuos con o sin ciertos caracteres.

11. **C**; **Nivel de conocimiento:** 2; **Tema:** L.f.2; **Práctica:** SP.1.a, SP.1.b, SP.3.b, SP.7.a

Los perros usan su sentido del olfato para localizar cosas; entonces el carácter que ayudaría a un perro a detectar drogas es un agudo sentido del olfato. Los otros caracteres no están relacionados con el hecho de encontrar cosas.

12. **B**; **Nivel de conocimiento:** 3; **Tema:** L.f.2; **Práctica:** SP.1.a, SP.1.b, SP.3.b, SP.7.a

La comprensión de que la selección artificial de las plantas incluye la plantación selectiva de semillas de plantas con ciertos caracteres conduce a la conclusión de que los agricultores habrían usado semillas de plantas con caracteres deseados en futuras temporadas de plantación. La selección artificial incluye la propagación o reproducción de organismos, sin descartar organismos que tengan caracteres menos deseados. El pasaje afirma que los agricultores usaron selección artificial basada en una observación, no por accidente. Es lógico asumir que los antiguos agricultores no tenían el conocimiento o la tecnología para transferir el material genético.

13. **A**; **Nivel de conocimiento:** 3; **Tema:** L.f.2; **Práctica:** SP.1.a, SP.1.b, SP.3.b, SP.7.a

La ingeniería genética incluye cambiar la composición genética de una especie con el tiempo mediante la transferencia real de ADN, pero la selección artificial también cambia la conformación genética de una especie con el tiempo mediante el control del material genético que se pasa a futuras generaciones. Ambos procesos pueden dar como resultado plantas resistentes a los insectos, pero no siempre surge este efecto. Solo la ingeniería genética incluye la transferencia de genes de un organismo a otro. Es verdad que los seres humanos eligen qué cultivos necesitan una mejoría con ambos procesos, pero esta afirmación no es una conclusión sobre cómo el término *modificación genética* se relaciona con ambos procesos.

LECCIÓN 15, *págs. 58–61*

1. **B**; **Nivel de conocimiento:** 2; **Tema:** L.f.3; **Práctica:** SP.1.a, SP.1.b, SP.3.b, SP.7.a

El texto afirma que los seres vivos tienen adaptaciones relacionadas con la supervivencia en los climas en los que viven y que la migración es un ejemplo de adaptación conductual. Esta información respalda la conclusión de que la migración ayuda a que el animal sobreviva y, por lo tanto, la conclusión de que el animal migra porque no puede sobrevivir en las temperaturas invernales de la región. El animal puede o no tener adaptaciones que lo ayuden a vivir en temperaturas frías, pero no tiene adaptaciones que lo ayuden a vivir en un clima tan frío como las temperaturas frías de la región de la que migra. El animal no necesita trasladarse de la región permanentemente porque utiliza la adaptación de migración para irse del área según lo necesite. El animal no se ha trasladado a un lugar en el que no pueda sobrevivir; sobrevive en la región durante otras temporadas y se ha adaptado dejando la región durante el invierno.

2. **A**; **Nivel de conocimiento:** 2; **Tema:** L.f.3; **Práctica:** SP.1.a, SP.1.b, SP.3.b, SP.7.a

El pasaje afirma que los desiertos son muy secos y que los seres vivos tienen adaptaciones relacionadas con la supervivencia en los climas en los que viven y que los organismos del desierto, específicamente, tienen adaptaciones relacionadas con la conservación del agua. Esta información respalda la conclusión de que es probable que las plantas y los animales del desierto tengan adaptaciones relacionadas con sobrevivir con poca agua. Los desiertos tienen temperaturas elevadas; por eso es probable que las plantas y los animales tengan adaptaciones para sobrevivir en temperaturas altas, no en temperaturas moderadas. No hay evidencia que respalde la idea de que las plantas y los animales del desierto vivan solo durante períodos cortos de tiempo. Las tundras y los desiertos tienen diferentes rangos de temperatura; por eso es poco probable que los animales adaptados a vivir en el desierto también estén adaptados para vivir en la tundra.

3. **Nivel de conocimiento:** 3; **Tema:** L.f.3; **Práctica:** SP.1.a, SP.1.b, SP.3.a, SP.3.b, SP.6.c, SP.7.a

Respuesta posible:

Ⓐ Las moscas de la fruta en la isla pueden convertirse en una especie distinta si están presentes los factores que se requieren para que ocurra la evolución de la especie. Ⓑ La isla tendría que estar lo suficientemente lejos del continente para que las dos poblaciones no puedan alcanzarse para cruzarse. Las condiciones ambientales de la isla y del continente tendrían que ser suficientemente distintas para que las dos poblaciones experimenten diferentes presiones selectivas. Los procesos de selección natural y adaptación deberían causar que la población de moscas de la fruta de la isla desarrolle caracteres únicos hagan que no quisieran o no pudieran reproducirse con las moscas de la fruta del continente si regresaran los individuos al continente.

Ⓐ La primera oración afirma una conclusión que explica cómo las moscas de la fruta de la isla pueden convertirse en una especie diferente.

Ⓑ El resto del párrafo enumera maneras específicas en las que los factores requeridos para la evolución de la especie podrían provocar que la población de moscas de la fruta de la isla se convirtiera en una especie diferente. La conclusión se respalda en información del texto y las deducciones se hacen usando esa información.

UNIDAD 1 (continuación)

4. **Nivel de conocimiento:** 3; **Tema:** L.f.3; **Práctica:** SP.1.a, SP.1.b, SP.3.a, SP.3.b, SP.6.c, SP.7.a
Respuesta posible:
(A) La selección natural es crítica en el desarrollo de microbios resistentes a las drogas. (B) La selección natural es provocada por las presiones de selección. Una presión de selección es una característica de un medio ambiente que cambia la capacidad de un organismo de sobrevivir y reproducirse en el medio ambiente a lo largo del tiempo. (C) Cuando se introduce en una población de microbios, una droga diseñada para matar o limitar el crecimiento de los microbios ejerce una presión de selección. A través de la selección natural, los organismos que tienen un carácter de resistencia a las drogas pasan el carácter a futuras generaciones hasta que el carácter sea común en la población.
(A) La primera oración establece una conclusión acerca de la importancia de la selección natural en el desarrollo de microbios resistentes a las drogas.
(B) La segunda y la tercera oración establecen conocimientos de fondo acerca de la selección natural y la presión de selección.
(C) El resto del párrafo utiliza inferencias e información del pasaje para describir el rol crítico de la selección natural en el desarrollo de los microbios resistentes a las drogas.

5. **Nivel de conocimiento:** 3; **Tema:** L.c.5, L.f.3; **Práctica:** SP.1.a, SP.1.b, SP.3.a, SP.3.b, SP.6.c, SP.7.a
Respuesta posible:
(A) Al cambiar el medio ambiente, los seres humanos ejercen presiones de selección que afectan la tasa de extinción. (B) Los cambios ambientales que ocasionan los seres humanos incluyen la destrucción y la alteración del clima mediante el calentamiento global. Cuando se cambia el medio ambiente en el que vive la población, las presiones de selección sobre la población cambian. Si los miembros de la población no son capaces de desarrollar caracteres necesarios para sobrevivir y reproducirse en un hábitat modificado, la población puede desaparecer y las especies extinguirse.
(A) La primera oración establece una conclusión acerca de cómo los humanos ejercen presiones de selección que afectan la tasa de extinción.
(B) El resto del párrafo usa inferencias, información del pasaje y conocimiento de fondo acerca de las presiones de selección para explicar los modos en que los humanos afectan los medio ambientes y los impactos potenciales de esos sucesos.

UNIDAD 2 CIENCIAS FÍSICAS

LECCIÓN 1, *págs. 62–65*
1. **B; Nivel de conocimiento:** 2; **Tema:** P.c.1; **Práctica:** SP.1.a, SP.1.b, SP.1.c, SP.7.a
Los rótulos indican que, en el modelo, los protones son de color azul. Además, en el pasaje se indica que un protón puede representarse con un signo de carga positiva, y las partículas azules están marcadas con un signo más. Entonces, el átomo tiene siete protones. Si bien solamente un protón lleva rótulo, otras partículas se ven exactamente iguales, lo que significa que también son protones. El átomo tiene catorce protones y electrones, y veintiún protones, neutrones y electrones.

2. **A; Nivel de conocimiento:** 2; **Tema:** P.c.1; **Práctica:** SP.1.a, SP.1.b, SP.1.c, SP.7.a
A partir de la información del pasaje, sabes que un átomo está eléctricamente equilibrado, es decir, no tiene carga, y que el modelo muestra un átomo. Todos los átomos tienen el mismo número de protones que de electrones. Un átomo de hidrógeno tiene solamente un protón, mientras que el átomo del modelo tiene siete protones. Los neutrones no tienen carga en ningún átomo.

3. **C; Nivel de conocimiento:** 3; **Tema:** P.c.1; **Práctica:** SP.1.a, SP.1.b, SP.1.c, SP.7.a
Según el pasaje, un átomo tiene el mismo número de protones que de electrones, mientras que un ión tiene más o menos protones que electrones. El modelo muestra seis protones y seis electrones, entonces, representa un átomo. Las cantidades de protones y electrones de un átomo pueden variar. El número de electrones del modelo es igual a la mitad del número de partículas del núcleo; sin embargo, el número de electrones en un ión puede ser igual a la mitad del número de partículas en el núcleo, lo que depende de cuántos neutrones haya en el núcleo. La partícula que muestra el modelo no tiene carga, porque tiene el mismo número de protones que de electrones.

4. **A; Nivel de conocimiento:** 3; **Tema:** P.c.1; **Práctica:** SP.1.b, SP.1.c, SP.7.a
La partícula que muestra el modelo ganó dos electrones para pasar de ser un átomo a ser un ión. El resultado es que el ión tiene carga negativa, porque sus electrones con carga negativa son dos más que los protones con carga positiva. El ión debería tener más protones que electrones para tener carga positiva. Para transformarse en un ión, un átomo gana o pierde electrones, no protones ni neutrones.

5. **D; Nivel de conocimiento:** 2; **Tema:** P.c.1; **Práctica:** SP.1.a, SP.1.b, SP.1.c, SP.7.a
El pasaje explica que los prefijos de los nombres compuestos indican cuántos átomos de un cierto tipo hay en una molécula de un compuesto. El modelo muestra que una molécula de dióxido de carbono tiene dos átomos de oxígeno, por lo tanto, puede inferirse que *dióxido* significa "que tiene dos átomos de oxígeno". Existen diferentes compuestos formados por carbono y oxígeno; *dióxido* se refiere al hecho de que el número de átomos de oxígeno en una molécula del compuesto llamado dióxido de carbono es dos. Una molécula de dióxido de carbono está formada por tres átomos, pero *dióxido* se refiere a los dos átomos de oxígeno de la molécula. Existen diferentes sustancias que contienen oxígeno; *dióxido* se refiere específicamente al hecho de que el número de átomos de oxígeno en una molécula del compuesto llamado dióxido de carbono es dos.

6. **B; Nivel de conocimiento:** 2; **Tema:** P.c.1; **Práctica:** SP.1.a, SP.1.b, SP.1.c, SP.7.a
La parte inferior del modelo muestra que se transfiere un electrón del sodio al cloro cuando se produce el enlace iónico entre el cloro y el sodio. Los átomos comparten electrones cuando sus enlaces son covalentes, no cuando los enlaces son iónicos. El electrón que se transfiere en el enlace iónico entre el sodio y el cloro pasa del átomo de sodio al átomo de cloro, y no al revés. En los enlaces iónicos, los iones no van y vienen entre una partícula y otra.

7. **C**; **Nivel de conocimiento:** 3; **Tema:** P.c.1; **Práctica:** SP.1.a, SP.1.b, SP.1.c, SP.7.a

El átomo de sodio pierde un electrón para formar el enlace iónico que muestra el modelo. El resultado es que el ión de sodio tiene carga positiva, porque tiene un protón con carga positiva más que el número de electrones con carga negativa. El modelo muestra que el sodio pierde un electrón y no que el sodio gana un electrón. El modelo muestra que el átomo de sodio tiene menos electrones que el átomo de cloro, por lo tanto, el átomo de sodio tendrá también menos protones que el átomo de cloro. El número de protones no cambia cuando un átomo se transforma en ión, por lo tanto, el ión de sodio tiene menos protones que el átomo de cloro. El signo más en el modelo se refiere al ión de sodio y no a la carga del compuesto en su totalidad.

8. **D**; **Nivel de conocimiento:** 2; **Tema:** P.c.1; **Práctica:** SP.1.b, SP.1.c, SP.7.a

Según la clave del modelo de la izquierda, un signo más encerrado en un círculo representa un protón, por lo tanto, cada signo más encerrado en un círculo representa el único protón que hay en el núcleo de cada uno de los dos átomos de hidrógeno que se unen para formar una molécula de hidrógeno. La nube de electrones de cada átomo de hidrógeno está representada por un anillo. El único electrón que hay en cada átomo de hidrógeno está representado por un círculo amarillo. Las moléculas no están formadas por átomos que se suman, sino por átomos que comparten electrones.

9. **D**; **Nivel de conocimiento:** 3; **Tema:** P.c.1; **Práctica:** SP.1.b, SP.1.c, SP.7.a

Ya sabes que, en los modelos científicos, las barras o líneas que conectan los átomos representan enlaces covalentes. La vara del modelo es una barra que conecta los dos átomos de hidrógeno, así que representa un enlace covalente entre los átomos. La barra del modelo es una representación, en forma de línea, de un enlace; no es una representación exacta de la estructura de una molécula. El propósito del modelo es mostrar el enlace entre los átomos y no el movimiento de los átomos o de los núcleos de los átomos.

10. **A**; **Nivel de conocimiento:** 3; **Tema:** P.c.1; **Práctica:** SP.1.b, SP.1.c, SP.7.a

Las formas y las estructuras de los modelos indican que estos representan el enlace covalente entre dos átomos de hidrógeno para formar una molécula de hidrógeno. En los enlaces covalentes, los átomos comparten electrones; no pierden ni ganan electrones. La barra del modelo de la derecha representa un enlace covalente; no es una representación exacta de la estructura de una molécula.

11. **Nivel de conocimiento:** 2; **Tema:** P.c.1; **Práctica:** SP.1.a, SP.1.b, SP.1.c, SP.6.b, SP.7.a

La fórmula estructural del dióxido de carbono muestra que contiene un átomo de carbono y dos átomos de oxígeno, entonces, la fórmula química del dióxido de carbono es CO_2. La fórmula estructural del peróxido de hidrógeno muestra que contiene dos átomos de hidrógeno y dos átomos de oxígeno, entonces, la fórmula química del peróxido de hidrógeno es H_2O_2. La fórmula estructural del ozono muestra que contiene tres átomos de oxígeno, entonces, la fórmula química del ozono es O_3.

12. **B**; **Nivel de conocimiento:** 3; **Tema:** P.c.1; **Práctica:** SP.1.a, SP.1.b, SP.1.c, SP.7.a

El pasaje explica que el extremo positivo de cada molécula de agua atrae al extremo negativo de otra molécula y el modelo muestra que los átomos de hidrógeno forman el extremo con carga positiva de la molécula, mientras que el átomo de oxígeno forma el extremo con carga negativa. Entonces, puede inferirse que los átomos de hidrógeno de una molécula atraen al átomo de oxígeno de otra molécula. Ni el pasaje ni el modelo dan indicios de que el agua sea magnética. Tanto el pasaje como el modelo indican que las moléculas de agua están formadas por hidrógeno y oxígeno y, por lo tanto, el agua no es un elemento. El modelo ilustrado muestra que los átomos de una molécula de agua no forman una línea.

LECCIÓN 2, *págs. 66–69*

1. **A**; **Nivel de conocimiento:** 3; **Tema:** P.c.2; **Práctica:** SP.1.a, SP.1.b, SP.1.c, SP.7.a

Al examinar el área del diagrama que está en la parte inferior del eje de la *y* pero bien a la derecha a lo largo del eje de la *x*, puedes determinar que, en condiciones de baja presión y alta temperatura, la sustancia sería un gas. La sustancia es un líquido en condiciones de presión y temperatura relativamente moderadas, y un sólido en condiciones de temperatura relativamente alta y presión baja. El punto en el que la sustancia hierve (se evapora) está ubicado en el rango medio de la temperatura y la presión.

2. **C**; **Nivel de conocimiento:** 3; **Tema:** P.c.2; **Práctica:** SP.1.a, SP.1.b, SP.1.c, SP.7.a

La flecha que está bajo el rótulo "Sublimación" en el diagrama señala el paso de sólido a gas, lo que indica que, durante la sublimación, la sustancia se transforma de sólido a gas. Las otras opciones de respuesta corresponden a interpretaciones incorrectas del diagrama.

3. **A**; **Nivel de conocimiento:** 2; **Tema:** P.c.2; **Práctica:** SP.1.a, SP.1.b, SP.1.c, SP.7.a

El diagrama indica que en la evaporación y la condensación participan solamente los líquidos y los gases, pero no los sólidos. El área en la que se superponen los sólidos y los líquidos muestra que tanto los sólidos como los líquidos participan en los procesos de fusión y congelamiento. El área de los líquidos, no de los sólidos, muestra la propiedad de que las partículas chocan entre ellas. El área en la que se superponen los sólidos, los líquidos y los gases indica que, en los tres estados, la materia está formada por partículas individuales.

4. **B**; **Nivel de conocimiento:** 2; **Tema:** P.c.2; **Práctica:** SP.1.a, SP.1.b, SP.1.c, SP.7.a

El área en la que se superponen los sólidos, los líquidos y los gases muestra la propiedad de estar caracterizados por la disposición de las partículas, así que los tres estados de la materia comparten esta característica. El área correspondiente a los gases muestra que los gases pueden comprimirse. El diagrama muestra que solamente los sólidos y los gases participan en la sublimación, y que solo los gases y los líquidos participan en la condensación. El área de los sólidos muestra que los sólidos no fluyen.

Clave de respuestas

UNIDAD 2 *(continuación)*

5. D; **Nivel de conocimiento:** 3; **Tema:** P.c.2; **Práctica:** SP.1.a, SP.1.b, SP.1.c, SP.3.b, SP.7.a
El diagrama muestra que la sublimación implica una transformación entre un sólido y un gas, y que la fusión implica una transformación entre un sólido y un líquido; la diferencia en cuanto al espacio entre las partículas es mucho mayor entre los sólidos y los gases que entre los sólidos y los líquidos. La fusión implica una transformación de sólido a líquido, lo que significa que el espacio entre las partículas aumenta, no disminuye. El espacio entre las partículas está relacionado con los estados de la materia porque el espacio es diferente en cada uno de los estados. Los gases se caracterizan por grandes espacios entre las partículas y son fáciles de comprimir, lo que sugiere que a un aumento del espacio entre las partículas le corresponde un aumento, y no una disminución, de la compresibilidad.

6. D; **Nivel de conocimiento:** 2; **Tema:** P.c.2; **Práctica:** SP.1.a, SP.1.b, SP.1.c, SP.7.a
En la ilustración, el líquido toma la forma del recipiente en la parte del recipiente que llena, mientras que el gas llena el recipiente completo y, por lo tanto, toma la forma del recipiente entero. A partir de la ilustración, queda claro que los líquidos y los gases no conservan su forma. La ilustración muestra que los gases tienden a llenar los recipientes, mientras que los sólidos conservan su forma y su tamaño, y los líquidos llenan solo una parte de los recipientes que los contienen. El ejemplo de sólido de la ilustración tiene forma de caja, pero no todos los sólidos tienen forma de caja. El líquido de la ilustración tiene forma de caja únicamente porque el líquido toma la forma del recipiente que lo contiene.

7. B; **Nivel de conocimiento:** 3; **Tema:** P.c.2; **Práctica:** SP.1.a, SP.1.b, SP.1.c, SP.3.b, SP.7.a
Como un gas toma la forma del recipiente que lo contiene, escapará de un recipiente abierto para llenar el área cerrada más amplia que lo contiene. Las otras conclusiones no están avaladas por la ilustración. Dependiendo de otras condiciones, un líquido puede evaporarse y transformarse en un gas, o congelarse y transformarse en un sólido, incluso si está en un recipiente. La cantidad de líquido de una muestra no cambia cuando se vierte el líquido en un recipiente, por lo tanto, el recipiente debe ser suficientemente grande como para que quepa la cantidad de líquido de la muestra. Como en el caso de las otras sustancias, el sólido representado en la ilustración es un ejemplo. Las muestras de materia en estado sólido pueden variar ampliamente en términos de forma y tamaño y por eso no necesariamente entrarán en un recipiente del mismo tamaño.

8. C; **Nivel de conocimiento:** 2; **Tema:** P.c.2; **Práctica:** SP.1.a, SP.1.b, SP.1.c, SP.7.a
Los puntos de ebullición que se ven en el diagrama van de −61 °C a 2,239 °C, lo que indica que el punto de ebullición varía enormemente de un compuesto a otro. Según el diagrama, el sulfuro de hidrógeno hierve a −61 °C, que es menos que 0 °C, y el cloruro de sodio tiene su punto de ebullición a 1,413 °C, que es menos que 2,000 °C. El diagrama por sí solo no indica si los compuestos son covalentes o iónicos; sin embargo, el pasaje indica que los compuestos covalentes tienden a tener puntos de ebullición más bajos, no más altos.

9. D; **Nivel de conocimiento:** 3; **Tema:** P.c.2; **Práctica:** SP.1.a, SP.1.b, SP.1.c, SP.3.b, SP.7.a
El pasaje explica que los compuestos iónicos tienen puntos de ebullición mucho más altos que los compuestos covalentes. A partir de esa idea, puedes inferir que, de los compuestos que se muestran en el diagrama, aquellos cuyos puntos de ebullición superan los 1,000 °C son compuestos iónicos. Por lo tanto, es razonable suponer que otros compuestos iónicos hierven a aproximadamente 1,000 °C o más. Las otras temperaturas se corresponden mejor con los puntos de ebullición de los que, puede suponerse, son los compuestos covalentes del diagrama.

10. B; **Nivel de conocimiento:** 3; **Tema:** P.c.2; **Práctica:** SP.1.a, SP.1.b, SP.1.c, SP.7.a
El pasaje explica que los hidrocarburos son compuestos que tienen moléculas formadas por hidrógeno y carbono. Sin embargo, la gráfica muestra que, además de hidrocarburos, el gas natural típicamente contiene también nitrógeno, un elemento, y dióxido de carbono, un compuesto formado por carbono y oxígeno. El propano, o C_3H_8, está incluido en la sección "Otro" de la gráfica, lo que indica que es un componente menor, ya que forma parte de un grupo de componentes que forman aproximadamente el 18 por ciento del gas natural. La gráfica no da información sobre si todos los componentes identificados pueden licuarse. La gráfica muestra que el metano, o CH_4, es el componente principal del gas natural.

11. D; **Nivel de conocimiento:** 3; **Tema:** P.c.2; **Práctica:** SP.1.b, SP.1.c, SP.7.a
Según el diagrama, los puntos de congelamiento del alcohol terbutílico y el agua rondan los 25 °C y los 0 °C, y los puntos de ebullición del alcohol terbutílico y el agua son 80 °C y 100 °C. Entonces, el punto de congelamiento del alcohol terbutílico es mayor que el del agua, mientras que su punto de ebullición es menor. Las otras opciones de respuesta corresponden a interpretaciones inexactas del diagrama.

12. A; **Nivel de conocimiento:** 3; **Tema:** P.c.2; **Práctica:** SP.1.b, SP.1.c, SP.7.a
El diagrama muestra que el agua es un líquido a temperaturas entre 0 °C y 100 °C. En este rango, el alcohol terbutílico puede ser un sólido (de menos de 0 °C a aproximadamente 25 °C), un líquido (de aproximadamente 25 °C a 80 °C), y un gas (de 80 °C a más de 100 °C). Las otras opciones de respuesta corresponden a interpretaciones inexactas del diagrama.

13. D; **Nivel de conocimiento:** 3; **Tema:** P.c.2; **Práctica:** SP.1.a, SP.1.b, SP.1.c, SP.7.a
Los diagramas muestran que el agua no se derrite de sólida a líquida hasta alcanzar los 0 °C; entonces, a −50 °C, permanecerá sin cambios. Los diagramas también muestran que el dióxido de carbono se transforma de sólido a gas, es decir, se sublima, a −78.5 °C, entonces, al aumentar la temperatura de −100 °C a −50 °C, se sublimará. Cada una de las otras opciones de respuesta sugieren al menos un resultado que no es posible cuando la temperatura aumenta como se propone.

14. B; **Nivel de conocimiento:** 3; **Tema:** P.c.2; **Práctica:** SP.1.a, SP.1.b, SP.1.c, SP.3.b, SP.7.a
El pasaje sugiere que el dióxido de carbono a gran presión es un líquido. Como el diagrama del dióxido de carbono no muestra un estado líquido del dióxido de carbono, este dióxido de carbono no puede estar sometido a alta presión. El pasaje indica que la sublimación es el proceso por el cual una sustancia se transforma directamente de un sólido a un gas, no el proceso de transformación de un gas en un líquido, o de un líquido en un gas. El diagrama muestra que la sublimación del dióxido de carbono se produce a una temperatura de −78.5 °C.

LECCIÓN 3, págs. 70–73

1. D; **Nivel de conocimiento:** 1; **Tema:** P.c.2; **Práctica:** SP.1.a, SP.1.b, SP.1.c, SP.7.a
Los datos de la columna "Punto de fusión" indican que el francio se funde a la temperatura más baja, 27.0 °C. El litio tiene el punto de fusión más alto, y no el más bajo: 180.54 °C. El potasio se funde a 63.65 °C, y el rubidio se funde a 38.89 °C; ambas temperaturas son más altas que el punto de fusión del francio.

2. A; **Nivel de conocimiento:** 2; **Tema:** P.c.2; **Práctica:** SP.1.a, SP.1.b, SP.1.c, SP.3.b, SP.3.d, SP.7.a
A medida que aumentan los datos de la columna que muestra los pesos atómicos, los datos correspondientes de la columna que muestra los puntos de fusión disminuyen. Por lo tanto, cuanto mayor (y no menor) es el peso atómico, menor es el punto de fusión. A medida que aumentan los datos de la columna que muestra los números atómicos, los datos correspondientes de la columna de los puntos de fusión disminuyen y los datos correspondientes de la columna de los pesos atómicos aumentan.

3. D; **Nivel de conocimiento:** 1; **Tema:** P.c.2; **Práctica:** SP.1.a, SP.1.b, SP.1.c
El pasaje explica que la masa atómica es lo mismo que el peso atómico y los elementos que tienen los mayores pesos atómicos (es decir, las mayores masas) se muestran en la esquina inferior derecha de la tabla. Los elementos que se muestran en las esquinas superiores izquierda y derecha tienen pesos atómicos relativamente bajos. Los elementos que se muestran en la esquina inferior izquierda tienen pesos atómicos que no son tan altos como los que se observan en la esquina inferior derecha.

4. B; **Nivel de conocimiento:** 1; **Tema:** P.c.2; **Práctica:** SP.1.a, SP.1.b, SP.1.c
El pasaje explica que los elementos de una misma columna, o grupo, tienen propiedades semejantes. El carbono y el silicio pertenecen al mismo grupo, por lo tanto tienen propiedades semejantes. Según la clave de la tabla, el neón es un no metal. El potasio y el criptón están en grupos diferentes, por eso es probable que no tengan propiedades semejantes. Según la clave, el calcio es un metal.

5. C; **Nivel de conocimiento:** 2; **Tema:** P.c.2; **Práctica:** SP.1.a, SP.1.b, SP.1.c
El pasaje explica que los elementos de una misma columna, o grupo, tienen propiedades semejantes; entonces, para encontrar elementos con propiedades semejantes a las del helio, se debe mirar la columna donde se muestra el helio. Existe una relación entre el número atómico y el punto de fusión, pero no se puede determinar el punto de fusión de un elemento simplemente mirando su número atómico. Los números atómicos aumentan de izquierda a derecha en las filas, entonces, los elementos con números atómicos mayores que el de un elemento en particular estarán a la derecha, y no a la izquierda, de ese elemento en la fila donde se lo muestra. Puedes usar la tabla periódica para identificar elementos que comparten propiedades, pero no para identificar las propiedades que comparten esos elementos.

6. A; **Nivel de conocimiento:** 2; **Tema:** P.c.2; **Práctica:** SP.1.a, SP.1.b, SP.1.c, SP.7.a
Al usar la fórmula dada, puedes dividir la masa (5.4 g) entre el volumen (2 cm³) para identificar la densidad de la sustancia desconocida, que es 2.7 g/cm³. La tabla muestra que esa es la densidad del aluminio. Según lo que se observa en la tabla, las densidades de la gasolina, el mercurio y el monóxido de carbono son 0.70, 13.6 y 0.00125 g/cm³, respectivamente.

7. D; **Nivel de conocimiento:** 2; **Tema:** P.c.2; **Práctica:** SP.1.a, SP.1.b, SP.1.c, SP.7.a
La sección "Nota" de la tabla explica que puede hallarse la densidad en kg/m³ si se multiplica un valor de la tabla por 1,000. La tabla muestra que la densidad del nitrógeno es 0.001251 g/cm³. Al multiplicar esa cifra por 1,000, obtienes 1.251 kg/m³. Las opciones de respuesta incorrectas pueden provenir de errores de cálculo o una interpretación errónea de la información dada.

8. C; **Nivel de conocimiento:** 3; **Tema:** P.c.2; **Práctica:** SP.1.a, SP.1.b, SP.1.c, SP.3.b, SP.3.d, SP.7.a
La tabla explica que un cambio de olor y la formación de burbujas (o espuma) son indicadores de un cambio químico, entonces, lo más probable es que se haya producido una reacción química, y no un cambio físico. Los cambios de textura y estado son cambios físicos, y no reacciones químicas.

9. A; **Nivel de conocimiento:** 1; **Tema:** P.c.2; **Práctica:** SP.1.a, SP.1.b, SP.1.c, SP.7.a
En la fila de "Indicadores de cambio" de la tabla, el indicador "Cambio de color" aparece tanto en la columna de cambios físicos como en la de cambios químicos, lo que sugiere que un cambio de color puede ocurrir como consecuencia de un cambio físico o de un cambio químico. En la fila de "Propiedades", la propiedad "Inflamabilidad" está en la columna de los cambios químicos, lo que indica que la acción de estallar en llamas es un cambio químico. En la fila de "Indicadores de cambio", el indicador "Cambio de estado" está en la columna de los cambios físicos, lo que indica que la acción de transformar un líquido en un gas es un cambio físico. En la fila de "Indicadores de cambio", el indicador "Cambio de temperatura" está en la columna de cambios químicos, lo que indica que una disminución de la temperatura sin un cambio de estado está relacionada con un cambio químico.

10. B; **Nivel de conocimiento:** 2; **Tema:** P.c.2; **Práctica:** SP.1.a, SP.1.b, SP.1.c
La tabla muestra que el valor del pH de una sustancia cuya concentración de H⁺ es 1×10^{-7} es 7, y que el valor del pH de una sustancia cuya concentración de H⁺ es 1×10^{-6} es 6, entonces, el pH disminuiría de 7 a 6. Las opciones de respuesta incorrectas pueden provenir de una interpretación errónea de la tabla.

11. D; **Nivel de conocimiento:** 2; **Tema:** P.c.2; **Práctica:** SP.1.a, SP.1.b, SP.1.c
La tabla muestra que los ácidos tienen valores de pH que van de 0 a 6, entonces, de las opciones que se muestran, el pH más probable del ácido de batería es 0. Los valores de pH 8, 12 y 14 corresponden a las bases, y no a los ácidos.

LECCIÓN 4, págs. 74–77

1. A; **Nivel de conocimiento:** 1; **Tema:** P.c.3; **Práctica:** SP.1.a, SP.1.b, SP.1.c, SP.7.a
El hidrógeno y el oxígeno están representados en el lado izquierdo de la ecuación, por lo tanto, son reactantes. Ninguno de los dos es un producto. Las partículas de hidrógeno y oxígeno cambian su disposición y forman nuevos enlaces para producir agua. La masa siempre se conserva en las reacciones químicas; entonces, el número de átomos de oxígeno no puede cambiar durante la reacción.

2. B; **Nivel de conocimiento:** 1; **Tema:** P.c.3; **Práctica:** SP.1.a, SP.1.b, SP.1.c, SP.7.a, SP.8.b
Un coeficiente indica el número de moléculas de una sustancia que se representan en una reacción química, entonces, el coeficiente 2 en $2H_2O$ indica que los reactantes producen dos moléculas de agua. El coeficiente 2 de $2H_2$ indica dos moléculas de hidrógeno. En una reacción química, los subíndices indican números de átomos, no de moléculas.

UNIDAD 2 *(continuación)*

3. A; **Nivel de conocimiento:** 3; **Tema:** P.c.3; **Práctica:** SP.1.a, SP.1.b, SP.1.c, SP.3.b, SP.7.a
En una reacción de descomposición, de un único reactante se forman dos o más productos. Si se forman dos gases a partir de un líquido, es probable que haya ocurrido una reacción de descomposición. Si un sólido y un líquido forman un sólido y un líquido diferentes, dos reactantes forman dos productos nuevos en una reacción de sustitución doble. Si se forma un líquido a partir de dos gases, o un sólido a partir de dos líquidos, los reactantes se han combinado en una reacción de síntesis.

4. C; **Nivel de conocimiento:** 1; **Tema:** P.c.3; **Práctica:** SP.1.a, SP.1.b, SP.1.c, SP.7.a
En la reacción que representa la ecuación, el hierro toma el lugar del cobre para formar sulfato de hierro en lugar de sulfato de cobre. Entonces, la reacción es una reacción de sustitución simple y no otra clase de reacción.

5. B; **Nivel de conocimiento:** 1; **Tema:** P.c.3; **Práctica:** SP.1.a, SP.1.b, SP.1.c, SP.7.a, SP.8.b
La ecuación correcta muestra que el hierro y el oxígeno son los reactantes y el óxido de hierro es el producto, que tiene el mismo número de cada tipo de átomo a ambos lados de la ecuación. Todas las ecuaciones correspondientes a las opciones de respuesta incorrectas no cumplen con uno u otro de estos criterios.

6. C; **Nivel de conocimiento:** 2; **Tema:** P.c.3; **Práctica:** SP.1.a, SP.1.b, SP.1.c, SP.7.a
La ecuación 3 muestra que dos reactantes forman dos productos nuevos, por eso representa una reacción de sustitución doble. La ecuación 1 muestra que un elemento toma el lugar de otro elemento, por eso representa una reacción de sustitución simple. La ecuación 2 muestra que un único reactante forma dos productos, por eso representa una reacción de descomposición. La ecuación 4 muestra que dos reactantes se combinan para formar un solo producto, por eso representa una reacción de síntesis.

7. Nivel de conocimiento: 2; **Tema:** P.c.3; **Práctica:** SP.1.a, SP.1.b, SP.1.c, SP.6.b, SP.7.a, SP.8.b
Los átomos de carbono ya son iguales en la ecuación original, entonces, tras el Paso 1, la ecuación sigue siendo $CH_4 + O_2 \rightarrow CO_2 + H_2O$. Los cuatro átomos de hidrógeno del lado izquierdo de la ecuación no están equilibrados con los dos átomos de hidrógeno del lado derecho, entonces se debe agregar un coeficiente al lado derecho. Tras el paso 2, la ecuación es $CH_4 + O_2 \rightarrow CO_2 + 2H_2O$. A continuación del paso 2, los dos átomos de oxígeno del lado izquierdo no están equilibrados con los cuatro átomos de oxígeno del lado derecho, entonces se debe agregar un coeficiente al lado izquierdo. Tras el paso 3, la ecuación es $CH_4 + 2O_2 \rightarrow CO_2 + 2H_2O$. A continuación del paso 3, el número de todos los átomos es el mismo, por lo tanto, la ecuación equilibrada es $CH_4 + 2O_2 \rightarrow CO_2 + 2H_2O$.

8. D; **Nivel de conocimiento:** 2; **Tema:** P.c.2, P.c.3; **Práctica:** SP.1.a, SP.1.b, SP.1.c, SP.7.a
$AgNO_3 + NaI \rightarrow AgI + NaNO_3$ representa una reacción química identificada en la tercera fila de datos de la tabla. El cambio de agua a hielo es un cambio físico, no una reacción química. $2Mg + O_2$ representa únicamente reactantes, y no una reacción química completa. La ecuación química $2NH_3 \rightarrow 3H_2 + N_2$ incluye las sustancias identificadas en la primera fila de la tabla, pero no identifica correctamente la reacción química representada en la primera fila de la tabla.

9. B; **Nivel de conocimiento:** 2; **Tema:** P.c.3; **Práctica:** SP.1.a, SP.1.b, SP.1.c, SP.7.a
El pasaje explica que el metal y el ácido de los tubos de ensayo reaccionan y forman sal y gas hidrógeno en tres pruebas en las que se usaron diferentes metales. Entonces, en general, cuando un metal y un ácido son los reactantes en una reacción química, los productos son sal e hidrógeno. En las opciones de respuesta incorrectas se identifican de manera errónea los reactantes, los productos, o ambos.

10. A; **Nivel de conocimiento:** 3; **Tema:** P.c.3; **Práctica:** SP.1.a, SP.1.b, SP.1.c, SP.7.a, SP.8.b
Las ecuaciones $2C_4H_{10} + 13O_2 \rightarrow 8CO_2 + 10H_2O$ y $C_4H_{10} + O_2 \rightarrow CO_2 + H_2O$ representan la combustión del butano, pero solo $2C_4H_{10} + 13O_2 \rightarrow 8CO_2 + 10H_2O$ está equilibrada, porque tiene igual número de cada tipo de átomo a ambos lados. Las otras opciones de respuesta incorrectas son ecuaciones que representan la combustión del metano y del octano.

LECCIÓN 5, *págs. 78–81*

1. C; **Nivel de conocimiento:** 3; **Tema:** P.c.4; **Práctica:** SP.1.a, SP.1.b, SP.1.c, SP.3.c, SP.7.a
Es más probable que HCl (y no Br, LiBr o NaOH) tenga propiedades en común con HBr, ya que HCl y HBr son ácidos. NaOH es una base. LiBr es una sal. Br es un elemento, y no un compuesto.

2. D; **Nivel de conocimiento:** 3; **Tema:** P.c.4; **Práctica:** SP.1.a, SP.1.b, SP.1.c, SP.3.c, SP.7.a
La tabla indica que NaCl es una sal, entonces, la ecuación que representa la disociación de NaCl muestra el resultado de la disolución de una sal en agua. La ecuación que representa la unión entre Na^+ y Cl^- muestra cómo se forma el compuesto NaCl. Las otras ecuaciones muestran los resultados de la disolución de una base en agua y de un ácido, también en agua.

3. Nivel de conocimiento: 3; **Tema:** P.c.4; **Práctica:** SP.1.a, SP.1.b, SP.1.c, SP.3.c, SP.6.c, SP.7.a
Respuesta posible:
Ⓐ Cuando se agregan 30 g de NaCl al agua, se forma una solución no saturada. Ⓑ Cuando se agregan 10 g más de NaCl, la solución queda más concentrada. Una vez agregados los 36 g de NaCl, la solución alcanza el punto de saturación. Los 4 g de NaCl que quedan ya no se disuelven en la solución.
Ⓐ La primera oración explica qué sucede como resultado del primer paso de la investigación, a partir de la información del pasaje y del diagrama.
Ⓑ El resto del párrafo predice el resultado del siguiente paso de la investigación, a partir de la información provista en el pasaje y de la comprensión de las soluciones.

4. C; **Nivel de conocimiento:** 3; **Tema:** P.c.4; **Práctica:** SP.1.a, SP.1.b, SP.1.c, SP.3.c, SP.3.d, SP.7.a
La concentración de iones de H^+ en una solución de un ácido débil es menor, y no mayor, que la concentración en una solución de un ácido fuerte, como el HCl. El pasaje explica que un ácido débil no se ioniza completamente en una solución; sin embargo, sí se ioniza parcialmente.

5. A; **Nivel de conocimiento:** 3; **Tema:** P.c.4; **Práctica:** SP.1.a, SP.1.b, SP.1.c, SP.3.c, SP.7.a
La primera ecuación representa la mezcla de dos bases, lo que probablemente no produzca ninguna reacción. La segunda ecuación representa la mezcla de un ácido y una sal, que probablemente no produzca ninguna reacción. La tercera ecuación representa la mezcla de un ácido y una base, lo que sí producirá una reacción.

6. **A**; **Nivel de conocimiento:** 3; **Tema:** P.c.4; **Práctica:** SP.1.a, SP.1.b, SP.1.c, SP.3.c, SP.7.a
Una molécula de HCl produce un ión de hidrógeno; una molécula de H_2SO_4 produce dos iones de hidrógeno. La acidez se correlaciona con la razón de iones de hidrógeno en una solución, entonces, la solución de HCl será la mitad de ácida que la solución de H_2SO_4.

7. **B**; **Nivel de conocimiento:** 3; **Tema:** P.c.4; **Práctica:** SP.1.a, SP.1.b, SP.1.c, SP.3.c, SP.7.a
El diagrama muestra que, a medida que se aumenta la presión de un gas arriba de la superficie de una solución, son más las moléculas del gas forzadas a entrar en la solución, entonces se disuelve más gas, y no menos gas, en la solución. El diagrama indica que el gas se disuelve en la solución, y no que el gas se convierte en líquido. Se produce un cambio en la solubilidad porque se produce un cambio en la presión y la solubilidad de un gas depende de la presión a la que se lo somete.

8. **C**; **Nivel de conocimiento:** 3; **Tema:** P.c.4; **Práctica:** SP.1.a, SP.1.b, SP.1.c, SP.3.c, SP.7.a
La regla 2 indica que todas las sales de amonio, o sales formadas a partir de NH_4^+, son solubles. Entonces, la ecuación que muestra la disociación de un compuesto formado a partir de NH_4^+ representa un resultado de aplicar la regla 2. Las otras ecuaciones muestran resultados que están basados en otras reglas de la solubilidad, o en sus excepciones.

9. **C**; **Nivel de conocimiento:** 3; **Tema:** P.c.4; **Práctica:** SP.1.a, SP.1.b, SP.1.c, SP.3.c, SP.3.d, SP.7.a
La regla 6 indica que la mayoría de las sales de los hidróxidos son insolubles, y no agrega que $Mg(OH)_2$ sea una excepción a la regla. Entonces, según la regla 6, $Mg(OH)_2$ no será soluble en agua. Si $Mg(OH)_2$ no es soluble en agua, no se disociará completamente ni moderadamente cuando se mezcle con agua. La predicción de que las dos sustancias formarán un nuevo compuesto no está avalada por la información dada.

10. **A**; **Nivel de conocimiento:** 3; **Tema:** P.c.4; **Práctica:** SP.1.a, SP.1.b, SP.1.c, SP.3.c, SP.7.a
Los datos de la columna "Cobre" de la tabla indican que cuando se agrega cobre a una amalgama dental aumenta su expansión, disminuye su tiempo de solidificación, aumenta su dureza y no se transmite el color.

11. **B**; **Nivel de conocimiento:** 3; **Tema:** P.c.4; **Práctica:** SP.1.a, SP.1.b, SP.1.c, SP.3.c, SP.7.a
Los datos de las columnas "Plata" y "Estaño" de la tabla muestran que las propiedades de una amalgama en la que el soluto es plata son opuestas, en muchas categorías, a las propiedades en las que el soluto es estaño. Los datos de la tabla indican que disolver plata en mercurio aumentará la duración de la amalgama, pero no que la disolución de otros metales logre el mismo efecto. Usar plata o cobre como soluto en una amalgama disminuye el tiempo necesario para que la amalgama se solidifique; sin embargo, si se usa estaño, el tiempo de solidificación necesario aumenta. El uso de estaño y cobre como solutos tiene efectos diferentes en términos de expansión, flujo y tiempo de solidificación de la amalgama.

LECCIÓN 6, *págs. 82–85*

1. **B**; **Nivel de conocimiento:** 1; **Tema:** P.b.1; **Práctica:** SP.1.a, SP.1.b, SP.1.c, SP.7.b, SP.8.b
La rapidez promedio puede calcularse con la fórmula $s = \frac{d}{t}$. Si la rapidez promedio es 15 mi/h, recorrer 100 millas toma aproximadamente 6.7 horas (100 dividido entre 15 es igual a 6.7). Las opciones de respuesta incorrectas pueden ser el resultado de errores de cálculo o de aplicación de la fórmula.

2. **B**; **Nivel de conocimiento:** 2; **Tema:** P.b.1; **Práctica:** SP.1.a, SP.1.b, SP.1.c, SP.7.b, SP.8.b
La rapidez promedio puede calcularse con la fórmula $s = \frac{d}{t}$. Si la rapidez disminuye a la mitad y la distancia se mantiene igual, entonces el tiempo se duplicará. Las opciones de respuesta incorrectas se pueden obtener si hay errores de cálculo o de aplicación de la fórmula.

3. **C**; **Nivel de conocimiento:** 1; **Tema:** P.b.1; **Práctica:** SP.1.a, SP.1.b, SP.1.c, SP.7.b, SP.8.b
Cada calle mide 400 m. La persona 1 camina una calle (400 m); la persona 2 camina tres calles (3 multiplicado por 400 m es igual a 1,200 m). Las opciones de respuesta incorrectas se pueden obtener si hay errores de cálculo.

4. **C**; **Nivel de conocimiento:** 2; **Tema:** P.b.1; **Práctica:** SP.1.a, SP.1.b, SP.1.c, SP.7.b, SP.8.b
El desplazamiento es la distancia en línea recta entre los puntos de partida y llegada, independientemente de la ruta que se haya tomado para ir de un punto a otro. Tanto la persona 1 como la persona 2 van desde el punto A hasta el punto B. Estos puntos están a 400 m de distancia. Como el punto B está al sur del punto A, el desplazamiento es 400 m hacia el Sur. Las opciones de respuesta incorrectas se pueden obtener si hay errores de cálculo.

5. **C**; **Nivel de conocimiento:** 1; **Tema:** P.b.1; **Práctica:** SP.1.a, SP.1.b, SP.1.c, SP.7.b, SP.8.b
La rapidez promedio del carro es igual a la distancia dividida entre el tiempo. En este caso, eso es 20 millas divididas entre 60 minutos, o una hora, lo que da 20 mi/h. Para indicar la rapidez no es necesario incluir la dirección de desplazamiento. Las opciones de respuesta incorrectas se pueden obtener si hay errores de cálculo o de aplicación de la fórmula.

6. **A**; **Nivel de conocimiento:** 2; **Tema:** P.b.1; **Práctica:** SP.1.a, SP.1.b, SP.1.c, SP.7.b, SP.8.b
La tasa de velocidad promedio del carro es igual al desplazamiento dividido entre el tiempo. En este caso, eso es 20 millas (hacia el Este) divididas entre 60 minutos, o una hora, lo que da 20 mi/h hacia el Este. Para indicar la velocidad sí se debe incluir la dirección de desplazamiento. Las opciones de respuesta incorrectas se pueden obtener si hay errores de cálculo o de aplicación de la fórmula.

7. **Nivel de conocimiento:** 2; **Tema:** P.b.1; **Práctica:** SP.1.a, SP.1.b, SP.1.c, SP.6.b, SP.7.b, SP.8.b
La velocidad de Steve (+1.5 m/s) y la de la pasarela mecánica (+0.5 m/s) se combinan y dan una velocidad total de **+2.0 m/s**.

8. **Nivel de conocimiento:** 2; **Tema:** P.b.1; **Práctica:** SP.1.a, SP.1.b, SP.1.c, SP.6.b, SP.7.b, SP.8.b
Steve y la persona que está en la pasarela mecánica comparten un marco de referencia porque ambos están sobre la pasarela en movimiento. Desde el punto de vista de Steve, la persona que está parada sobre la pasarela no parece moverse. Para esa persona, Steve se mueve hacia adelante a **+1.5 m/s**.

9. **Nivel de conocimiento:** 2; **Tema:** P.b.1; **Práctica:** SP.1.a, SP.1.b, SP.1.c, SP.6.b, SP.7.b, SP.8.b
Steve y la mujer que está sentada cerca de la pasarela no comparten un marco de referencia, ya que él está sobre la pasarela en movimiento, y ella, no. La mujer verá pasar a Steve a las velocidades combinadas del propio Steve y de la pasarela: +1.5 m/s más +0.5 m/s, es decir, **+2.0 m/s**.

Clave de respuestas

UNIDAD 2 *(continuación)*

10. C; **Nivel de conocimiento:** 2; **Tema:** P.b.1; **Práctica:** SP.1.a, SP.1.b, SP.7.b, SP.8.b
El sonido debe recorrer 680 m para llegar a la pared del edificio y otros 680 m de vuelta hasta Delaney. Al dividir la distancia total, 1,360 m, entre la velocidad del sonido, 340 m/s, se obtiene como resultado que pasaron 4 segundos. Las opciones de respuesta incorrectas se pueden obtener si hay errores de cálculo o de aplicación de la fórmula.

11. D; **Nivel de conocimiento:** 2; **Tema:** P.b.2; **Práctica:** SP.1.a, SP.1.b, SP.1.c, SP.7.b, SP.8.b
La velocidad es igual al producto de la aceleración y el tiempo (9.8 m/s² en dirección descendente multiplicado por 3 s es igual a 29.4 m/s en dirección descendente). Las opciones de respuesta incorrectas se pueden obtener si hay errores de cálculo o de aplicación de la fórmula.

12. B; **Nivel de conocimiento:** 2; **Tema:** P.b.2; **Práctica:** SP.1.a, SP.1.b, SP.1.c, SP.7.b, SP.8.b
La gravedad continuará acelerando el objeto, con lo que su velocidad aumentará a 39.2 m/s en dirección descendente a los 3 segundos. Este valor se obtiene aplicando la fórmula $v = at$. Las opciones de respuesta incorrectas se pueden obtener si hay errores de cálculo o de aplicación de la fórmula.

13. A; **Nivel de conocimiento:** 3; **Tema:** P.b.1; **Práctica:** SP.1.a, SP.1.b, SP.1.c, SP.7.b, SP.8.b
Cada punto representa el cambio de posición del objeto por segundo. Cada línea pequeña representa 1 metro. Por lo tanto, el objeto se mueve 5 m/5 s, o 1 m/s, hacia la derecha. El espaciado entre los puntos es parejo, lo que indica que la velocidad del objeto no cambia, sino que es constante. Las opciones de respuesta incorrectas se pueden obtener si hay errores de cálculo o de aplicación de la fórmula.

14. B; **Nivel de conocimiento:** 3; **Tema:** P.b.1; **Práctica:** SP.1.a, SP.1.b, SP.1.c, SP.7.b, SP.8.b
Cada uno de los puntos representa el cambio de posición del objeto por segundo. Cada línea pequeña representa 1 m. Los primeros dos puntos están separados por una distancia de 3 metros, el segundo y el tercer puntos están separados por 4 metros, y el tercer y el cuarto puntos están separados por 5 metros. Dado que la velocidad del objeto aumenta entre los puntos a una tasa de 1 m/s hacia la derecha, el objeto acelera a una tasa de 1 m/s/s, o 1 m/s², hacia la derecha. Las opciones de respuesta incorrectas se pueden obtener si hay errores de cálculo o de aplicación de la fórmula.

LECCIÓN 7, *págs. 86–89*
1. C; **Nivel de conocimiento:** 1; **Tema:** P.b.2; **Práctica:** SP.1.a, SP.1.b, SP.1.c, SP.7.a, SP.7.b, SP.8.b
La fuerza neta es la fuerza total que actúa sobre un objeto. Para hallar la fuerza neta debes sumar todas las fuerzas y considerar el efecto neto de sus sentidos. En este caso, las fuerzas se oponen; por lo tanto, la fuerza neta es 1,000 N menos 575 N, es decir, 425 N hacia arriba. Las opciones de respuesta incorrectas se pueden obtener si hay errores de cálculo.

2. B; **Nivel de conocimiento:** 1; **Tema:** P.b.2; **Práctica:** SP.1.a, SP.1.b, SP.1.c, SP.7.a, SP.7.b, SP.8.b
Las fuerzas hacia arriba y hacia abajo son iguales; por lo tanto, cuando sumas las tres fuerzas, las fuerzas hacia arriba y hacia abajo se cancelan, lo que deja una fuerza neta de 50 N hacia la izquierda. Las opciones de respuesta incorrectas se pueden obtener si hay errores de cálculo.

3.1 C; **3.2 D**; **3.3 A**; **Nivel de conocimiento:** 1; **Tema:** P.b.2; **Práctica:** SP.1.a, SP.1.b, SP.1.c, SP.7.a, SP.7.b, SP.8.b
3.1 La fuerza neta es igual a la diferencia entre las fuerzas, porque estas son opuestas. Es decir, 15 N menos 5 N es igual a 10 N. El sentido de la fuerza es hacia la izquierda. Pueden obtenerse las opciones de respuesta incorrectas si hay errores de cálculo.
3.2 La flecha del lado derecho del diagrama es más larga que la que está del lado izquierdo del diagrama. Si bien las fuerzas son opuestas, la pelota de básquetbol se moverá en el sentido de la fuerza más potente, es decir, hacia la izquierda. Las opciones de respuesta incorrectas se pueden obtener si se interpreta erróneamente el diagrama de vectores.
3.3 La fuerza neta es igual a la diferencia entre las fuerzas: 15 N menos 10 N es igual a 5 N. El sentido de la fuerza es hacia la izquierda. Las opciones de respuesta incorrectas se pueden obtener si hay errores de cálculo.

4. B; **Nivel de conocimiento:** 2; **Tema:** P.b.2; **Práctica:** SP.1.a, SP.1.b, SP.1.c, SP.7.a
Las flechas del diagrama representan fuerzas, entonces el diagrama indica que los polos magnéticos semejantes se repelen y los polos magnéticos opuestos se atraen. El diagrama muestra imanes que se repelen y también que se atraen, con lo que queda claro que los imanes no siempre se repelen, ni siempre se atraen.

5. C; **Nivel de conocimiento:** 1; **Tema:** P.b.2; **Práctica:** SP.1.a, SP.1.b, SP.1.c, SP.3.a, SP.7.a, SP.7.b, SP.8.b
El pasaje explica que la fuerza de fricción (F) entre un objeto y una superficie puede calcularse con la ecuación $F = \mu m$, donde μ es una constante que varía de una sustancia a otra y m es la masa del objeto. El pasaje indica también que, para el ejemplo que se muestra en el diagrama, μ es 0.62 y la masa es 50 kg. Al incluir estas cifras en la ecuación $F = \mu m$, se obtiene la ecuación F = 0.62 • 50. Las opciones de respuesta incorrectas se pueden obtener si se interpreta erróneamente la información dada o la ecuación $F = \mu m$.

6. D; **Nivel de conocimiento:** 2; **Tema:** P.b.2; **Práctica:** SP.1.a, SP.1.b, SP.1.c, SP.7.a, SP.7.b, SP.8.b
Para que la caja se mueva, la fuerza que la empuja debe ser mayor que la fuerza de fricción, que es 31 N. La única opción de respuesta mayor que 31 N es 32 N.

7. B; **Nivel de conocimiento:** 2; **Tema:** P.b.2; **Práctica:** SP.1.a, SP.1.b, SP.1.c, SP.7.a, SP.7.b
Si μ se reduce, la fuerza de fricción disminuye y se necesita menos fuerza para superar la fuerza de fricción. Por lo tanto, se necesitará menos fuerza, y no más. Cambiar el valor de μ no tendría efecto en la masa de la caja.

8. A; **Nivel de conocimiento:** 1; **Tema:** P.b.2; **Práctica:** SP.1.a, SP.1.b, SP.1.c, SP.7.a
Las flechas que representan las dos fuerzas tienen la misma longitud y apuntan en sentidos opuestos, entonces las fuerzas están equilibradas. Si las fuerzas estuvieran desequilibradas, las flechas tendrían diferente tamaño. Si la fuerza hacia arriba fuera más potente, la flecha que apunta hacia arriba sería más larga que la que apunta hacia abajo. Si la fuerza hacia abajo fuera más potente, la flecha que apunta hacia abajo sería más larga que la que apunta hacia arriba.

9. **D**; **Nivel de conocimiento:** 1; **Tema:** P.b.2; **Práctica:** SP.1.a, SP.1.b, SP.1.c, SP.7.a

Si el carrito se mueve hacia la derecha, la fuerza de tracción debe ser mayor que la fuerza de fricción. Entonces, de los pares de fuerzas listados, solamente una fuerza de tracción de 20 N y una fuerza de fricción de 15 N lograrán que se mueva el carrito. En los casos de las opciones de respuesta incorrectas, la fuerza de tracción es menor que la fuerza de fricción.

10. **B**; **Nivel de conocimiento:** 2; **Tema:** P.b.2; **Práctica:** SP.1.a, SP.1.b, SP.1.c, SP.7.a

Puede deducirse que las flechas de vectores de diferentes tamaños representan fuerzas porque la fuerza es la única variable que puede tener diferencias en la situación descrita. Ambos meteoros tienen la misma aceleración, 1.6 m/s^2; por lo tanto, sus respectivas velocidades van cambiando también a la misma tasa. La masa no tiene un componente direccional, entonces, no se representaría con una flecha de vector.

11. **C**; **Nivel de conocimiento:** 2; **Tema:** P.b.2; **Práctica:** SP.1.a, SP.1.b, SP.1.c, SP.7.a, SP.7.b

La fuerza es igual a la masa multiplicada por la aceleración. La aceleración es la misma para los dos meteoros: 1.6 m/s^2. Sin embargo, las masas de los meteoros son diferentes, entonces, la fuerza con la que impactarán en la Luna será diferente. Esto es, el meteoro con mayor masa impactará con más fuerza; como la aceleración es igual para los dos, ambos meteoros impactarán al mismo tiempo.

12. **D**; **Nivel de conocimiento:** 3; **Tema:** P.b.2; **Práctica:** SP.1.a, SP.1.b, SP.1.c, SP.7.a

Para que la caja se mueva, se la debe someter a una fuerza desequilibrada. Las fuerzas A y B siempre serán iguales, según la tercera ley de Newton. Lo mismo puede decirse de las fuerzas C y D. Sin embargo, si el hombre empuja su pie contra el piso con más fuerza hacia atrás, al final la fuerza D será mayor que la fuerza A, y la caja se moverá.

LECCIÓN 8, *págs. 90–93*

1. **A**; **Nivel de conocimiento:** 2; **Tema:** P.b.2; **Práctica:** SP.1.a, SP.1.b, SP.1.c, SP.7.a, SP.7.b, SP.8.b

La pregunta pide que halles la masa si conoces el peso, usando la fórmula *w = mg*, donde *w* es igual a 637 N, *m* es desconocido y *g* es igual a 9.8 m/s2. Entonces, la ecuación es 637 N = *x* • 9.8 m/s^2. Para hallar *x*, usas la ecuación *x* = (637 N)/(9.8 m/s^2). Por lo tanto, *x*, o la masa, es igual a 65 kg. Las opciones de respuesta incorrectas se pueden obtener si hay errores de cálculo o de aplicación de la fórmula.

2. **A**; **Nivel de conocimiento:** 2; **Tema:** P.b.2; **Práctica:** SP.1.a, SP.1.b, SP.1.c, SP.3.c, SP.7.a

La masa de un objeto no cambia nunca; solamente cambia su peso. Por lo tanto, la masa es la misma, independientemente de la fuerza de gravedad. Las opciones de respuesta incorrectas se pueden obtener si hay errores de cálculo o de aplicación de la fórmula.

3. **A**; **Nivel de conocimiento:** 2; **Tema:** P.b.1, P.b.2; **Práctica:** SP.1.a, SP.1.b, SP.1.c, SP.7.a, SP.7.b

La ecuación que se usa para determinar el momento lineal es *p = mv*, y la ecuación que se usa para hallar el cambio del momento lineal es *Ft = mv*. No se necesita la distancia para determinar el momento lineal o el cambio del momento lineal. Al estudiar la ecuación en busca del cambio del momento lineal, se observa que tanto la fuerza aplicada a un objeto como el tiempo durante el que se aplica la fuerza están relacionados con determinar el cambio del momento lineal. La masa del objeto no está directamente relacionada con el cambio del momento lineal, pero sí es una variable necesaria para determinar el momento lineal.

4. **B**; **Nivel de conocimiento:** 3; **Tema:** P.b.1; **Práctica:** SP.1.a, SP.1.b, SP.1.c, SP.3.c, SP.7.a, SP.8.b

Para determinar la velocidad de un objeto en m/s^2, si se tienen los datos de la potencia de la fuerza, la cantidad de tiempo que se aplica la fuerza y la masa del objeto, pueden agregarse los datos conocidos a la fórmula *Ft = mv*. Para la situación que se describe, la ecuación sería 20 × 5 = 20 × *v*. Al dividir ambos lados de la ecuación entre 20 y tomar en cuenta el sentido del movimiento del objeto, puedes determinar que *v* es igual a 5 m/s hacia la derecha. Las opciones de respuesta incorrectas se pueden obtener si hay errores de cálculo o de aplicación de la fórmula.

5. **C**; **Nivel de conocimiento:** 2; **Tema:** P.b.1; **Práctica:** SP.1.a, SP.1.b, SP.1.c, SP.3.c, SP.7.a, SP.7.b, SP.8.b

Para determinar el momento lineal, usa la fórmula *p = mv*. Para la situación que se describe, *p* es igual a 20 kg multiplicados por 5 m/s, o 100 kg • m/s hacia la derecha. Si el momento lineal fuera hacia la izquierda, el resultado del cálculo sería un número negativo. Las opciones de respuesta incorrectas se pueden obtener si hay errores de cálculo o de aplicación de la fórmula.

6. **B**; **Nivel de conocimiento:** 2; **Tema:** P.b.1, P.b.2; **Práctica:** SP.1.a, SP.1.b, SP.1.c, SP.3.c, SP.7.a, SP.7.b

La línea de la gráfica indica que cuando se aplica fuerza al objeto durante 1 segundo, el momento lineal es 25 kg • m/s.

7. **D**; **Nivel de conocimiento:** 2; **Tema:** P.b.1, P.b.2; **Práctica:** SP.1.a, SP.1.b, SP.1.c, SP.3.c, SP.7.a, SP.7.b, SP.8.b

Para determinar la velocidad, usa la ecuación *p = mv*. Completa con los valores que conoces del momento lineal (tomado de la gráfica) y de la masa (dado en el pasaje) y luego halla *v* para determinar la velocidad. Las opciones de respuesta incorrectas se pueden obtener si hay errores de cálculo o de aplicación de la fórmula, o una lectura errónea de la gráfica.

8. **A**; **Nivel de conocimiento:** 2; **Tema:** P.b.1, P.b.2; **Práctica:** SP.1.a, SP.1.b, SP.1.c, SP.7.a

El impulso es el cambio del momento lineal en el tiempo. La gráfica muestra cómo cambia el momento lineal a lo largo del tiempo; por lo tanto, la línea representa el impulso. La línea no representa la fuerza, que es igual a masa por aceleración. Es el eje de la *y*, y no la línea, el que representa el momento lineal, y es el eje de la *x*, y no la línea, el que representa el tiempo.

9. **C**; **Nivel de conocimiento:** 2; **Tema:** P.b.1, P.b.2; **Práctica:** SP.1.a, SP.1.b, SP.1.c, SP.7.a, SP.7.b, SP.8.b

El momento lineal final debe ser igual al momento lineal inicial. El momento lineal inicial es cero. Por lo tanto, el momento lineal final total del sistema debe ser cero también. Las opciones de respuesta incorrectas se pueden obtener si hay una interpretación errónea del concepto de conservación del momento lineal.

10. **D**; **Nivel de conocimiento:** 2; **Tema:** P.b.1, P.b.2; **Práctica:** SP.1.a, SP.1.b, SP.1.c, SP.7.a, SP.7.b, SP.8.b

El momento lineal inicial es cero. Por lo tanto, el momento lineal total final del sistema, es decir, el momento lineal de la pelota más el momento lineal de la persona y la patineta, debe ser cero también. Si el momento lineal de la pelota es −20 kg • m/s, entonces el momento lineal de la persona y la patineta debe ser igual y opuesto: +20 kg • m/s. Las opciones de respuesta incorrectas se pueden obtener si hay errores de cálculo.

Clave de respuestas

UNIDAD 2 (continuación)

11. A; **Nivel de conocimiento:** 2; **Tema:** P.b.1, P.b.2; **Práctica:** SP.1.a, SP.1.b, SP.1.c, SP.7.a, SP.7.b, SP.8.b
Para determinar la velocidad, usa la fórmula $p = mv$. En esta situación, p es igual a +20 kg • m/s, y m es igual a 40 kg, entonces, usa la ecuación +20 kg • m/s = 40 kg • x. Divide cada lado entre 40 kg para obtener la ecuación +0.5 m/s = v. Las opciones de respuesta incorrectas se pueden obtener si hay errores de cálculo o de aplicación de la fórmula.

12. B; **Nivel de conocimiento:** 2; **Tema:** P.b.2; **Práctica:** SP.1.a, SP.1.b, SP.1.c, SP.7.a, SP.7.b, SP.8.b
La masa de cada objeto no cambia. El pasaje indica que la masa total del sistema (ambos paquetes) tras la colisión es 10 kg. El diagrama muestra que la masa del paquete A es 8 kg; por lo tanto, el paquete B tiene una masa de 2 kg (10 menos 8). Las opciones de respuesta incorrectas se pueden obtener si hay errores de cálculo.

13. D; **Nivel de conocimiento:** 3; **Tema:** P.b.2; **Práctica:** SP.1.a, SP.1.b, SP.1.c, SP.7.a, SP.7.b, SP.8.b
Para determinar la velocidad del paquete B, usa la fórmula $p = mv$. Primero, usa la información del pasaje y el diagrama para hallar el momento lineal del sistema: p es igual a 10 kg multiplicados por 2.5 m/s, o 25 kg • m/s. Luego, usa lo que sabes ahora para hallar la velocidad del paquete B. Sabes que la masa del paquete B es 2 kg y que el momento lineal del sistema es 25 kg • m/s. Al reordenar la fórmula $p = mv$ y obtener $v = \frac{p}{m}$, puedes hallar la velocidad del paquete B con esta ecuación: $x = \frac{25 \text{ kg} \cdot \text{m/s}}{2 \text{ kg}}$, o x = 12.5 m/s. Las opciones de respuesta incorrectas se pueden obtener si hay errores de cálculo o de aplicación de la fórmula.

14. D; **Nivel de conocimiento:** 2; **Tema:** P.b.1; **Práctica:** SP.1.a, SP.1.b, SP.1.c, SP.7.a, SP.7.b, SP.8.b
Para determinar el momento lineal, usa la fórmula $p = mv$; en este caso, m es igual a 247 kg y v es igual a 21 m/s; por lo tanto, p es igual a 247 kg • 21 m/s, que es igual a 5,187 kg • m/s. Las opciones de respuesta incorrectas se pueden obtener si hay errores de cálculo o de aplicación de la fórmula.

15. C; **Nivel de conocimiento:** 2; **Tema:** P.b.1; **Práctica:** SP.1.a, SP.1.b, SP.1.c, SP.7.a, SP.7.b, SP.8.b
Para determinar la fuerza promedio, usa la fórmula $F_{promedio} = \frac{mv}{t}$. En este caso, m es igual a 247 kg, v es igual a 21 m/s, y t es igual a 0.05 s; por lo tanto, $F_{promedio}$ es igual a $\frac{247 \text{ kg} \cdot 21 \text{ m/s}}{0.05 \text{ s}}$, que es igual a 103,740 N. Las opciones de respuesta incorrectas se pueden obtener si hay errores de cálculo o de aplicación de la fórmula.

16. A; **Nivel de conocimiento:** 2; **Tema:** P.b.1; **Práctica:** SP.1.a, SP.1.b, SP.1.c, SP.7.a, SP.7.b, SP.8.b
Usa la fórmula del momento lineal, $p = mv$, para determinar el momento lineal de la motocicleta más liviana: p es igual a 105 kg • 50 m/s, o 5,250 kg • m/s. El momento lineal de la motocicleta más liviana es apenas mayor que el de la motocicleta más grande (5,187 kg • m/s). Las opciones de respuesta incorrectas se pueden obtener si hay errores de cálculo o de aplicación de la fórmula.

17. A; **Nivel de conocimiento:** 2; **Tema:** P.b.1; **Práctica:** SP.1.a, SP.1.b, SP.7.a, SP.7.b, SP.8.b
Para hallar la fuerza promedio en este caso, usa la fórmula $F_{promedio} = \frac{mv}{t}$, donde m es igual a 60 kg, v es igual a 25 m/s, y t es igual a 0.5 s, para obtener la ecuación $F_{promedio} = \frac{60 \text{ kg} \cdot 25 \text{ m/s}}{0.5 \text{ s}}$. Luego, resuelve la ecuación para determinar que la fuerza promedio es igual a 3,000 N. Las opciones de respuesta incorrectas se pueden obtener si hay errores de cálculo o de aplicación de la fórmula.

18. C; **Nivel de conocimiento:** 2; **Tema:** P.b.1, P.b.2; **Práctica:** SP.1.a, SP.1.b, SP.1.c, SP.7.a, SP.7.b, SP.8.b
Para hallar la fuerza promedio en este caso, usa la fórmula $F_{promedio} = \frac{mv}{t}$, donde m es igual a 60 kg, v es igual a 25 m/s y t es igual a 0.002 s, para obtener la ecuación $F_{promedio} = \frac{60 \text{ kg} \cdot 25 \text{ m/s}}{0.002 \text{ s}}$. Luego, resuelve la ecuación para determinar que la fuerza promedio es igual a 750,000 N. Las opciones de respuesta incorrectas se pueden obtener si hay errores de cálculo o de aplicación de la fórmula.

19. B; **Nivel de conocimiento:** 2; **Tema:** P.b.1, P.b.2; **Práctica:** SP.1.a, SP.1.b, SP.1.c, SP.3.a, SP.7.a, SP.7.b, SP.8.b
La única diferencia entre las dos ecuaciones es el valor de t. Parte de la efectividad de los sistemas de contención para los conductores radica en que alargan el tiempo durante el cual se aplica la fuerza; es decir, un intervalo más largo reduce la fuerza promedio.

LECCIÓN 9, págs. 94–97

1. D; **Nivel de conocimiento:** 2; **Tema:** P.b.3; **Práctica:** SP.1.a, SP.1.b, SP.1.c
A partir de tu experiencia de usar un martillo para quitar un clavo de una tabla (o de la experiencia con otras palancas) y de la información dada, puedes determinar que la carga, o el objeto a mover, es el clavo. La mano del usuario se mueve para aplicar la fuerza de entrada. Cuando se usa un martillo de orejas para quitar un clavo de una tabla, el mango y las orejas del martillo funcionan como el brazo de la palanca, y el fulcro es la parte superior de la cabeza del martillo, que se respalda en la tabla.

2. C; **Nivel de conocimiento:** 2; **Tema:** P.b.3; **Práctica:** SP.1.a, SP.1.b, SP.1.c
A partir de tu experiencia de usar un martillo para quitar un clavo de una tabla (o de la experiencia con otras palancas) y de la información dada, puedes determinar que el martillo facilita el trabajo porque reduce la fuerza que es necesario aplicar para quitar el clavo. La fuerza necesaria se reduce porque aumenta la distancia de la fuerza.

3. B; **Nivel de conocimiento:** 2; **Tema:** P.b.3; **Práctica:** SP.1.a, SP.1.b, SP.7.b
El pasaje indica que la potencia se calcula dividiendo la cantidad de trabajo hecho entre el tiempo que se empleó para realizarlo. Puedes usar tus conocimientos de matemáticas para determinar que la máquina A ejerce 800 vatios de potencia (8,000 dividido entre 10) y que la máquina B ejerce 3,200 vatios de potencia (16,000 dividido entre 5). Entonces, la máquina A ejerce menos potencia que la máquina B. Las opciones de respuesta incorrectas se pueden obtener si hay errores de cálculo o de aplicación de la fórmula.

4. B; **Nivel de conocimiento:** 2; **Tema:** P.b.3; **Práctica:** SP.1.a, SP.1.b, SP.1.c, SP.7.b

El pasaje explica que la ventaja mecánica es la razón entre la magnitud de la fuerza de salida y la magnitud de la fuerza de entrada. Puedes usar tu comprensión de las razones y tus conocimientos de matemáticas para calcular la ventaja mecánica de cada máquina y luego usar la destreza de comparar y contrastar para obtener la respuesta correcta. La máquina B tiene una ventaja mecánica de 10 (150 dividido entre 15), que es la ventaja mecánica más alta de las de las cuatro máquinas. La ventaja mecánica de la máquina A es 3 (900 dividido entre 300). La ventaja mecánica de la máquina C es 2 (10 dividido entre 5). La máquina D tiene la mayor fuerza de salida, pero una ventaja mecánica de solo 1.25 (1,000 dividido entre 800).

5. C; **Nivel de conocimiento:** 2; **Tema:** P.b.3; **Práctica:** SP.1.a, SP.1.b, SP.1.c, SP.3.b

Si usas tus conocimientos de fuerzas, masa y de la ecuación del trabajo, puedes determinar que un enunciado exacto sobre las rampas es que, como una rampa reduce la cantidad de fuerza necesaria para levantar un objeto, se puede usar para elevar un objeto que es demasiado pesado como para levantarlo directamente. La ecuación del trabajo indica que para empujar un objeto a lo largo de una rampa más corta se necesita más fuerza que para empujar un objeto a lo largo de una rampa más larga. Levantar un objeto liviano no requiere mucha fuerza, entonces, no hay necesidad de usar una rampa para levantar un objeto liviano. Usar una máquina simple no cambia la cantidad de trabajo hecho, entonces empujar un objeto por una rampa no implica menos trabajo que levantar ese objeto.

6. A; **Nivel de conocimiento:** 2; **Tema:** P.b.3; **Práctica:** SP.1.a, SP.1.b, SP.1.c, SP.3.b, SP.7.b

Si usas tu conocimiento de la ecuación del trabajo, puedes determinar que, si se reduce la distancia de la fuerza, aumenta la cantidad de fuerza. Entonces, si se acorta la longitud de la rampa se necesitará más fuerza, y no menos, para mover la caja. La cantidad de trabajo no cambiará, solo cambiará la magnitud de la fuerza necesaria para hacer el trabajo.

7. C; **Nivel de conocimiento:** 3; **Tema:** P.b.3; **Práctica:** SP.1.a, SP.1.b, SP.1.c, SP.3.b

Si usas tus experiencias con los objetos del hogar enumerados y lo que aprendiste sobre las máquinas simples, puedes determinar que una escalera se usa como un plano inclinado cuando se la apoya contra una pared. Dadas sus formas y propósitos, no es probable que un martillo de orejas, un palo de amasar o una pala de jardín se use como un plano inclinado.

8. A; **Nivel de conocimiento:** 2; **Tema:** P.b.3; **Práctica:** SP.1.a, SP.1.b, SP.1.c, SP.3.b

Si usas tus conocimientos de las máquinas simples y la ecuación del trabajo, puedes determinar que, como usar una polea reduce la magnitud de la fuerza necesaria para mover un objeto a la vez que aumenta la distancia, las poleas no cambian la cantidad del trabajo hecho. Todas las máquinas simples facilitan el trabajo porque cambian la magnitud o la dirección de la fuerza necesaria para mover un objeto. Cuando una máquina simple facilita el trabajo cambiando la magnitud de la fuerza necesaria para mover un objeto, reduce la magnitud de esa fuerza. La cantidad de trabajo realizado no está relacionada con el tiempo que lleva realizar ese trabajo.

9. D; **Nivel de conocimiento:** 2; **Tema:** P.b.3; **Práctica:** SP.1.a, SP.1.b, SP.1.c, SP.3.b

Tus experiencias con poleas, tales como las de un mástil de bandera o de una persiana, junto con la información dada, te indican que un aparejo de poleas que transforma una fuerza hacia abajo en una fuerza hacia arriba te permite aprovechar tu peso para tirar hacia abajo y usar la fuerza resultante para levantar un objeto. Sabes que las máquinas simples pueden facilitar el trabajo al cambiar la magnitud o la dirección de la fuerza aplicada, entonces, puedes concluir que las poleas no siempre cambian la magnitud de la fuerza aplicada. El pasaje explica que una polea móvil siempre es parte de un aparejo de poleas, y no al revés. Una de las maneras en las que las máquinas simples, poleas incluidas, pueden facilitar el trabajo es cambiando la dirección de la fuerza aplicada.

10. D; **Nivel de conocimiento:** 2; **Tema:** P.b.3; **Práctica:** SP.1.a, SP.1.b, SP.1.c, SP.3.b

A partir de tus experiencias con ruedas y ejes, tales como usar un destornillador para introducir un tornillo en una madera, y también por la información dada, puedes determinar que las ruedas y los ejes se usan cuando se necesita una fuerza para rotar un objeto.

11. A; **Nivel de conocimiento:** 1; **Tema:** P.b.3; **Práctica:** SP.1.a, SP.1.b, SP.1.c, SP.7.b

Si usas tus conocimientos de matemáticas y la ecuación del trabajo, puedes calcular que si una persona emplea 5 newtons para empujar una caja 5 metros, la cantidad de trabajo hecho es 25 julios (5 multiplicado por 5). Las opciones de respuesta incorrectas se pueden obtener si hay errores de cálculo o de aplicación de la fórmula.

12. B; **Nivel de conocimiento:** 1; **Tema:** P.b.3; **Práctica:** SP.1.a, SP.1.b, SP.1.c, SP.3.b

Tus conocimientos de las máquinas simples y del concepto de ventaja mecánica te indican que toda máquina que brinda una ventaja mecánica facilita el trabajo. Entonces, todas las máquinas de la tabla facilitan el trabajo. Es incorrecto interpretar que la información de la tabla significa que todas las máquinas simples tienen una ventaja mecánica de al menos 1.5, simplemente porque la ventaja mecánica más baja de las máquinas de la tabla es 1.5. Es incorrecto usar la información de la tabla para hacer una generalización que indique que un tipo de máquina simple facilita el trabajo más que otro tipo; por cierto, la tabla muestra que, de las cuñas enumeradas, solo la cuña B facilita el trabajo más que la polea. Es incorrecto suponer, a partir de la información de la tabla, que solamente las máquinas enumeradas en la tabla tienen una ventaja mecánica; el propósito de una máquina es facilitar el trabajo, y la ventaja mecánica es la magnitud por la que esa máquina facilita el trabajo, entonces, puedes suponer que todas las máquinas tienen una ventaja mecánica.

13. D; **Nivel de conocimiento:** 1; **Tema:** P.b.3; **Práctica:** SP.1.a, SP.1.b, SP.1.c, SP.7.b

Si usas tus conocimientos de matemáticas y la ecuación de la ventaja mecánica, puedes calcular que se usó la rampa, si la fuerza de entrada fue 5 y la fuerza de salida fue 12.5 (12.5 dividido entre 5 es igual a 2.5, la ventaja mecánica de la rampa). Las opciones de respuesta incorrectas se pueden obtener si hay errores de cálculo o de aplicación de la fórmula.

Clave de respuestas

UNIDAD 2 *(continuación)*

14. A; **Nivel de conocimiento:** 2; **Tema:** P.b.3; **Práctica:** SP.1.a, SP.1.b, SP.1.c, SP.3.b
A partir de tu experiencia con bicicletas, de tus conocimientos de cómo funcionan diferentes máquinas simples y de las posiciones de las máquinas simples que se observan en el diagrama, puedes determinar que las poleas y la rueda y el eje que mueven la cadena de la bicicleta son las máquinas simples que hacen que la bicicleta se mueva hacia adelante. Las palancas que muestra el diagrama forman parte del sistema de frenos de la bicicleta y, por lo tanto, no están relacionadas con que la bicicleta se mueva hacia adelante.

15. D; **Nivel de conocimiento:** 2; **Tema:** P.b.3; **Práctica:** SP.1.a, SP.1.b, SP.1.c, SP.3.b
A partir de tu experiencia con bicicletas y de la información del diagrama, puedes determinar que las palancas que se muestran en el diagrama se usan para hacer funcionar los frenos de la bicicleta y, por lo tanto, hacen que la bicicleta se detenga. No se usan para que la bicicleta comience a moverse, se mueva más rápidamente o se mueva más fácilmente en subida.

16. C; **Nivel de conocimiento:** 3; **Tema:** P.b.3; **Práctica:** SP.1.a, SP.1.b, SP.1.c, SP.3.b
A partir de tus conocimientos de las máquinas simples y de tus experiencias con los objetos de uso común que se enumeran, junto con la información sobre las máquinas compuestas que incluye el pasaje, puedes determinar que las tijeras están formadas por cuatro máquinas simples: dos palancas (las manijas) y dos cuñas (las hojas). Las mechas de taladro y las rampas para botes son máquinas simples (tornillo y rampa, respectivamente). La rueda de un carrito puede ser parte de una máquina simple: rueda y eje.

LECCIÓN 10, *págs. 98–101*

1. C; **Nivel de conocimiento:** 2; **Tema:** P.a.1; **Práctica:** SP.1.a, SP.1.b, SP.1.c, SP.3.c, SP.7.a
Como el termómetro está más caliente que la sustancia, el flujo de energía térmica va del termómetro a la sustancia. Entonces, la sustancia se calienta apenas, mientras que el material del termómetro se enfría. Las partículas de la sustancia ganan calor y comienzan a moverse más rápidamente, es decir, ganan energía cinética hasta que tanto el termómetro como la sustancia quedan a la misma temperatura, o se alcanza el equilibrio. La sustancia no perderá energía cinética y su energía cinética no fluctuará.

2. A; **Nivel de conocimiento:** 2; **Tema:** P.a.1; **Práctica:** SP.1.a, SP.1.b, SP.1.c, SP.3.c, SP.7.a
Como el termómetro está más caliente que la sustancia, el flujo de energía térmica va del termómetro a la sustancia. Entonces, el material del termómetro se enfría apenas, a la vez que la sustancia se calienta un poco. Las partículas del termómetro pierden calor y comienzan a moverse más lentamente; es decir, pierden energía cinética hasta que tanto el termómetro como la sustancia quedan a la misma temperatura, o se alcanza el equilibrio. El termómetro no ganará energía cinética y su energía cinética no fluctuará.

3. C; **Nivel de conocimiento:** 2; **Tema:** P.a.1, P.a.3; **Práctica:** SP.1.a, SP.1.b, SP.1.c, SP.3.b, SP.7.a
Los sucesos microscópicos son aquellos que son demasiado pequeños para poder observarlos a simple vista. La transferencia de calor de las llamas hacia el agua no puede observarse; por lo tanto, es un suceso microscópico del sistema. El movimiento del pistón, la expansión del agua y la transformación del vapor en agua son todos sucesos observables y, por lo tanto, son macroscópicos, no microscópicos.

4. D; **Nivel de conocimiento:** 3; **Tema:** P.a.1, P.a.3; **Práctica:** SP.1.a, SP.1.b, SP.1.c, SP.3.c, SP.7.a
Si se forzara a las moléculas del gas para que ocuparan un espacio más pequeño, se moverían más rápidamente y colisionarían con más frecuencia entre sí y contra los lados del cilindro y la base del pistón. Todo ese movimiento y todas esas colisiones aumentarían la energía cinética del gas, con lo que aumentaría su temperatura. Entonces, el gas se calentaría, no se enfriaría. Al disminuir el volumen, aumentaría la presión, lo que tendría como efecto un aumento de la temperatura del gas.

5. A; **Nivel de conocimiento:** 2; **Tema:** P.a.1, P.a.5; **Práctica:** SP.1.a, SP.1.b, SP.1.c, SP.3.b, SP.7.a
La conducción se produce cuando un objeto más caliente está en contacto directo con otro objeto más frío, como sucede con los objetos sólidos del diagrama. La radiación, por otra parte, es energía térmica que se transfiere por ondas a través del espacio; en este caso no hay contacto entre los objetos. La convección no se produce en los objetos sólidos. Las partículas no se mueven de un objeto a otro; solo se mueve la energía térmica.

6. B; **Nivel de conocimiento:** 2; **Tema:** P.a.1, P.a.5; **Práctica:** SP.1.a, SP.1.b, SP.1.c, SP.3.b, SP.7.a
La superficie brillante del aluminio refleja la radiación, lo que significa que la parrilla cocina principalmente por conducción (donde la rejilla toca la comida) y por convección (donde se transfiere calor por la parrilla en forma de corrientes). Las opciones de respuesta incorrectas son descripciones inexactas del papel de al menos una de las formas de transferencia de calor.

7. D; **Nivel de conocimiento:** 2; **Tema:** P.a.1, P.a.5; **Práctica:** SP.1.a, SP.1.b, SP.1.c, SP.3.b, SP.7.a
El calor se transfiere por conducción a través de los objetos sólidos, entonces, la conducción transfiere calor a través del material sólido de la taza y, además, por el contacto de la taza con la mesa. El calor se transfiere por convección a través de los gases y los líquidos, entonces, la convección transfiere calor a través del café y del aire. La radiación transfiere calor a través del espacio en forma de ondas y es emitida por todos los objetos que tienen una temperatura más elevada, hacia las áreas más frías; por lo tanto, la radiación transfiere calor desde la superficie exterior de la taza. Las opciones de respuesta incorrectas no describen de manera exacta el papel de al menos una de las formas de transferencia de calor.

8. D; **Nivel de conocimiento:** 3; **Tema:** P.a.1, P.a.5; **Práctica:** SP.1.a, SP.1.b, SP.1.c, SP.3.b, SP.4.a, SP.7.a
El diagrama muestra que el calor se transfiere a la superficie de la Tierra debido a la radiación que emite el Sol. Las moléculas de aire que están en contacto con la superficie de la Tierra se calientan por conducción. Las moléculas de aire más calientes se elevan, desplazando a las más frías y formando una corriente de convección. La radiación no depende del medio, entonces, atraviesa la atmósfera para llegar a la superficie de la Tierra. La conducción se produce entre dos objetos que están en contacto directo y la superficie de la Tierra no está en contacto con la superficie del Sol. Además, el calor se transfiere a través de la atmósfera por convección, ya que la atmósfera está formada por gases y líquidos.

LECCIÓN 11, *págs. 102–105*

1. **C**; **Nivel de conocimiento:** 2; **Tema:** P.a.3; **Práctica:** SP.1.a, SP.1.b, SP.1.c, SP.7.a
En todos los puntos de la gráfica, la suma de las energías potencial y cinética es igual a 10 J. En todo momento, la energía total de un sistema es igual a la suma de su energía potencial y su energía cinética, entonces, el único momento en el que la energía total de un sistema puede ser igual al doble de su energía cinética es cuando la energía potencial y cinética del sistema son exactamente iguales. La energía total del sistema no cambia; se transfiere de una forma a otra. Si bien la energía cinética es igual a 0 J a los 0 segundos, y la energía potencial es igual a 0 J a los 50 segundos, la energía total del sistema nunca es 0 J; siempre es 10 J.

2. **D**; **Nivel de conocimiento:** 2; **Tema:** P.a.3; **Práctica:** SP.1.a, SP.1.b, SP.1.c, SP.7.a
A los 50 segundos, la línea que representa la energía cinética está en 0 J, y la línea que representa la energía potencial está en su punto más alto en la gráfica; por lo tanto, toda la energía del sistema se transformó completamente en energía potencial. La energía cinética no puede estar a 0 J y al máximo posible en el mismo momento. La cantidad total de energía es la suma de la energía cinética y la energía potencial; por lo tanto, la energía cinética no puede ser mayor que la energía total del sistema. Las dos formas de energía son iguales en los puntos donde se intersecan las líneas, que ocurren aproximadamente a los 15 segundos y a los 85 segundos.

3. **B**; **Nivel de conocimiento:** 2; **Tema:** P.a.3; **Práctica:** SP.1.a, SP.1.b, SP.1.c, SP.7.a
La gráfica muestra que las barras que representan la energía potencial se acortan a lo largo del tiempo, mientras que las barras que representan la energía cinética se hacen más altas con el paso del tiempo. Por lo tanto, a medida que disminuye la energía potencial, aumenta la energía cinética. La barra que representa la energía cinética al final de la investigación es más corta que la que representa la energía potencial al inicio de la investigación. El carro de juguete tiene menos energía total al final de la rampa que en la parte superior porque parte de su energía se transforma en energía térmica para superar la fuerza de fricción de la superficie de la rampa. La energía se conserva, aunque no toda la energía potencial se haya transformado en energía cinética. El carro tiene menos energía al final de la rampa porque parte de su energía se "pierde" en forma de energía térmica y se transfiere a la superficie de la rampa.

4. **A**; **Nivel de conocimiento:** 2; **Tema:** P.a.3; **Práctica:** SP.1.a, SP.1.b, SP.1.c, SP.3.b, SP.7.a
La gráfica muestra que el total de la energía mecánica (energía cinética más energía potencial) del carro de juguete al final de la investigación era aproximadamente 1.5 J menor que la del comienzo. Como la energía no se puede destruir, la diferencia es el resultado de que parte de la energía se pierde en forma de calor; esto es, se transforma en energía térmica.

5. **C**; **Nivel de conocimiento:** 2; **Tema:** P.a.3; **Práctica:** SP.1.a, SP.1.b, SP.1.c, SP.3.a, SP.7.a
El pasaje explica que el voltaje de una batería es una medida de la energía potencial almacenada en la batería; por lo tanto, los puntos de datos de la gráfica que muestran que el voltaje de la batería no recargable es 1.6, y el voltaje de la batería recargable es menor que 1.4 a las cero horas respaldan la interpretación de que la batería no recargable tiene más energía potencial cuando ambas baterías son nuevas. Que el voltaje de la batería no recargable disminuya con más rapidez y alcance 0.2 primero son hechos que respaldan la interpretación de que su energía almacenada se transforma en otros tipos de energía más rápidamente, pero que no están relacionados con la cantidad de energía almacenada en las baterías cuando son nuevas. El hecho de que el voltaje de la batería no recargable sea mayor a las dos horas no está relacionado con la cantidad de energía almacenada en las baterías nuevas.

6. **A**; **Nivel de conocimiento:** 2; **Tema:** P.a.3; **Práctica:** SP.1.a, SP.1.b, SP.1.c, SP.7.a
La gráfica muestra que el voltaje de la batería recargable se mantiene relativamente constante desde aproximadamente una hora hasta aproximadamente nueve horas. También muestra que, si bien la batería no recargable pierde voltaje más rápidamente, al comienzo esta batería tiene más voltaje que la batería recargable. El voltaje de la batería recargable comienza a disminuir rápidamente aproximadamente a las nueve horas. La gráfica muestra que el voltaje de la batería no recargable disminuye a cero aproximadamente tres horas antes de que llegue a cero el voltaje de la batería recargable.

7. **Nivel de conocimiento:** 2; **Tema:** P.a.3; **Práctica:** SP.1.a, SP.1.c, SP.7.a
Si bien el carro de la montaña rusa tiene su mayor energía potencial en las cimas de las colinas, la colina más alta es la primera. Entonces, la energía potencial del carro es más alta **en la cima de la primera colina**.

8. **Nivel de conocimiento:** 2; **Tema:** P.a.3; **Práctica:** SP.1.a, SP.1.c, SP.7.a
Para cuando el carro de la montaña rusa llega a la base de una colina, toda la energía potencial se ha transformado en energía cinética. A medida que el momento lineal del carro lo hace comenzar a trepar la colina siguiente, la energía cinética vuelve a transformarse en energía potencial. Entonces, la energía se transforma de cinética en potencial **en la base de todas las colinas**.

9. **B**; **Nivel de conocimiento:** 2; **Tema:** P.a.2; **Práctica:** SP.1.a, SP.1.b, SP.3.b, SP.7.a
La reacción química que se produce en una compresa fría absorbe energía térmica del ambiente y hace que la compresa fría se sienta fría porque absorbe calor del cuerpo de quien la usa. Si la reacción capta energía, es una reacción endotérmica. El término *energética* no se usa para describir ningún tipo de reacción química. La combustión produce luz y calor; con esta reacción no se producen ni luz ni calor. Una reacción exotérmica produce calor; por lo tanto, una reacción exotérmica haría que la compresa se sintiera caliente, no fría.

UNIDAD 2 *(continuación)*

10. D; **Nivel de conocimiento:** 2; **Tema:** P.a.2; **Práctica:** SP.1.a, SP.1.b, SP.3.b, SP.7.a
En la reacción se libera calor, lo que significa que es exotérmica. El término *energética* no se usa para describir ningún tipo de reacción química. Si se tratara de una reacción endotérmica, la compresa se sentiría fría, porque absorbería calor del ambiente, incluido el cuerpo de la persona que la usa. La combustión produce luz y calor, pero en esta reacción no se produce luz.

11. A; **Nivel de conocimiento:** 2; **Tema:** P.a.2; **Práctica:** SP.1.a, SP.1.b, SP.7.a
En una reacción exotérmica los reactantes tienen más, y no menos, energía que los productos, porque la reacción produce calor, es decir, libera energía. Las opciones de respuesta incorrectas no están respaldadas por los datos de la gráfica.

12. D; **Nivel de conocimiento:** 2; **Tema:** P.a.2; **Práctica:** SP.1.a, SP.1.b, SP.3.b, SP.7.a
Una reacción endotérmica absorbe calor del ambiente, incluida la mano del estudiante. Si la reacción absorbe calor de la mano del estudiante, el vaso de precipitados se sentirá frío. Si la energía pasara a la mano del estudiante, el vaso de precipitados se sentiría caliente. Los líquidos pueden variar en su temperatura y estar más fríos que el ambiente. Que se genere una carga eléctrica probablemente no esté relacionado con lo fría que se siente la solución.

13. B; **Nivel de conocimiento:** 3; **Tema:** P.a.2, P.a.3; **Práctica:** SP.1.a, SP.1.b, SP.7.a
Las ecuaciones muestran que la reacción química que se produce durante la fotosíntesis absorbe, o capta, energía de la luz, y que la reacción que se produce durante la respiración libera energía mecánica y térmica. Entonces, la fotosíntesis es endotérmica y la respiración es exotérmica.

14. A; **Nivel de conocimiento:** 3; **Tema:** P.a.2, P.a.3; **Práctica:** SP.1.a, SP.1.b, SP.3.b, SP.7.a
Si bien los organismos usan agua para sus procesos vitales, tanto el dióxido de carbono como el agua se consideran desechos de esta reacción porque la célula usa la respiración para obtener energía, y no agua, del azúcar. La energía, por ende, no es un desecho. El oxígeno es uno de los reactantes, no un producto. Es decir, el oxígeno reacciona con la molécula de azúcar para crear los productos: dióxido de carbono, agua y energía.

LECCIÓN 12, *págs. 106–109*
1. A; **Nivel de conocimiento:** 1; **Tema:** P.a.5; **Práctica:** SP.1.a, SP.1.b, SP.1.c, SP.3.b
El pasaje y el diagrama indican que las ondas del espectro electromagnético están ordenadas de menor a mayor cantidad de energía y de mayor a menor longitud de onda. Los rayos gamma tienen la menor longitud de onda y, por lo tanto, la mayor cantidad de energía. Las ondas de radio tienen la mayor longitud de onda y, por lo tanto, la menor cantidad de energía. Las microondas y las ondas de luz visible tienen longitudes de onda más largas que las de los rayos gamma y más cortas que las de las ondas de radio.

2. D; **Nivel de conocimiento:** 2; **Tema:** P.a.5; **Práctica:** SP.1.a, SP.1.b, SP.1.c, SP.3.b
El pasaje y el diagrama indican que la energía de las ondas electromagnéticas del espectro electromagnético depende de sus longitudes de onda y que las ondas que tienen longitudes de onda más largas tienen menos cantidad de energía que las ondas que tienen longitudes de onda más cortas. El diagrama muestra que las microondas tienen una longitud de onda más larga que la de las ondas infrarrojas. Por lo tanto, las microondas tienen menos cantidad de energía que las ondas infrarrojas. Todas las ondas del espectro electromagnético, incluidas las ondas de radio, pueden desplazarse por el espacio vacío. El diagrama incluye la luz visible, por lo tanto, la luz visible es parte del espectro electromagnético. Las ondas sonoras no están incluidas en el diagrama, entonces, puedes inferir que no forman parte del espectro electromagnético.

3. D; **Nivel de conocimiento:** 2; **Tema:** P.a.5; **Práctica:** SP.1.a, SP.1.b, SP.1.c, SP.3.b, SP.7.a
El pasaje indica que las ondas de luz son ondas transversales y el diagrama indica que las ondas transversales tienen crestas y depresiones. Entonces, las ondas de luz pueden caracterizarse por sus crestas y sus depresiones. El diagrama indica que se producen rarefacciones en las ondas longitudinales, no en las transversales, y que las compresiones son las áreas de las ondas longitudinales en las que las partículas están más cerca unas de otras, y no más lejos. Como las ondas de luz son ondas transversales, y no longitudinales, no tienen compresiones ni rarefacciones.

4. D; **Nivel de conocimiento:** 2; **Tema:** P.a.5; **Práctica:** SP.1.a, SP.1.b, SP.1.c, SP.3.b, SP.7.a
El pasaje explica que las ondas sonoras son ondas longitudinales. Tanto el texto como el diagrama indican que las partículas vibran en dirección paralela a la del desplazamiento de las ondas longitudinales. Las ondas sonoras son longitudinales, entonces forman compresiones, pero no crestas o depresiones, y causan que las partículas se muevan en una dirección paralela a la del movimiento de la onda.

5. A; **Nivel de conocimiento:** 2; **Tema:** P.a.5; **Práctica:** SP.1.a, SP.1.b, SP.1.c, SP.3.b, SP.7.a
El pasaje explica que las ondas longitudinales son las que causan que las partículas vibren en la dirección en la que se desplaza la onda. El diagrama muestra que estas ondas forman compresiones y rarefacciones. Las ondas transversales no forman compresiones o rarefacciones y las ondas longitudinales no forman crestas o depresiones. Las ondas transversales forman crestas y depresiones porque las partículas vibran en dirección perpendicular a la de la onda; sin embargo, el pasaje explica que las ondas P causan que las partículas se muevan en dirección paralela a la de la onda.

6. B; **Nivel de conocimiento:** 2; **Tema:** P.a.5; **Práctica:** SP.1.a, SP.1.b, SP.1.c, SP.3.b, SP.7.a
El diagrama muestra que las ondas de Rayleigh mueven la corteza terrestre hacia arriba y hacia abajo, formando una trayectoria circular, entonces, las ondas del agua afectarán de la misma manera a la hoja.

7. **A**; **Nivel de conocimiento**: 2; **Tema**: P.a.5; **Práctica**: SP.1.a, SP.1.b, SP.1.c, SP.3.b, SP.7.a
El pasaje explica que una onda de Rayleigh se desplaza en la frontera entre la corteza terrestre y el aire; los árboles crecen en la corteza de la Tierra, entonces, la onda de Rayleigh mueve el árbol a medida que se desplaza a lo largo de la corteza terrestre. El diagrama muestra que la onda de Rayleigh se mueve de izquierda a derecha; las otras flechas del diagrama indican el movimiento de la corteza terrestre causado por la onda de Rayleigh. Una onda de Rayleigh se desplaza por la corteza terrestre, no en profundidad bajo la superficie. Las ondas del agua, y no las ondas de Rayleigh, son las que se desplazan en la frontera entre el agua y el aire.

8. **D**; **Nivel de conocimiento**: 2; **Tema**: P.a.5; **Práctica**: SP.1.a, SP.1.b, SP.1.c, SP.7.a
La tabla muestra que usar un martillo neumático produce sonido a un nivel de 110 decibeles, que es más alto que los niveles de una conversación, una aspiradora o una cortadora de césped.

9. **A**; **Nivel de conocimiento**: 2; **Tema**: P.a.5; **Práctica**: SP.1.a, SP.1.b, SP.1.c, SP.3.b, SP.7.a
El pasaje explica que el volumen está relacionado con la amplitud de onda. La conversación tiene el volumen más bajo, entonces, sus ondas sonoras tienen la menor amplitud. Una aspiradora, una cortadora de césped o un martillo neumático producen sonidos más altos que el de una conversación, entonces, sus ondas sonoras tienen mayor amplitud.

10. **C**; **Nivel de conocimiento**: 2; **Tema**: P.a.5; **Práctica**: SP.1.a, SP.1.b, SP.1.c, SP.7.a
El pasaje explica que los sonidos que superan un nivel de aproximadamente 85 dB pueden causar daños en la audición. La tabla muestra que las cortadoras de césped, los martillos neumáticos y los motores de reacción producen sonidos a más de 85 dB.

11. **B**; **Nivel de conocimiento**: 1; **Tema**: P.a.5; **Práctica**: SP.1.a, SP.1.b, SP.1.c, SP.7.a
El diagrama muestra que las longitudes de onda del espectro visible van de 400 nm a 700 nm. Una onda de 500 nm tendría que ser una onda de color verde, a partir de su posición en el espectro. La luz violeta tiene una longitud de onda más cercana a 400 nm mientras que la luz anaranjada y la luz roja tienen longitudes de onda más cercanas a los 700 nm.

12. **A**; **Nivel de conocimiento**: 2; **Tema**: P.a.5; **Práctica**: SP.1.a, SP.1.b, SP.1.c, SP.7.a
El pasaje explica que la frecuencia y la longitud de onda determinan la energía de una onda. El diagrama muestra que la luz azul tiene una longitud de onda más corta y una frecuencia más larga, por lo tanto, tiene más energía que la luz anaranjada.

13. **B**; **Nivel de conocimiento**: 3; **Tema**: P.a.5; **Práctica**: SP.1.a, SP.1.b, SP.1.c, SP.3.b, SP.7.a
La luz blanca está formada por ondas de todos los colores. Por lo tanto, las longitudes de las ondas que forman la luz blanca van de los 400 a los 700 nm, el rango de longitudes de onda de los colores del espectro visible. No es posible concluir a qué velocidad se desplaza la luz blanca a partir de la información dada. Como la luz blanca está formada por ondas de diferentes colores, las ondas que forman la luz blanca tienen diferentes longitudes de onda y frecuencias.

14. **D**; **Nivel de conocimiento**: 2; **Tema**: P.a.5; **Práctica**: SP.1.a, SP.1.b, SP.1.c, SP.7.a
El pasaje explica que la rapidez de una onda puede calcularse multiplicando su frecuencia por su longitud de onda. Por lo tanto, la frecuencia de una onda puede determinarse dividiendo la longitud de onda entre la rapidez. Al aplicar esta fórmula, puedes determinar que a mayor rapidez de una onda sonora, mayor será su frecuencia. Según la tabla, las ondas sonoras que viajan a través del hule tienen mayor rapidez que las que viajan a través del agua, del aire o del plomo. Por lo tanto, las ondas sonoras que viajan a través del hule tienen frecuencias más altas que las ondas que viajan a través del aire, el agua o el plomo.

LECCIÓN 13, *págs. 110–113*

1. **B**; **Nivel de conocimiento**: 2; **Tema**: P.a.4; **Práctica**: SP.1.a, SP.1.b, SP.1.c, SP.3.b, SP.5.a
El pasaje indica que el agua en movimiento que provee energía a las centrales hidroeléctricas se clasifica entre las fuentes de energía renovables. La gráfica circular muestra que las fuentes de energía renovables representan el 9 por ciento de los recursos energéticos de los EE. UU. Por lo tanto, puedes sacar la conclusión de que las centrales hidroeléctricas deben aportar menos del 9 por ciento de la energía total. Es posible que las centrales hidroeléctricas representen aproximadamente 5 por ciento o al menos 8 por ciento de los recursos energéticos totales de los EE. UU.; sin embargo, no se da suficiente información como para sacar esas conclusiones. Como las fuentes renovables representan 9 por ciento del total de recursos energéticos de los EE. UU., la energía provista por las centrales hidroeléctricas no puede representar más de 10 por ciento de ese total.

2. **D**; **Nivel de conocimiento**: 2; **Tema**: P.a.4; **Práctica**: SP.1.a, SP.1.b, SP.1.c, SP.3.b, SP.5.a
La gráfica circular muestra que el carbón, el gas natural y el petróleo representan la mayor parte del consumo eléctrico de los EE. UU. Estas son todas fuentes de energía fósil y no renovable, entonces, los Estados Unidos dependen principalmente de las fuentes de energía no renovable. Ningún dato de la gráfica o el pasaje puede usarse para determinar qué cantidad de energía se usa en los Estados Unidos por unidad de tiempo, o cuánto tiempo durarán las fuentes de energía. Además, ningún dato de la gráfica o el pasaje puede usarse para hacer una comparación entre el uso del petróleo y el gas natural en los Estados Unidos y en cualquier otro país. Por último, la gráfica muestra que los Estados Unidos obtienen solamente 9 por ciento de su energía a partir de fuentes renovables, lo que es mucho menos que la mitad.

3. **D**; **Nivel de conocimiento**: 2; **Tema**: P.a.4; **Práctica**: SP.1.b, SP.1.c, SP.3.b, SP.5.a, SP.7.a
El diagrama muestra que el proceso de producción de electricidad en una central hidroeléctrica no genera gases de desecho, como el dióxido de carbono que se genera en las centrales alimentadas a carbón. Como en cualquier otra central, el generador de una central hidroeléctrica produce corriente eléctrica. Los diagramas no dan información que sirva para determinar el costo relativo de los diferentes tipos de centrales de energía eléctrica. Las centrales hidroeléctricas funcionan únicamente con la energía del agua, y no con la del viento.

4. **C**; **Nivel de conocimiento**: 2; **Tema**: P.a.4; **Práctica**: SP.1.a, SP.1.b, SP.1.c, SP.3.b, SP.5.a, SP.7.a
A partir del pasaje y el diagrama, puedes sacar la conclusión de que los productos energéticos de la fisión son calor y radiación. Si bien el calor es uno de los productos, no es el único. Por ser partículas subatómicas, los neutrones son materia, y no energía.

UNIDAD 2 (continuación)

5. C; **Nivel de conocimiento:** 2; **Tema:** P.a.4; **Práctica:** SP.1.a, SP.1.b, SP.1.c, SP.3.b, SP.5.a, SP.7.a

El hecho de que la fuente de energía para la fisión nuclear sea el uranio, que no es renovable, implica que su provisión es limitada, aunque no hay ningún indicador de que vaya a agotarse pronto. No hay ningún indicio en el pasaje o en el diagrama de que los neutrones detengan la reacción en cadena de la fisión. El pasaje explica que está programado inaugurar una nueva central nuclear en 2017, por lo tanto, la construcción de este tipo de centrales no se detuvo.

6. D; **Nivel de conocimiento:** 2; **Tema:** P.a.4; **Práctica:** SP.1.a, SP.1.b, SP.1.c, SP.3.b, SP.5.a

La clave del mapa explica cómo se deben interpretar los colores de los mapas. Esos colores indican que las áreas de color rojo oscuro y anaranjado son las que reciben la luz solar más intensa, seguidas en orden de intensidad de luz solar por las áreas de color amarillo. La luz solar es menos intensa en las áreas coloreadas de verde y azul. A partir de esta clave de colores, puedes sacar la conclusión de que la zona del país más apta para usar la energía solar es el suroeste.

7. B; **Nivel de conocimiento:** 2; **Tema:** P.a.4; **Práctica:** SP.1.a, SP.1.b, SP.1.c, SP.3.b, SP.5.a

A partir de la información dada, los refrigeradores son los que gastan la cantidad relativamente mayor de electricidad. La pictografía indica que usar un refrigerador más pequeño reducirá el consumo de electricidad y contribuirá, aunque en mínimo grado, a reducir la contaminación. Apagar la computadora a la noche permite ahorrar un poco de energía, pero no es la mejor opción a fin de reducir el consumo de energía. Reciclar en la tienda es una buena idea, porque ayuda a conservar recursos y reducir los desechos, pero no afecta en forma directa la contaminación del aire. Configurar el termostato a una menor temperatura para mantener la tienda más fresca en verano tendrá como consecuencia un mayor consumo de electricidad.

8. Nivel de conocimiento: 3; **Tema:** P.a.4; **Práctica:** SP.1.a, SP.1.b, SP.1.c, SP.3.a, SP.3.b, SP.5.a, SP.6.c
Respuesta posible:
Ⓐ Los datos de la gráfica muestran que las emisiones globales de dióxido de carbono han aumentado drásticamente desde la década de 1960. Ⓑ El pasaje explica que el dióxido de carbono es un gas invernadero que contribuye a retener el calor de la Tierra. Además, indica que los períodos contiguos de 12 meses más calurosos entre 1895 y 2012 se produjeron a partir de 2000, y que cinco de esos períodos corresponden a los años más recientes. Ⓒ Con esta información, puede llegarse a la conclusión de que el aumento del dióxido de carbono en el aire, debido en parte a la quema de combustibles fósiles, hizo que la Tierra tenga más capacidad para retener calor y sea un planeta más cálido.
Ⓐ La primera oración es una interpretación de que la gráfica aporta pruebas del aumento de la cantidad de dióxido de carbono en el aire.
Ⓑ Las dos oraciones siguientes usan información del pasaje para relacionar el dióxido de carbono con datos sobre la temperatura en la Tierra.
Ⓒ La última oración identifica la conclusión que puede sacarse a partir de la información del pasaje y de la gráfica, y de inferencias relacionadas.

LECCIÓN 14, págs. 114–117

1. D; **Nivel de conocimiento:** 2; **Tema:** P.c.1, P.c.3; **Práctica:** SP.2.c, SP.3.b, SP.7.a

Si bien todos los aspectos del diseño de una investigación son significativos, el análisis de los resultados es el factor que respalda o no una hipótesis. En la investigación de Lavoisier, él produjo una reacción química en la que el hidrógeno y el oxígeno fueron los reactantes, y el producto fue el agua. El hecho de que el peso del agua fuera casi igual al peso combinado del hidrógeno y el oxígeno respaldó la idea de que el agua es un compuesto formado por hidrógeno y oxígeno. La presencia de otros científicos en la investigación es irrelevante cuando se trata de respaldar o refutar una hipótesis. Las cantidades de hidrógeno y oxígeno y las herramientas usadas fueron parte importante del diseño de la investigación de Lavoisier, pero no son los factores que respaldaron la hipótesis.

2. B; **Nivel de conocimiento:** 2; **Tema:** P.c.2; **Práctica:** SP.2.b, SP.2.d, SP.7.a

Cuando una investigación da resultados inesperados, especialmente si esos resultados no coinciden con las ideas que están basadas en la evidencia existente, los científicos deben analizar el diseño de la investigación para asegurarse de que esté libre de errores. No se debería modificar la tabla periódica a menos que los científicos tengan certeza de que se descubrió un nuevo elemento. Los resultados de las investigaciones no pueden modificarse; se los puede reinterpretar, pero primero debe analizarse el proceso que se siguió para obtener esos resultados. Consultar a expertos puede ser útil o no, pero esta acción no forma parte del método científico.

3. D; **Nivel de conocimiento:** 2; **Tema:** P.a.4; **Práctica:** SP.3.d, SP.8.a, SP.8.b

El valor medio, o promedio, se determina sumando los valores de un conjunto de datos y dividiendo la suma entre el número de valores que forman el conjunto de datos. El valor 384 μR/h es el valor medio de todos los datos, redondeado al número entero más cercano. Las opciones de respuesta incorrectas se pueden obtener si hay errores de cálculo o una interpretación errónea del concepto de valor medio.

4. C; **Nivel de conocimiento:** 3; **Tema:** P.a.4; **Práctica:** SP.3.b, SP.3.d, SP.5.a, SP.8.a

El valor de la muestra 4 es un valor atípico; entonces, es apropiado concluir que se cometió un error al tomar las muestras o al ponerlas a prueba, o al registrar los datos de la muestra. No es probable que todas las masas de agua, excepto una, estén contaminadas; todas estuvieron expuestas a niveles aproximadamente iguales de radiación. Como el valor de la muestra 4 es un valor atípico extremo, no se lo debe incluir en los resultados. Los valores de las otras muestras son lo suficientemente cercanos entre sí como para que no queden dudas acerca del proceso de toma de las muestras.

5. A; **Nivel de conocimiento:** 2; **Tema:** P.a.1; **Práctica:** SP.2.e, SP.7.a

La variable a observar es la variable afectada por el cambio de la forma del recipiente, es decir, la tasa de enfriamiento. Por lo tanto, la tasa de enfriamiento es la variable dependiente. La forma del recipiente es la variable independiente, es decir, la que se modifica a propósito. El volumen del agua y la temperatura del ambiente deben mantenerse constantes.

6. **B; Nivel de conocimiento:** 2; **Tema:** P.a.1; **Práctica:** SP.2.e, SP.7.a

Para determinar si la forma del recipiente afecta la tasa de enfriamiento, Mick debe usar recipientes de diferentes formas en la investigación. Entonces, la variable a modificar, o variable independiente, es la forma del recipiente. La tasa de enfriamiento es la variable dependiente, es decir, la que se verá afectada por los cambios de la variable independiente. El volumen del agua y la temperatura del ambiente deben mantenerse constantes.

7. **A; Nivel de conocimiento:** 2; **Tema:** P.a.1; **Práctica:** SP.2.d, SP.7.a

Diferentes volúmenes de agua se enfriarán a tasas diferentes, entonces, se debe mantener constante el volumen del agua. Si se mantiene constante la temperatura del ambiente, la hora del día es un factor irrelevante en esta investigación. La tasa de enfriamiento es la variable dependiente y no puede mantenerse constante. El punto de ebullición del agua ya está determinado científicamente y será el mismo para todas las muestras.

8. **C; Nivel de conocimiento:** 2; **Tema:** P.c.2; **Práctica:** SP.2.d, SP.7.a

Las propiedades de una sustancia pueden cambiar de manera sutil pero significativa en determinadas condiciones. Para una investigación de los cambios en determinadas propiedades de una sustancia, registrar la investigación con una cámara de video y una narración permite al investigador dejar registro de todas las partes de la investigación, entre ellas los cambios que se producen en las propiedades estudiadas, de forma exacta. La práctica de anotar las observaciones después de producidos los sucesos (ya sea inmediatamente después de terminar una prueba o al día siguiente) depende de la memoria humana y, por eso, no es tan efectiva como anotar o registrar los comentarios y observaciones a medida que ocurren los sucesos. Repetir el proceso al día siguiente no tiene nada que ver con registrar o captar información sobre los sucesos de la investigación original.

9. **D; Nivel de conocimiento:** 1; **Tema:** P.b.1; **Práctica:** SP.2.d, SP.7.a

Una vez realizada la investigación, se deben analizar e interpretar los datos antes de sacar conclusiones o hacer predicciones. El diseño de una investigación depende de la hipótesis, entonces, pensar una hipótesis es algo que se hace antes de la investigación. Las teorías se desarrollan solo después de validar una hipótesis a partir de múltiples investigaciones. Un investigador no puede hacer una predicción a partir de una investigación si primero no analiza los resultados y saca una conclusión.

10. **B; Nivel de conocimiento:** 3; **Tema:** P.c.4; **Práctica:** SP.3.b, SP.3.c, SP.7.a

Los resultados de la investigación indican que la solubilidad del CO_2 disminuye a medida que aumenta la temperatura del agua. Entonces, la investigadora puede predecir que, a medida que aumente la temperatura de los océanos, se disolverá menos CO_2 en ellos. Los resultados de la investigación no respaldan las ideas de que agregar sal al agua afecta la solubilidad del CO_2, de que la solubilidad del CO_2 sería diferente en agua del océano o en agua destilada, y de que agregar agua destilada al agua del océano afectaría la solubilidad del CO_2.

11. **Nivel de conocimiento:** 3; **Tema:** P.c.4; **Práctica:** SP.2.d, SP.2.e, SP.6.c, SP.7.a

Respuesta posible:

Ⓐ Se establecen las temperaturas inicial y final del agua (por ejemplo, 20 °C y 90 °C) y se controla la cantidad de agua a usar; es decir, el volumen de agua se mantiene constante durante la investigación. Luego, se agrega sal al agua lentamente a la menor temperatura, para determinar el punto de saturación de la solución. Se anota la cifra de la cantidad de sal agregada que se obtuvo y la temperatura del agua. Luego se aumenta la temperatura del agua una cantidad de grados predeterminada, se agrega la misma cantidad de sal al agua más caliente y se observa si se disuelve toda la sal. Se continúa el proceso hasta alcanzar una temperatura a la que queda sal sin diluir. En ese punto, se cuela el precipitado del agua y se lo mide para determinar qué porcentaje de la sal no se disolvió. La variable dependiente es la cantidad de sal que se disuelve antes de alcanzar el punto de saturación; la variable independiente es el aumento de la temperatura del agua.
Ⓑ Después de la investigación, se trazan los datos en una gráfica lineal para representar la relación entre el punto de saturación y la temperatura del agua. Ⓒ Si los resultados de la investigación demuestran que en el agua más caliente se disuelve menos sal, queda validada la hipótesis.
Ⓐ La respuesta incluye una descripción completa de la investigación, incluidas la identificación de las variables dependiente e independiente y del factor controlado (el volumen del agua).
Ⓑ También incluye un método bien formulado de recolección de datos (anotar los valores de las cantidades de sal y la temperatura del agua en una tabla, y luego representar los datos gráficamente).
Ⓒ Para terminar, explica por qué los resultados pueden o no validar la hipótesis.

12. **B; Nivel de conocimiento:** 2; **Tema:** P.c.1; **Práctica:** SP.3.b, SP.5.a, SP.7.a

A finales del siglo XIX, el químico J. J. Thomson realizó investigaciones que respaldaron la hipótesis de que los átomos contenían partículas más pequeñas, con carga eléctrica negativa, es decir, electrones. Tiene sentido concluir que este descubrimiento de una partícula más pequeña dentro del átomo hiciera que la comunidad científica rechazara la afirmación de Dalton de que un átomo es una sola partícula sólida. Una teoría propuesta por John Jacob Berzelius en 1826 afirmaba que los átomos tienen cargas eléctricas, y que los átomos se unen en proporciones fijas para formar diferentes compuestos; sin embargo, esas aseveraciones no refutaron la idea de que un átomo es una sola partícula sólida y entonces no fueron la causa de que los científicos rechazaran la idea anterior de Dalton. El modelo de la estructura del átomo propuesto por Niels Bohr en 1922 indicó que los electrones están organizados según niveles de energía alrededor del núcleo atómico, pero el descubrimiento de Bohr es posterior al descubrimiento de los electrones de los átomos, entonces, para ese entonces, los científicos ya habían rechazado la idea de Dalton de que el átomo era una sola partícula sólida.

Clave de respuestas

UNIDAD 2 (continuación)

LECCIÓN 15, págs. 118–121

1. C; **Nivel de conocimiento:** 2; **Tema:** P.a.1, P.c.2; **Práctica:** SP.1.a, SP.1.b, SP.2.b, SP.4.a, SP.7.a
La investigación mostró que el cobre es mejor conductor del calor que el vidrio. Esta conclusión no puede extenderse a todos los metales y no metales. El único metal que se puso a prueba en la investigación fue el cobre, entonces, no hay manera de saber si es mejor conductor del calor que otros metales o no lo es. El único no metal puesto a prueba fue el vidrio, entonces, es posible que exista otro no metal que sea incluso peor conductor de calor.

2. A; **Nivel de conocimiento:** 2; **Tema:** P.a.1, P.c.2; **Práctica:** SP.1.a, SP.1.b, SP.2.a, SP.2.c, SP.4.a, SP.7.a
Sería prácticamente imposible poner a prueba todos los metales y no metales para determinar si son buenos o malos conductores de calor, entonces, la hipótesis era demasiado confusa como para investigarla con legitimidad. La investigación demostró que al menos un metal, el cobre, es un buen conductor de calor. La investigación sí incluyó una variable dependiente y una independiente; la tasa de cambio de la temperatura era la variable dependiente y el material puesto a calentar era la variable independiente. El pasaje no hace ninguna referencia al registro de los resultados, entonces, es posible que esta tarea se haya realizado de manera apropiada.

3. D; **Nivel de conocimiento:** 2; **Tema:** P.c.2; **Práctica:** SP.1.a, SP.1.b, SP.1.c, SP.2.c, SP.7.a
La hipótesis puede ponerse a prueba porque es posible observar si una disminución de la presión causa que el hielo se sublime en lugar de derretirse. Toda la materia, y no solo el CO_2, tiene diferentes estados. Un libro de texto de química generalmente es una fuente confiable de información. Determinar si un gas (vapor de agua) sometido una baja presión se transformaría directamente en hielo no es una manera de poner a prueba la hipótesis.

4. B; **Nivel de conocimiento:** 2; **Tema:** P.c.2; **Práctica:** SP.1.a, SP.1.b, SP.1.c, SP.2.a, SP.3.b, SP.7.a
Realizar múltiples pruebas tiende a eliminar o al menos a reducir errores aleatorios en las mediciones, las observaciones, los cálculos, etc. Una hipótesis no puede validarse o refutarse a partir de una única prueba. Es prematuro corregir la hipótesis, suponer que la hipótesis es incorrecta o consultar con otros investigadores si solo se realizó una prueba.

5. B; **Nivel de conocimiento:** 3; **Tema:** P.a.3, P.b.1, P.b.2; **Práctica:** SP.1.a, SP.1.b, SP.2.a, SP.2.c, SP.5.a, SP.7.a
La diferencia en las velocidades puede explicarse fácilmente como consecuencia de la fuerza de la resistencia del aire que actuó contra las balas. Si bien la prueba podría mejorarse midiendo y anotando la masa de cada bala, la diferencia entre las masas probablemente tendría un efecto menor en la prueba. El diseño de la prueba indicaba que las balas se debían disparar hacia arriba, entonces, el ángulo es irrelevante. Además, el tipo de balas usadas probablemente no afectaría los resultados de la prueba.

6. D; **Nivel de conocimiento:** 2; **Tema:** P.b.2; **Práctica:** SP.1.a, SP.1.b, SP.2.e, SP.7.a
La profundidad del hoyo en la plastilina es la variable dependiente, porque es la variable que se observa. La altura inicial es una variable controlada, porque Inés usa la misma altura en todas las pruebas. Inés usa, a propósito, esferas de diferentes masas; por lo tanto, la masa es la variable independiente. Inés no tuvo en cuenta el tamaño (o el volumen) de las esferas, ni los consideró una posible variable en ningún caso.

7. B; **Nivel de conocimiento:** 2; **Tema:** P.b.2; **Práctica:** SP.1.a, SP.1.b, SP.2.e, SP.7.a
Inés varía la masa de las esferas; por lo tanto, la masa es la variable independiente. La altura inicial es un factor controlado porque Inés usa la misma altura para todas las pruebas. Inés no tuvo en cuenta el tamaño (o el volumen) de las esferas, ni los consideró una posible variable en ningún caso. La profundidad del hoyo en la plastilina es la variable dependiente.

8. C; **Nivel de conocimiento:** 3; **Tema:** P.b.2; **Práctica:** SP.1.a, SP.1.b, SP.2.a, SP.2.c, SP.3.b, SP.7.a
Inés no tuvo en cuenta el tamaño (o el volumen) de las esferas, un factor que puede afectar la profundidad de los hoyos, es decir, la variable dependiente. Midió la masa de cada una de las esferas, pero es de suponer que una esfera más grande hará un hoyo más ancho, lo que alterará los resultados de la prueba. La altura inicial es un factor controlado de la investigación. La masa de las esferas es la variable independiente y la profundidad del hoyo es la variable dependiente.

9. A; **Nivel de conocimiento:** 2; **Tema:** P.c.3; **Práctica:** SP.1.a, SP.4.a, SP.5.a, SP.7.a
Nueva información obtenida de una investigación sólida puede invalidar una teoría científica o una hipótesis. Entonces, si los científicos realizaran investigaciones controladas y repetidas que demostrasen que la cantidad de materia en ciertos reactantes no es igual a la cantidad de materia en sus productos, la nueva información obtenida en esas investigaciones serviría para cuestionar la validez de la teoría de la conservación de la masa. Por otra parte, las circunstancias que no pueden invalidar una teoría científica incluyen las creencias que no cuentan con respaldo de la investigación científica y la incapacidad de quienes no son científicos de entender una teoría. Además, la posibilidad de que futuros descubrimientos científicos puedan sugerir que una teoría es incorrecta no refuta la teoría en este momento; de hecho, por su propia naturaleza, las teorías científicas están sujetas a refutaciones y cambios a medida que se descubren nuevas evidencias.

10. C; **Nivel de conocimiento:** 2; **Tema:** P.c.2, P.c.3; **Práctica:** SP.1.a, SP.7.a
Una teoría explica una gama más amplia de observaciones, por ejemplo, todas las observaciones relacionadas con la conservación de la masa, que una hipótesis. Tanto las hipótesis como las teorías intentan explicar una o más observaciones y ambas pueden cuestionarse y refutarse. Ninguna de las dos depende de datos, pero ambas pueden validarse únicamente con datos obtenidos de una prueba sólida y que pueda repetirse.

11. D; **Nivel de conocimiento:** 2; **Tema:** P.a.5; **Práctica:** SP.1.a, SP.1.b, SP.3.b, SP.7.a
La conjetura de que hay un área de energía invisible y más caliente junto al área de la luz roja es una hipótesis que puede ponerse a prueba y que coincide con la observación. De hecho, la hipótesis fue puesta a prueba y validada en el siglo XIX por William Herschel. La experiencia cotidiana parece indicar que las áreas más oscuras no siempre son más calientes que las áreas más claras. Se pudo medir la temperatura de los diferentes colores de la luz con termómetros, lo que indica que no se necesita un equipo especial. Si bien todas las partes del espectro de la luz visible tienen temperaturas que pueden medirse, la lectura de temperatura en cuestión estaba fuera del espectro visible.

12. **A**; **Nivel de conocimiento:** 2; **Tema:** P.b.2; **Práctica:** SP.1.a, SP.1.b, SP.2.b, SP.2.c, SP.3.b, SP.7.a
Gracias al uso de equipos como los telescopios y a la observación de patrones de movimiento de los cuerpos celestes, los científicos pudieron demostrar que la Tierra es un planeta que gira alrededor del Sol y, así, se anuló la hipótesis nula. Las opciones de respuesta incorrectas son enunciados válidos, pero que no anulan la hipótesis nula.

13. **C**; **Nivel de conocimiento:** 2; **Tema:** P.c.3; **Práctica:** SP.1.a, SP.1.b, SP.2.c, SP.3.b, SP.4.a, SP.5.a, SP.7.a
Lavoisier realizó una investigación controlada y repetible con la que obtuvo evidencia que entró en conflicto con la teoría del flogisto e hizo que se rechazara esa teoría. La teoría del flogisto tuvo apoyo popular porque parecía explicar todas las observaciones. Quienes estaban a favor de esa teoría incluso desarrollaron ecuaciones químicas que parecían respaldar la teoría. La mayoría de los científicos de esa época aceptaban la teoría, tuvieran ellos influencia o no.

UNIDAD 3 CIENCIAS DE LA TIERRA

Y DEL ESPACIO

LECCIÓN 1, *págs. 122–125*
1. **B**; **Nivel de conocimiento:** 1; **Tema:** ES.b.4; **Práctica:** SP.1.a, SP.1.b, SP.7.a
La hipótesis de Wegener estaba vinculada a su pregunta sobre por qué parecía que algunos continentes habían estado unidos en algún momento, por lo tanto, su hipótesis sugería que los continentes se separaron y se desplazaron. Los continentes tienen muchas formas diferentes, pero ese hecho aislado no constituye la hipótesis de Wegener. No hay indicios en el texto que indiquen que los continentes actuales formarán otra masa continental como Pangea o que los continentes actuales son más grandes que los del pasado.

2. **B**; **Nivel de conocimiento:** 2; **Tema:** ES.b.4; **Práctica:** SP.1.a, SP.1.b, SP.7.a
Para presentar una teoría que decía que las masas continentales de la Tierra son diferentes ahora de lo que eran en el pasado porque los continentes se habían desplazado, Wegener tuvo que presentar evidencia de que los continentes se habían desplazado, aunque no necesariamente tuvo que dar una explicación de cómo se habían desplazado. El respaldo de otros científicos no sería suficiente sin evidencia. El desarrollo de una nueva teoría a partir de una teoría antigua no triunfaría a menos que se pudiera encontrar nueva evidencia.

3.1 **C**; 3.2 **B**; 3.3 **D**; 3.4 **A**; **Nivel de conocimiento:** 2; **Tema:** ES.b.4; **Práctica:** SP.1.a, SP.1.b, SP.1.c, SP.3.a, SP.7.a
3.1 El diagrama indica que el estímulo para la investigación de Wegener sobre la deriva continental fue el hecho de que América del Sur y África parecen encajar. No tienen la misma forma. Wegener estaba mirando un mapa, de modo que estaba observando las formas de los continentes, no sus composiciones ni sus climas.
3.2 Dado que las masas continentales parecían encajar, Wegener propuso una hipótesis que sugería que en algún momento estuvieron unidas. Las opciones de respuesta incorrectas no están relacionadas con su observación de que encajaban.
3.3 En la actualidad, los continentes están separados por un océano. Si en algún momento estuvieron unidos, es lógica la hipótesis de que de algún modo se desplazaron desde donde estaban hasta sus ubicaciones actuales. No es lógico suponer que cambiaron de forma, surgieron en diferentes momentos o fueron la única masa de tierra en el planeta.

3.4 Una teoría depende de la evidencia. Para proponer una teoría, Wegener tenía que conseguir evidencia para respaldar su hipótesis mediante la investigación científica, no refutar otras leyes científicas. Wegener tenía que mostrar sólo que el desplazamiento se había producido, no que había continuado. La aceptación de una idea por parte de otros se logra obteniendo evidencia; por su cuenta, no respalda una teoría.

4. **B**; **Nivel de conocimiento:** 2; **Tema:** ES.c.1; **Práctica:** SP.1.a, SP.1.b, SP.3.b, SP.4.a, SP.7.a
El pasaje identifica los descubrimientos que explican que la capacidad explosiva del Big Bang habría propagado radiación cósmica en todo el universo. No se presentó evidencia que sostuviera que la radiación podría detectarse solo desde la Tierra. Si se encuentra radiación en todo el universo, esa situación sería poco probable. La existencia de radiación cósmica de fondo no ofrece información acerca de la edad exacta del universo. En el pasaje se afirma que la radiación producida por el Big Bang se habría enfriado para convertirse en microondas, no que el Big Bang provocó solo radiación de microondas.

5. **B**; **Nivel de conocimiento:** 2; **Tema:** ES.b.4; **Práctica:** SP.1.a, SP.1.b, SP.1.c, SP.3.b, SP.4.a, SP.5.a, SP.7.a
Si el mesosaurio, una criatura acuática, no podía nadar grandes distancias, no puede haber cruzado el océano. Esta línea de razonamiento respalda la teoría de que el animal se desarrolló cuando las dos masas continentales estaban unidas y sobrevivió en ambos continentes cuando se separaron. Si los fósiles fueran comunes en todas partes del mundo, encontrarlos en esas áreas específicas de América del Sur y África no tendría nada de extraordinario. La afirmación que sostiene que en la actualidad hay una especie que desciende del mesosaurio no indica dónde vive y, por lo tanto, no ayudaría a respaldar la teoría de Wegener. Si los fósiles de los dos continentes provinieran de dos especies diferentes, sería probable que se hubieran desarrollado de manera independiente en los dos continentes.

6. **A**; **Nivel de conocimiento:** 3; **Tema:** ES.b.4; **Práctica:** SP.1.a, SP.1.b, SP.1.c, SP.3.b, SP.5.a, SP.7.a
Para respaldar la teoría, los fósiles tienen que haber sido encontrados en dos masas continentales que no están unidas en la actualidad pero pueden haberlo estado en algún momento. El sur de África y la Antártida son dos masas continentales que están enfrentadas pero ahora están separadas por un océano. Las otras opciones no cuadran con esta descripción.

7. **C**; **Nivel de conocimiento:** 2; **Tema:** ES.b.4; **Práctica:** SP.1.a, SP.1.b, SP.1.c, SP.4.a, SP.5.a, SP.7.a
Los restos de un istmo antiguo en el suelo oceánico hallados en la actualidad proporcionarían evidencia de que los animales podrían haber cruzado de un continente a otro hace mucho tiempo, cuando el nivel del mar era más bajo. Un mapa que mostrara cómo podría haber sido el istmo sería simplemente otra hipótesis, no evidencia. Las declaraciones firmadas por otros científicos no son válidas como evidencia. La presencia de istmos, aun por todas partes del mundo en la actualidad, no prueba que haya existido un istmo entre África y América del Sur hace millones de años.

8. **C**; **Nivel de conocimiento:** 2; **Tema:** ES.b.4; **Práctica:** SP.1.a, SP.1.b, SP.1.c, SP.4.a, SP.7.a
Las líneas de evidencia A, B y C (no solo A y B o A y C) respaldan la idea de que los continentes se desplazaron. La línea de evidencia D no es relevante porque los terremotos en ciertas áreas de la superficie de la Tierra no prueban que los continentes se han desplazado.

Clave de respuestas

UNIDAD 3 (continuación)

9. C; **Nivel de conocimiento:** 2; **Tema:** ES.b.4; **Práctica:** SP.1.a, SP.1.b, SP.1.c, SP.3.b, SP.4.a, SP.5.a, SP.7.a

Si el suelo oceánico se expande de manera pareja a ambos lados de una dorsal, la edad de las rocas del suelo oceánico es mayor cuanto más lejos están de la dorsal. Las rocas más modernas están más cerca de la dorsal porque allí es donde continuamente se forma nuevo suelo oceánico. Si el suelo oceánico se expande, los continentes que están a ambos lados de la dorsal centro-oceánica se separan, no se acercan. Además, si el suelo oceánico se expande de manera pareja, las rocas que están a igual distancia de la dorsal tienen la misma edad. La presencia o ausencia de fósiles no afecta la expansión del suelo oceánico.

10. A; **Nivel de conocimiento:** 3; **Tema:** ES.b.4; **Práctica:** SP.1.a, SP.1.b, SP.1.c, SP.4.a, SP.5.a, SP.7.a

La idea de que se expande el suelo oceánico que se encuentra bajo los océanos que separan los continentes respalda la teoría que afirma que los continentes se alejan lentamente. La expansión del suelo oceánico no indica que los continentes flotan. Tampoco prueba la existencia de la Pangea hace millones de años. No se ha presentado evidencia de que los océanos se mueven pero los continentes permanecen inmóviles.

11. D; **Nivel de conocimiento:** 2; **Tema:** ES.b.4; **Práctica:** SP.1.a, SP.1.b, SP.1.c, SP.3.b, SP.4.a, SP.7.a

A partir de los elementos del mapa identificados en la leyenda, el mapa muestra que la mayoría de los terremotos ocurren en los límites de las placas. El mapa muestra claramente que algunos terremotos ocurren lejos de los bordes continentales. También queda claro, a partir del mapa, que los límites de las placas y los límites continentales no son lo mismo. La información no explica dónde son más peligrosos los terremotos.

12. A; **Nivel de conocimiento:** 2; **Tema:** ES.b.4; **Práctica:** SP.1.a, SP.1.b, SP.1.c, SP.3.b, SP.4.a, SP.5.a, SP.7.a

La ubicación de muchos terremotos a lo largo de los límites de las placas respalda la idea de que el movimiento de las placas tiene efectos significativos en los límites de las placas. Por sí sola, la ubicación de los terremotos no prueba que la superficie terrestre está formada por placas. Se necesitaría más información para probar esta sugerencia. La ubicación de los terremotos no prueba nada acerca del contenido de las placas. Las placas están compuestas por roca sólida, pero la ubicación de los terremotos no prueba este hecho.

LECCIÓN 2, págs. 126–129

1. D; **Nivel de conocimiento:** 2; **Tema:** ES.c.1; **Práctica:** SP.1.a, SP.1.b, SP.1.c, SP.7.a

Un detalle importante del pasaje es que la fusión nuclear se produce en el núcleo del Sol; por lo tanto, el resumen podría incluir este detalle. Las opciones de respuesta incorrectas representan interpretaciones inapropiadas de la información del pasaje.

2. B; **Nivel de conocimiento:** 2; **Tema:** ES.c.1; **Práctica:** SP.1.a, SP.1.b, SP.1.c, SP.7.a

La idea principal del pasaje y el modelo es que los átomos se fusionan durante la fusión y producen energía. Por lo tanto, esa información debe incluirse en el resumen. La información sobre los elementos que contiene el Sol, los tipos de elementos que produce la fusión y la comparación entre fusión y fisión como procesos que producen energía son detalles interesantes, pero no son esenciales para un resumen.

3. C; **Nivel de conocimiento:** 2; **Tema:** ES.c.1; **Práctica:** SP.1.a, SP.1.b, SP.1.c, SP.7.a

El dato de que las estrellas más masivas que el Sol explotan representa una parte muy importante de la idea principal de la información, de modo que debe incluirse en un resumen de la información. Las opciones de respuesta incorrectas presentan datos que no son lo suficientemente importantes para merecer estar incluidos en un resumen de la información.

4. A; **Nivel de conocimiento:** 2; **Tema:** ES.c.1; **Práctica:** SP.1.a, SP.1.b, SP.1.c, SP.7.a

El tema principal del diagrama y del pasaje es cómo mueren las estrellas masivas, de modo que una breve explicación de este proceso es un resumen adecuado de la información. La fusión nuclear se menciona, pero no es la idea principal del pasaje. Las estrellas masivas se convierten en cuerpos muy densos, pero esta información representa solo un detalle de apoyo. El detalle de que todas las estrellas nacen de la misma manera no es relevante para el tema de cómo mueren las estrellas.

5. C; **Nivel de conocimiento:** 2; **Tema:** ES.c.1; **Práctica:** SP.1.a, SP.1.b, SP.7.a

El resumen del estudiante copia el lenguaje del pasaje; un resumen debe estar escrito con las palabras del escritor.
El resumen del estudiante da detalles sobre la Vía Láctea, aunque estos detalles son demasiado específicos y no están lo suficientemente relacionados con la idea principal del pasaje como para estar en el resumen. Los resúmenes deben ser más cortos que los pasajes que resumen, de modo que la longitud del resumen del estudiante no es un problema. Además, no es necesario que los resúmenes den definiciones de términos.

6. Nivel de conocimiento: 3; **Tema:** ES.c.1; **Práctica:** SP.1.a, SP.1.b, SP.1.c, SP.6.c, SP.7.a

Respuesta posible:

(A) Las relaciones sobre las características del color, la temperatura y la luminosidad varían según el tipo de estrella.
(B) Por ejemplo, las estrellas de secuencia principal van de estrellas frías y tenues (representadas en el extremo inferior derecho del diagrama) a estrellas brillantes y calientes (representadas en el extremo superior izquierdo del diagrama). Las gigantes azules son grandes, calientes y brillantes. Las gigantes rojas son grandes, frías y brillantes. Las enanas blancas son pequeñas, calientes y tenues.
(A) El resumen comienza con una afirmación de la idea principal que expresa el diagrama.
(B) El resumen incluye los detalles más importantes que respaldan la idea principal.

7. D; **Nivel de conocimiento:** 2; **Tema:** ES.c.1; **Práctica:** SP.1.a, SP.1.b, SP.7.a

El pasaje explica que tanto las estrellas de neutrones como los agujeros negros se forman al final del ciclo de vida de las estrellas grandes. Las estrellas de neutrones se forman después de una supernova, y no antes. Solo los agujeros negros son tan densos que la luz no puede escapar de ellos. El pasaje no dice ni sugiere que las estrellas de neutrones y los agujeros negros están compuestos solamente por neutrones.

8. A; **Nivel de conocimiento:** 2; **Tema:** ES.c.1; **Práctica:** SP.1.a, SP.1.b, SP.1.c, SP.7.a

La línea cronológica y el pasaje dan información acerca de qué sucederá al final del ciclo de vida del Sol, de modo que un resumen debe identificar las etapas principales del Sol al final de su ciclo de vida. La información sobre cuándo se formó el Sol y la manera en que crecerá es importante pero omite los detalles significativos sobre qué le pasará al Sol al final de su ciclo de vida. Las afirmaciones sobre la eliminación de las formas de vida actuales de la Tierra y la fusión nuclear en el núcleo del Sol son verdaderas pero no expresan las ideas más importantes del pasaje.

LECCIÓN 3, págs. 130–133

1. D; **Nivel de conocimiento:** 1; **Tema:** ES.c.2; **Práctica:** SP.1.a, SP.1.b, SP.1.c, SP.7.a
Cualquier ubicación del hemisferio norte recibe más energía durante el verano, no durante otra estación, porque es cuando el hemisferio está inclinado hacia el Sol y la energía solar es más directa.

2. D; **Nivel de conocimiento:** 3; **Tema:** ES.c.2; **Práctica:** SP.1.a, SP.1.b, SP.1.c, SP.3.b, SP.7.a
Como el diagrama lo indica, la inclinación de la Tierra sobre su eje es el factor más importante que produce las estaciones en el planeta. Por sí sola, la órbita de la Tierra no produciría estaciones si no fuera por la inclinación de la Tierra. La idea de que las estaciones serían las mismas pero más cortas y la de que habría verano o invierno perpetuo no están respaldadas por la información que se da.

3. C; **Nivel de conocimiento:** 2; **Tema:** ES.c.1; **Práctica:** SP.1.a, SP.1.b, SP.1.c, SP.7.a
El pasaje indica que el patrón de las constelaciones visibles cambia a lo largo del año, a medida que la Tierra gira alrededor del Sol. Aunque es cierto que las constelaciones cambian de forma, estos cambios ocurren a lo largo de períodos de tiempo muy largos. Las constelaciones se han observado desde la antigüedad, de modo que duran períodos largos. El pasaje no brinda evidencia de que la ubicación de la Tierra durante el verano afecta nuestra capacidad para ver las constelaciones.

4. A; **Nivel de conocimiento:** 3; **Tema:** ES.c.1; **Práctica:** SP.1.a, SP.1.b, SP.1.c, SP.3.c, SP.7.a
Como las estrellas se desplazan a lo largo del tiempo, una constelación no se verá en el futuro igual que como se ve ahora. Por lo tanto, en 100,000 años las constelaciones que vemos ahora dejarán de ser reconocibles porque no tendrán el mismo aspecto. Por lo tanto, no tendrán la misma forma que tienen en la actualidad. No hay información en el pasaje que permita sugerir qué estrellas podrían ser más tenues de aquí a 100,000 años.

5. C; **Nivel de conocimiento:** 1; **Tema:** ES.c.2; **Práctica:** SP.1.a, SP.1.b, SP.1.c, SP.7.a
A partir de la información del pasaje, se puede deducir que las flechas punteadas del diagrama representan la dirección del viento si el efecto Coriolis no existiera. Las flechas continuas representan la dirección del viento con el efecto Coriolis. Ninguna parte del mapa representa la rotación de la Tierra. Las flechas punteadas están presentes en todo el mapa, de modo que no representan solo los vientos en el ecuador y los polos.

6. C; **Nivel de conocimiento:** 3; **Tema:** ES.c.2; **Práctica:** SP.1.a, SP.1.b, SP.1.c, SP.7.a
El pasaje explica que el efecto Coriolis provoca la desviación de los fluidos, que son los vientos y el agua (las corrientes oceánicas). El efecto Coriolis impide que los vientos soplen en línea recta. No genera áreas de alta presión en el planeta ni hace que la Tierra rote.

7. Nivel de conocimiento: 1; **Tema:** ES.c.2; **Práctica:** SP.1.a, SP.1.b, SP.1.c, SP.6.c, SP.7.a
El pasaje explica que vemos partes distintas de la cara iluminada de la Luna debido a su **órbita** alrededor de la Tierra. Si la Luna no girara alrededor de la Tierra, no habría fases de la Luna.

8. Nivel de conocimiento: 2; **Tema:** ES.c.2; **Práctica:** SP.1.a, SP.1.b, SP.1.c, SP.6.c, SP.7.a
El diagrama muestra que la fase que ocurre cuando la Luna está entre la Tierra y el Sol se llama **luna nueva**. Cuando hay luna nueva, la cara iluminada de la Luna mira al Sol y el lado oscuro da a la Tierra, es por eso que en algunas noches de luna nueva parece que no hubiera luna.

9. Nivel de conocimiento: 3; **Tema:** ES.c.2; **Práctica:** SP.1.a, SP.1.b, SP.1.c, SP.6.c, SP.7.a
El círculo de flechas del diagrama muestra la dirección de los cambios en la apariencia de la Luna. Durante las fases crecientes, la cara iluminada de la Luna que vemos parece **agrandarse** cada noche. Durante las fases menguantes, la cara iluminada de la Luna parece **achicarse** cada noche.

10. C; **Nivel de conocimiento:** 2; **Tema:** ES.c.2; **Práctica:** SP.1.a, SP.1.b, SP.7.a
El pasaje dice que el cometa Halley completa su órbita cada 76 años. Todos los cometas siguen una órbita elíptica alrededor del Sol, no de la Tierra, y forman una cola cuando se acercan al Sol, no cuando están lejos del Sol. El pasaje no respalda la idea de que el cometa Halley sigue el mismo camino que todos los demás cometas.

11. B; **Nivel de conocimiento:** 2; **Tema:** ES.c.2; **Práctica:** SP.1.a, SP.1.b, SP.1.c, SP.3.b, SP.7.a
El pasaje y el diagrama indican que durante un eclipse solar, la Luna se desplaza frente al Sol. Por lo tanto, la causa de este suceso es la órbita de la Luna, o su giro alrededor de la Tierra. Los fenómenos de rotación de la Tierra y la Luna y la producción de energía en el Sol no provocan eclipses.

12. C; **Nivel de conocimiento:** 2; **Tema:** ES.c.1, ES.c.2; **Práctica:** SP.1.a, SP.1.b, SP.1.c, SP.7.a
El pasaje dice que Kepler identificó información acerca de los patrones de movimiento de los objetos en nuestro sistema solar. Por lo tanto, sus leyes tratan el movimiento planetario y el movimiento de otros cuerpos en el universo. No están vinculados con las distancias entre los planetas y las estrellas ni explican cómo se forman los planetas. Tampoco se refieren a la relación entre la masa y el movimiento.

LECCIÓN 4, págs. 134–137

1. D; **Nivel de conocimiento:** 2; **Tema:** ES.b.4; **Práctica:** SP.1.a, SP.1.b, SP.1.c, SP.3.b
El diagrama muestra que la corteza es la capa exterior de la Tierra y que es, en proporción, mucho más pequeña que las otras capas. El manto no puede verse desde la superficie de la Tierra porque está debajo de la corteza. El diagrama no se refiere a la densidad ni a la temperatura.

2. C; **Nivel de conocimiento:** 2; **Tema:** ES.b.4; **Práctica:** SP.1.a, SP.1.b, SP.1.c, SP.3.b
El diagrama indica que la corteza es la capa exterior de la Tierra y que las otras capas de la Tierra están conformadas por roca fluida o líquida. A partir de esta información, se puede arribar a la conclusión de que los accidentes geográficos de la Tierra son parte de la corteza terrestre. Las opciones de respuesta incorrectas representan áreas donde no podría haber accidentes geográficos de la Tierra.

3. D; **Nivel de conocimiento:** 2; **Tema:** ES.b.4; **Práctica:** SP.1.a, SP.1.b, SP.1.c, SP.7.a
El diagrama muestra que el epicentro está ubicado en la superficie terrestre, directamente sobre el foco, el cual está debajo de la superficie terrestre. Las opciones de respuesta incorrectas son descripciones inapropiadas de la ubicación del epicentro y el foco.

Clave de respuestas

UNIDAD 3 *(continuación)*

4. **A**; **Nivel de conocimiento:** 2; **Tema:** ES.b.4; **Práctica:** SP.1.a, SP.1.b, SP.1.c, SP.7.a
El diagrama muestra que las ondas producidas por la ruptura se propagan en todas las direcciones desde el foco, o la ubicación de la ruptura, y el pasaje dice que se alejan de la ruptura. No se desplazan solo a lo largo de la falla, desde el epicentro hasta la falla, ni hacia el interior desde la superficie.

5. **A**; **Nivel de conocimiento:** 2; **Tema:** ES.b.4; **Práctica:** SP.1.a, SP.1.b, SP.1.c, SP.3.b, SP.7.a
El texto del diagrama explica que el material que sale del volcán se asienta y forma capas. El pasaje dice que los volcanes arrojan lava y liberan gases, ceniza y fragmentos de rocas. De estas sustancias, solo la lava que se enfrió, los fragmentos de roca y la ceniza pueden formar las capas de material sólido que se necesita para formar un volcán. Los gases no componen ninguna de las partes de la superficie de un volcán. La roca es una parte del material depositado en la superficie del volcán, pero no todo. El magma es roca derretida que está debajo de la superficie, no material que compone las capas del volcán.

6. **C**; **Nivel de conocimiento:** 2; **Tema:** ES.b.4; **Práctica:** SP.1.a, SP.1.b, SP.1.c, SP.3.b, SP.7.a
La idea de que, cuando se forman, los volcanes son más pequeños está respaldada por el hecho de que se agrandan a medida que forman capas con el tiempo. La presencia de fumarolas laterales indica que la lava no siempre sale por la fumarola principal ubicada en el centro del volcán. Al explicar que los volcanes entran en erupción cuando la cámara magmática se llena, el texto del diagrama indica que los volcanes no están constantemente en erupción. El pasaje dice que los volcanes arrojan lava, fragmentos de roca, gases y ceniza. No dice que estas sustancias no pueden salir del volcán al mismo tiempo.

7. **B**; **Nivel de conocimiento:** 2; **Tema:** ES.b.4; **Práctica:** SP.1.a, SP.1.b, SP.1.c, SP.7.a
El diagrama muestra que el monte quedó más bajo después de la erupción. No hay nada en el diagrama que indique que el volcán quedó más angosto. El volcán todavía existe, de modo que no se destruyó. El diagrama indica que el volcán quedó más bajo, no que aumentó su tamaño.

8. **B**; **Nivel de conocimiento:** 2; **Tema:** ES.b.4; **Práctica:** SP.1.a, SP.1.b, SP.1.c, SP.7.a
El volcán lanzó roca que estaba debajo de la superficie. El diagrama indica que la erupción también provocó que se soltaran partes del monte y volaran por el aire, de modo que durante la erupción, el monte lanzó roca que estaba debajo de la superficie y roca del monte. Las opciones de respuesta incorrectas son limitadas y no identifican todos materiales involucrados en la erupción.

9. **D**; **Nivel de conocimiento:** 2; **Tema:** ES.b.4; **Práctica:** SP.1.a, SP.1.b, SP.1.c, SP.3.b, SP.7.a
El texto y las flechas del diagrama indican que los movimientos de la roca en el manto generan corrientes que hacen que las placas se muevan. Los terremotos son el resultado del movimiento de las placas, no la causa. La fricción entre las placas no genera movimiento; tendería a reducir la velocidad del movimiento o detenerlo. La roca que se mueve y afecta el movimiento de las placas no proviene del núcleo.

10. **A**; **Nivel de conocimiento:** 2; **Tema:** ES.b.4; **Práctica:** SP.1.a, SP.1.b, SP.1.c, SP.7.a
Al estudiar el diagrama, se ve que las placas se ubican en la litosfera, no en el manto inferior, en la astenosfera ni en el núcleo externo.

11. **C**; **Nivel de conocimiento:** 2 **Tema:** ES.b.4; **Práctica:** SP.1.a, SP.1.b, SP.1.c, SP.3.b, SP.7.a
El diagrama muestra que las fosas se forman donde dos placas se mueven juntas, y una es empujada debajo de la otra. Una fosa puede estar en el borde de una placa, pero no es el borde. Tampoco es la superficie de la placa. Las crestas, no las fosas, se forman donde se separan dos placas.

12. **Nivel de conocimiento:** 2; **Tema:** ES.c.3; **Práctica:** SP.1.a, SP.1.b, SP.1.c, SP.3.d, SP.7.a
Según los principios, en una secuencia de capas de roca, la capa que está más abajo es la más antigua y la capa que está más arriba es la más moderna. Además, si una característica está atravesada por otra, la característica atravesada es la que se formó antes. En el diagrama, las características B y C son capas que están más arriba que la característica D y la característica A atraviesa la característica D. Entonces, las características **A**, **B** y **C** son más modernas que la característica D.

13. **D**; **Nivel de conocimiento:** 2; **Tema:** ES.b.4; **Práctica:** SP.1.b, SP.1.c, SP.3.b, SP.7.a
El texto del diagrama indica que la roca que se convierte en corteza nueva se origina como magma caliente que proviene del manto. No se origina en el núcleo, en la corteza ni en el sedimento de la superficie.

14. **B**; **Nivel de conocimiento:** 3; **Tema:** ES.b.4; **Práctica:** SP.1.b, SP.1.c, SP.3.a, SP.7.a
El diagrama muestra y explica que la roca del manto se derrite y luego sube a la superficie, donde se enfría, de modo que se puede llegar a la conclusión de que las partículas de la roca líquida se mueven desde el manto, que está más caliente, a la superficie terrestre, que está más fría. El diagrama indica que la corteza es más fría que el manto porque la roca se enfría allí, de modo que el calor no puede transferirse desde la corteza, una zona más fría, hacia el manto, una zona más caliente. El diagrama no da evidencia de que se produce una transferencia de calor entre placas tectónicas ni de que la trasferencia de calor desde las aguas del océano hacia el aire que está sobre ellas se produce, porque dicha transferencia de calor, si es que ocurre, no está directamente relacionada con la formación de la corteza.

LECCIÓN 5, *págs. 138–141*

1. **C**; **Nivel de conocimiento:** 2; **Tema:** ES.b.1, ES.b.2; **Práctica:** SP.1.a, SP.1.b, SP.1.c, SP.3.b, SP.7.a
Has aprendido que la energía solar calienta la Tierra, incluyendo el suelo, el aire y el agua. Por lo tanto, el Sol proporciona la energía que calienta las aguas del océano. La atmósfera, las costas cercanas y las precipitaciones no son fuentes de energía.

2. **A**; **Nivel de conocimiento:** 2; **Tema:** ES.b.1, ES.b.2, ES.b.3; **Práctica:** SP.1.a, SP.1.b, SP.1.c, SP.3.b, SP.7.a
Has aprendido que el calor se desplaza desde la materia más cálida a la materia más fría, de modo que puedes concluir que la Corriente del Golfo calienta el aire de la atmósfera sobre ella porque las aguas de la Corriente del Golfo son más cálidas que el aire de la atmósfera. Aunque las reacciones químicas exotérmicas pueden producir energía en forma de calor, la Corriente del Golfo calienta la atmósfera debido a la transferencia de calor, o un incremento en el movimiento de las partículas de la atmósfera, no debido a una reacción química. Cuando las partículas del aire entran en contacto con las aguas de la Corriente del Golfo, su movimiento se acelera y aumenta la temperatura del aire; si las partículas bajaran la velocidad de su movimiento, la temperatura del aire bajaría. Toda la materia, incluso las aguas oceánicas y la atmósfera de la Tierra, tiene energía cinética interna provocada por el movimiento de las moléculas, los átomos y las partículas subatómicas.

3.1 **D**; 3.2 **D**; 3.3 **C**; 3.4 **A**; 3.5 **B**; **Nivel de conocimiento:** 2; **Tema:** ES.a.1, ES.b.1; **Práctica:** SP.1.a, SP.1.b, SP.1.c, SP.3.b, SP.7.a

3.1 A partir de los conceptos relacionados con la energía, sabes que el Sol es una fuente de energía que calienta las aguas de la Tierra. Las nubes son el resultado del vapor de agua del aire que libera energía y que cambia del estado gaseoso al líquido. El viento es provocado por la presión desigual sobre la superficie terrestre, debido al calentamiento desparejo de la superficie por parte del Sol. El ozono es una forma de oxígeno que es más abundante en la estratósfera.

3.2 A partir del concepto de los estados de la materia, sabes que el agua líquida sobre la superficie terrestre que absorbe energía del Sol se transforma en vapor de agua gaseoso durante la evaporación. En la condensación, pasa lo contrario. El agua pierde energía y cambia del estado gaseoso al líquido. La deposición es el proceso mediante el cual la materia cambia de estado gaseoso a estado sólido sin pasar antes por el estado líquido. La sublimación es el proceso mediante el cual la materia cambia de estado sólido a estado gaseoso sin pasar primero por el estado líquido.

3.3 A partir del concepto de los cambios de estado de la materia, sabes que cuando el vapor de agua de la atmósfera se enfría, cambia de estado gaseoso a líquido. Para convertirse en un sólido, el vapor de agua tendría que enfriarse aún más y congelarse. Ya es un gas, de modo que no puede cambiar de estado para convertirse en un gas. El plasma es el cuarto estado de la materia, formado por partículas cargadas que se comportan como un gas. El Sol es plasma. Ninguna sustancia se transforma en plasma en ninguna parte del ciclo del agua.

3.4 A partir del concepto de los cambios de estado de la materia, sabes que la precipitación que cae en forma de hielo y nieve está congelada. El agua líquida se congela cuando se enfría hasta llegar a su punto de congelamiento. La condensación es el cambio de estado gaseoso a líquido; la fusión es el cambio de estado sólido a líquido; y la evaporación es el cambio de estado líquido a gaseoso. La nieve y el hielo son sólidos (no líquidos ni gases), de modo que la precipitación en las nubes no se condensa, se derrite ni se evapora para transformarse en nieve y hielo.

3.5 A partir del concepto de los cambios de estado de la materia, sabes que la nieve y el hielo son agua en estado sólido. La nieve y el hielo no están en estado de plasma o en estado gaseoso. *Semiderretido* describe la nieve o el hielo parcialmente derretidos, pero no es un estado de la materia.

4. **C**; **Nivel de conocimiento:** 2; **Tema:** ES.b.2; **Práctica:** SP.1.a, SP.1.b, SP.1.c, SP.3.b, SP.7.a

La solubilidad es la cantidad de soluto que se puede disolver en una cantidad dada de solvente a una temperatura específica, por lo tanto, cuando la temperatura de una solución cambia, su solubilidad cambia. El pasaje explica que la sal permanece donde está (o sale de la solución) cuando el agua del océano se congela, e indica que a medida que la temperatura del agua del océano disminuye, su solubilidad disminuye. Como el agua del océano es una solución, o mezcla homogénea, las moléculas de las sustancias que la componen están distribuidas en las mismas proporciones, de modo que la sal está distribuida de manera uniforme en el agua del océano en los polos antes de que el agua se congele. Si la solubilidad aumentara a medida que disminuye la temperatura del agua del océano, la sal permanecería en la solución, no saldría de ella, cuando el agua del océano se congela. Si el agua del océano se saturara a una temperatura más alta que la de su punto de congelamiento, la sal saldría de la solución antes de que el agua del océano se congelara, no cuando se congela.

5. **A**; **Nivel de conocimiento:** 2; **Tema:** ES.b.2; **Práctica:** SP.1.a, SP.1.b, SP.1.c, SP.7.a

La densidad es la razón de la masa al volumen, por lo tanto, el agua oceánica con mayor salinidad tiene una razón de la masa al volumen mayor que el agua oceánica con menor salinidad. El agua oceánica con una razón de la masa al volumen mayor tendría menor salinidad. Las propiedades de la masa y el volumen dependen del tamaño de la muestra; por lo tanto, una cantidad mayor de agua oceánica tendría más masa y volumen que una cantidad más pequeña de agua oceánica, independientemente de los niveles de salinidad de las dos muestras.

6. **B**; **Nivel de conocimiento:** 2; **Tema:** ES.b.2; **Práctica:** SP.1.a, SP.1.b, SP.3.b

El pasaje determina que los océanos se están volviendo ácidos. Dado que los ácidos tienen valores menores que 7.0 y las bases tienen valores mayores que 7.0 en la escala de pH, un cambio de un pH de 8.0 a un pH de 6.0 indica que una solución está cambiando de básica a ácida. Un cambio de un pH de 7.0 a un pH de 9.0 o de un pH de 10.0 a un pH de 12.0 indica que una solución se está volviendo más básica. Un cambio de un pH de 12.0 a un pH de 10.0 indica que una solución se está volviendo menos básica; sin embargo, sigue siendo básica, no ácida.

7. **A**; **Nivel de conocimiento:** 2; **Tema:** ES.b.2; **Práctica:** SP.1.a, SP.1.b, SP.3.b, SP.3.c, SP.7.a

El pasaje afirma que se está produciendo la acidificación de los océanos, por lo tanto, tiene sentido predecir que los océanos se volverán más ácidos.

8. **D**; **Nivel de conocimiento:** 2; **Tema:** ES.b.1, ES.b.2; **Práctica:** SP.1.a, SP.1.b, SP.1.c, SP.3.b, SP.7.a

A partir del concepto de la transferencia de calor, sabes que la conducción es la transferencia de calor entre moléculas adyacentes, de modo que puedes deducir que el calor se transfiere por conducción entre la superficie cálida del océano y el aire adyacente a esta. La radiación es la transferencia de calor a través del espacio por ondas electromagnéticas. En la convección, el aire cálido sube, luego se enfría y se hunde para volver a subir. La convección calentaría el aire que está más arriba en la tropósfera, no el aire adyacente a la superficie del océano. La saturación no es un tipo de transferencia de calor; es el punto en el cual no se puede disolver más soluto en una solución a su temperatura actual.

9. **A**; **Nivel de conocimiento:** 2; **Tema:** ES.b.1, ES.b.2; **Práctica:** SP.1.a, SP.1.b, SP.1.c, SP.3.b, SP.7.a

Recuerda que la convección es la transferencia de calor a través de los fluidos, como el aire y el agua. El aire cálido sube de la superficie terrestre a la atmósfera. Luego se enfría y se hunde para volver a subir. La condensación es un cambio de estado que ocurre cuando un gas pierde calor, lo que hace que se convierta en un líquido. No es un tipo de transferencia de calor. La radiación y la conducción no son el tipo de transferencias de calor que se describe. La radiación es la transferencia de calor a través del espacio por ondas electromagnéticas. La conducción es la transferencia de calor entre objetos que están en contacto entre sí.

Clave de respuestas

UNIDAD 3 *(continuación)*

10. **C**; **Nivel de conocimiento:** 3; **Tema:** ES.b.1, ES.b.2; **Práctica:** SP.1.a, SP.1.b, SP.1.c, SP.3.b, SP.7.a
El pasaje explica que durante un huracán, el calor transferido desde las aguas del océano calienta el aire, haciendo que suba. El diagrama también muestra cómo se eleva el aire cálido durante un huracán. Por lo tanto, la formación de un huracán demuestra el concepto de convección, o de que el aire cálido se torna menos denso que el aire más frío que lo rodea y se eleva. Los vientos preponderantes del oeste en las latitudes medias no tienen ninguna relación con la formación de los huracanes. Además, tal como afirma el pasaje, los huracanes no se forman en las latitudes medias. Se forman en los trópicos. La densidad del agua del océano tampoco tiene relación con la formación de los huracanes. La ley de conservación de la energía no es un principio importante para explicar la formación de los huracanes.

11. **C**; **Nivel de conocimiento:** 3; **Tema:** ES.b.2; **Práctica:** SP.1.a, SP.1.b, SP.1.c, SP.3.a, SP.7.a
El concepto subyacente del efecto Coriolis (que provoca que se desvíen el aire y el agua hacia la izquierda o la derecha debido a la rotación de la Tierra) explica cómo ayuda a determinar el recorrido de las corrientes oceánicas. El recorrido de las corrientes oceánicas no es provocado por el giro de la Tierra alrededor del Sol, la atracción gravitacional del Sol sobre la Tierra, o los cambios en las condiciones meteorológicas.

LECCIÓN 6, *págs. 142–145*

1. **C**; **Nivel de conocimiento:** 2; **Tema:** ES.b.1; **Práctica:** SP.1.a, SP.1.b, SP.1.c
La gráfica circular de la izquierda muestra que el dióxido de carbono representaba 84 por ciento del total de las emisiones de gases invernadero de los EE. UU. en 2010. Las opciones de respuesta incorrectas no están respaldadas por la gráfica.

2. **D**; **Nivel de conocimiento:** 2; **Tema:** ES.b.1; **Práctica:** SP.1.a, SP.1.b, SP.1.c
La gráfica circular de la derecha muestra que la producción de electricidad provocó el 40 por ciento de las emisiones de dióxido de carbono de 2010, el transporte provocó el 31 por ciento y la industria, el 14 por ciento. Por lo tanto, estas tres fuentes combinadas causaron el 85 por ciento de las emisiones de dióxido de carbono de 2010. Cada una de las opciones de respuesta incorrectas expresa la proporción aportada por una sola de estas fuentes.

3. **D**; **Nivel de conocimiento:** 2; **Tema:** ES.b.1; **Práctica:** SP.1.a, SP.1.b, SP.1.c
El diagrama indica que todas las personas de la Tierra viven dentro de la troposfera y que los aviones comerciales vuelan en la parte baja de la estratosfera, por lo tanto, las personas pueden encontrarse en estas capas pero no en las otras capas de la atmósfera.

4. **B**; **Nivel de conocimiento:** 1; **Tema:** ES.b.1; **Práctica:** SP.1.a, SP.1.b, SP.1.c
El diagrama indica que la mayor parte de las condiciones meteorológicas y las nubes se encuentran en la troposfera. La mesosfera, no la troposfera, es la parte más fría de la atmósfera. Los aviones vuelan en la estratosfera y en la troposfera. La exosfera, no la troposfera, contiene partículas que están a millas de distancia entre sí.

5. **B**; **Nivel de conocimiento:** 2; **Tema:** ES.b.1; **Práctica:** SP.1.a, SP.1.b, SP.1.c
Como en el pasaje se explica que las señales de radio AM permanecen más cerca del transmisor durante el día que por la noche y las flechas negras son más cortas en la parte del diagrama del "día" que en la parte del diagrama de la "noche", puedes inferir que las flechas representan las señales de radio. La ionosfera contiene partículas cargadas, moléculas de nitrógeno y átomos de oxígeno, pero estos objetos no son lo que representan las flechas. Si las flechas que representan la radiación del Sol estuvieran incluidas en el diagrama, irían desde el Sol hacia la Tierra.

6. **C**; **Nivel de conocimiento:** 2; **Tema:** ES.b.1; **Práctica:** SP.1.a, SP.1.b, SP.1.c
A partir de la información del pasaje y del diagrama, las ondas de radio que rebotan en la capa F de la ionosfera por la noche contribuyen a que las transmisiones lleguen más lejos que lo que lo hacen durante el día, cuando las capas más bajas de la ionosfera las absorben. Ninguna información suministrada respalda la afirmación de que los transmisores envían señales más fuertes por la noche, de que la ionosfera proporciona más energía a las señales de radio ni de que durante el día, la luz solar bloquea las señales de radio.

7. **Nivel de conocimiento:** 1; **Tema:** ES.b.1; ES.b.3; **Práctica:** SP.1.a, SP.1.b, SP.1.c, SP.6.a, SP.6.c
A partir de la información del pasaje, el diagrama debería tener los siguientes rótulos: **precipitación ácida muy fuerte** en pH 3.0, **extremo inferior del rango de la mayoría de la lluvia ácida** en pH 5.0, **extremo superior del rango de la mayoría de la lluvia ácida** en pH 5.5, **agua de lluvia** en pH 5.6, **agua del océano** en pH 8.0, **extremo superior del rango del agua dulce** en pH 9.0.

8. **C**; **Nivel de conocimiento:** 2; **Tema:** ES.b.3; **Práctica:** SP.1.a, SP.1.b, SP.5.a
El pasaje afirma que el viento es la segunda fuente de energía renovable de los Estados Unidos, de modo que es una fuente de energía importante. Los datos identificados en el pasaje indican que el uso del viento como fuente de energía aumenta, no disminuye. Si bien el pasaje identifica desventajas de la energía eólica, la existencia de controversias sobre la energía eólica no tendría impacto en su efectividad.

9. **D**; **Nivel de conocimiento:** 2; **Tema:** ES.b.1; **Práctica:** SP.1.a, SP.1.b, SP.1.c
La curva de la gráfica comienza en un punto de gran altitud y baja presión. La pendiente de la línea indica que a medida que disminuye la altitud, la presión aumenta, levemente al principio y de manera más abrupta después. El pasaje dice que la presión del aire es mayor al nivel del mar. La presión del aire es una fuerza hacia abajo, mientras que la distancia desde una montaña es una medida horizontal, de modo que la presión del aire no se relaciona con la distancia desde las montañas. Si la presión del aire aumentara a medida que aumenta la altitud, la curva de la gráfica comenzaría en el extremo inferior izquierdo y se extendería hasta el extremo superior derecho.

10. **B**; **Nivel de conocimiento:** 3; **Tema:** ES.b.1; **Práctica:** SP.1.a, SP.1.b, SP.1.c, SP.7.a
El modelo muestra las reacciones químicas mediante las cuales el cloro de la atmósfera descompone el ozono. Los átomos de cloro descomponen las moléculas de ozono al unirse con ellas para producir monóxido de cloro y moléculas de oxígeno (ClO). Además, las moléculas de monóxido de cloro se unen con átomos de oxígeno, lo que hace que no estén disponibles para la producción de ozono. Las respuestas incorrectas dan información acerca del ozono, pero no exponen la información expresada en el modelo.

LECCIÓN 7, *págs. 146–149*

1. B; **Nivel de conocimiento:** 2; **Tema:** ES.a.1, ES.a.3; **Práctica:** SP.1.a, SP.1.b, SP.3.a, SP.3.b
La idea principal del primer párrafo del pasaje es que la falta de agua potable es un problema. Los otros problemas identificados en el pasaje (los conflictos armados y proyectos fallidos) son detalles que respaldan la idea principal. Que la OMS y UNICEF informen sobre la falta de agua potable no es un problema.

2. D; **Nivel de conocimiento:** 1; **Tema:** ES.a.1, ES.a.3; **Práctica:** SP.1.a, SP.1.b, SP.3.a
El pasaje dice que el acceso creciente al agua transportada por cañerías ha resuelto el problema del acceso al agua potable para las personas de muchas partes del mundo. La conservación del agua no es una solución al problema del acceso al agua potable. Aunque podría ser útil, mejorar los proyectos y reducir los conflictos armados estas ideas no se mencionan en el pasaje como posibles soluciones.

3. A; **Nivel de conocimiento:** 3; **Tema:** ES.a.2; **Práctica:** SP.1.a, SP.1.b, SP.1.c, SP.3.b
A partir de la información que se brinda, la idea de construir paredones de contención y elevar las estructuras podría proteger mejor las casas y las empresas. Construir edificios más grandes no los hace más resistentes contra los huracanes; los huracanes derriban estructuras muy grandes. Construir más puentes permitiría a las personas escapar más rápidamente pero no ayudaría a que los edificios soportaran las tormentas. Hacer que el área esté menos densamente poblada evitaría que las tormentas afectaran a tantas personas pero no ayudaría a que los edificios soportaran las tormentas.

4. C; **Nivel de conocimiento:** 2; **Tema:** ES.a.2; **Práctica:** SP.1.a, SP.1.b, SP.1.c, SP.3.a, SP.3.b
El pasaje dice que es probable que en algún momento, otras tormentas azoten esta zona nuevamente, por lo que las casas reconstruidas allí podrían volver a ser destruidas. Aunque las casas en zonas costeras suelen ser caras, la información presentada no está relacionada con el costo de la reconstrucción. No es lógico creer que la mayoría de los huracanes azotarán el mismo tramo de costa, y el pasaje no respalda esta idea. El pasaje indica de manera indirecta que algunas casas de la costa soportaron la tormenta.

5. C; **Nivel de conocimiento:** 1; **Tema:** ES.a.2; **Práctica:** SP.1.a, SP.1.b, SP.1.c
El pasaje indica que un equipo de emergencia para huracanes soluciona el problema de la falta de provisiones vitales tras el paso de un huracán. Por lo tanto, el objetivo del equipo es abastecer de esas provisiones, no ayudar a las personas a abandonar la zona o decirles qué hacer cuando se acerca un huracán. Un equipo de emergencia para huracanes incluye agua y comida, pero su objetivo es más amplio que solo asegurarse de que las víctimas de los huracanes tengan lo imprescindible.

6. D; **Nivel de conocimiento:** 3; **Tema:** ES.a.2; **Práctica:** SP.1.a, SP.1.b, SP.1.c, SP.3.b
Las linternas serían una fuente de luz útil si no hubiera suministro eléctrico. Si no hubiera electricidad, la leche fresca sería inútil sin refrigeración. Las sartenes y las cacerolas no serían los objetos más útiles, ya que sin las instalaciones para cocinar, serían de muy poca utilidad. Las mantas eléctricas no funcionarían sin electricidad.

7. C; **Nivel de conocimiento:** 1; **Tema:** ES.a.1, ES.b.1; **Práctica:** SP.1.a, SP.1.b, SP.1.c, SP.3.a
El pasaje dice que los animales y las plantas tienen que usar nitrógeno, pero no en su forma elemental, tal como se encuentra en la atmósfera. El pasaje también indica que todas las plantas y los animales usan nitrógeno para formar las proteínas y que la mayor parte de la atmósfera de la Tierra es nitrógeno. No hay nada en el pasaje ni del diagrama que sugiera que el nitrógeno descompone las proteínas.

8. D; **Nivel de conocimiento:** 2; **Tema:** ES.a.1, ES.b.1; **Práctica:** SP.1.a, SP.1.b, SP.1.c, SP.3.b
Sin nitrógeno, las plantas y los animales no tendrían proteínas porque, tal como lo indica el pasaje, el nitrógeno es necesario para producirlas. La falta de nitrógeno, por lo tanto, no podría hacer que hubiera demasiadas proteínas . Ni el pasaje ni el diagrama respaldan la idea de que la falta de nitrógeno provocaría una infección por bacterias o eliminaría las bacterias del suelo.

9. C; **Nivel de conocimiento:** 2; **Tema:** ES.a.1, ES.b.1; **Práctica:** SP.1.a, SP.1.b, SP.1.c, SP.3.a
El diagrama indica que después de que el ácido nítrico penetra en el suelo, las bacterias descomponen el ácido nítrico en una forma de nitrógeno que las plantas pueden usar (nitratos). Las raíces de las plantas absorben compuestos de nitrógeno del suelo, no del aire. Ni el diagrama ni el pasaje indican que las bacterias se convierten en nitrógeno ni que los animales herbívoros descomponen los compuestos de nitrógeno.

10. B; **Nivel de conocimiento:** 2; **Tema:** ES.a.2; **Práctica:** SP.1.a, SP.1.b, SP.3.b
El pasaje explica que los científicos usan el control de los volcanes para identificar las señales de una erupción inminente, por lo que, el control de los volcanes ayuda a abordar la necesidad de anticipar las erupciones. El control de los volcanes no puede evitar que los volcanes entren en erupción ni reducir el número de erupciones. Aunque el control de los volcanes ayuda a los científicos a comprender los volcanes, la falta de conocimiento sobre los volcanes no es el problema principal que el control ayuda a resolver.

11. C; **Nivel de conocimiento:** 1; **Tema:** ES.a.2; **Práctica:** SP.1.a, SP.1.b, SP.1.c, SP.3.a
El pasaje explica que el diseño resistente a los terremotos permite que las estructuras resistan las fuerzas que causan derrumbes, o destrucción. El diseño resistente a los terremotos no tiene ningún efecto sobre los terremotos en sí mismos. El pasaje no da información sobre el costo del diseño resistente a los terremotos. El atractivo de los edificios depende de la opinión del observador.

12. C; **Nivel de conocimiento:** 2; **Tema:** ES.a.2; **Práctica:** SP.1.a, SP.1.b, SP.1.c, SP.3.b
El pasaje sugiere que saber dónde y cuándo se formará un tornado es importante para reducir las muertes provocadas por los tornados, por lo tanto, se puede inferir que el Servicio Meteorológico Nacional creó alertas de tornados para ayudar a las personas a saber cuándo un tornado está en su zona. El desarrollo del sistema de alertas y alarmas no ayudó a explicar cómo se forman los tornados ni ayudó a las personas a tener servicios después de un tornado. Si bien el sistema de alertas está relacionado con el pronóstico y el rastreo de los tornados, su propósito es advertir a las personas sobre un tornado que se acerca o sobre condiciones que llevan a la formación de un tornado.

Clave de respuestas

13. B; **Nivel de conocimiento:** 2; **Tema:** ES.a.2; **Práctica:** SP.1.a, SP.1.b, SP.1.c, SP.3.b
Se puede deducir a partir de la información presentada que saber cómo responder cuando se presentan condiciones de tornado es vital para la seguridad de las personas, por lo tanto, lo mejor que puede hacer el dueño de un negocio es asegurarse de que todos los empleados sepan qué hacer y adónde ir si hay alarma de tornado. Leer un libro sobre tornados no necesariamente ayudará a alguien a prepararse para la temporada de tornados. No sería razonable cerrar un negocio siempre que haya una tormenta severa porque los tornados no siempre se producen durante una tormenta. Ninguna parte del sistema de alertas y alarmas le dice al público que llame al Servicio Meteorológico Nacional. Las alertas y alarmas son información suficiente para permitir que las personas se refugien.

LECCIÓN 8, *págs. 150–153*
1. D; **Nivel de conocimiento:** 2; **Tema:** ES.a.1, ES.a.3; **Práctica:** SP.1.a, SP.1.c, SP.3.a, SP.3.b, SP.4.a
El pasaje y la gráfica se podrían usar para argumentar a favor del diseño de vehículos con mejor rendimiento por milla. Dado que una cantidad tan grande del petróleo importado se usa para el transporte, una reducción en la necesidad de petróleo para el transporte tendría un gran impacto en la reducción de la dependencia del petróleo. Al afirmar que los Estados Unidos *deben* importar petróleo, el pasaje infiere que esta situación no es ideal, de modo que el pasaje no respalda el aumento de las importaciones de petróleo. La información que se presenta está relacionada con la conservación de la energía, no con la contaminación provocada por las fuentes de energía. La información tampoco está relacionada con los precios de la energía; además, los importadores no pueden fijar los precios de los bienes importados.

2. C; **Nivel de conocimiento:** 2; **Tema:** ES.a.1, ES.a.3; **Práctica:** SP.1.a, SP.1.c, SP.3.a, SP.3.b, SP.4.a
El hecho de que el consumo de energía sigue aumentando constantemente es el mejor argumento para respaldar el desarrollo y el uso de las fuentes de energía renovables porque en algún momento, las fuentes de energía no renovables se agotarán. La afirmación de que hay provisiones adecuadas de fuentes no renovables no es un argumento sólido para respaldar el uso de fuentes de energía renovables porque contradice la urgencia de la idea de que las provisiones se agotarán. El uso que se le da a la energía no es relevante para respaldar el argumento a favor de las fuentes de energía renovables. El hecho de que la producción de energía está aumentando no es el argumento más convincente para respaldar el uso de las fuentes de energía renovables porque el aumento de la producción de energía simplemente refleja la ley de oferta y demanda en relación con el consumo de energía.

3. D; **Nivel de conocimiento:** 2; **Tema:** ES.a.1, ES.a.3; **Práctica:** SP.1.a, SP.3.a, SP.3.b, SP.4.a
La fuente menos parcial sería el Departamento de Energía de los Estados Unidos. Si bien los organismos del gobierno pueden introducir su propia parcialidad en la información, los organismos del gobierno federal suelen ser reconocidos por brindar información confiable y basada en los hechos. Los nombres de las otras organizaciones que se enumeran muestran que cada una tiene una evidente relación con una causa que está conectada con el tema del oleoducto.

4. C; **Nivel de conocimiento:** 2; **Tema:** ES.a.1, ES.a.3; **Práctica:** SP.1.a, SP.3.a, SP.3.b, SP.4.a
Dada la enorme cantidad de petróleo que se necesita para abastecer a los Estados Unidos a diario, el hecho de que el oleoducto podría traer grandes cantidades de petróleo desde un país vecino y amigo es un argumento sólido a su favor. El hecho de que se puede obtener petróleo de las arenas de alquitrán explica el objetivo del oleoducto, pero no ofrece una razón persuasiva para construirlo en lugar de satisfacer las necesidades energéticas de otra manera. La afirmación de que es probable que las precauciones que se tomaron eviten que haya pérdidas contribuye al argumento a favor del oleoducto, pero es más una predicción que un dato de la realidad; por lo tanto, no es el enunciado de apoyo más sólido. El hecho de que en los Estados Unidos se usan 20 millones de barriles de petróleo por día puede ser una explicación de por qué los Estados Unidos necesitan importar tanto petróleo, pero no respalda a ninguna fuente de importación de petróleo en particular, incluido este oleoducto.

5. A; **Nivel de conocimiento:** 2; **Tema:** ES.a.1, ES.a.3; **Práctica:** SP.1.a, SP.3.a, SP.3.b, SP.4.a
El hecho de que una pérdida en el oleoducto podría contaminar el acuífero es el argumento más sólido en contra del oleoducto. La composición de las arenas de alquitrán no es relevante en un argumento en contra del oleoducto. El hecho de que el acuífero es una fuente de agua importante es significativo solo si la provisión de agua se contamina. La afirmación de que los Estados Unidos importan una cantidad tan grande de petróleo ayuda a argumentar a favor del oleoducto, no en contra de él.

6. B; **Nivel de conocimiento:** 2; **Tema:** ES.a.1; **Práctica:** SP.1.a, SP.1.c, SP.3.a, SP.3.b, SP.4.a
El contraste entre las dos fotos muestra que el glaciar disminuyó su tamaño entre 1913 y 2005, por lo tanto, respalda el argumento sobre el calentamiento global. Las fotos no dan indicios sobre el tamaño del glaciar en 1913. Sin embargo, es claro que era más grande en 1913 que en 2005. El hecho de que el glaciar esté en una zona rocosa no está relacionado con el calentamiento global. Las fotografías no dan evidencia de que el glaciar se desplaza cuesta abajo. Sin embargo, los glaciares se desplazan lentamente cuesta abajo por la influencia de la gravedad, y dicho desplazamiento se produciría independientemente de cualquier calentamiento de la Tierra.

7. C; **Nivel de conocimiento:** 2; **Tema:** ES.a.1; **Práctica:** SP.1.a, SP.1.c, SP.3.a, SP.3.b, SP.4.a
La ausencia del glaciar en 2020 indicaría que el glaciar ha seguido reduciendo su tamaño hasta derretirse por completo. Este cambio respaldaría el argumento de que se está produciendo un cambio climático en forma de calentamiento de la Tierra. El desmoronamiento de las montañas no puede atribuirse al cambio climático. La presencia de dunas de arena sugeriría que hay erosión, pero no necesariamente un cambio climático. El hecho de que el glaciar mantenga su tamaño hasta el año 2015 respaldaría un argumento en contra de la idea de que se está produciendo el cambio climático, no a favor.

8. **A**; **Nivel de conocimiento:** 2; **Tema:** ES.a.1, ES.a.3; **Práctica:** SP.1.a, SP.1.c, SP.3.a
Una entrada en la fila "En contra" de la tabla dice que algunas personas creen que el problema real no está relacionado con las perforaciones en el ANWR y es, en su lugar, el hecho de que el consumo de petróleo en los Estados Unidos es demasiado alto. Nadie podría argumentar de manera lógica que en la actualidad, el petróleo tiene pocos usos en los Estados Unidos, porque el petróleo se usa de numerosas maneras, como la calefacción de edificios, la producción de combustible para los vehículos a motor y la fabricación de productos como los plásticos. Los Estados Unidos dependen en gran medida del petróleo extranjero, y su extracción puede alterar el medio ambiente, pero estos factores son los resultados del problema básico: el alto nivel de consumo de petróleo en los Estados Unidos.

9. **B**; **Nivel de conocimiento:** 2; **Tema:** ES.a.1, ES.a.3; **Práctica:** SP.1.a, SP.1.c, SP.3.b
La tabla indica que la perforación en ANWR creará fuentes de trabajo y solo una parte pequeña del refugio se verá afectada, por lo tanto, es probable que las personas que priorizan la creación de fuentes de trabajo por sobre la protección del medio ambiente respalden la perforación a pesar del impacto que podría tener en el medio ambiente. Es probable que los productores extranjeros de petróleo prefieran que los Estados Unidos tengan menos, no más, fuentes de petróleo nacionales. Es probable que los ambientalistas estén preocupados por cualquier impacto en el medio ambiente, sin importar cuán pequeño sea. Las personas que se preocupan por el precio del petróleo no necesariamente considerarían beneficiosa la perforación en ANWR porque según la información presentada, es poco probable que hacer la perforación provoque una reducción del precio del petróleo.

10. **A**; **Nivel de conocimiento:** 2; **Tema:** ES.a.3; **Práctica:** SP.1.a, SP.1.c, SP.3.b, SP.4.a
El pasaje afirma que la construcción de una represa hidroeléctrica afecta a la vida silvestre, incluyendo al salmón, y cambia las condiciones ambientales de los ríos corriente abajo, por lo tanto, un argumento válido contra la construcción de represas hidroeléctricas es que implica una amenaza para los medio ambientes acuáticos que se encuentran corriente abajo. El pasaje dice que la energía hidroeléctrica no provoca contaminación del aire ni del agua. El combustible para operar una central hidroeléctrica es agua, que es, básicamente, gratuito. Las represas hidroeléctricas pueden construirse solo donde hay una fuente de agua que corre o cae, generalmente, un río donde se puede construir una represa para crear un reservorio o un lago.

11. **C**; **Nivel de conocimiento:** 2; **Tema:** ES.a.3; **Práctica:** SP.1.a, SP.1.c, SP.3.a, SP.4.a
El pasaje afirma que la energía hidroeléctrica no produce contaminación del aire ni del agua, un hecho que sería un argumento válido a favor de la construcción de represas hidroeléctricas. Las represas hidroeléctricas pueden construirse solo donde hay una fuente de agua que corre o cae, no en cualquier sitio. La información suministrada no aborda el costo de mantenimiento de las represas hidroeléctricas, pero un mantenimiento costoso sería un argumento en contra, no a favor, de la construcción de estas represas. Las represas hidroeléctricas plantean una amenaza a la vida silvestre, un factor que ayuda a respaldar un argumento en contra de su construcción, no a favor de ella.

12. **A**; **Nivel de conocimiento:** 2; **Tema:** ES.a.1, ES.a.3; **Práctica:** SP.1.a, SP.1.c, SP.3.a, SP.3.b, SP.4.a
El gran tamaño de las reservas de carbón de los Estados Unidos respalda la idea de que los Estados Unidos deben seguir dependiendo del carbón, al menos durante algún tiempo. Aumentar el consumo de petróleo no tendría sentido, porque los Estados Unidos tienen reservas de petróleo muy pequeñas. China tiene reservas de carbón más pequeñas que los Estados Unidos y es probable que esté bajando sus propias reservas; por lo tanto, es poco probable que los Estados Unidos dependan de China para obtener carbón. Si solo se tienen en cuenta las reservas, y no las preocupaciones relacionadas con el medio ambiente, las reservas de carbón de los Estados Unidos son mucho más grandes que las de gas natural. Por lo tanto, en términos de suministro, el uso del carbón sería más sustentable.

13. **B**; **Nivel de conocimiento:** 2; **Tema:** ES.a.1, ES.a.3; **Práctica:** SP.1.a, SP.1.c, SP.3.a, SP.3.b, SP.4.a
En la gráfica se muestra que la Unión Europea es la zona con las reservas de combustibles fósiles más pequeñas del mundo, lo que le da un mayor incentivo para el cambio hacia las fuentes de energía renovables.

14. **D**; **Nivel de conocimiento:** 3; **Tema:** ES.a.1, ES.a.3; **Práctica:** SP.1.a, SP.1.c, SP.3.a, SP.3.b, SP.4.a
El pasaje explica que a medida que los países muy poblados se desarrollen, usarán más energía; al menos en el corto plazo, este crecimiento en la población implicará un mayor consumo de combustibles fósiles. La información dada no sugiere que es probable que las estimaciones actuales sean erróneas. También es muy poco probable que los combustibles fósiles sean las únicas fuentes de energía en el futuro, especialmente porque son combustibles no renovables. A partir de las tendencias actuales, es probable que los países desarrollados no disminuyan el consumo de combustibles fósiles, al menos en el futuro inmediato.

15. **A**; **Nivel de conocimiento:** 3; **Tema:** ES.a.3; **Práctica:** SP.1.a, SP.1.c, SP.3.a, SP.3.b, SP.4.a
Según la gráfica de la derecha, la mayor parte del agua dulce se utiliza para el riego. Sembrar cultivos en zonas donde pueden sobrevivir solamente con agua de lluvia eliminaría la necesidad de riego y, por lo tanto, se ahorraría agua. Beber agua es un uso doméstico del agua, y según la misma gráfica, el consumo doméstico representa el uso menos significativo del agua dulce. En consecuencia, el impacto de la producción de más agua potable sería mucho menor que el de la reducción del riego. El uso de agua para la industria también es considerablemente menor que el uso de agua para el riego, de modo que restringir el consumo en las fábricas también tendría un efecto menor que cambiar los métodos agrícolas para usar menos agua. Expandir las tierras que se riegan aumentaría el consumo de agua, y no hay razón para pensar que esta expansión obligaría a las personas y las empresas a conservar el agua.

Índice

ÍNDICE

ÍNDICE

Índice

F

Fallas, 138
Fases de la materia, 66
Fenotipo, 43, 45
Fermentación, 5
Fibrosis quística, 44
Filas
    en la tabla periódica, 72
    en tablas, 70
Física de la motocicleta, 93
Fisión nuclear, 111, 126
Flechas
    en ecuaciones químicas, 74, 79
    en diagramas, 22
    en diagramas vectoriales, 86–89
    en ilustraciones, 22
Floema, 4
Flogisto, teoría del, 121
Focas, 36
Foco de un terremoto, 135
Fórmulas
    aceleración, 85
    cambio del momento lineal, 91
    densidad, 72
    distancia, 82
    fuerza, 89–90, 93
    fuerza de fricción, 88
    fuerza promedio, 93
    momento lineal, 91–92
    peso, 90
    rapidez, 82, 84
    tiempo de viaje, 82
    velocidad, 85
Fórmulas matemáticas. *Ver* **Fórmulas**
Fórmulas químicas, 65, 68, 74
Fosa, 136
Fósiles, 51–52, 124
Fósiles de mesosaurios, 124
Fotosíntesis, 4, 105
Frecuencia, 109
Fricción, 88, 103–104
Fuentes de energía de la biomasa, 110
Fuerza de entrada, 94–95
Fuerza de salida, 94–95
Fuerza neta, 86, 88
Fuerza promedio, 93
Fuerzas
    como vectores, 86–89
    el momento lineal y las, 91–93
    el trabajo y las, 94–97
    fricción, 88, 103–104
    fuerzas equilibradas y desequilibradas,
        86–89
    gravedad, 85, 88–90, 104, 119–120, 129,
        145
    iguales y opuestas, 89
    la potencia y las, 95
    las leyes de movimiento de Newton y las,
        86, 89–90, 93
    las máquinas simples y las, 94–97
    magnetismo, 87
Fuerzas desequilibradas, 86–88
Fuerzas equilibradas, 86, 88–89
Fulcro, 94
Fumarola principal de un volcán, 135
Fumarola secundaria de un volcán, 135
Fusión, 66–67
Fusión nuclear, 126–127

G

Galaxias, 127
Gametos, 3, 41, 46
Gas natural
    como fuente de energía, 110, 150
    composición, 68, 77
    estados, 68
Gases, 66–69, 72
Gases invernadero, 113, 142
Gasolina, 72, 77
Gatos siameses, 49
GED® Senderos, ix
Generadores, 111
Generalizaciones inválidas, 30
Generalizaciones válidas, 30
Generalizar, 30–33
Genes
    alelos, 42–44, 48
    interacción con el medio ambiente, 47
    mutaciones, 47–48
    replicación durante la meiosis, 3, 41, 46
    replicación durante la mitosis, 3, 38–41
    secuencias de ADN, 53
Genes supresores de tumores, 49
Genética molecular, 47
Genoma, 53
Genotipo, 42, 43, 45
Genotipo heterocigoto, 43, 45
Genotipo homocigoto, 43–45
Glándula pituitaria, 9
Glándulas, 9
Glicólisis, 5
Glucosa, 3–5
Gráficas
    como apoyo de argumentos, 150
    diagramas de fases como, 66
    generalizar a partir de, 30
    gráficas de barras, 18, 102
    gráficas circulares, 18, 142
    gráficas lineales, 18, 102
    relacionadas con el texto, 102
    sacar conclusiones de, 110
    Ver tambien **Elementos visuales**
Gráficas circulares, 18, 142
Gráficas de barras, 34
Gráficas lineales, 18, 102
Gravedad
    aceleración en caída libre, 85
    colapso de estrellas debido a la, 129
    efecto en un disparo de bala al aire, 119
    efectos en la presión del aire, 145
    fuerza de, 89
    relación con el peso, 90
    uso de gravedad en la montaña rusa, 104
Grupos de alimentos, 12–13
Guepardos, 34

H

Hacer suposiciones
    aplicar conceptos ya conocidos a nuevas
        situaciones, 86
    basadas en datos de tablas, 10
    datos numéricos en tablas, 70
    interpretar diagramas, 134
    rótulos en los ejes de las gráficas, 18

    rótulos en los modelos, 62
    usar los conocimientos previos, 26
Heces, 7
Hechos
    aplicar conceptos a, 138
    sacar conclusiones de los, 58
Hepatitis C, 20
Herencia
    ADN, 38
    cuadros de Punnett, 42-43, 45
    desarrollo de nuevos alelos, 48
    efectos del ambiente en la expresión
        genética, 49
    fenotipo, 43, 45
    genotipo, 42–45
    meiosis, 3, 41, 46
    mitosis, 3, 38–41
    mutaciones, 47-48
    recombinación genética, 41, 46
    tablas de pedigrí, 44
Herramientas basadas en el contenido
    cladogramas, 50,52
    comprender, 42–45
    cuadros de Punnett, 42, 56
    diagrama de Hertzsprung-Russell (H-R),
        128
    diagramas de fases, 66, 119
    diagramas vectoriales, 86
    ecuaciones químicas, 74
    modelos científicos, 62, 65
    tabla periódica, 71–72
    tablas de pedigrí, 44
Hertz, 109
Hidrocarburos, 68, 77
Hidrógeno
    como producto de la reacción de un
        metal con un ácido, 77
    densidad del, 72
    en el agua, 65
    en el cuerpo humano, 13
    en el Sol, 126
    fórmula química del, 65
Hielo, 72
Hielo seco, 69, 119
Hierro, 11, 75, 127
Hígado, 39
Hipergeneralización, 58
Hipotálamo, 9, 14
Hipotermia, 14
Hipótesis
    comparadas con las teorías, 120
    desarrollar y poner a prueba, 78, 114–115
    evaluación de, 121
    hipótesis nula, 121
Hipótesis nula, 121
Histonas, 38
Homeostasis, 15
Hongos, 25, 39, 60
Hormona del crecimiento, 9
Hormonas, 9
Huevo, 3, 39, 41
Huracanes, 141, 147

I

**Idea principal y detalles de apoyo,
identificar**, 6–9, 126
Ilustraciones

Índice

Índice